U0771511

世图心理

博客: http://blog.sina.com.cn/bjwpcpsy
微博: http://weibo.com/wpcpsy

生死抗争

关于爱欲、生死本能与永恒的精神分析

[美] 诺尔曼·布朗 著
冯川 伍厚恺 译

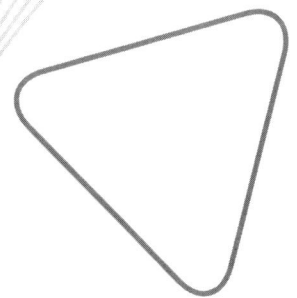

世界图书出版公司
北京·广州·上海·西安

图书在版编目（CIP）数据

生死抗争：关于爱欲、生死本能与永恒的精神分析 /（美）诺尔曼·布朗（Norman O. Brown）著；冯川，伍厚恺译. —北京：世界图书出版有限公司北京分公司，2020.8
书名原文：Life Against Death: The Psychoanalytical Meaning of History
ISBN 978-7-5192-6886-2

Ⅰ.①生… Ⅱ.①诺… ②冯… ③伍… Ⅲ.①哲学—通俗读物 Ⅳ.①B-49

中国版本图书馆CIP数据核字（2019）第263187号

Copyright © 1959 by Wesleyan University
Introduction to the Second Edition
Copyright © 1985 by Christopher Lasch

The simplified Chinese translation rights arranged through Rightol Media
（本书中文简体版权经由锐拓传媒取得Email:copyright@rightol.com）

书　　　名	生死抗争：关于爱欲、生死本能与永恒的精神分析 SHENGSI KANGZHENG
著　　者	［美］诺尔曼·布朗
译　　者	冯　川　伍厚恺
责任编辑	王　洋
装帧设计	蔡　彬
出版发行	世界图书出版有限公司北京分公司
地　　址	北京市东城区朝内大街137号
邮　　编	100010
电　　话	010-64038355（发行）　64037380（客服）　64033507（总编室）
网　　址	http://www.wpcbj.com.cn
邮　　箱	wpcbjst@vip.163.com
销　　售	新华书店
印　　刷	三河市国英印务有限公司
开　　本	880mm × 1230mm　1/32
印　　张	14.25
字　　数	315千字
版　　次	2020年8月第1版
印　　次	2020年8月第1次印刷
国际书号	ISBN 978-7-5192-6886-2
定　　价	69.80元

版权所有　翻印必究
（如发现印装质量问题，请与本公司联系调换）

中译者序

诺尔曼·布朗的著作《生死抗争：关于爱欲、生死本能与永恒的精神分析》一度具有广泛的影响并震撼了世界。厄内斯特·贝克尔曾说："如果几本至诚的书能够直接改变世界，那么刚才提及的五位作家可能就已经摇撼了整个民族的基础。"[①]他所说的这五位作家是弗洛伊德、克尔凯郭尔、奥托·兰克、诺尔曼·布朗和R·J·利夫顿。把布朗与弗洛伊德相提并论，这可能过高地估计了布朗的影响，然而不容否认的是，布朗的某些见解确实揭示了弗洛伊德未曾揭示的问题。

布朗写作此书的基本动机，是试图以精神分析学的观点对全部人类历史或至少是西方文明史进行剖析，借以诊断当今社会究竟在什么地方出了毛病。他的诊断使他发现：人是一种普遍患有神经症的动物；全部人类文化、人类历史以及种种社会制度，统统不过是神经症的产物；普遍的神经症使文明人永远处在受压抑的状态中，

[①] 出自《反抗死亡》，厄内斯特·贝克尔著，林和生译，贵州人民出版社，1988年，第22页。

而由于渴望始终得不到满足，人便像浮士德一样开始了不安宁、无休止的追求。这种追求成为历史的动力，它一方面创造出新的文明形态和社会组织来完成对人的压抑并因而加剧了人的神经症；另一方面，它作为人在被压抑状态中的一种奋斗和挣扎，又揭示出人的内在具有渴求痊愈的要求并因而为人的解放指示了一条出路。布朗出于对现代社会的失望和不满，对文明及其成果采取了否定的态度。他抱着严肃而执着的态度，致力于探索未来的出路，却最终发出一种对自由的、无压抑的生活的乌托邦式的呼唤，甚至幻想人能够倒退回无忧无虑的童年时代，或沉醉于未受文明污染的肉体快感。这样，摆在我们面前的这部著作，便成了天才与谬误的产物，成了若干深刻思想和一种幼稚结论的奇妙结合。也正因为如此，他的这本书才得以广泛流行而产生了深刻的影响。

在本书的第一部分，布朗首先指出：压抑这一概念是全部精神分析学的奠基石，也是理解人性及其内在冲突、人类文明史的关键。"人是一种压抑自己的动物，是一种创造出文化或社会来压抑自己的动物。"[①] "人优于其他动物之处就在于他能够患神经症，而他这种能够患神经症的能力，只不过是他能够创造和发展文化的另一种说法而已。"[②] 因此，人与动物的本质区别就在于人能够患神经症并因而能够创造文明、创造历史。所以如果要给人下一个定义，我们不妨像尼采那样说"人是一种疾病"，或直接说"人是一

[①] 原书第9页。
[②] 原书第10页。

种神经症动物"。

在把人定义为神经症动物后,布朗进而把文化和历史理解为神经症的产物或神经症的症状。他指出,文化作为神经症的产物是快乐原则和现实原则达成的妥协;由于这种妥协在基本性质上不能令人满意,受压抑的因素与行使压抑的因素便会始终处于紧张状态并继续制造出一连串症状,这些症状就是我们所说的历史。"历史学家感到有必要以精神分析学来研究历史源于这样一个问题:为什么所有的动物中唯有人有历史?"[①]他对这一问题的回答是:历史过程是靠人渴望成为他所不是的东西的欲望(the desire to become other than what he is)来撑持的。这种未被意识到的欲望表现为一种永不安宁、永不停息的追求。人作为永不满足的动物证明了在人的天性中有不能从文化中得到满足的欲望。正是这种永恒的、始终不可能在历史中得到满足的欲望成为人类用来创造历史的动力,但人类并未意识到人类的这种永恒的欲望不可能从历史中得到满足。"人类今天仍在继续创造历史,却不曾自觉意识到自己真正需要的是什么……事实上,人类今天的所作所为,似乎正在使自己更加不幸福、不快乐,人类还把这种不幸福、不快乐称为进步。"[②]

布朗指出,精神分析的任务就在于使人意识到这一点,从而使人能够"走出无止境的'进步'和无止境的浮士德式的不满足",

---

① 原书第15页。
② 原书第16页。

"像从一场噩梦中醒来那样从自己的历史中醒来"。①这样，人类才可能不再成为历史的奴隶，才可能自己把握自己的生活，才可能去享受生活而不是去创造历史。

在本书的第二部分，布朗进一步指出：受压抑的爱欲是人据以创造历史的动力；人的基本追求是为他的爱找到一个满意的对象，但人注定不可能在历史的进程中找到这个对象；人创造历史的动力来自一种永不满足的欲望，这欲望由于未被人意识到其真实性质而表现为不停地向前追求，但实际上它的内在趋向是要返回过去，即返回童年时代。"儿童在某种意义上是无压抑的……成人在从压抑的现实逃向梦和神经症的时候是在退回自己的童年，因为童年代表着压抑发生前的一个较为幸福的时期。"②布朗曾引用弗洛伊德《超越快乐原则》中的一段话。

> 那种表现为……趋向更完美境界的永不疲倦的冲动，可以很容易地被理解为本能受到压抑的结果。这种本能压抑构成了人类文化中所有最宝贵的财富的基础。被压抑的本能从未停止过为求得完全的满足而进行的斗争。这种完全满足旨在重复一种原始的满足经验，任何替代机制、任何升华作用都将不足以消除这种受压抑的本能的持久不衰的紧张状态。

不断地向前追求使人愈来愈远离其原始的满足，其结果当然

---

① 原书第19页。
② 原书第23页。

是进一步加剧人类的神经症症状,但是它也反映出人在内心深处始终是按快乐原则行事的。布朗说:"弗洛伊德……是在断言我们存在的终极本质在无意识中始终是秘密地忠实于快乐原则的……两千年来,一种体系化的、制度化的努力一直在把人变成一种苦行禁欲的动物,但是人始终是寻求快乐的动物。父母的管教约束、宗教对肉体快感的恫吓、哲学对理智生活的推崇,这一切仅仅在表面上使人变得驯顺,而在暗地里,在无意识中,人始终是不相信这一套的……人始终不相信这一套是因为他在童年时代尝过生命树上的果实,他知道它的美好滋味,他永远忘不了它的美好滋味。"① 尽管如此,渴望返回童年时代的愿望却难以付诸实现。在历史进程中,虽然人在内心深处始终渴望按快乐原则行事,但是他不得不一再向现实原则妥协,被迫放弃他对本能满足的追求而经由升华使自己的爱欲成为创造历史的动力。

　　布朗正确地看到,人牺牲快乐原则而屈服于现实原则,并非如某些弗洛伊德主义者所认为的那样是由于外界的强大压力,而是由于人的内在具有自我压抑的冲动。压抑作用并非外部强加给人的,相反,它是人对自己施加的。人与动物的不同之处就在于人是自我压抑的动物。

　　那么,是一种什么样的根深蒂固的需要把人变成了自我压抑的动物呢?为什么人总是宁可压抑自己的爱欲,也不愿使它得到完整的满足呢?在本书的第三、第四部分中,布朗指出:人压抑自己

---

① 原书第31页。

的爱欲并使之升华为创造历史的动力,其根本原因在于人对死亡的逃避;人是无力接受死亡的动物;在生物学水平上,生本能与死本能是统一的,快乐原则也是涅槃原则,敢于生活也意味着敢于死亡;而在人身上,生与死的统一由于人对死亡的逃避而破裂,这造成了生与死的对抗;致力于反抗死亡的人由于畏惧死亡而畏惧生存,他因此不得不压抑自己的爱欲(生本能)并使之向着虚幻满足的方向升华;这样,渴望回到过去的冲动在压抑状态下便不自觉地成为"在未来中寻找过去"的冲动,人因而成为浮士德式的永不安宁地追新求异的动物。用布朗的话说:"人身上生本能与死本能的统一一旦破裂,人就会成为历史性的动物。因为,永不安宁的快乐原则作为涅槃原则的病态体现,正是那使人成为浮士德式的人的动力,而浮士德式的人乃是创造历史的人。一旦压抑作用不复存在,浮士德式的人的永不安宁的追求便走到了尽头,此时他便会感到满足地说'停留一下吧,你多美呀!'。"[1]

显然,如果历史是生与死的对抗的产物,那么使人走出历史这场噩梦的唯一途径就是重建生与死的统一。事实上我们看到,布朗正是怀着结束生与死的对抗的愿望来写作本书的。用布朗的话说,"生本能与死本能的重新统一只能被设想为历史过程的终结。"[2]"如果涅槃原则属于死本能而快乐原则属于爱欲,那么它们的重新统一便将是一种生命的安宁状态,而这将是一种完满的、无压抑的生命状态,是一种自我满足、自我肯定的生命状态,

---

[1] 原书第91页。
[2] 原书第91页。

而不是一种自我改变的生命状态。这样解释的话,精神分析便重新肯定了古老的宗教向往。"①布朗满怀热情地呼唤这种无压抑的生命状态,他说:"禀有浮士德性格的我们不可能正面想象'安宁''涅槃''永恒',而只能把它们想象为一切活动的停止,换句话说,只能把它们想象为死亡。但我们的理论探索与其说是要寻求死而毋宁说是在寻求生,只不过这种生已经把生与死统一了起来。"②

可见,布朗对"无压抑的生命状态"的向往,实际上是对一种宗教神秘主义境界的向往。基于这种向往,布朗不仅主张废除历史,对历史进行末日审判,而且主张取消时间,结束时间的暴虐统治。布朗说:"压抑作用……开创了历史的时间。压抑作用把没有时间性的本能重复冲动转变成向前运动的神经症辩证法,而这就是所谓历史……相反地,那未受压抑的生命……却并不处在历史性的时间之中。"③置身于历史与时间之外的生命是永恒的生命,它摆脱了时间的暴虐统治而逍遥于无所谓生死、无所谓时间的自然状态或游戏状态中。这的确不愧是一种古老的宗教向往,我们甚至可以从中辨认出庄子哲学的影响(布朗曾多次肯定道家的生命追求),而这种影响又是与基督教神秘主义(例如保罗的神秘主义思想、雅各布·波墨的神秘主义思想等)结合在一起的。布朗说:"未受压抑的生命是没有时间的或者说是永恒的。这样,精神分析学在把自

---

① 原书第90页。
② 原书第95页。
③ 原书第93页。

己的逻辑结论贯彻到底……的时候,就再次把古老的宗教向往搜集到了自身之中。永恒的安息日——那时间不再成为时间的时刻——就正是对这一状态的描绘,而这一状态正是在无时间性的本我(Id)中,强迫性重复冲动的终极目标。"①在布朗看来,时间也如历史一样,既是压抑作用的产物,又反过来作为一种压抑结构强化了对人的压抑。要摆脱压抑走向生与死的统一(无压抑的生命状态),要使人最终在时间之外获得完全的满足,就必须像废除历史一样废除时间。布朗说:"把时间予以取消的思想,对许多人包括对正统精神分析学家来说都不啻是荒唐无稽的胡言乱语……难道时间不是所有事物的本质吗?难道我们是天神,以致竟可以随意废除时间?但是,时间并不是事物之本质……(康德的)哥白尼式的革命使时间成为一个心理学问题而不是一个本体论问题,它因此成为精神分析学的研究对象。而且,正像叔本华看到的那样,它开启了人的心灵从时间的暴虐统治下解放出来的可能性,它暗示人的心灵一旦穿透现象的帷幕到达凭直观把握的实在,便会发现并不存在什么时间。"②

布朗废除时间的思想也像他废除历史的思想一样,是为了回到无忧无虑的童年时代。童年时代之所以始终令人向往,就因为在一定程度上,压抑作用还没有来得及把时间焦虑和生命的紧张追求强加给试图逃避死亡的人。在这个意义上,布朗可以说儿童生活于永恒中并享受着一种无忧无虑的生活。布朗引用精神分析学家马

---

① 原书第93页。
② 原书第93—94页。

里·波纳帕特的话说:"童年时代似乎在某种意义上逍遥于时间之外。童年时代……对儿童来说似乎就是永恒。"①这些说法表明布朗对童年时代的向往是出于对永恒的向往,而人对永恒的向往,说穿了,不过是人借以逃避死亡的一种方式。这样,布朗便陷入自相矛盾之中:一方面,他反对逃避死亡,主张像拥抱生活一样接受死亡;另一方面,他废除历史、废除时间的主张,又恰恰是为了逃避死亡。我们完全有理由追问:如果没有对死亡的反抗和拒斥,布朗又为什么不能像接受死亡一样接受历史和时间的"暴虐统治"呢?

当然,进一步思考便会发现,布朗之所以不能接受死亡,乃是不能接受人类在仇恨中走向毁灭。他似乎更希望人在爱中坦然地接受自己的死亡,而不要在压抑和仇恨中把自己的死本能转化为毁灭他人的冲动。历史已经过多地展示了人残杀自己同胞的嗜血倾向,因此,不能接受历史,本质上是不能接受人的杀戮倾向。在自然状态中,生与死的统一意味着生命冲动同时也是死亡冲动,爱欲的满足理应导致人坦然地、无怨无悔地接受自己的死亡。而在历史进程中,生与死的对抗却在压抑死本能的同时使死本能向外转化为一种针对他人的攻击性。在布朗看来,这种攻击性既是创造历史、创造文化的动力,又是毁灭他人、毁灭世界的威胁。换句话说,人是由于不能接受自己的死亡才通过压抑死本能而把死本能转变为对他人的攻击性和杀戮倾向的。布朗在本书序言中指出:

---

① 原书第94页。

处在历史过程中的人,"由于意识不到自己的真实欲望并因而不能获得欲望的满足,已经变得仇恨生活和准备毁灭自己。"这里所说的"自己",本来应该指他人,但由于他人反过来也可以把自己作为他人来消灭,所以消灭他人和消灭自己实际上是一回事。在本书的结尾处,布朗引用弗洛伊德《文明及其不足》中的话说:"人类制服自然的力量已达到这样的程度,以致凭借这些力量,他们现在已能够轻而易举地互相消灭直到只剩下最后一个人。"而唯一能够摆脱这种可怕前景的出路,似乎是坦然地接受自己的死亡,避免将自己的死本能转变为残杀他人的举动。

但是显然,在历史的结构中,布朗的这一幻想,也像他对于无压抑的生活的呼唤一样,乃是一种注定不能实现的乌托邦幻想。或许正因为如此,布朗才错误地把爱欲的全面解放,把无压抑的肉体生活,把自由的童年游戏视为人类的未来出路,并为我们勾画出了一个"坚强得足以去生并因而坚强得足以去死"的未来超人的形象。他的这一荒谬结论无疑是本书的巨大缺陷,但另一方面,他对历史、文化,特别是对人类心灵的深刻剖析,却不乏某些惊人的见解,并往往能给人以意义深远的启示。

作为一篇简短的译序,本文不可能完整勾画出原书的丰富思想,甚至上述基本思想的概括也完全可能是偏颇甚至错误的。相信读者在阅读此书的过程中定能根据自己的需要从中获得某些积极的借鉴。

本书是伍厚恺先生和我共同翻译的。全书序言和第一、二、

三、四、六部分由我翻译，第五部分由伍厚恺先生翻译。囿于学识和水平，加之时间仓促，译文难免有这样或那样的错误，尚望有识者不吝赐教。

冯川

序　言

　　由于感到有必要对人的天性和人的命运进行重新评估，我于1953年转向对弗洛伊德做深层研究。与我这一代人中的许多人一样，我从新教传统中获得的良心让我坚持认为，知识性的工作应致力于改善人的状况，而我赖以生存的政治信念则是今天已不再吃香的30年代的自由思想和自由行动。我们中那些天生不能接受政治上的罪恶、讥诮和绝望的人，被迫重新考察种种关于政治的性质、关于人性中政治性的经典假设。除非我确实错了，否则这种认为传统的思想学派已经变得陈腐不堪的感觉并不仅仅局限于那些与我有同样背景的人。这本书便是写给所有那些已经对旧的假设产生疑问并准备考虑种种新的可能性的人的。由于新的思想必然不同于旧的思想和我们所谓的常识，本书要求读者也像作者一样自愿把常识暂时搁置一旁。这样做的目的是发现一个新的视角，随之而来的则是面对当前的现实和过去的历史，以理论上的可能性去对照顽固的事实并对之做深思熟虑的评估。

　　但为什么要研究弗洛伊德呢？对任何一个恪守西方道德传统和

理性传统的人来说,要坚定地、毫不畏缩地正视弗洛伊德所说的那些话,都不啻是一种五雷轰顶的体验。要被迫承认这么多宏伟理想也有巨大的缺陷,乃是一件屈辱难堪的事情。至于去亵渎那些把种种缺陷遮掩起来的文明禁忌,则更是一种胆大妄为的行径。体会弗洛伊德的思想无异于第二次品尝禁果,因而本书不可能毫无罪过地将这种体会传达给读者。

这样做的目的是什么呢?在我们睁开眼睛之后,在无花果树叶不再能遮掩我们羞处的时候,我们便以充分的现实具体性,把我们目前的处境体验为一种悲剧性的危机。按照本书所提示的方向,一个开始变得明显的事实是,人在其所有躁动不安的奋斗追求和进步中,根本不知道他真正需要的是什么。弗洛伊德说得对,我们是意识不到我们真正的欲望的。同样开始变得明显的是,人类由于意识不到自己的真实欲望而不能获得欲望的满足,已经变得仇恨生活和准备毁灭自己。弗洛伊德假设死本能是正确的。毁灭性武器的发展,已经使我们目前的困境变得简单明了:我们只能与我们的无意识本能和驱力——生命和死亡——进行对话,否则,我们必将死无葬身之地。

但仅有弗洛伊德还不够。在弗洛伊德手中,精神分析是一个处于不断进步和完善之中的有生命的机体。在弗洛伊德死后,正统精神分析学已变成一种封闭的、几乎是学院式的体系,其本身也随着总体文化趋势而趋于陈腐和贫瘠。严格的研究表明,人们需要对精神分析的整个心理形而上学的基础做出新的解释。众所周知,正统精神分析学已不能从弗洛伊德后期的死本能概念中生发出什么新思想；甚至弗洛伊德早期的、被人们认为是精心建立起来的性欲理论、压抑理论和升华理论，也需要人们做出新的、进一步的解释。

在本书的第二部分到第四部分中，以"爱欲""死亡""升华"为标题，我对精神分析的若干重要概念进行了系统的说明、批判和重新解释。这一工作的艰难，可以从新弗洛伊德主义（neo-Freudianism）的浩劫中略见一斑。站在传统的道德观念和理性观念一边对弗洛伊德进行阉割，直到其完全与人们的常识一致，这当然是极其容易的事情，只可惜这时候已没有任何弗洛伊德的东西被保留下来。弗洛伊德的思想是反常识的，否则它便什么也不是。最艰巨的事情是跟随弗洛伊德进入他所探索的黑暗的地下世界并停留在那里；同时，在显然需要重新绘制他曾经率先绘制出来的地图时，还要有勇气不依靠弗洛伊德而进行独立的工作。

弗洛伊德主义的潜在危机是一种生存上的暧昧和社会关系上的含混。即使是弗洛伊德本人也没能避免这种暧昧和含混。私下里，弗洛伊德知道他手中掌握的东西要么一钱不值，要么能造成整个人类思想的革命；公开地，他所开创的精神分析运动仅仅是一种只能由职业性的专家掌握的治疗方法。这种治疗仅仅施之于少数有钱人。他们本来是于社会有用的人，后来却因为某种挫折或精神障碍受到了伤害。然而我们的目的不同。我们所关心的是使精神分析成为一种关于人性、人类文化和人类历史的更为广泛的一般理论，是使它在人类逐渐认识自己的历史进程中，被人类意识从整体上视为一个崭新的阶段。

弗洛伊德富于才能和人文精神，他试图纳入精神分析领域的不仅是神经症病人的种种问题，还有整个人类面临的种种问题。这一点特别表现在他关于文化的著作——从《图腾与禁忌》（1913）到《摩西与一神教》（1937）——之中。然而以人类总体神经症问题（我在本书第一部分讨论了这一问题）作为中心问题所可能产生的生存后果和理论后果，弗洛伊德却从未充分考虑过——在此之下，人类需要治愈的将是人类的总体神经症（我在本书第六部分尝试对此进行论述）。弗洛伊德确实还不具备充分的条件来完成这一朝向人类学观点的转变——不是在治疗室中，而是进入文化和历史之中，从人类罪恶与愚蠢的记录中获得第一手资料。这里需要的是对精神分析学、人类学和历史进行综合。而在这方面，基扎·罗海姆①的工作的意义仅次于弗洛伊德的先驱性工作的意义。新弗洛伊德主义心理学的灾难给我们的教训是：这种综合不可能通过调和精神分析与传统的学院派观点之间的分歧和差异来廉价地实现。我在本书第五部分考察了弗洛伊德学说中一个最奇怪的悖论给人类文化科学带来的革命性后果。

对精神分析所做的这种新的解释，其中一个十分重要的副产物便是重新解释弗洛伊德本人在学术史上的地位。只要仍然把弗洛伊德简单地视为个体治疗法的奠基人，便足以把他看作医学史的一部分，看作夏科和布洛伊尔的继承人。但如果精神分析代表着人类自我意识总体进程中的一个新阶段，那么，去发现和评估弗洛伊德与

---

① 基扎·罗海姆（Geza Roheim，1891—1953）：匈牙利出生的精神分析学家，是用精神分析学来解释文化的第一位人种学家。其重要著作有《澳大利亚人的图腾制度》和《精神分析与人类学》。——中译注

其他现代思潮之间的隐秘联系,就成了对人类现状所做诊断的一个组成部分。弗洛伊德与尼采学说之间不谋而合的亲缘关系是众所周知的。弗洛伊德本人也曾承认,诗人们先于他发现了无意识。

真正使人感到吃惊的,是在这一研究过程中发现的那些通常未被发现的亲缘关系:首先是弗洛伊德的方法与那种可以被称为辩证法的逻辑学中的异教传统所具有的亲缘关系;其次是弗洛伊德的学说与由雅各布·波墨①作为其最重要代表人物的神秘主义异端传统之间的亲缘关系。我在本书最后一章"肉体的复活"中较为一般地从总体上勾画了我的观点,即精神分析是形形色色的现代思潮(诗歌、政治、哲学)之间一个被漏掉的中间环节。所有这些现代思潮都深刻地批判了现代文明的非人性,所有这些现代思潮都不愿放弃对美好事物的希望。

这种想要更新精神分析,并通过更新精神分析而更新关于人性和人类命运的思想的努力,其结果便是这本相当怪诞的不合时俗的书。既然怪诞,当然就不可能"正确",但本书并不期求所谓"正确"。它所希望的仅仅是把某些新问题,把某些新的可能性引入公众意识。因此,本书的风格也是如此:修辞上的严谨并未冲淡其怪异悖谬。我毫不犹豫地追寻新思想,直到最终得出"疯狂"的结论,因为我深知弗洛伊德大约也已经"疯狂"。实际上,已经有某

---

① 雅各布·波墨(Jacob Moehme,1575—1624):德国著名的神秘主义哲学家。其重要著作有《曙光》《伟大的神秘》等。他因其思想不见容于世而备受迫害并曾在法庭上受审,但他也得到身为贵族、医生和文人的朋友们的敬重和保护。——中译注

些迹象表明：我的思想并不像它刚刚开始酝酿时（1953—1956）那么怪诞和不容于世。在这些迹象中，有赫伯特·马尔库塞的《爱欲与文明》（1955）。此书是自威廉·赖希命途多舛的学术冒险之后的第一本重新展望消除压抑的可能性的著作。

目 录

**第一部分
问题**

第一章	人是一种疾病	002
第二章	神经症与历史	011

**第二部分
爱欲**

第三章	性欲与童年	024
第四章	自我与他人	046
第五章	艺术与爱欲	065
第六章	语言与爱欲	083

**第三部分
死亡**

第七章	本能的二元论与本能的辩证法	094
第八章	死亡、时间、永恒	107
第九章	死本能与童年时期	137

第四部分
升华

第十章　升华在概念上的含混　　170

第十一章　治疗与文化　　181

第十二章　日神与酒神　　196

第五部分
肛门性研究

第十三章　排泄幻象　　223

第十四章　新教时代　　254

第十五章　肮脏的金钱　　293

第六部分
出路

第十六章　肉体的复活　　380

注释　　400

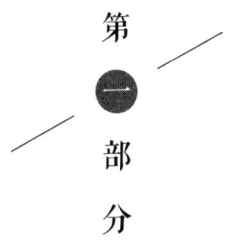

第一部分

问题

  进入弗洛伊德的思想,你不可避免地会感到恍若置身于一个陌生的世界和一种陌生的语言之中——这是一个病人的世界,这是一种可怕的被用作诊断的技术性语言。然而这个陌生的世界恰恰是我们大家实际生活于其中的世界。

第一章
人是一种疾病

有一个词如果能被我们理解,它便能成为开启弗洛伊德思想的关键。这个词就是"压抑"。诚如弗洛伊德所说,整个精神分析的大厦就建立在压抑理论之上。[1]弗洛伊德为研究他所说的压抑现象贡献了他的全部生命。弗洛伊德式的革命是对传统的人性理论和人类社会理论所做的激进修正——只要压抑被确认为事实,这种修正就是必要的、不可避免的。按照新的弗洛伊德式的观点,社会的本质是压抑个人,而个人的本质则是压抑自己。

考察压抑这一概念的最好办法是回顾弗洛伊德在做出这一假说之前所走过的道路。弗洛伊德的突破,是从一整套此前一直被视为没有意义——至少在科学界如此——的现象中发现了意义。这些现象包括:(1)精神错乱的"疯狂"症状;(2)梦;(3)种种可以被笼统地称为日常心理病理学的现象,如口误、过失和杂乱无章的思想。

弗洛伊德是在什么样的意义上认为神经症症状、梦和过失是有意义的呢？他当然是指这些现象是被决定的，是能够被给予一种因果性解释的。他严格地坚持要毫不动摇地忠实于心理决定论的原则，但他的意思并不仅止于此。因为，如果能够按行为主义的原理把这些现象解释为肤浅的观念联想的产物，那么这些现象就有了原因，但并无意义。有意义指的是事物表达了一种目的或一种意图。弗洛伊德的关键性发现，是发现神经症症状和日常生活中的梦与过失确实具有意义。而由于它们具有意义，那么"意义"一词的含义便必须被极大地修正。由于这些具有目的性的表达方式所表达的目的通常并不为表达目的者所知，弗洛伊德不得不考虑这样一种悖论，即人心中有种种不为自己觉知的目的，有种种非自觉的意图。[2]或者，用较为技术性的语言来讲，有种种"无意识的观念"。从这一观点出发，他开启了一个崭新的心理现实世界。关于这个心理现实的内在性质，我们也像对外部世界现实一样全然不知。我们通常所做的自觉观察所能告诉我们的，最多只能像我们的感官知觉所能告诉我们的关于外部世界的现实一样。[3]弗洛伊德据此把精神分析定义为"仅仅是发现了精神生活中的无意识而已"。[4]

然而弗洛伊德主义的革命并不只是在人的自觉意识之外假设了一种无意识的心理生活。另一个至关重要的假说是：某些无意识观念不可能以寻常的方式变为自觉意识，因为它们遭到意识的自我（the conscious self）的竭力否认和拼死抵抗。从这一观点出发，弗洛伊德可以说："整个精神分析理论事实上建立在对拒斥作用的发现上，每当我们试图使病人意识到他的无意识时，病人便行使这种拒斥。"[5]因此，无意识与意识之间的动力关系是一种彼此冲突的关系，精神分析彻头彻尾地是一门关于心理冲突的科学。

当个人拒绝把一种他自己的目的、意愿或欲望纳入他的自觉意识，并在这样做的同时在他自身中建立起一种与自己的想法相反的精神力量的时候，无意识领域便形成了。被个体拒斥了的意愿或想法仍然保留在他身上，而这种拒斥就是压抑。"压抑的本质很简单，它就是拒斥作用或将某种东西摒弃在意识之外的功能。"[6]用较为一般的话来说，压抑的本质是人拒绝承认其人性现实。受到压抑的目的和意愿仍然存留在个体心中，这一事实可由梦和神经症症状得到证明。梦和神经症症状是无意识对意识的入侵，但它们产生的却不是纯粹的无意识意象，而是两种相互冲突的体系的一种妥协，它们因此展示了心理冲突的现实。

没有压抑理论，无意识这一概念便成了玄妙难解的东西。正像弗洛伊德所说的那样，"我们从压抑理论中获得了无意识的理论"。[7]换句话说，无意识是"从动力学上讲不自觉地被压抑着的东西"。[8]在整个体系中，压抑是个关键词，这个词是经过挑选来指明一种建立在心理冲突基础上的动力结构的。弗洛伊德在说明心理压抑的性质时，从社会现象——如战争、警察制度——中援引和列举了一系列比喻和类比。[9]

从神经症症状、梦与过失到关于人性的一般理论，这中间似乎有一个飞跃。但即使承认这是一个飞跃，弗洛伊德也可以争辩说，他有资格去探索把一种从狭小领域中获得的假说应用到最广泛的领域中去的可能性。他可以冒犯世人，声称传统的人性理论是不能令人满意的，因为关于这些外围现象（peripheral phenomena），它们没有任何东西可说。除了弗洛伊德的理论，还有什么人性理论能对梦和神经错乱说出一点有意义的话来呢？难道梦和神经错乱真的是人类生活之外的可以忽略不计的因素吗？

然而事实是，弗洛伊德坚持认为，从神经症症状、梦与过失到新的人性的一般理论，并不需要再向前跃进，因为受压抑的无意识假说赖以建立起来的根据，本身就包含着这样一种结论，即这是一种普遍存在于所有人身上的现象。日常生活中的心理病理学现象，尽管从实践的观点来看是微不足道的，但在理论上却十分重要，因为它表明，无意识意愿已经闯入我们的日常生活，闯入人们公认的正常行为之中。

从理论上讲，更加重要的现象是梦，因为梦虽然也是一种"正常"现象，却不仅详尽无遗地展示了无意识的存在，还显示了压抑机制的存在（梦的检查制度）。既然同样的压抑机制也是产生神经症症状的原因，既然神经症患者的梦——这些梦是理解其神经症症状的含义的线索——在结构上和内容上均与正常人的梦没有什么不同，那么结论便自然是，梦本身就是一种神经症症状。[10]因此所有人都是神经症患者。至少，梦向我们表明，神经症患者与正常人只在白天有差别。既然日常生活中的心理病理学也显示出同样的机制，那么即使在"健康"人白天的清醒生活中，也显然渗透了无数的症状形式。因此，"正常人"与"非正常人"之间并不存在质的差别，仅有量的差别。这种差别仅仅取决于这样一个实际问题，即我们的神经症是否已严重到使我们丧失工作能力的地步。[11]

换用一种更为悖理的说法，或许能使我们更加接近弗洛伊德的观点。这就是，"神经症患者"与"正常人"之间的差别仅仅在于"正常人"的神经症具有社会通用的表现形式。总而言之，在引用一种更为技术性和更为小心谨慎的表达方式来表达同一定理时，弗洛伊德要说的是：从梦的研究中我们懂得了，神经症患者所采用的是一种业已作为一种正常组成部分存在于我们心理结构之中的心理机制，而非一种新的、由某些病理失调或其他原因创造出来的心理机制。[12]

因此，弗洛伊德的第一个悖论——存在着受到压抑的无意识——必然暗含着第二个更加重要的悖论：人类普遍患有神经症。这是精神分析的一座过渡桥梁。神经症并不是一种偶尔发生的反常或变态现象。它并不仅仅存在于别人身上，它就发生在我们身上，而且在任何时候都伴随着我们。它同样发生在精神分析师身上：弗洛伊德便是通过自我分析才发现俄狄浦斯情结并将它视为一切神经症的根源的。《释梦》是对苏格拉底的训诫"认识你自己"的一个了不起的运用和拓展。或者，换一种方式讲，人普遍具有神经症的教义是神学原罪教义的精神分析学翻版。

在弗洛伊德的基本假设中，最重要的一点是他指出了心理冲突的存在。不进一步详细说明这种冲突的性质和种种相互冲突的力量，上述假说就不可能成为有意义的公理。于是弗洛伊德在不同的层面上，从不同的角度，反复地致力于分析基本的心理冲突。现在且让我们从这些不同的陈述中抽取共同的核心和要点。

在我们开始表述弗洛伊德的压抑理论时，我们曾使用"purpose"

（目的、意向）一词来指称那些被压抑在无意识之中的东西。这个十分模糊、含混的词掩盖了一条基本的弗洛伊德定理。产生梦和神经症的心理冲突并不是由知性问题造成的，而是由目的、意愿、欲望造成的。弗洛伊德经常使用的术语"无意识观念"在这里可能会使我们迷失方向。但正像弗洛伊德所说的那样："只要我们考察的仅仅是记忆和观念，我们便始终停留在表面。在心理生活中，唯一有价值的是情绪。所有的心理力量只是通过其激发情绪的倾向才变得有意义。观念只在其与不被允许的情绪释放联系在一起时，才会受到压抑。所以更为正确的说法是，压抑仅仅涉及情绪，但这些情绪只有与观念结合在一起，才能为我们所理解。"[13] 弗洛伊德不倦地强调，梦在本质上是愿望的满足，它所表达的是受到压抑的愿望，神经症症状也是如此。

现在，如果我们把"欲望"（desire）作为这一系列术语的最适合的概括和抽象，那么一条弗洛伊德式的定理就是：人的本质并不是笛卡尔所说的"我思"，而是"我欲"。柏拉图认为人的"至善"（summum bonum）止于观照和沉思（亚里士多德也大体这样认为）。由于目的乃是任何定义中的基本要素，这就相当于说，人的本质就是观照或沉思。然而，与"人是沉思者"这一教义杂然并陈的，是柏拉图关于爱欲的教义。正像柏拉图在《会饮篇》和《斐德若篇》中反复论述的那样，爱欲的教义向我们暗示，人的基本追求是为他的爱找到一个满意的对象。"人是沉思者"和"人是爱欲者"这种暧昧不明的杂然并陈，也见之于斯宾诺莎和黑格尔的理论。西方传统的转折开始于对黑格尔的反驳。费尔巴哈和后来的马克思都呼吁放弃沉思的传统而主张他们所说的"实践-感性活动"。讨论这一概念的含义及其与弗洛伊德的关系，将会使我们离题太远。但是叔本华及其意志至上的思想——无论他本人对意志至上的竭力逃避会在多大程度上勾销他的思想——是一个里程碑，它标志着对伟大的、确实精神已相当不正常的西方传统——人的目标是尽可能地成为一个沉思者——的摒弃。弗洛伊德心理学将纯粹的沉思作为根本不存在的范畴予以摒弃。在他看来，只有愿望才能发动我们的心理机器。[14]

与这种把欲望视为人的本质的思想相关联，欲望被定义为其指向是获得快感、逃避痛苦的能量。弗洛伊德因而可以说，"我们的全部心理活动就是要获得快感和逃避痛苦，它自动地受快乐原则的调节",[15]或者，"简言之，正是快乐原则安排了生命想要进行的种种活动"。[16]在这一分析水平上，快乐原则中并不暗含复杂的享乐主义理论或任何关涉快感渊源的特殊理论。这是一个来自常识的假设，其含义正如亚里士多德的箴言——所有人都追求快乐。所以弗洛伊德说：快乐原则的目标是快乐。[17]

但是人追求快乐的欲望与整个世界相冲突。现实迫使人放弃对快乐的追求，现实使人的欲望受到挫折。快乐原则与现实原则相冲突，这种冲突即造成压抑的原因。[18]在压抑的状况下，我们存在的本质体现为无意识。只有在无意识中，快乐原则才是至高无上的统治者。梦与神经症症状表明：现实的挫折不可能摧毁我们存在的本质——欲望；无意识是人的灵魂的不可驯服、不可摧毁的要素。整个世界可以反对它，但是人仍然执着于这根深蒂固的欲望，热情地追求着快乐的正面实现。[19]

与此相反，人的自觉意识到的自我却通过拒绝承认和接纳欲望来建立起压抑机制。我们可以说，意识的自我是介于我们内在的真实存在和外部现实之间的生命的表层。意识的自我的核心，是心灵中负责从外部世界接收知觉的那一部分或那一体系。这个核心经由语言的力量获得了一个新的维度（dimension），从而使教育和文明化（acculturation）的过程得以进行。意识的自我是竭力适应外部环境和文化的器官。因此，它不由快乐原则支配，而由顺应现实的原则即现实原则支配。

我们在前面分析梦和神经症症状时曾说，它们是意识和无意识两种体系相互冲突的产物，但根据这里的观点，它们同样可以被视为快乐原则和现实原则相互冲突的产物。[20]一方面，梦、神经症症状以及其他那些无意识的显现方式，如幻想等，在一定程度上是对一种不可忍受的现实的逃避或疏远。[21]另一方面，它们又是对快乐原则的回归，它们是那些被现实否弃了的快乐的替代物。[22]在这由两种相互冲突的体系达成的妥协中，我们所渴望的快乐被减少、扭曲甚至转变成了痛苦。在压抑的状况下，在现实原则的支配下，我们对快乐的追求被降格为一种症状。[23]

然而，说现实或现实原则导致了压抑，这仅仅是明确了问题，并没有解决问题。弗洛伊德有时把现实原则等同于"生存斗争"，仿佛压抑最终可以被解释为某些客观的工作需要和经济需要。[24]但人是经由文化或社会的中介造成他自己的现实和各种各样的现实（以及各种各样的工作冲动）的。因此我们有充分的理由说，是社会向人征收了压抑这种赋税。当然,甚至这一公式,在弗洛伊德的早期著作中,也是与一种不成熟的思想联系在一起的,这就是:社会对人实施压抑,只不过是在为种种客观经济需要立法。这种天真的、理性的社会学与弗洛伊德对精神分析的早期表述是一致的。就如我们将会看见的那样,弗洛伊德在他后期关于焦虑的学说中,正在趋向这样一种立场,这就是:人是一种压抑自己的动物,是一种创造出文化或社会来压抑自己的动物。当然,说社会强行行使了压抑,这也只是提出了问题,并没有解决问题,但它所提出的问题是个大问题。因为如果是社会强行行使了压抑,而压抑又引起了普遍的人类神经症,那么顺理成章的便是:在社会组织和神经症之间存在着一种固有的内在联系;人这种社会动物是患有神经症的动物。或者,像弗洛伊德所说的那样,人优于其他动物之处就在于他能够患神经症,而他这种能够患神经症的能力,只不过是他能够创造和发展文化的另一种说法而已。[25]

弗洛伊德因此得出了与尼采完全一致的结论:"人是一种疾病。"[26] 但弗洛伊德是通过一种科学的方法,是通过对神经症的研究达到这一结论的。神经症是文明或文化的一种基本结果。这里又有一个严峻的课题,尽管那些软心肠的弗洛伊德信徒和批评家总是试图回避或压抑这一课题:我们必须从治疗学的角度,不仅把那些我们所讨厌的外族文化分析为一种神经症,而且必须把我们自己的文化分析为一种神经症。

第二章
神经症与历史

"所有人都是疯子"这一说法，似乎与历史上关于人性和人的命运的看法相冲突。它似乎抹杀了所有的文化差异与所有的历史变迁。它把一切多样性都吞没在黑夜中，而在黑夜中，所有的猫都是黑猫。但这种反驳忽略了弗洛伊德神经症理论的丰富性和复杂性。

首先，存在各种不同种类的神经症，每一种都有一套不同的症状。在受压抑的东西与自我和现实之间，每一种神经症都有不同的关系结构。因此，我们必须回到单个文化的多样性和复杂性，像弗洛伊德在《文明及其不足》中那样，设定这样一种假说，即文化的多样性必然伴随着神经症的多样性。"如果文明的进化与个体的发展具有如此深刻的相似性，如果同样的研究方法同时适用于这二者，我们难道就不能做出这样的诊断吗——种种文明制度，或各个文明的时代，甚至整个人类，都在文明化进程的压力下变成了'神经症'？在对这些神经症进行分析解剖后，我们或许能提出一些治疗上的建议。这些建议理应引起人们巨大的兴趣。"[1]

更何况，弗洛伊德的一条基本定理就是：每一种单独的神经症都不是静止的而是动态的，它是一个历史进程且有其内在的逻辑。由于神经症所达成的妥协在本质上基本不能令人满意，受压抑的因素与行使压抑的因素两者之间的紧张状态便会持续下去，并不断地产生一连串新的症状形式。这一连串症状并不是一种无形式可言的纯粹衍变——它展示出一种退行模式（regressive pattern）。弗洛伊德把它称为受压抑因素的缓慢回归。他说，神经症疾病的一条规律就是，这些固执的行为会越来越趋近原始冲动，越来越趋近原始的、受到禁止的行为本身。[2]因此，只要我们认真看待人类普遍患有神经症这一学说，它就会迫使我们接受这样一种假说：历史的模式显现出一种迄今尚未被历史学家认识到的辩证法——神经症的辩证法。

重新解释人类历史并不是精神分析学的一种附属功能，而是整个精神分析学的一个有机组成部分。迫使弗洛伊德在精神分析领域内理解整个人类历史的，是这样一个经验事实：那些在梦和神经症中显现出来的主题，都实实在在地符合和等同于人类宗教史中的（仪式的和神话的）重大主题。神经症理论与历史理论之间的中介环节是宗教理论，这一点在《图腾与禁忌》和《摩西与一神教》中展现得最清楚。

这一中介环节同时影响着它所联结的两端。弗洛伊德不仅坚持认为人类历史只能被理解为神经症，他还认为，个人的神经症只能被放在整个人类历史结构的框架中去理解。弗洛伊德在《摩西与一神教》(1937)中说,从他写作《图腾与禁忌》(1913)的时候起,"我从未怀疑过,我们只能按照个体的神经症症状模式去理解宗教现象。"[3]他在《摩西与一神教》中做了如下类比。"在种族的历史中,发生了某些类似于在个人生活中发生的事件。这就是说,人类作为一个整体也经历了那些具有性欲和攻击性性质的冲突。这些冲突留下了持久的痕迹,但绝大部分被消除和遗忘了。此后,经过长期的潜伏,它们又重新出现在生活中,并创造出种种在结构和倾向上与神经症症状相似的现象。"[4]

这种类比使弗洛伊德形成了他关于"远古遗产"(archaic heritage)的思想。在同一种意义上,人是过去的囚徒,就像"癔病患者正深受其记忆之苦"和神经症患者"无法逃避其过去"[5]一样。因此,一切文化戴在其文化遗产上的枷锁是一种神经症枷锁。反过来讲,弗洛伊德终于认识到,个体的神经症的核心,就是这种"远古遗产",就是这种"先前若干世代的经验和记忆痕迹",而这些东西"只能从种系发生学的角度去理解"。[6]产生神经症的是受到压抑的无意识,但这不是个人无意识,而是集体无意识。弗洛伊德拒绝采用荣格的术语,但他仍然说:"不管怎样,无意识的内容终归是集体的。"[7]个体成长史重复了种系发生史——每一个个体都重演了人类的历史。在童年的最初几年中,"我们不得不跨越从石器时代的原始人到今天的文明人这一漫长的距离"。[8]由此,神经症理论必须包括历史理论。反过来讲也是如此,历史理论必须包含神经症理论。

精神分析必须把宗教既视为神经症,又视为试图在神经症本身中意识到神经症和治愈神经症的努力。弗洛伊德在他生命的暮年最终把他治疗神经症的希望寄托在这一点上。人们通常认为精神分析主张取消宗教，认为它把宗教视为由愿望性思维创造出来的充满谬误的体系。在《一个幻相的未来》中，弗洛伊德确实说过宗教是一种"替换性满足"（substitute-gratification）。这有些类似于马克思的公式："麻醉人民的鸦片"。但从整个压抑学说来看，这些"替换性满足"——这一说法不仅被运用于诗歌和宗教，也被运用在梦和神经症症状中——包含着真理：它们虽经压抑而变形，却是人心中不朽欲望的表现。

精神分析对宗教的正确看法体现在《摩西与一神教》中。在这本书中，弗洛伊德着手从犹太教和基督教中寻找历史真实和心理真实的碎片。甚至马克思在他说出宗教是"麻醉人民的鸦片"这一著名公式的同一段话中，也说过宗教是"被压迫生灵的叹息"，是"这个无情世界的心灵"。[9]然而由于马克思没有压抑和无意识这些概念，也就是说，由于他还缺乏发现人类心灵奥秘的准备，所以他不可能发展暗含在这一警句中的思想。精神分析有足够的手段来研究人心中的奥秘，它一定会发现宗教是这一奥秘的核心。然而精神分析要想超越宗教，除非它认为自己是在完成宗教试图完成的事情，即使无意识的东西成为意识的。这样精神分析就成了关于原罪的科学。它的处境决定了它只有在发现了真理之后，才能指出宗教的谬误。

人们都不否认在弗洛伊德的早期著作（特别是《图腾与禁忌》）中，除了许多后来在《摩西与一神教》中得到发展的思想外，在精神分析与历史之间的关系上，还存在着另外一条思想线索。这一思想线索提出了个体成长史是以不同的方式重复种系发生史的观念。精神分析认为，历史并非神经症，而是走向成熟的过程，或者说，人的成熟不是返回被压抑的幼儿神经症的过程，而是超越和战胜这一神经症的过程。实际上，弗洛伊德把他本人对个体心理—性欲阶段的构想，同19世纪那些与孔德和弗雷泽同类的、具有进化论思想的思想家对历史阶段的假设联系了起来。所以他在《图腾与禁忌》中提到，万物有灵（animistic）阶段无论在时间上还是实质上都相当于自恋阶段；宗教阶段则相当于对象发现（object-finding）阶段，这一阶段的最高形式是对父母的依赖；至于科学阶段，则相当于个体的成熟，在这一阶段中，个体由于放弃快乐原则而接受了现实，致力于在外部世界中寻找其对象。[10]

这一思想路线是18世纪的乐观主义和理性主义在弗洛伊德身上的残余。在这种思想路线中，历史不是变得越来越病态的过程，而是变得越来越聪明的过程。早期的弗洛伊德（如果我们忘记后期的弗洛伊德的话）便这样为大多数精神分析学家所坚持的那种相当天真朴素的传统主义历史观做了理论上的论证和辩护。但这种思想路线不仅不足以成为历史，也不足以成为精神分析学。它从属于弗洛伊德早期的精神分析学体系，与他早期的本能理论和他早期的（和传统主义的）自我理论相关联。

的确，要完成弗洛伊德后期著作中略显轮廓化的历史研究，还涉及众多难题。弗洛伊德本人在那段把文化与神经症关联起来的文字中，接触到了问题的核心。他在那段话中指出，需要形成一个

"正常"文化或健康文化的概念,以此来衡量历史记载下来的种种神经症文化。[11]从本书采用的观点来看,形成这样一个概念,乃是摆在精神分析学和历史学面前的核心问题。正因为缺乏这样一个概念,才使得历史学家和精神分析学家(罗海姆除外)无力追随弗洛伊德的开拓性努力。

但如果说历史学家们无力追随弗洛伊德,诗人们却理所当然地抢了弗洛伊德的先。举例来说,在德国诗人黑贝尔①的下面这段话中,难道就没有一种至今尚未被探索过的真理吗?——"难道人们就如此难以承认,德国民族迄今根本就没有生命显示自身的历史,而只有一种病态的历史吗?"[12]这并不仅仅是德国民族的问题——德国民族通常不过是背负着西方世界所有罪过的替罪羊而已。詹姆斯·乔伊斯说:"历史是一场噩梦,我正尝试着从中醒来。"[13]除诗人之外,尼采也抢了弗洛伊德的先。尼采的《道德的谱系》为把世界历史理解为日益严重的神经症历史做出了第一次尝试。尼采和弗洛伊德在历史的神经症中发现了同样的动力机制——一种由压抑导致的不断加剧的罪疚感。尼采的名言——"世界作为疯人院已经太久太久!"[14]——堪与《文明及其不足》的阴郁结论相比较。"如果文明是一个从家庭群体到人类群体的不可避免的发展过程,那么罪疚感的强化……将不可分离地与文明交织在一起,或许直到罪疚感增长到个体无法承受的程度。"[15]

历史学家感到必须以精神分析学来研究历史是由于这样一个

---

① 黑贝尔(Friedrich Hebbel,1813—1863),德国诗人,戏剧家,在创作中偏爱复杂的心理问题。——中译注

问题：为什么在所有的动物中，只有人有历史？因为，人不同于动物并非仅仅由于他具有那被称为文化的超生物性器官（apparatus）并使之代代相传，也由于——如果历史和时间中的种种变化是人类文化的本质特征并因而是人的本质特征的话——他具有改变他的文化并以此改变他自己的愿望。人在创造历史的同时创造了他自己，因而历史过程是靠人渴望成为他所不是的东西的欲望（desire to become other than what he is）来支撑的。人渴望成为某种不同的东西的欲望，本质上是一种无意识欲望。历史中实际的变化，既不是由造成这些变化的人的自觉愿望所导致的，也不与这些自觉愿望相符合。每一个历史学家都懂得这一点，而历史哲学家黑格尔则在其"理性的狡计"的说法中，使这一点成为其对历史进行结构分析的基本点。人类今天仍在继续创造历史，却不曾自觉意识到自己真正需要的是什么，以及在什么样的条件下，自己的不幸福、不快乐才能终止。事实上，人类今天的所作所为，似乎正在使自己更加不幸福、不快乐，人类还把这种不幸福、不快乐称为进步。

基督教神学，或至少是奥古斯丁的神学，认识到人的躁动不安和永不知足（cor irrequietum[①]）是历史过程的心理根源，然而基督教神学为了解释和说明人的永不知足的起源，为了提出一种解脱方案，却不得不使人脱离这个现实的世界、脱离动物王国，并向人灌输种种辉煌壮丽的幻象。这样，基督教神学便犯了它自己认为最坏的一种罪，即骄傲之罪。

[①] 拉丁语，意为"永不安宁的心灵"，出自奥古斯丁。——中译注

弗洛伊德在《一个幻相的未来》中对宗教所做的批判，是说明真正的谦逊属于科学。他提到，真正的谦逊要求我们从哥白尼那里懂得人类世界并不是宇宙的目的或宇宙的中心；从达尔文那里懂得人是动物王国的成员；从弗洛伊德那里懂得人的自我（ego）甚至在它自己的家中也并不是自己的主人。[16]至于人为什么是躁动不安的和永不知足的动物，除了精神分析学之外，简直就没有任何世俗的或科学的理论关注这个问题。永不知足的动物是患有神经症的动物，是天性中有不能从文化中得到满足的欲望的动物。从精神分析学的观点来看，撑持着历史过程的正是这些未满足、受压抑又永恒持久的欲望。历史是在我们的自觉意志之外形成的。形成历史的不是理性的狡计，而是欲望的狡计。

历史之谜不在理性之中而在欲望之中，不在劳动之中而在爱之中。与马克思的理论进行对照会有助于阐明弗洛伊德的理论。众所周知，在马克思主义中，人的本质被认为是劳动。弗洛伊德与强调历史中"经济因素"重要性的马克思主义者并没有发生过争论，他曾称赞马克思主义"对作用于人的理智、伦理和艺术反应的人的经济状况的决定性影响有清楚的洞察"。[17]在弗洛伊德看来，工作和经济上的需要是现实原则的本质，但是人的本质不在现实原则中，而在受压抑的无意识欲望中。不管经济上的需要多么紧迫地压在他的身上，人就其本质而言并不是"**经济的人**"（homo economicus），并不是"劳动者"（homo laborans）。无论为面包所进行的斗争有多么痛苦，人并非仅靠面包而生。

因此，弗洛伊德与历史提出的这一问题是有关的：在"经济福利"和"征服自然"之上和之外，人到底需要什么？马克思把人的本质说成是劳动，他追溯劳动在历史中的辩证运动直到劳动废除了历史。于是在马克思的乌托邦里就有了一个空白。除非根本没有什么乌托邦，除非历史绝不会被废除，除非劳动像浮士德那样不断被驱向更大的成就，否则人的本质就必须有别的更真实的定义。弗洛伊德提出在劳动之外还有爱。如果在劳动之外、在历史的终点有爱的话，那么爱一定从历史开始的时候就始终存在于那里，它一定始终作为潜在的力量为劳动和创造历史提供所需的能量。从这一观点来看，受压抑的爱欲乃是历史的能量，而劳动必须被视为升华的爱欲。以这种方式，一个不曾被马克思正视的问题，经由弗洛伊德的帮助而得以被正视。

马克思主义是一个社会学体系。"经济因素"的重要性是一个需要由社会学家加以解决的社会学问题。弗洛伊德本人如果作为一位社会学家来发表意见的话，他可以说，通过强行实行压抑，"社会的动机在根本上是经济的动机"。[18]精神分析学与"经济决定论"之间的分歧发生在经济决定论背后没有公开说出的心理假定上。因此，这种分歧只有在我们从社会学迈向心理学，从"社会"这一抽象概念迈向具体的个人的时候才会发生。问题的焦点不是经济学的重要性，而是经济学的心理学。尽管马克思本人比较复杂、深刻，但是他并未摆脱经济决定论者通常没有说出的假定，这就是，支撑着经济活动的那些具体的人类需要和动机，恰恰就是它们所表现出来的那样并且已经被充分地意识到。功利主义者所理解的"自我保存"和"快乐"，总结了暗含在诸如"经济需要"和"人的需要"这类范畴中的心理学理论。

然而人的需要并非如其表现出来的那样,证据就在于人有历史这一事实。人在历史中的那种浮士德式的躁动不安和永不知足表明:人并不由于其自觉欲望的满足而满足;人意识不到自己的真实欲望。因此,历史的心理学只能是精神分析式的。

马克思毕竟对此问题有所思考,但由于他缺乏受压抑的无意识欲望这一概念,他只能提出这样一种历史心理学,即判定人永远具有浮士德式的不满足感,并排除任何获得幸福的可能性。人需要一种心理学上的逻辑前提,这样才能解释他为什么总是倾心于技术上的进步并以此维持劳动在历史中的辩证运动。由于缺乏压抑理论(或毋宁说由于不能把人视为一个心理学上的谜),马克思——正像一位与其有同感的批评家所指出的那样——转向了生物学并假定了这样一条绝对的人类生物学定律:人的种种需要的满足必然导致新的需要的产生。[19]如果人的永不满足确实是由其生物性所决定的,那这种不满足就不可治愈。这样一来,马克思在其乌托邦中所设想的"历史的废除"(the abolition of history)和"经济的富有"就全都不可想象了。正因为如此,《资本论》第三卷中才笼罩着悲观主义的黑云,他在那里这样写道:[20]

> 正像野蛮人必须与自然界作斗争以满足自己的种种需要,以维持自己的生存和对自己的生命进行再生产,文明人也不得不在各种形式的社会中和在各种生产方式下与自然作斗争。自然需要的领域随着他的发展而扩大,因为他的需要增长了,但

与此同时，生产力也在增长，这些需要正是通过生产力的增长而得以满足的。

但马克思对历史中的"进步"的生物学基础所做的假设，的确相当于承认，他不可能对之做出心理学的解释。

精神分析学可以提供一种关于"进步"的理论，但这只有在它把历史视为神经症的情况下才做得到。通过把人视为神经症动物，精神分析学不仅设定了人具有浮士德式的性格，而且解释了其缘故。让我们引用弗洛伊德的话来说明这一点：[21]

> 那种表现为……趋向更完美境界的永不疲倦的冲动，可以很容易地被理解为一种本能压抑的结果。这种本能压抑构成了人类文明中所有最宝贵的财富的基础。被压抑的本能从未停止过为求得完全的满足而进行的斗争，这种完全的满足在于重复一种原始的满足经验。任何替代机制或反现作用以及任何升华作用，都将不足以消除这种受压抑的本能的持久不衰的紧张状态。

此外，精神分析学还提供了一种理论框架，以探索走出无止境的"进步"和无止境的浮士德式的不满这种噩梦的方式与可能性，以探索走出人的神经症和走出历史的方式与可能性。对于患神经症的个人而言，精神分析治疗的目的是将他从过去的重负下解放出来，从历史的重负下解放出来。这重负迫使他保持疾病状态。精神分析治疗所采用的方法，是深化个人的历史意识（"填补记忆的空白"），直到他像从一场噩梦中醒来那样从自己的历史中醒来。作为一般的人类意识的一个更高的阶段，精神分析意识同样可以成为历史意识——这种自文艺复兴以来一直蛊惑着西方思想的日益深广的寻根运动。如果历史意识最终转变为精神分析意识，那么已死的过去紧紧抓住方生的现在的那只手就会松开，人就有希望去生活而不是去创造历史，去尽情享受而不是去偿还旧债，人就有希望进入那本来是生成（Becoming）之目标的存在（Being）状态。

第一部分

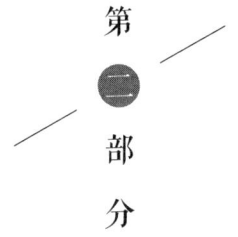

爱欲

弗洛伊德提出两种本能（爱欲与死本能）的基本假设，来概括人性中受压抑的那些力量的一般性质——这些力量由于其与肉体的关联而为人性所固有。尽管受到压抑和不曾被人们所认识，但是这些力量确实是创造人类文化的能量。认识它们的存在，就是重新解释人类文化。人类文化于是重新与人的肉体相关联。爱欲创造文化，爱欲是肉体的性本能。

第三章
性欲与童年

正如我们在第一章中看见的那样，我们只有在受压抑的无意识欲望中，才能找到存在的本质，才能发现我们患神经症（只要现实是压抑性的）的缘由，才能知道一旦现实中的压抑不存在了，我们可能变成什么样子。弗洛伊德对无意识所做的探索，其结论可以概括为两条：（1）我们身上受压抑的欲望是在童年时有过的欲望，那时它未受到压抑；（2）它们是性的欲望。

在分析神经症症状和梦的时候，弗洛伊德发现，它们中始终有一个向童年时代的早期经验复归或退行（regression）的"硬核"。然而根据关于压抑的全部假设，与无意识发生冲突的意识乃是教育的产物。由此顺理成章的便是，儿童在某种意义上是无压抑的。或者换句话说，在儿童身上，意识与无意识尚未分离。因此我们很自然地便可以推论：成人在从压抑性现实逃向梦和神经症的时候，是在退回他自己的童年，因为童年代表着压抑发生前的一个较为幸福的时期。[1]进而言之，弗洛伊德发现对神经症症状的分析总是不仅把人引向患者的童年，而且把人引向患者的性生活。神经症症状不仅被用来代替被现实否认、抛弃的快乐，而且更严格地讲是被用来代替被现实否认、抛弃的性满足。但由于这样显示出来的性欲望大都属于所谓"反常"或"变态"一类，所以对神经症的分析就需要建构一种性欲理论。这种理论将既能说明变态的性欲，又能说明正常的性欲，而且能将这两者都追溯到其童年时期的起源。[2]

弗洛伊德据以建构和扩展其基本假设的定理是：正常成人的性欲模式并非一种自然的（生物性）需要，而是一种文化现象。正常成人的性欲模式——男人和女人的互爱以及这一模式的所有变体——代表了人的机体中某些固有的可能性的一种特殊组合。作为从猿到人转变标志的社会组合，它使这种性的组合成为可能。与此同时，这种性的组合也使那种社会组合成为可能。人的性欲组合与其社会组合是如此深深地相互关联，以致我们竟不能说孰先孰后，只能假定两者是同时发生的进化（无论是突变的还是渐进的）。

从猿到人的转变中，其关键性的制度（那联结人的性欲组合与社会组合的链环）是父母身份（parenthood）和对处在完全无能为力的依赖状态中的子女的长时间的抚养。[3]父母身份意味着某种类型的家庭组合，而家庭组合是社会组合的核心。这些人类学中的公理被弗洛伊德接受并纳入其理论结构。弗洛伊德的原创性在于他注意到延长了的父母身份和延长了的幼儿依赖期对父母和子女的性生活所产生的后果和影响。只要涉及父母，显而易见的便是：当成人的性欲被用来服务于喂养子女这一对社会有用的目的时，它对个人来说在某种意义上已不再是快乐的源泉——按弗洛伊德的说法,即不再是最大的快乐。成人的性欲,就其受到那些专为维持家庭制度而设计的规则的限制而言,就其寻求性满足的愿望因要维持一个对社会有用的制度而被转移和利用而言,清楚地证明了快乐原则对现实原则的服从。这种服从就是压抑。而这种服从(或压抑)由于受到人的无意识本质的拒斥和抵制而导致了神经症。[4]

延长了的幼儿期造成了更加深远的影响。一方面,个体在幼儿期由于父母的照料而避开了现实的严酷。幼儿在这一时期享有特权,他没有任何责任感并且不受现实原则的辖制。这种特许的无责任感允许并促成了人的基本欲望在快乐原则的标志下无压抑地达到"早期繁荣"[5]。另一方面,幼儿客观上对父母,特别是对母亲的依赖又促成了一种对现实的依赖态度,造成了一种需要被人爱的消极依赖。这种对爱的消极的依赖和需要影响了他此后的所有人际关系。[6]这种心理上的脆弱,此后被用来发展对社会权威的服从和对现实原则的服从。

这样,延长了的幼儿期便从两个矛盾的方向上塑造人的欲望:一方面,在主观上,它使人完全沉溺于摆脱了一切现实限制的快乐之中;另一方面,在客观上,它使人完全无能为力地依赖于他人。这两种倾向后来发生冲突是因为:对自由和纯粹的快乐的早期体验,此后必然要屈服于对现实原则的认识。那时,父母作为权威将以"否则就要撤回父母之爱"相威胁而迫使个体就范。由于快乐原则是被迫违背个人的本意和基于儿童所不理解的理由,并且是在一种能重新产生其对于无能为力的依赖感的原始体验(焦虑)的情况下屈服和就范的,所以这种屈服和就范只有通过压抑才能办到。正因为如此,它便造成个人终生不愈的心理创伤。然而在无意识中,受到压抑的梦想仍完全沉溺于对快乐的向往中。这种向往是人的普遍的神经症的核心,是人的躁动不安和永不满足的核心,是圣·奥古斯丁所说的"永不安宁之心"的核心。这种由实际上的无能和幻想中的万能所产生的冲突,也是普遍的人类历史的基本主题。在个人经历中的冲突和人类历史中的冲突中,关键的东西是爱的意义。

由于弗洛伊德对精神事物的肉体起源的直率和执着,他的理论的出发点不是爱而是性。但一个人若要讨论他称之为儿童性生活的问题并坚持认为吮吸大拇指也具有性欲意义,他就必须对所说的性欲下一个特殊的定义。事实上,弗洛伊德对性本能下的定义表明,他所说的性欲是某种非常普遍的东西。它实际上是人据以追求快乐的能量或欲望,只是在它进一步特异化之后,对快乐的追求才成为人体某个器官的愉快活动。弗洛伊德把产生这种快感(他称它具有性感性质)的能力归于身体表面的所有部位甚至归于内在器官。这种能产生快感的器官可以是生殖器,可以是嘴(如在吮吸拇指的活动中),也可以是眼(如因看见什么东西而兴奋)。[7]如果说以上这些就是性,那么肯定不会有多少人否认,婴儿确实也有性生活,人们甚至可能承认,这种意义上的性生活,乃是婴儿活动的首要目标。婴儿天生地专注于自己,专注于自己的身体:他们生活在对自己的眷恋中。用弗洛伊德的术语来说,他们的心理取向(orientation)是自恋取向。婴儿对生活的严峻(现实原则)全然无知,因此除快乐原则外,他们不知道还有别的指导原则,并因而把自己身体的愉快活动作为他们唯一的目标。个体在童年期的确较少遭遇生活中的严峻的事情，因而在从自己身体的活动中获得快感的方面，儿童的确远甚于成人。正因为如此，弗洛伊德的性欲定义中包含着这样一种设想，即幼儿有比成人更丰富的性生活。

即使我们承认儿童确实追求自己在身体方面的愉快活动，我们可能仍难以理解，为什么要把这种追求称为性的追求。对这一问题的回答是：弗洛伊德试图为成人的性行为提供一种历史既往的发生学上的解释，因而才把成人的性行为追溯到其童年时期的起源。由于从根本上把个体心理理解为进化着的历史和被历史决定了的事物，弗洛伊德在总体构想上只能拒绝设想成人强烈的性欲是青春期从乌有之乡突然冒出来的。此外，梦与神经症症状所提供的证据，也不容怀疑地表明成人被压抑的性欲确有其童年起源。这样一来，当说到寻求身体快感的幼儿模式时，也就相当于说，这种幼儿模式是后来发展为成人性行为的那种模式。弗洛伊德于是发现：这一假说不仅解释了性主题为什么在受压抑的无意识（在梦和神经症症状）中占有显著的地位，而且说明了成人的性变态是怎么回事，因而补足了一种圆满的性欲理论所缺少的基本的东西。

如果正常成人的性行为模式是从幼儿在人体所有部位的愉快活动中得到的欢快中生长出来的，那么，最初那种从身体方面获得快感的十分广泛的能力，后来却在范围上变得狭窄了，它仅仅集中在一个特殊的器官（生殖器）上并且从属于一个不是从快乐原则而是从现实原则中获得的目标。这个目标就是生殖。在弗洛伊德的术语中，这就是生殖器功能。这样，正常成人的性行为（用弗洛伊德的术语来说，即生殖器结合）就成了幼儿性行为某一组成部分的"专制独裁"，这种"专制独裁"压抑其他组成部分并使之从属于自己。[8]（我们在后面会看到，生殖器结合不是由性本能建立起来的，而是由死本能建立起来的。）然而正常成人的性行为模式，只有在被放逐的幼儿性行为模式继续与之相伴而存在于受压抑的无意识中并与之冲突的情况下才能存在。

以正常成人的性行为标准来判断，遭到放逐和抛弃的那些幼儿性行为方式是变态的性行为方式。像正常成人的性行为一样，成人性变态也是经过很好地组合的"专制独裁"，它们也以过分夸大的方式集中于人体众多具有性感潜力的区域中的一个区域，而这些区域在幼儿时期全都被积极、主动地探索过。这种"专制独裁"以及正常性行为与变态性行为之间的密切联系，可以在以下事实中得到解释：各种各样的性感活动，一旦被用来取代正常的性行为，就会被称为性变态；如果这些活动仅仅作为正常性行为的先行准备而附属于正常性行为，就会被认为是合法的。与此不同的是，儿童往往以无政府主义的自由方式，一视同仁地探索人体所有的性感潜能。[9]用弗洛伊德的话说，儿童是多形态的性反常（polymorphously perverse）个体。如果说以正常成人的性行为标准来衡量，幼儿性行为是性反常的话，那么以幼儿性行为标准来衡量，正常成人的性行为则是对人体性感潜能的一种非自然的限制。

弗洛伊德把正常成人的性行为（生殖器结合）视为非自然的专制暴行的思想，由于与我们通常的思维方式大相径庭而需要进一步阐述。我们通常把正常成人的性行为模式视为由自然给予的生物性需要。换句话说，我们承认性行为服从于生殖目的是事情的自然状态。那么，弗洛伊德又在什么样的意义上把这称为非自然状态呢？难道服从于生殖功能不正是所有性行为——不仅包括人类的性行为，也包括动物甚至植物的性行为——的根本特征吗？成年动物也有弗洛伊德所说的生殖器结合，那么弗洛伊德会不会说在这种情况下，生殖器结合也是一种非自然的专制暴行呢？

这些诘难把我们引向人与动物的区别这一根本问题。精神分析学必须坚持人与动物有着质的不同这一观点。但人与动物的这种不同建立在一种或许仅有量的意义的现象上，那就是人这个物种奇怪地延长了他的幼儿期。对人来说，幼儿期的延长和青春期的推迟，使幼儿性欲有了一个较长的走向成熟的时期，与此同时，父母的关心照料又使其免于现实原则的辖制而得到庇护。在这些条件下，幼儿性欲获得了充分的发展而没有任何其他物种的动物堪与之匹敌。正因为如此，人的性生活便有着内在的冲突，而其他动物没有。在人身上，幼儿性欲始终受到压抑，从未获得充分的发展。压抑（以及随之而来的神经症）遂使人不同于其他动物。由于人的奇特的幼儿期使人对幼儿性欲模式怀有终生的忠诚（即固着作用），所以生殖器结合便成为一种"专制独裁"。

这样，弗洛伊德的幼儿性欲理论便成了他的神经症理论的一个重要组成部分。正因如此，他才把这一概念放在与压抑概念和无意识概念同等重要的位置上，并说，精神分析学能否站得住脚，就取决于"性功能"这一概念的广泛含义能否等同于"生殖器功能"这一概念的狭窄含义。[10] 我们不打算在这里讨论幼儿性欲这一概念在治疗师对那些神经症症状已影响其正常生活的人进行精神治疗时所具有的价值。这里更重要的是：幼儿性欲这一概念，为理解人类普遍存在的神经症，为理解人的终极天性和终极命运，开辟了广阔的前景。

在弗洛伊德的幼儿性欲理论中，包含着对生殖器功能的批判和对以生殖器性交——"自由的爱"与性高潮——作为性欲问题之解决方案的含蓄拒斥。这不仅是对戴·赫·劳伦斯的含蓄批评，也是对弗洛伊德本人的那些肤浅的追随者的含蓄批评，甚至是对某些杰出的追随者如亚伯拉罕、赖希、芬尼切尔——他们曾将"生殖器特性"理想化为摆脱人类神经症的出路所在——的含蓄批评。芬尼切尔曾说："经由生殖器的性高潮而获得充分满足的能力，使性欲的生理调节成为可能，并因而释放了蓄积起来的本能能量，结束了其对个人行为所产生的不良影响。"[11]这种在生殖器中寻找解决世界性问题之方案的做法，已经使精神分析学蒙受了太多耻辱。人们从历史和从个人经验中都能获得比这更好的知识。分布在精神分析道路两旁的陷阱是多么危险啊！我们可以从赖希的悲惨生涯中一目了然。作为一个对精神分析的社会学意义有敏锐洞见的人，他不慎在幼儿性欲理论上失足，最终把性高潮赞颂为解决所有社会疾患和肉体疾患的万能良方。

弗洛伊德在生殖器行为中看到了冲突：在他的早期理论中，这种冲突是快乐原则与现实原则的冲突；在他的后期理论中，这种冲突是爱欲与死本能的冲突。他在性行为中区分了前快感（fore-pleasure）和后快感（end-pleasure）。前快感是事前准备性的对身体所有部位的抚玩，它表明了幼儿性欲这种纯粹多形态的变态抚玩是多么持久。后快感则存在于性高潮中，它纯粹是生殖器的和后青春期的（post-pubertal）。

从弗洛伊德的观点来看，在性行为中，前快感从属于后快感乃是一种妥协。在这种妥协中隐藏着我们心中永恒的童年欲望①与现实原则的冲突：我们心中永恒的童年欲望追求纯粹多形态的游戏，而现实原则把生殖器结合强加给我们。教父的说法"post coitum omne animal triste"②虽然并不完全正确，但是对人这种动物来说是正确的。甚至在性行为中，我们心中永恒的童年欲望也由于生殖器结合的独裁暴政而受到挫折。因此，人们才试图在某些神秘主义实践中推翻生殖器结合的统治。正像弗洛伊德所说的那样，神秘主义能够"把握到自我和本我中较深的层面，而这些层面是人们平时难以抵达的"。[12]异端的基督教教派亚当派③便试图在这种生活中重新获得亚当堕落之前的无罪状态。他们实行"coitus reservatus"，即没有高潮的性交，也即纯粹的前快感。[13]李约瑟如果懂得精神分析学，他就不会因为在道教神秘主义中"'coitus reservatus'竟被认为对心理健康具有如此高的价值"[14]而感到十分惊奇。

对弗洛伊德来说，不仅正常成人的性欲，而且我们全部受压

---

① 原文是"the immortal child in us"，这里姑且译为"我们心中永恒的童年欲望"。——中译注

② 拉丁语，意为"一切动物结合后都是忧愁的"。——中译注

③ 亚当派（Adamites）：早期基督教教派，2世纪出现于北非。主张恢复亚当犯罪前的无罪状态，举行礼拜时完全裸体；认为为了不使原罪遗传下去应取消婚姻。13世纪在奥地利、荷兰，15世纪在波希米亚和莫拉维亚出现的类似教派，有时也被称为亚当派。——中译注

抑的潜在的终极本质，其线索都隐藏在幼儿性欲之中。但这一说法并不能被我们坦然接受。无知与恐惧作为压抑的必然结果，与那种认为我们全是灵魂而无肉体的高贵幻想相结合，便造成了每当我们认真考虑性欲这一话题的时候，我们总是以这种或那种理智的方式逃避的局面。如果说我们毕竟还有某种不同的态度使我们能对这一话题保持开放的心胸，那么某些特殊的细节也是我们所不能接受的，于是我们便不能不以厌恶或取笑的态度来回避这一话题。当我们听别人说，幼儿性欲是一种多形态的性反常时，我们很可能根本就不愿意听。尽管弗洛伊德强调多形态的性反常是我们最深层的欲望模式，但我们不可能认真地考虑他的这一说法。

如果我们想摆脱由"反常"这种说法所引起的偏见，如果我们试图客观地分析幼儿性欲在其本质上是什么东西的话，我们就必须重新回到关于幼儿性欲的定义上来。幼儿性欲是对快感的追求，这种快感是经由人体任何器官的活动而获得的。在这样的定义下，我们的所有欲望，我们存在的终极本质，便不过是通过人体的活跃的生命活动所获得的愉快。如果再审视一下幼儿性欲中种种"反常"成分的特殊性质，我们便能更清楚地看出这正是弗洛伊德的意思。这些"反常"成分包括来自触觉、视觉和肌肉活动的快感，甚至包括对痛苦的渴望。[15]因此，当弗洛伊德在其后期著作中增加了"生本能"这一术语作为同义词来指称他在其他场合称之为"性本能""爱欲""力比多"的那些东西时，他的观点是前后一致、始终不变的。弗洛伊德对人的终极本质的看法，与威廉·布莱克的看法并没有什么不同。布莱克曾说："能量便是唯一的生命，能量来自肉体……能量是永恒的欢乐。"[16]就像在压抑理论和无意识理论中一样,在力比多理论中,弗洛伊德也没有发明出什么新奇的东西,而更多地是以理性的科学的方式把握住了某些直觉。这些直觉在现代思想史和浪漫主义时代曾一直缠绕着诗人和哲学家的想象力。

弗洛伊德和布莱克是在断言:我们存在的终极本质在无意识中始终是秘密地忠实于快乐原则的。这种说法无异于对我们西方道德赖以建立的基础和心理假设提出了质疑。两千年来,一种体系化、制度化的努力一直在把人变成一种苦行禁欲的动物。然而人始终是寻求快乐的动物。父母的管教约束、宗教对肉体快感的恫吓、哲学对理智生活的推崇,这一切仅仅在表面上使人变得驯顺,而在暗地里,在无意识中,人始终是不相信这一套的(正因为如此,人才变成了神经症动物)。人始终不相信这一套是因为他在童年时代尝过生命之树上的果实,他知道它的美好滋味,他永远忘不了它的美好滋味。

弗洛伊德同时也是在断言:尽管两千年来的教育一直要人们相信人本质上是一颗灵魂,它追求囚禁在肉体中的神秘而偶然的理性,但是实际上,人始终无可救药、冥顽不灵,并且始终暗自认为自己首先是一个肉体。我们受到压抑的欲望并非空洞地追求欢乐,而是具体地追求我们的肉体生命在获得实现时所产生的欢乐。在弗洛伊德认为至关重要的童年早期阶段,儿童还不能区分灵魂与肉体。用弗洛伊德的话说,他们自己便是自己的理想。[17]儿童同样不能区分自己身体的哪一部位具有更高级的功能或更低级的功能,而这种区分对于文化、现实原则和生活中的严肃事业而言却是基本的。儿童在这个时候还没有获得羞耻感——根据圣经故事,正是这种羞耻感把人类逐出了乐园,假若他要重新回到乐园,他便需要放弃这种羞耻感。[18]神经症症状,以及这些症状对种种变态行为和下流行为的固着,显示出我们存在的无意识本质拒绝接受肉体与精神的二元论哲学。

如果我们正确地理解弗洛伊德关于幼儿性欲的学说,就会知道它在本质上是对儿童时代的天真无邪这一宗教主题和诗歌主题的一种科学改造和科学陈述。弗洛伊德当然既不主张回到这种天真无邪的状态,也不认为这种返回是做得到的事情。他不过是说,童年时代始终是人的不可摧毁的向往。他的悲观主义最终建立在无法知道这种向往如何能与人的另一种同样深刻的追求——对文化和文化进步的追求——相调和之上。据此,我们完全有理由说弗洛伊德是以绝对的严肃态度采纳了耶稣的这一说法:"除非你变成幼小的孩童,否则你不可能有希望进入天国。"作为一种宗教理想,儿童时代的天真无邪已经开始抵抗理性神学传统的同化。圣弗兰西斯和雅各布·波墨这样的神秘主义者和异端分子曾使基督的这一理想成为他们自己的理想。布莱克和里尔克这样的诗人曾确证过这一理想的世俗有效性。卢梭曾试图以哲学的理性术语来把握这一理想。弗洛伊德则把它表述为科学心理学不可缺少的基本公理。

这一童年概念使弗洛伊德能把握住人类活动的基本形式。这是具有世界范围的活动形式,它超越了听命于现实原则的经济活动和生存斗争。儿童一方面追求快乐,另一方面则十分活跃。他们的快乐即寓于人体的活跃的生命之中。那么，这种从工作中解放出来、从人生严肃的事务中解放出来、从现实原则中解放出来的活动模式究竟是什么呢？答案是：童年时代的游戏。[19]

弗洛伊德所指的并不仅仅是传统上习惯性地被认为是儿童游戏的那些活动。他也对他坚持认为是性行为和性反常行为的那些儿童活动（吮吸大拇指是其原型）进行了结构上的分析。按照弗洛伊德的说法，在早期阶段，儿童不可避免地总是把自己的身体作为自己的性对象。在这样做的时候，他抚玩自己的身体并以此作为一种游戏。这种活动是受快乐原则而不是受现实原则支配的。游戏是这种活动的本质特征。游戏"是无目的的，但在某种意义上又是有意义的"。[20]如果我们说游戏是具有爱欲性质的活动方式，其意义仍然是一样的。游戏在生命的欢快中把人与其所爱对象结为一体，就像游戏在正常成人的生殖器性行为中所发挥的作用一样。按照弗洛伊德的说法，我们存在的终极本质是具有爱欲性质的，它需要按照快乐原则来行动。

这样，弗洛伊德便把席勒在《审美教育书简》中所得出的著名结论放进了他的科学之中。这结论是："人只有在他是真正意义上的人的时候才游戏；只有当他游戏的时候，他才完完全全是一个人。"萨特则从另一角度说："人一旦领悟到自己是自由的并希望运用自己的自由……此时他的活动便是游戏。"[21]萨特之所以欣赏游戏这一概念是因为他关心着存在的自由；席勒之所以欣赏游戏这一概念是因为他关心着人的审美天性。但是在基督教宗教传统的思想框架中，在笃信基督教救赎观念和肉体复活观念的文化氛围

中，例如在新教神秘主义神学的源头雅各布·波墨那里，人们的思想也同样能够抵达游戏这一概念。下面这段话引自布林顿：[22]

> 通过使意志优越于理智，波墨的体系很难给"summum bonum"①——它是一切行动的最后目标——的性质下一个定义。意志的本质是有目的的行动，然而这一行动却是由匮乏和需要发动的。这样我们又怎么能使行动成为最后的目标呢？波墨的回答是把完美的状态称为"游戏"。生命在游戏中充分而完满地表现着自己。以游戏作为最后的目标意味着生命本身有其内在的价值……当波墨说上帝的生命就是生命本身的时候，他是把生命视为"游戏"的……亚当本来应该满足于在乐园中与大自然游戏。"就像上帝游戏于这个外在世界的时间一样，内在的圣人也应该在这个世界所显示出来的上帝的奇迹中，游戏于这个外在的世界，并从一切造物中开启神圣的智慧。"当这种游戏变成了严肃认真的事情时，亚当便堕落了。

波墨具有神圣的天真，因而能够认真地看待基督教对肉体复活的许诺，即人在自身肉体中达到至善至美的许诺。正像布林顿所说的那样："波墨听见了神圣的乐曲，但既不是从新教天使们的合唱中听到的，也不是从教会格利戈里派的颂诗中听到的。对于他，这仙乐就是所谓'永恒创世的欢乐游戏'。"[23]换句话说，波墨既

---

① summum bonum，拉丁文，意为"至善"。——中译注

没有把人的完美和幸福放在新教所说的来生中，也没有把它放在天主教的圣事中，而是把它放在使肉体生命成为欢乐游戏的一种转换之中。

像雅各布·波墨这种类型的异教神秘主义者，实在应该获得多于他们从世俗人道主义者那里获得的赞誉。现代世俗的人道主义知识分子基本上追随着柏拉图和笛卡尔陷入了这样一种疯狂的妄念，即认为人的真正本质就在于与肉体分离的精神活动。哲学家竭力要在理论上克服精神与肉体的二元对立，但由于他们自己实际的所作所为是在追求纯粹的精神生活，所以他们背叛了自己的初衷。哲学家的唯理主义倾向只是使他们误入歧途，而神秘主义者的非理性倾向却使他们能够在时机尚未成熟的时候便牢牢把握住真理。现在时机或许已经成熟，神秘主义者可以打破其把所有事情都看得过分暧昧的偏见，理性主义者也可以打破其把所有事情都看得过分清晰的偏见，他们可以共同进入心理现实这一王国之中。

游戏是自由的、完美的和令人满意的人性的基本活动方式，这种教义对于社会重建具有明显的内在意义。一百多年前，空想社会主义者傅立叶便试图设计出把工作转变成游戏的未来社会结构。在马克思的某些早期著作中，我们可以看到傅立叶的影响。这些早期著作呼吁废除劳动，以此作为实现真正自由和富于人性的人类活动的必要前提。这些乌托邦式的推论遭到现实主义者的嘲笑而不被认真考虑。确实，只要现实主义者通过其对原罪教义所做的特殊解释证明他们的子孙后代都注定要像他们自己一样不幸福、不快乐，他们便显然有权嘲笑。但历史正在把以游戏的精神认识人类社会和认识人类天性这一问题,从一种推导的可能性转变为一种现实的必然性。今天,最富于现实主义精神的社会批评家正强调:人正越来越与自己的工作相疏远;现代技术正使人面临大规模失业(即从工作中解放出来)的可能性;人类天性正越来越无力自由地运用闲暇,正越来越无力游戏。

20世纪最伟大和最现实的经济学家之一约翰·梅纳德·凯恩斯早就对我们时代的这一危机做出了诊断。在一篇写于1930年、名为《我们子孙的经济前景》的论文中,凯恩斯提出了这样一个命题:由于现代技术的进步,人类正在解决其经济问题,而这个问题"迄今一直是人类——不,不仅是人类,而且是整个生物王国——从生命以其最原始的形式开始出现以来最重要、最紧迫的问题"。[24]凯恩斯对这一情形做了下述思考:

> 这样,为了解决经济问题,我们在天性上(在我们所有的冲动和最深邃的本能上)确实有了明显的进化。经济问题一旦得到解决,人类便失去了其传统的目标。
>
> 这是一件好事情吗?毕竟如果谁相信这是人生的真实价值,那么它至少提供了某些有利的机会。然而我担心的是普通人不得不重新调整其生活习惯和生本能。这些习惯和本能是在无数世代中养成的,现在却必须在几十年中被统统放弃。
>
> 用今天的话来说,我们会不会面临一场全面的"精神崩溃"?我们对此已经有所领教——在英国和美国的中产阶级妇女身上,这种精神崩溃已经司空见惯。这些不幸的女人,她

们中的许多人都被自己的财产剥夺了其传统的工作和职业乐趣——当不再有经济需要作为刺激的时候,她们便不再能够从做饭、洗衣、缝补等工作中找到足够的乐趣,同时又完全不可能找到其他更有乐趣的工作。

而对那些必须辛勤工作才能有一口饭吃的人来说,闲暇一直是他们最渴望的糖果——直到他们得到了这一糖果。

一位年老的女佣人曾经为自己写过这样的墓志铭——

朋友们,别为我悲伤,别为我哭泣,

因为我从此用不着再做任何事情。

这便是她的天堂。像那些渴望得到空闲的人一样,她渴望在静静的倾听中度过她的时光,因为在她的诗中还有另外两行——

天堂将响起赞美诗和甜蜜的音乐,

但我将不再必须歌唱。

这是对那些必须唱歌才能使人生变得可以忍受的人而言,但在我们这些人中,这样的人微乎其微!

这些沉思在凯恩斯心中激起一种忧虑。他写道:"没有一个国家和民族能够不怀恐惧地展望一个富足和悠闲的时代。"

从弗洛伊德的观点来看,普通人不得不对其习惯和本能进行必要的调整,这当然是一件非常可怕的事情。尽管如此,我们却有凯恩斯所没有的乐观理由。在凯恩斯看来,生活的艺术(在一个富足和悠闲的时代,生活的艺术将必然取代积累生活手段的艺术)乃是一门困难的艺术，它需要优雅的感觉，就像布卢姆斯伯里团体①中的人所具有的和在维吉尼娅·伍尔芙②的作品中变得不朽的那种感觉。所以，凯恩斯怀着恐惧展望普通人从工作中解放出来的前景。然而从弗洛伊德的观点来看，每一个普通人，早在其童年时代便品尝过游戏带来的天堂般的滋味。在每个人的工作习惯下面，有着不朽的游戏欲望和游戏本能。未来的人所赖以形成的基础，已经存在于人的受到压抑的无意识之中。这一基础无须从乌有之中凭空创造出来，只需要我们去重新发现并加以恢复。自然（或历史）在给我们树立一个目标的同时，也赋予了我们达成这一目标的装备。

但游戏的概念并非只是一个用来做出末世预言和社会批判的工具。就像所有有价值的末世学概念一样，它也能够被用来进行历史的分析和人类学的分析。胡伊青加③在《人：游戏者》中对弗罗贝尼乌斯④给人类文化所下的定义做了进一步的发挥，把它说成"eins aus dem natürlichen Sein aufgestiegenen Spieles"（德语，意为"一个从自然存在中升华了的游戏"）。他证明了在所有人类文化活动的

---

① 布卢姆斯伯里团体（Bloomsbury group）：指1907—1930年间经常在伦敦不列颠博物馆附近的布卢姆斯伯里区的克莱夫·贝尔和瓦尼萨·贝尔夫妇家里以及瓦尼萨的兄妹艾德里安·斯蒂芬和维吉尼娅·伍尔芙家里聚会的一些英国作家、哲学家和艺术家。凯恩斯本人也是这些聚会者中的一员。——中译注

② 维吉尼娅·伍尔芙（1882—1941）：英国著名女作家，著名作品有《出航》《达洛威夫人》《到灯塔去》《浪》等长篇小说。——中译注

③ 胡伊青加（Huizinga，1872—1945）：荷兰历史学家，其成名作为《中世纪的衰落》。——中译注

④ 弗罗贝尼乌斯（Leo Frobenius，1873—1938）：德国人种学家，率先采用文化历史的方法对人种学进行研究。他曾把文化视为生物学意义上的生命体，并将其分为青年、壮年、老年几个阶段。——中译注

基本范畴中——在宗教、艺术、战争、法律、经济活动中——都存在着游戏这一不能省略的非功能性成分。胡伊青加暗示，文明的进步压抑了文化中游戏的成分。他含蓄地指出：游戏是人类鲜明而独特的活动方式，而文明的进步已经使文化变得非人化。

以经济行为为例，原始经济行为中的游戏成分是十分明显的，无论是波特兰奇宴会①中的名望竞争还是兴高采烈地围成一圈互赠礼品，其游戏的成分都是十分明显的。或许，原始经济行为与文明化了的经济行为的区别就在于，在这种经济行为模式中，游戏成分和快乐原则优先于追求最大利益的理性算计，也就是说，优先于现实原则。更一般地讲，社会学以种种名称——原始的和文明的、民间的和都市的——加以区分的文化中的这两个层面，完全可以从心理学上来加以区分。原始文化乃是这样一种文化层面，在这一层面，弗洛伊德称之为原初过程（the primary process）的韵律和节奏——梦的节奏和童年游戏的节奏——占统治地位。文明文化则是这样一种文化层面，它有效地压抑了原初过程的韵律和节奏，以迎合理性和现实原则。探索这一假说的任务属于精神分析人类学的任务。

在功利主义的理性倾向和现实原则所取得的胜利中，在现代经济行为所取得的胜利中，难道就没有游戏的成分吗？50年前，索斯

---

① 波特兰奇宴会（Potlatch）：美洲印第安人为显示财富以证实或提高个人的部落地位或社会地位而举行的正式宴会，以主人大肆捣毁私人财产和炫耀性地分发礼品为特点。——中译注

泰因·凡勃伦①在《有闲阶级论》一书中，揭示了金钱角逐中非理性的心理动机，证明了经济竞争（不是在理论上而是在实践中）从心理学角度看，乃是与野蛮的掠夺性战争竞技一脉相承的"所有权竞争"。[25] 最近，经济学家在不再认为理性的功利主义的男人范型能够解释经济行为的现状的同时，在赌博和竞技理论中发现了其最具成果的另一种范型。[26]

那么，精神分析学要对胡伊青加和凡勃伦的说法做一些什么样的补充呢？文化中的游戏成分为精神分析学的升华理论提供了有力的证据。精神分析学的升华理论把"较高的"文化活动视为对失去的童年乐趣的替换和补偿。费伦齐对"金钱作为一种升华"所做的精神分析学研究的最后结论是：对金钱的追逐不仅受现实原则的制约，同时受快乐原则的制约。[27] 费伦齐的结论得到了《竞技理论与经济行为》一书的支持。

进一步讲，为了给文化中的游戏成分下定义，采纳精神分析学中受压抑的无意识这一概念似乎是十分必要的。它似乎是文化中游戏成分的基本特性。例如在"所有权竞争"中，它既是无意识的游戏，又绝不是纯粹的游戏。换句话讲，它具有和神经症症状一样的心理结构。按照弗洛伊德的理论，受压抑的本能注定要以神经症症状的形式，以快乐原则和现实原则之间所达成的妥协的形式重现。神经症症状是"替换性满足"，它们给人以快乐，但又仅仅是神经症的快乐。对文化作为神经症游戏的进一步的精神分析学研究，有

---

① 索斯泰因·凡勃伦（Thorstein Feblen，1857—1929）：美国著名经济学家。——中译注

赖于运用升华这一困难而又矛盾的概念。在本书的后面，我们将回到这一概念。而在这之前，我要提醒读者的是，在把文化、经济活动或竞技活动分析为游戏或爱欲的显现时，如果不同时考虑弗洛伊德所说的攻击性本能（凡勃伦所说的"掠夺本能"），那么即使我们说得温和一点，也至少是片面的。

我们不可摧毁的渴望回到童年时代的无意识欲望，我们根深蒂固的童年执着，乃是一种渴望回到快乐原则、渴望回到文化使我们与之疏远的肉体、渴望回到游戏而不是工作的欲望。然而，童年时代不可能再现，失去的乐园不可能重新获得，因为儿童对自由的体验和对快乐的专注有一个致命的缺陷：它们不可能与现实原则达成妥协（在本书后面，我们会看到，人——儿童和成人——不能与之达成妥协的现实乃是死亡）。儿童的快乐世界和游戏世界是靠愿望建立起来的。这些未受到现实原则禁止的愿望只能通过非现实的、幻觉式的实现来获得满足。通过一种基本的机制，通过使愿望获得实现的思维——这种思维也存在于成人的白日梦和幻想中，儿童便能够创造出一个使梦想成为真实、使愿望成为万能的世界。基于同样的缘故，人的爱欲生活中的这种早期繁荣便基本上始终停留在主观方面。它无法抵达客观世界。儿童只能把自己和自己的身体作为自己所爱的对象。用弗洛伊德的话说，儿童的性欲基本上是自恋式的。弗洛伊德的现实主义精神使他不能追随神秘主义者和浪漫主义者而无视现实原则对人提出的要求。儿童倾向虽然是灿烂辉煌的，但是是没有出路的。

因此，弗洛伊德最后面临着现实原则和我们的无意识欲望两者之间的矛盾。这正是弗洛伊德的悲观主义的渊源，也是任何对弗洛伊德持严肃、认真态度的人所面临的核心问题。任何对弗洛伊德持严肃、认真态度的人，都必须追随他去对人的童年欲望做最仔细的解剖——用弗洛伊德的话说，就是对人的幼儿性欲做最仔细的解剖。按照弗洛伊德的说法，甚至早在童年时代，人的爱欲便已经走出自身而在外部世界中找到了它的第一个对象——母亲。只有当我们对这种对象爱进行分析，弄清了它是如何发生的、它的目标是什么之后，我们对爱欲（哪怕是童年爱欲）的分析才算得上是完整的。

第四章
自我与他人

不同于动物家庭，人类家庭的婴儿在严酷的生活现实中受到父母照料的时间被延长了。在这种受庇护的情况下，人类天性中的爱欲潜能得到了发展，但这种发展是在一种与人类生活现实大相径庭的非现实氛围中进行的。因此，当这种早期繁荣最终面对现实原则时，它便不得不屈服于压抑作用。尽管处在压抑状态中（或毋宁说正因为处在压抑状态中），这种对爱的早期体验仍然以一种不朽的梦幻的形式、以人类天性中一种不可摧毁的要求的形式永远伴随着我们。我们在梦想中渴望回到的童年体验是一种对快乐的体验，而返回快乐原则乃是人类天性中不可摧毁的要求。但返回快乐原则是否就是人类天性所需要的一切呢？从弗洛伊德的观点来看，这一追问就像追问童年性欲是否超越了单纯的快乐一样。

正常成人的生殖器性欲，无论是在肉体交合的感官水平上还是在热恋中情感升华的水平上，都显示出性本能有超越肉体快感而寻求以某种恰当的方式与对象结合起来的倾向。但正像我们所看见的那样，正常成人的性欲模式可以与人类爱欲的本质特性完全无关。如果我们要问，与对象的一种怎样的关系才是童年性欲模式所固有的，那我们就必须接受弗洛伊德反复申明的这一观点：童年性欲在外部世界中寻找对象时遵循两条不同的途径，展示出两种不同的使自己与对象建立关联的方式。

弗洛伊德最常用来指称这两种关系的术语，一个是"认同作用"（identification），一个是"对象选择"（object-choice）。他给认同作用所下的定义是"渴望与另一对象一样"，给对象选择所下的定义是"渴望占有另一对象"。在他的行文中，认同作用似乎是孩子们爱其父亲的方式，而对象选择似乎是孩子们爱其母亲的方式。[1]正是经由认同作用和对象选择这种自然倾向，爱欲才构建起家庭，并使之反过来为一切社会组织提供了模型。通过认同自己的父亲，儿童吸取和接受了父亲的道德标准并使之成为自己的道德标准（超我），从而，爱欲通过其固有的认同倾向成为道德的源头。

为了理解弗洛伊德所说的认同作用和对象选择，我们必须深入研究这两个概念并真正弄清楚为什么人会采取这两种方式而且只能采取这两种方式去爱现实对象。毕竟，并不是人人都能轻易地理解：爱一方面是渴望与所爱的对象一样，另一方面是渴望占有所爱的对象。

从对象爱是以儿童对母亲的爱为原型这一公理出发，弗洛伊德指出：儿童与母亲的关系首先是儿童为了生存而依赖于母亲的关系，是由于基本的经济需要而建立起来的关系。在弗洛伊德最早指出的两大基本本能中,性本能与对象的关联是以自我保存本能所做的选择来完成的。弗洛伊德因此称对象选择——其原型是儿童对母亲的爱——是"需要依赖另一本能"的,也就是说,它需要依赖非性欲的自我保存本能。对象选择的这种"需要依赖另一本能"的特性——它与自我保存本能的关系、它对经济的需要、它的依赖性——为"为什么它的基本目标是占有对象"这一问题提供了解释。弗洛伊德还发现了另一种与这种依赖性的对象选择完全不同(其不同不仅见之于神经症和性变态,而且见之于正常女人的爱欲倾向)的选择方式。在这种选择方式中,儿童所爱的目标不是母亲,而是自己。主体渴望爱自己,并通过爱一个与自己相似的对象,或找到一个以自己渴望被爱的方式来爱自己的对象来满足自己的自恋。把第二种类型的爱与儿童爱自己和爱自己身体的总体趋向联系起来考虑,弗洛伊德将第二种对象关系称为"自恋式的对象选择"。所以,他曾在一些著作中提出"自恋式的对象选择"和"依赖式的对象选择"。这两个术语与他后来使用的"认同作用"和"真正的对象选择"(或"对象投注")是相对应的。在总结这一区别的时候,弗洛伊德认为人生而持有两个性欲目标:他自己和关心他、照料他的女人。[2]

弗洛伊德对认同作用和对象选择所做的区分、对自恋式的对象选择和依赖式的对象选择所做的区分,经受不起严格的考察。他不可能始终坚持认为认同作用与儿童对父亲的爱有关,对象选择与儿童对母亲的爱有关。他不得不同时提到儿童对父亲的依赖和对母亲的认同。[3]但问题的关键不在于人们在应用这些观念时所产生的混乱，而在于这些观念本身的混乱。仔细考察弗洛伊德自己提出的前提和论据，我们会发现，在人与外部世界的对象之间只存在一种爱的关联，即一种与世界结合为一体的关联。这种关联不仅接近于弗洛伊德所说的自恋式关联（认同作用），而且是他的另一观念——占有式的爱（对象选择）——的本质。

如果爱仅仅寻求与外部对象的认同，那么占有就不是爱的本质特征。我们的批评针对的是弗洛伊德把"真正的对象选择"视为一种基本的、渴望占有被爱者的欲望的想法。"真正的对象选择"基本上是依赖式的，这一事实理应使我们怀疑它是否是一种真正的爱。因为依赖意味着爱走的不是自己的道路，而是出于经济需要所选择的道路，它服从于依赖性这一事实，服从于现实原则这一总体原则。所以，正像弗洛伊德本人坚持认为的那样，这种爱欲模式建立在性本能和非性本能的融合之上。在弗洛伊德把两种本能假设为性本能和自我保存本能的阶段，弗洛伊德实际上把对象选择视为依赖于自我保存本能并从自我保存本能那里获得了活力的性本能的登场。在他把两种本能假设为爱欲和攻击性的阶段，他认为当个体试图占有其所爱对象时，对象选择便不可避免地具有攻击性成分。[4]

更何况，弗洛伊德本人对占有式的爱（对象选择）及其对母亲的爱的原初模式所做的分析，也显示出其爱欲目标不是占有而是与对象结为一体。我们已很难对这种结为一体和他所说的认同的概念进行区分。弗洛伊德所说的认同指的是孩子在与母亲的乳房以原初模式关联之后所产生的渴望以合二为一的方式与世界结为一体的那种欲望。[5]与此同时，他认为与对象合二为一乃是正常成人之爱

（即对象选择之爱）的目的。[6]如此一来，他对对象选择和认同作用所做的区分便宣告瓦解。这二者都是合二为一或与世界融为一体的投射，而其原型则是孩子与母亲乳房的原初关联。所以弗洛伊德说："一开始，在个体存在的原始的口腔阶段，我们是很难区分对象选择与认同作用的。"[7]与此一致的是，他声称正常成人之爱的目标是回到这种"原始状态"，"在这种状态中，对象力比多（即依赖式的对象选择）和自我力比多（即自恋式的对象选择）不可能被区分开"。[8]

弗洛伊德在其后期著作中越来越强调个体对母亲的早期依赖阶段的重要作用。在这一背景下，他发现有必要做出这样的结论：对母亲的爱，其本质是被爱的需要。[9]但是，如果是这样的话，那么人对母亲的爱本质上便是自恋式的，因为他曾说："被爱乃是自恋式的对象选择的目的所在和满足所在。"[10]在弗洛伊德的后期著作中，有不止一处显示出他对依赖式的对象选择和自恋式的对象选择所做的区分站不住脚，以及他想收回这一区分时所遭遇的失败。"你们还记得精神分析学在依赖性之后谈起过的那种对象选择吗？力比多根据自恋的需要而将自己附着在那些能使这些需要得到满足的对象之上。"[11]

对认同作用和对象选择所做的这种区分的瓦解，使爱仅剩下一个基本的目标。这个目标超越快感，那就是与所爱的对象融为一体。弗洛伊德本人曾一再注意到认同作用和对象选择的可互换性。为了解释抑郁症中的自我惩罚机制和超我中的自我惩罚机制，他提出了这样一种假说——我们只有在认同于所失去的对象的条件下，才能放弃一个被爱着的对象（对象选择）。[12]以认同作用来取代对象选择的这一过程，其实是不难理解的，只要我们不再坚持认为它们是二元对立的，不能合二为一。因为，正像弗洛伊德所说的那样，我们认同于所失去的对象，是通过将其内投或合并到自我之中，这种合并不是真正的合并，而是通过使我们自己像它来把它融合到自我之中。

但既然与对象融为一体正是对象之爱（他恋）的目的所在，那么选择就不是在认同作用和对象选择两者之间进行的，而是在积极主动地认同于对象和消极被动地重新塑造自我（以便在自我中树立起一个用来代替所失去的对象的替代物）之间进行的。选择是在对外部世界采取爱的行动（费伦齐所说的"外向性性欲"）与用主体自己的身体和心灵作为不能实现的爱欲行为的替换物（费伦齐所说的"自体性欲"）这样一种消极的置换之间进行的。[13]我认为，这种区分，正是弗洛伊德下面这段隐晦的话的用意所在："力比多从对象转向，回到自我并转变为自恋，造成了一个快乐之爱的表象。与此相反，实际的快乐之爱却符合一种原始的条件，在这种原始条件中，对象力比多和自我力比多是不能被区分的。"[14]

这样，弗洛伊德的临床分析在被修正之后，便指向了这样一个结论：爱欲本质上是一种渴望与外部对象结为一体的欲望。这样一来，这一临床结论便与弗洛伊德的后期著作中较为哲学化的结论一致了。弗洛伊德在其后期著作中已假设存在爱欲与死本能这两大基本本能。从写作《超越快乐原则》的时候起，他就宁可把爱欲的目标定义为寻求统一和结合。[15]爱欲的这一定义，显然与哲学、诗歌和宗教传统中的某些直觉感悟有着亲缘关系，但由于不能抛弃自己对认同作用和对象选择所做的区分，弗洛伊德最终只能使他关于爱欲旨在寻求结合的学说高悬在哲学的太空中，而游离于他对具体的心理现实所做的深层分析之外。我们现在所做的解释，就是打算清除道路上的障碍，以渴望与对象结为一体的爱欲学说来对具体的心理现实进行分析。

爱欲的目标是与自我之外的对象结合在一起。与此同时，爱欲本质上又是自恋式的。一种本质上是自恋式的心理取向怎么能导致个体与外在对象的结合呢？实际上，恋爱中自我与他人的这种抽象的二律背反是完全可以被克服的，只要我们回到快感这一具体的心理现实，回到把性行为视为身体的愉快活动这一基本定义上来，并因而把爱视为自我与其快乐源泉的一种关联。自恋式的爱本质上是一种追求自己身体的愉快活动的欲望。因此我们的问题实际是：追求自己身体的愉快活动的欲望，如何才能转向他人的身体？

答案包含在弗洛伊德关于自我的奇特结构的学说中，包含在他关于个人与外部世界的关系的感觉的学说中。这种感觉形成于童年时期，而且像童年性欲的其他成分一样，这种感觉尔后受到压抑却从未完全被放弃。在那种不现实的、受到保护的境遇中，儿童具备了一种不现实的现实感。现实就是他的母亲，就是爱和快乐，而童年性欲确证的是自我与整个充满爱和快乐的世界的结合。

用弗洛伊德的技术性术语来说，儿童形成的是一个纯粹的快乐自我而不是一个现实自我。这个纯粹的快乐自我把他的快乐来源，把他的母亲和他的世界内摄到自身之中并使之与自身等同。[16] 因此,"我们现在所意识到的自我感,其实是一种更为宽广的感觉的浓缩,这种感觉拥抱着整个宇宙并表现出自我与外部世界之间的一种不可分割的联系"。[17]自我与一个充满爱和快乐的世界结合的原初体验,为后来所有的人类之爱提供了模型,从而"当有一个对象以快乐的源泉的形象出现时,它便成为被爱的对象并被合并到自我之中"。[18]所以,"实际的快乐之爱具有这样一种原始条件,在这种原始条件中,对象力比多与自我力比多是不能被区分的"。弗洛伊德这样总结爱的发展:"爱起源于自我所具有的经由感官快乐的获得而自体性欲式地满足其某些本能的能力。这种能力最初是自恋式的,后来却转向那些被合并和结合到自我之中的对象上。现在,自我被大大地拓展了,而这些对象也表现出被自我作为快乐源泉而追逐的动力。"[19]可见,人的力比多本质上是自恋式的,但它在爱自己的同时也希望获得它所爱的世界。

正是人的自我在执行着这种寻找一个所爱的世界的任务,或者说,正是这种投射作用在自我的无意识层面上指引着人的自觉意识,使人躁动不安地寻找着一个能够满足自己的爱的对象。正像圣·奥古斯丁所说的那样:"我未曾爱,我希望爱;我寻找我可能爱的对象,我爱上了我的爱。"弗洛伊德不仅认为人的自我感曾经拥抱过整个世界,而且认为爱欲驱策着自我回到这种感觉。"自我的发展就在于与原初的自恋告别,并产生一种试图回到这种自恋的强烈渴望。"[20]在原初的自恋中,自我与一个充满爱和快乐的世界是一体的。因此,人的自我的终极目标就是要回到被弗洛伊德称为"无限制的自恋"[21]的状态,并再次在爱和快乐中与整个世界结为一体。自我中爱欲的能量存在于（无意识的）纯粹的快乐自我之中，所以纯粹的快乐自我与现实自我是彼此冲突的，直到现实和快乐能够真正结合并创造出费伦齐所说的"富含爱欲的现实感"为止。作为存在于人的自我中的一种力量，爱欲寻求的是"肯定一个充满爱与快乐的世界"："肯定（affirmation），作为对结合的一种替换，属于爱欲。"[22]

弗洛伊德学说中爱欲的终极目标（在快乐中与世界结合）与斯宾诺莎思想中关于人的欲望的终极目标（对上帝的知性的爱）在本质上是一致的。在斯宾诺莎的思想体系中，上帝即自然界的总和。他把爱定义为与一种由外部原因（快乐的来源）产生的观念结合在一起的快乐，并补充说，由于满足存在于所爱对象的存在之中，渴望与所爱对象结为一体便成为爱的属性。因此，对斯宾诺莎来说，人的欲望的终极目标就是在快乐中与世界结为一体。就像在弗洛伊德的学说中一样，这也正是一种本质上带有自恋性质的能量（欲望）的终极目标。对斯宾诺莎来说，个人的能量或精力在本质上指向自我维持、自我活动和自我完善，这也是一种自我享受（即快乐）。因而，对于斯宾诺莎来说（正像对于弗洛伊德而言），人类个体的自我完善（自恋）只有在快乐地与世界结为一体中才能完成和实现。[23]

诚然，弗洛伊德的学说和斯宾诺莎的思想也存在着重要的差别，存在着就像斯图亚特·汉普希尔[24]在对二者进行深刻比较时所指出的那些未曾被人们认识到的不同之处。毕竟，在斯宾诺莎单一的"conatus"①位置上,弗洛伊德的两种本能正在交战。因此,对弗洛伊德来说,人性的枷锁(斯宾诺莎的术语)是内心的冲突,而不简单地是人类的无知。而且,正像我们后面将要看见的那样,弗洛伊德最后所做的结论,即死本能是爱欲的对手,与斯宾诺莎的永恒的概念也是不相容的。尽管如此,他们两人在本质上却存在某些一致之处,即都与西方传统相抵牾。像弗洛伊德一样,斯宾诺莎也对自由意志这一幻想进行了批驳,并且像弗洛伊德一样,他的心理决定论也引出了"可怕假说",即我们通常所说的道德,其基础实际上是非理性的和迷信式的。斯宾诺莎因而最终走向这样一种阴郁的人性观:人性的枷锁使人们目前的存在状态成为一种病态的存在状态;在这种状态中,我们始终受制于无意识中的决定性力量。"显而易见,我们以无数方式受到外在原因的干扰,就像海浪被来自相反方向的风所掀动一样,我们波动沉浮却不知原因何在,更不能把握自己的命运。"[25]因此,像弗洛伊德一样,斯宾诺莎以其对人性的冷静而客观的理解取代了道德主义,并以严峻的心理分析促使我们自觉意识到那些决定和支配我们本性的力量,并通过使我们意识到我们的不自由来赢得我们的自由。

在人的幸福这一问题上,使斯宾诺莎的思想不同于西方哲学传统而类似于弗洛伊德学说的地方,是斯宾诺莎对快乐原则的忠诚和对心身二元论的拒斥。他对快乐原则的忠诚使他认识到人的欲望中存在着自恋式的和自我欣赏的特点,并因而使他认识到人的自我完

---

① 拉丁文,意为努力、追求。——中译注

善就在于扩张自我直到其欣赏整个世界就像欣赏自我一样。由于斯宾诺莎对心身二元论的拒斥，他从未忘记人的欲望是在寻求自身的积极生活状态。从他把心身视为同一实体的两个分支的观点中，我们只能引出这样的结论：人类在智力上的完善，也是人类在肉体上的完善。"如果有什么事物的增长或削弱帮助或限制了我们肉体的行动能力，那么我们对这种事物的观念就会增长或削弱，而这将帮助或限制我们心智的思维能力。"[26]

因此，自我的扩张——人的自我完善就存在于这种自我扩张之中——同时也是人的肉体以积极的生活状态向外扩张，即以积极的相互作用把我们的身体与他人的身体联结和统一起来。"如此安排人的身体使它能够以多种方式受到外部世界的影响，这对人是十分有利的。更为有利的是，通过这种途径，人的身体就变得更适合以多种方式受到他人的影响和以多种方式去影响他人的身体。"[27]斯宾诺莎看到了人的身体作为撑持爱欲的一种普遍结构所存在的不足："因此，在这种生活中，我们的主要努力就是改变童年时代的身体，在其天性所许可和机体能因此受益的范围内，使我们的身体成为适应多种事物的身体。"[28]

斯宾诺莎毕竟不是弗洛伊德，他没有看到的是：努力去获得一个"适应多种事物的身体"，实际上就是努力使身体回到童年时代的状态。斯宾诺莎所说的"适应多种事物的身体"，在结构上类似于弗洛伊德所说的童年性欲阶段的多形态的性反常身体，即从所有器官的活动中获得快乐的身体。但斯宾诺莎把"适应多种事物的身体"视为个体对神的知性的爱的肉体层面："谁具有一个适合做多种事情的身体,谁就具有使身体的所有方面最终与神的观念相关联的能力。其结果是,这个人必然会产生对神的爱,而这种爱必定会占据或塑造他心灵中最伟大的一部分,并因此使这一部分成为永恒。"[29] 斯宾诺莎所说的对神的知性的爱,与弗洛伊德所说的儿童的多形态的性反常是一致的。

如果弗洛伊德(以及斯宾诺莎)学说中的爱欲在本质上是自恋的,那么,尽管弗洛伊德并没有做这种区分,[30] 但是爱欲是能够而且应该被与柏拉图的爱欲和基督教的博爱区分开的。柏拉图的爱神①是缺陷和匮乏之子,其来源始终是一个有所不足的自我,而其目标则是占有那个能满足和成全它的对象(在弗洛伊德的对象选择这一概念中就有柏拉图思想的残余)。在基督教中所谓的博爱,连同其自我牺牲的结构,也在自我的不足中有着同样的基础,但此时,自我却没有任何对象能够使之满足和被成全,因而必须彻底泯灭。用路德的话说,"去爱即意味着憎恨自己"。[31] 用圣·奥古斯丁的话说,"爱毁灭我们过去一直之所是,使我们有可能成为我们过去之所不是"。[32]

从精神分析学的观点来看,柏拉图的爱欲不可分割地包含着攻击性成分,基督教的博爱不可分割地包含着受虐心理的成分。弗洛伊德对爱的自恋本质的揭示为我们奠定了一个基础,使我们可以超越爱欲和博爱之间迄今以来的一切无谓争论,去正确地提出问题(至少在我们这个时代),并由此形成一种既不是奠定在自我仇恨

---

① 即爱欲。——中译注

的基础上,又不是奠定在占有的需要上,而是奠定在自我接受、自我活动、自我欣赏基础上的爱。弗洛伊德(以及斯宾诺莎)对所有自我欣赏所具有的肉体本性的认识指出了其真正的障碍之所在,这种障碍使得柏拉图主义的爱欲和基督教的博爱都不能接受自我——人的肉体。

另外,柏拉图的爱欲和基督教的博爱在其神秘欣悦的最高峰上,又超越了自身的局限性和彼此的差异,向弗洛伊德的自恋学说提出了强有力的挑战。在柏拉图的《会饮篇》中,爱欲在通过最后占有美的本质而满足了自身的匮乏之后,便进入了更高的阶段。柏拉图把这称为"从美中诞生"——就好像获得了满足的爱欲必然满溢,必然从自身的丰盈中涌出创造性来。而在路德那里,神的完美的爱乃是一种"quellende liebe",即一种满溢出来的成为创造性的爱。[33] 这些比喻和想象暗示着,自恋式的爱欲的自我活动与自我欣赏就存在于一种向着外部世界流溢的满盈之中。布莱克也以其诗性的神秘主义意识到了这一点:

充实即美……
水池满盈,
泉水涌溢。[34]

我们需要将爱欲充盈的原则与弗洛伊德有关自恋爱欲的学说结合起来。弗洛伊德(以其技术性的精神分析学术语)认识到,力比多是从被他称为"自恋蓄水库"[35]的地方向外流,从而流向对象的，但他并不清楚这个蓄水库为什么必定要向外流。对于这个问题，弗洛伊德在其《论自恋》（1914）一文中这样写道：[36]

> 促使我们的心理生活超越自恋的局限性而将力比多附着在对象上的需要究竟来自何处？在我们的意识中，答案只能是：当力比多过多地投注于自我之中的时候，我们会感到被催迫。强有力的自我是使我们免遭疾病侵扰的屏障。最终，为了不患疾病，我们必须去爱。如果由于遭到挫折而无法去爱，我们便必然患病。海涅就是通过这样的想象去创造其心理发生过程的。

但弗洛伊德后来的著作表明，他感到他并没有充分理解力比多附着于外部对象的原因。在《论无常》（1915）这篇论文中，弗洛伊德在谈到哀悼的时候说："这种力比多从其对象上的分离，为什么会成为这样一种痛苦的过程？这对我们来说是神秘的、未知的，我们迄今还不能形成任何假说来对之做出解释。"[37]在《文明及其不足》（1930）一书的一个脚注中（这个脚注在英文译本中被删去），弗洛伊德认为，自恋的界限问题仍然是一个尚未解决的问题。他写道："出于对人类幸福之种种可能性的考虑，人们应该阐明自恋与对象力比多的相对比例。但人们宁愿相信这基本上取决于自己怎么看待这个问题。"[38]

我们可以看出，弗洛伊德的思维受到其把自我和他人视为相互排斥的两极的限制。而神话和诗歌中那喀索斯的形象却为我们指出了另一个方向：那喀索斯需要一个水池、一面镜子，以便从中看见自己。在波墨的神秘主义思想中，创造的心理发生过程来自上帝对"自我反思"的需要和对可以从中看见自己的镜子（spiegel）的需要。[39]沿着这些思路，在弗洛伊德的"自恋"中就应该有更为深邃的对于他人的需要。自恋倾向就像神话中的那喀索斯一样，将成为游戏的源泉和丰盈爱欲的源泉。尼采作品中的主人公查拉图斯特拉说："我爱那灵魂丰盈之人。这种丰盈使他忘却了自己并使万物皆备于他。""他的话是自私的，这种完整的、健康的自私是从一个强有力的灵魂中涌流出来的，那美丽的、胜利归来的、新鲜而富于活力的身体便属于这强有力的灵魂。围绕着这个灵魂，一切都成了镜子——那柔软的、可塑的身体，那个被比喻成自我欣赏的灵魂的舞蹈者。"[40]

精神分析学的方法试图把形而上学的梦想与梦的生理学结合起来。自恋爱欲和纯粹快乐自我的生理学基础是儿童与母亲乳房的关系。弗洛伊德说，所有的爱情关系都在重复着这个原型模式。每一种对对象的发现实际上都是一种再发现。[41]"爱的状态来源于爱的童年状态的实现……无论什么东西，只要满足了这种爱的童年状态，就都会被理想化。"[42]"吮吸的欲望自身便包含着对母亲乳房的渴望，因此，母亲的乳房乃是性欲的第一个目标和对象。我无法向你们充分说明这个对象在决定尔后的对象取舍上的重要意义，无法说明它对精神生活中最遥远的领域（经由变形和替换）所发挥的深刻影响。"[43]

在这里，弗洛伊德不过是再次看到了宗教神秘主义和诗性神秘主义在对圣母和圣婴的崇拜中隐晦地预言过和象征地表达过的东西。伊夫林·昂德希尔在他论神秘主义的著作中，曾在序言里引用过考文垂·潘蒂摩尔的一段话："吮吸母亲乳房的婴儿，以及经过二十年的分别又重新回到家中，回到同一个怀抱的恋人，这些都是凭心灵参透宗教奥秘的神秘主义者的不同表现形式。""Das ewig weibliche"[①]引领我们向前。浮士德，我们内在的躁动不安和永不满足的外在化身，其最后获得的拯救——这也是所有永不安宁、不懈追求的浮士德式人物最后获得的拯救——就是在一片母亲形状的云彩中与永恒女性重新结合为一体的。引导这一结合的格罗莉奥莎母亲既是处女、母亲，又是王后，从而，"爱欲可以统治一切，因为一切皆由它而生"。[44]

用弗洛伊德的话来说，在母亲的怀抱中，儿童体验并经历到一种此后永远被理想化的原初状态。"在这种状态中，对象力比多与自我力比多是无法被区分的。"[45]用哲学的话说，主客二元论尚未破坏和污染儿童在母亲怀抱中获得的这种巨大的幸福体验。但是，主客二元论并不是唯一困扰着成人世界的二元论。相反，按照弗洛伊德的说法，本真的童年体验之所以被理想化，乃是因为它摆脱了所有的二元对立论。如果我们宁愿把人设想为这样一种物种，即他的历史使命就是要回到他自身的童年时代，那么精神分析学所暗示的末世学理论便是：人类只有在一切二元对立论被废弃的时候，才能告别疾病和永不安宁、永不满足的内在。

---

① 意为永恒女性。——中译注

在精神分析学理论中，困扰着人与世界的关系的二元对立论，并非起源于主体与客体的关系，而是起源于内在于主体的两种本能的对立关系。在弗洛伊德思想逐步发展完善的过程中，爱欲始终有一个对立面。在他的早期理论中，这个对立面是自我保存本能或所谓的自我本能——用简单的口头上的话来说也就是饥饿本能。而在弗洛伊德的后期理论中，这个对立面则是死本能或攻击本能。因此，除非我们仔细考察爱欲的对立面，否则整个爱欲理论便会显得太玄虚、太不着边际。但除此之外，我们也可以事先引入弗洛伊德的一个定理，即人的本能生活始于一种原始的未分化的融合状态。在这种融合状态中，两种本能尚未彼此对立。并且，由于人的本能生活固着于童年时代，所以人总是要寻求回到这种本能的融合状态中去。儿童与母亲乳房的关系之所以始终是我们的理想，就是因为它代表了这样一种融合状态。当弗洛伊德对性本能和自我保存本能（爱本能与饥饿本能）这个二元论进行思考的时候，他铸造了一个术语"依附"（anaclitic）来形容处在母亲怀抱中的儿童身上这两种本能之间的关系。此时，性本能的满足也是自我保存本能（自我本能）的满足。"最早的自恋性满足是在自我保存本能的参与下，作为一种富有活力的生命功能被体验到的。性本能一开始便得到了自我本能的支持。"[46]我们已经说过，弗洛伊德曾错误地试图把依赖式的爱设想成一种与自恋式的爱不同的第二种爱的模式。按照弗洛伊德的说法，原初的依恋情境始终是我们理想中的爱，但这种依恋情境代表的不是一种不同的爱的模式，而是爱欲与非爱欲，特别是与经济上的（自我保存的和饥饿的）需要和满足的融合。

根据精神分析学，这种本能融合的状态始终只是无意识中的理想，而文明化却从经济与爱、工作与游戏中制造出冲突和对立来。精神分析学因而暗示：除非这种经济与爱、工作与游戏的二元对立得以克服，否则人类就将始终处在不满足的状态和疾病的状态中。于是，我们再次回到傅立叶的乌托邦梦想，回到他为实现愉快的工作这一目标所做的严肃探索。

在弗洛伊德1920年之后的著作中，性本能和自我保存本能的二元对立有时被弗洛伊德称为攻击本能和毁灭本能的二元对立，有时则被他称为爱欲和死本能的二元对立所取代。在弗洛伊德后期的著作中，人类天性中基本的两极已经不是饥饿与爱，而是爱与恨、爱与攻击性、爱与权力和意志。然而那始终存留在人性深处并使人对之暗自向往的原始的满足体验，却不仅自由地超越工作与游戏的二元对立，而且超越爱与恨的矛盾心理。弗洛伊德由于受到形而上学的二元论偏见的错误导向的影响（在考察他的本能理论时，我们将详细剖析他的这一偏见），往往把爱与恨这一矛盾心理说成仿佛是人性中的基本事实，而且从一开始就存在于儿童身上。[47]但当他仅仅在分析事实（而非构建理论）时，他最早的说法是："在这种与对象（即与母亲乳房）的关系中，并不存在矛盾心理。"[48]

在精神分析学理论中，关于由童年性欲发展为生殖器结合所途经的几个阶段，目前存在着一个尚有争议的技术性问题。第一个阶段为口腔阶段（在这个阶段，儿童的主要快感区域在紧贴母亲乳房的口唇部位），该阶段又可进一步被划分为第一口唇阶段和第二口唇阶段。第二口唇阶段的特征是"咬噬行为的出现",它因此被称为"口腔施虐阶段"[49]。攻击性的咬噬行为的出现,标志着爱与恨的矛盾心理的最初显现,所以亚伯拉罕(Abraham)把第一口唇阶段称为"前矛盾心理"阶段。[50]

可见,爱与恨的矛盾心理并不是人性中固有的,于是弗洛伊德悲观主义的基础之一便不复存在。或者,我们毋宁这样说,弗洛伊德的学说——他自己关于人在无意识中始终保持着对母亲怀抱中那种满足与原初体验的忠诚和向往的学说——要求我们得出这样一个结论:人在无意识中即寻求爱与恨的相互抵消。事实上,弗洛伊德在其后期著作中认为,人的自我的一个基本倾向就是"调和""综合"和"统一"使个体对存在感到困扰的种种矛盾冲突和二元对立。[51]亚伯拉罕展望着一种"后矛盾心理"阶段。费伦齐展望着一种"清新的本能融合状态"。[52]但是,除非我们对矛盾心理的成因和爱欲对立面的性质加以审查,否则,后矛盾心理的本能融合状态就只能永远是一种虚幻的假说。

第五章
艺术与爱欲

　　精神分析学并未形成一套详细的艺术理论,但只有故作无知的人才会否认精神分析学已经为艺术研究做出了重大贡献。对于艺术之主要内容的性质,精神分析学提供了理解它们的革命性的新思想。在某种意义上说,艺术的主要内容始终是人,而精神分析学既然为理解人性做出了贡献,也就恰如其分地为分析艺术内容做出了贡献。此外,精神分析学还为研究艺术技巧提供了同样重要的思想,虽然这一点较少得到大众的承认。艺术的技巧是如此明显地不同于科学和一般理性对话的技巧,它根植于弗洛伊德所说的原初过程(primary process),即无意识的程序之中。弗洛伊德坚持认为,这种无意识程序完全不同于自觉意识体系的逻辑程序,尽管它在这一意义上讲是非逻辑的,但是它仍然有其自身的意义和目的。莱昂内尔·特里林曾说道:"弗洛伊德在心理组织之中发现了那些艺术用来发挥其效果的机制,发现了诸如意义的浓缩和重心的转移等手法。"[1]

这样,弗洛伊德便为艺术内容的分析和艺术技巧的分析提供了新的可能性。但是要利用这些新的可能性,还需要形成一种总体的精神分析学艺术理论。没有这样一种理论,我们便无法对发现艺术的无意识主题与无意识技巧的重要意义进行估价。特里林的论文《弗洛伊德与文学》显示了一位出色的批评家既可以承认弗洛伊德对文学内容分析和文学技巧分析所做的贡献,又可以依旧保持着正统守旧的批评家的姿态。在艺术领域,精神分析学主题的发现被置于一个合适的位置,就像学者常说的那样,"诗无达诂"——任何艺术作品都不会只有一个意义。以这种老生常谈的角度来看,弗洛伊德的贡献便要被吸收到传统批评的豪华大厦之中去了。我们可以承认艺术的精神分析学主题,但我们并非必须承认。即使我们承认了艺术中的精神分析学主题,我们也不必感到尴尬,因为我们可以自由地把它引入艺术意义的众多解释中去。同样,艺术技巧与无意识过程之间的雷同,以及人们由此开辟的种种可能性,也被"自觉意识的形式驾驭"这种传统的说法放到了合适的位置上。在特里林的心中并没有发生哥白尼式的革命。对所有职业批评家来说,事情与从前一样,地球照样转动,自我也照样是艺术殿堂的主人。[2]

只要精神分析学还没有一套完整的艺术理论,没有一套关于艺术在生活中的位置的理论,它就始终是艺术批评领域的一种无关痛痒的点缀。弗洛伊德本人在这方面的表述是不能令人满意的。特里林说弗洛伊德的一般表述显示出他对艺术的轻蔑。这一结论并不是没有道理的。他确实有正当的理由坚持下面这种观点:弗洛伊德把艺术视为"替换性满足"(substitute gratification),视为"与现实相反的幻觉"(illusion in contrast to reality),暗示艺术本质上是麻醉人民的鸦片,是逃向非现实的幻想世界的途径,它与典型的神经症没有本质上的区别;弗洛伊德暗示艺术与神经症在逃避现实这一点上具有同样的动力学机制。

如此看来,无论是艺术提供了快感并用它来补偿现实之严酷的说法,还是艺术具有与疯狂相似的特征的说法,都不能作为虚假不实或没有意义的说法而被忽视。但是,任何曾经有过艺术体验的人都知道,事情并非全然如此。显然,弗洛伊德本人也知道,事情并非全然如此,所以他关于艺术的说法才显得犹豫不决。于是,在某些段落里,他给出了艺术的一般理论;而在另一些段落里,他暗示艺术的奥秘是精神分析所吃不透的。[3]在某些段落里,艺术被等同于梦和疯狂;而在另一些段落里,所有特里林所需要的东西都得到了承认——使艺术与疯狂相区别的,正是"自觉意识的社会意向和形式驾驭"。

弗洛伊德的这种犹豫和动摇,不能简单地被当成一种较为"温和"的说法和一种较为"极端"的说法之间的分歧,并通过简单地在这两者之间做出取舍而轻易予以放过。这样做仅仅是选择自己在这场辩论——这场辩论仍在职业批评家和职业精神分析学家之间进行着——中站在哪一边。这场辩论使弗洛伊德始终处在犹豫不决之中,始终没能看清问题的两个方面。我们必须这样理解:弗洛伊德的犹豫和动摇反映了精神分析理论核心的一种暧昧,即人的终极意向究竟是现实原则还是快乐原则。这里所说的并不是一个技术问题或事实问题,即不是这两大原则在人的精神动力学中孰重孰轻的问题。我们毋宁说这是个人治疗或社会治疗中的实践问题,或者换句话说,这是一个末世学问题。①这个问题就是:人应该怎样做才能获救?

对于不幸的人性中的这一持续存在的问题,弗洛伊德在其著作中提出的观点从总体上来说,始终在两种彼此相反的答案之间摇摆。有时候,他开出的处方是放弃本能:成熟并放弃童年时代的快乐梦想,承认现实原则。有时候,他开出的处方则是解放本能:改变严酷的现实,以便重新恢复丧失了的快乐本源。当然,有时候,弗洛伊德也试图平衡这两种态度。正因为这样,最初,现实原则被直截了当地说成忠实于"那个现实的、尽管可能是令人不愉快的事实",后来则被温和地说成"它实际上也是在寻求快乐——尽管是一种推迟了的和减弱了的快乐,但是是由其事实上的实现,由其与现实的关联而得到保障的快乐"。[4]这一两难困境为弗洛伊德何以最终趋向悲观主义提供了解释。

弗洛伊德心中的基本矛盾冲突,是他的那种渴望予人帮助的人道主义愿望,与他的那种拒绝接受欺骗、接受简便容易的解决方案的清醒的现实主义两者之间的冲突。他的人道主义与他的现实主义只有在本能解放的基础上才能被统一起来。所有弗洛伊德的著作都显示出:人的心灵对快乐原则的趋向是无法被摧毁的,而放弃本能,则是走向了疾病和自我毁灭的道路。因此,当他在后期著作中

---

① 末世学(eschatology):研究死亡、世界末日、得救和来生问题的学问。——中译注

开出的处方是放弃本能时,这一处方乃是绝望的处方。只要仔细阅读弗洛伊德的后期著作,人们就会发现,他仍在试图找到一条走出牢笼的道路。

然而艺术与快乐原则的结合是不可分割的,并且艺术实际上最有力地证明了弗洛伊德的学说——人对快乐原则的信仰是不可摧毁的:

> 美的事物是永恒的欢乐:
> 它会变得日益可爱;
> 它将永远不会没入虚无;
> 它始终为我们提供一片宁静的庇荫,和一个甜美的梦境,
> 一段健康、安定的睡眠。
> 于是,每一天清晨,我们都编织着
> 华丽的纽带,这使我们紧贴着大地。
> 尽管有沮丧、匮乏和种种高贵的天性;
> 在阴霾的日子里,有我们那些病态的和过于
> 黑暗的探索方式;
> 是的,尽管有这一切,
> 某些美的形式还是会从我们黑暗的心灵中,
> 驱走笼罩在那里的阴影。[5]

这就是包含在"弗洛伊德艺术是一种替换性满足"这一公式之中的真理。我们不妨拿它与尼采关于痛苦和艺术之间存在必然联系

的说法相比较:"这些人必定经受过痛苦,以致他们竟变得如此美丽。"[6]

如果人要通过忠实于现实原则而放弃本能来获得拯救,那么,弗洛伊德在触犯特里林并透露出对艺术的轻蔑时,他在本性上就是始终如一、前后一致的。在现实原则这位法官面前,艺术的安慰是幼稚可笑的。这种安慰进一步强化了人类不愿放弃幼稚事物的意愿。但如果人的命运就是要改变现实,直到使它符合快乐原则,如果人注定要为本能的解放而战斗,那么艺术便似乎是诗人里尔克所说的有关最终目的的"Weltanschaung"(德语,意为"世界观")[7]——它与现实原则的冲突就是它的社会功能,即不断强化争取本能解放的斗争;它的稚气仅对职业批评家来说是绊脚石,而对艺术家来说是一种荣耀。

在艺术有可能在现实世界中为快乐原则争取生存空间的问题上,弗洛伊德对艺术的评价常随其心情的变化而变化。当他仍处在夏科那一著名诊断("C'est toujours la chose géni-tale,toujours-toujours-toujours"①)[8]的符咒影响下时,他倾向于认同本能的解放,赞成以松弛和放宽维多利亚时代的性道德——即通常意义上的性解放——的方式来达到恢复精神健全的目标。这正是后来被威廉·赖希充分发展的观点。威廉·赖希基本上始终保持了这一观点,并为了保持这一观点而与弗洛伊德决裂。[9]这种过分简单的观点自然会使人对问题的解决产生一种过分简单的乐观主义倾向。在

---

① 法语,意为"这种事情总是与生殖器有关,总是—总是—总是"。——中译注

这一阶段，弗洛伊德的现实主义和他的人道主义当然可以在一种被过分简单化的性解放理论上结合起来。

在综合了这种试验性的理论的基础之上（或许也由于1903至1905年的政治动乱的影响），弗洛伊德写出了他最富社会批判性甚至社会反叛性的著作——《诙谐与无意识》(*Wit and the Unconscious*)。这本书也是他对艺术理论所做的最有意义的贡献，尽管这种贡献并未得到利用。诚然，弗洛伊德放弃了提供一种一般性的艺术理论的打算，他把自己严格地限制在诙谐问题上，甚至否认幽默和喜剧也像他所说的诙谐那样基本上要依赖于无意识领域所做的贡献。[10]但正像弗洛伊德一贯的工作那样，这只是一种开拓性的工作，它还有待于进一步的充实和修正。这本书也是弗洛伊德在运用精神分析方面的最早期的著作。在这本书中，弗洛伊德在写作方面十分小心谨慎，而在其后期作品中，这种小心谨慎的写作态度则不再必要。如果说弗洛伊德在其后期著作中仍坚持认为幽默和喜剧不涉及无意识所发挥的作用，我认为这是十分值得怀疑的。弗洛伊德在1928年所写的一篇论文对幽默做了完全不同的心理发生学的分析。[11]如果我们大胆地把《诙谐与无意识》作为对艺术之本质的暗示，我们所得到的印象就会大大不同于其后期著作中的那些文字所给予我们的印象。这些文字出自较为悲观的弗洛伊德之笔。在这些文字中，艺术似乎被视为一种幼稚可笑的事物，甚至被视为一种麻醉剂。

在《诙谐与无意识》中，弗洛伊德肯定了艺术与快乐原则之间的联系。在那本书中，经由艺术去追求那与现实原则互不相容的快乐（快感），并未受到蔑视，而是被赞颂。他说，当心理器官（psychicapparatus）不是被用来满足我们的某种不可缺少的本能需要时，我们便听凭它去追求并获得快乐，甚至试图从这种活动本身中获得快乐。他推测说，一切审美思维的真正基础就在于此。[12]

弗洛伊德还肯定了艺术与孩子气之间的联系。然而我们在这里所说的孩子气并不是一种谴责，而是说艺术可以帮助人们去恢复和重建理想的快乐王国。弗洛伊德说，我们努力要获得的，乃是一种幸福感，是返回过去的状态。在这种状态中，我们习惯于以较少的努力来满足我们的种种心理需要。这种状态正是我们在童年时代的状态，那时候，我们既不需要诙谐也不需要幽默来使我们感到幸福。的确，那时候我们根本就不知道这些东西。[13]艺术（弗洛伊德所说的"诙谐"）的功能就是帮助我们找到返回快乐源泉的道路，这一快乐的源泉由于我们屈服于现实原则（我们把这种屈服称为受教育或成熟）而变得不可企及。换句话说，艺术的功能就是让我们重新获得那失去的童年时代的笑声。[14]

这种把艺术视为力图回到童年时代的思想，我们需要从哲学上对其加以阐释，它为以精神分析学方式重新解释柏拉图灵魂回忆说开辟了道路。柏拉图在《斐德若篇》——审美心理学领域最伟大的著作之一——中不仅充分肯定了爱美与疯狂之间存在着相似之处，而且在对美的狂热追求中看到了一种竭力要恢复那失去的对于尽善尽美的幻觉的努力：

……神是我们的家园，我们身披绚丽的云彩来到人间。

那些未能对这一结论予以肯定的人,一直对柏拉图灵魂回忆学说的影响力百思不得其解。因此,这一结论被认为根植于柏拉图主义之中,例如下面这段坡所说的话:"我们被一种关于死后荣耀的令人神往的预感所鼓舞,我们通过多种多样的形式与处在时间之中的事物和思想结合,努力要获得一份可爱,而这份可爱的构成要素或许仅仅属于永恒。"[15]弗洛伊德关于童年时代原型状态的学说,可以把柏拉图的灵魂回忆学说置于自然主义的基础之上。马克斯·舍勒曾指出,弗洛伊德对童年时代的强调,为解决经验主义与天赋观念学说之间的旧的哲学冲突开辟了一条新的道路。[16]

在《诙谐与无意识》中,弗洛伊德还做了这样的暗示:艺术作为对快乐原则的回归和对童年时代的回归,其本质上必须是一种游戏活动。他使用游戏这一概念,在艺术技巧和原初过程的技巧之间、在童年和无意识之间,建立起一种联系。当我们任凭思想沉落到无意识中去的时候,语言游戏便作为诙谐的技巧被重新恢复。在返回无意识去寻找诙谐的材料的时候,我们的思想不过是重新回到了昔日的家园,而这个家园在童年时代是被语言游戏统治着的。[17]人们只需想到,隐喻作为诗歌的基本构成单位,其实不过是一种语言游戏,便不难明白:弗洛伊德对诙谐所做的分析,的确有希望被扩展到整个艺术领域。

弗洛伊德不仅把艺术与无意识和童年联系起来,还把艺术与无意识和童年的其他显现形式(如梦和神经症)加以区分。他坚持认为艺术具有社会效应(social reference),并受到意识的驾驭:

梦完全是非社会的个人心理的产物……甚至对做梦者本人来说，梦都是不可理解的，因此它自然不会引起他人的兴趣……相反，诙谐在所有寻求快乐的心理功能中却是最具社会性的……因此它必须使自己能够被人理解。它可以使用变形的手段将自己改头换面——这在无意识中，通过浓缩和移置作用是完全可能做到的。但是它不能使自己变形到这样一种程度，以致第三者的理解力已无法发现其意义。[18]

这样，弗洛伊德与查尔斯·兰姆的立足点就完全是一样的了。特里林曾引用兰姆的话与弗洛伊德的进行对比："诗人是醒着做梦的。他并没有被自己的梦所左右，相反，他控制着自己的梦。"[19]弗洛伊德根据其对不可缺少的"第三者"（听众）的考虑，把可理解性与交流和传达的需要联系起来。其内在的含义就是，艺术具有使无意识心理内容为公众所知晓的功能。在另一段文字中，弗洛伊德提到，那不可缺少的第三者也必须因遭受着同样的压抑而痛苦，只不过富有创造性的艺术家找到了一种方式来表达这种被压抑的无意识，从而战胜了这种压抑。[20]弗洛伊德在一篇主题为"论詹森"（Jensen）的短篇小说的论文中——这篇论文也写于其思想发展的早期阶段——说，作者"把自己的注意力指向自己心中的无意识，对其种种可能的发展十分敏感，并对这些可能的发展给予了艺术的表现"。[21]这样，艺术便像精神分析本身一样，成了一种使无意识成为意识的方法。弗洛伊德曾无数次引用艺术家的观点来支持他自己的精神分析学发现。在他的七十岁诞辰庆祝会上，他放弃了"发现了无意识"这一称号，他说："在我之前，诗人和哲学家便发现了无意识。我所发现的，乃是用来研究无意识的科学方法。"[22]正当精神分析学试图通过拓展意识以深入到无意识之中去的时候，艺术却体现了无意识对意识的入侵。艺术不得不肯定和确证自身，以抵御来自现实原则和理性（它受到现实原则的奴役）的敌对态度。因此，用弗洛伊德的话说，艺术的目的是把更为深邃的真理（真实）加以掩饰然后使其显现。这样，艺术便戴上了一个面具，披上了一层伪装。而这既使我们的理性为之困惑，又使我们的理性为之神往。[23]那诱惑着我们的面具乃是我们从原初过程的游戏中获得的。

使艺术中原初过程的游戏从梦境中原初过程的游戏里分化出来的，是无意识和意识之间的张力。弗洛伊德并未仅仅局限在指出意识要素在区分艺术与梦的过程中所起的作用上，他还分析了诙谐的技巧和梦的技巧的不同之处，而他所使用的方法，则理应使任何承认"弗洛伊德在心理组织中发现了艺术起效的机制"[24]的批评家对其产生兴趣。这样，诙谐的含混性（ambiguity）——艺术的含混性是现代批评的一个重要主题——便既与梦和神经症症状中的象征形成作用所具有的妥协性质相关联，又与之有区别。

诙谐并不像梦那样做出妥协。它并不屈服于禁忌和压抑，而是坚持要不加改变地保留这种语言游戏或荒唐、无稽。但是，它把自己限制在选择合适的场合，以使这种语言游戏或荒唐、无稽成为不受禁止的（逗笑）或有意义的（诙谐）。这多亏了这种语言的含混性和联想的多样性。再没有什么东西比这种两副面孔、两种腔调的性质，能够更好地使诙谐有别于其他心理现象了……[25]

艺术不同于做梦，并不仅仅由于它使无意识中的东西变成了意识中的东西（一种纯粹的认识关系），也由于它使受到压抑的本能获得了解放（一种力比多关系）。由于文明化的生活所必然产生的压抑，我们失去了许多为检察制度所不许可的原始快乐。但是我们发现，我们很难放弃这些快乐，因此我们便运用诙谐来重新获得那些失去的快乐。诙谐的目的从一开始便是：使我们摆脱禁忌与压抑，并凭借这种方式，使那早已被阻断了的快乐源泉再次变得可以接近。正因为如此，艺术便奋力反抗那行使压抑作用的理性和现实原则，以便重新获得失去的自由。[26]诙谐的特殊的快乐来自"节省禁忌和压抑的开支"。我们的那个正常可靠的自我，由于受现实原则的支配，是靠不断地消耗和支取那些被用来压抑我们基本欲望的心理能量来维持的。艺术则由于战胜了禁忌和压抑，激活了富于游戏乐趣的原初过程（这一过程在内在比正常可靠的思想来得轻松愉快），从而既发挥了节省心理开支的作用，又使我们从理性的压力中得到缓解。[27]

如果文明本质上具有压抑性，而艺术的目标在于解除压抑，那么我们可以说，艺术在这一意义上乃是文明的颠覆者。弗洛伊德在论及不可缺少的第三者时的一些说法，暗示了艺术的职能就在于形成一个颠覆性的群体以对抗那个权威主义的群体。弗洛伊德在《群体心理学和自我的分析》中分析了这个权威主义的群体的结构。不可缺少的第三者必须同样遭受创造性艺术家所遭受的压抑。艺术家与第三者之间的关系是一种认同（identification）关系。按照弗洛伊德在《群体心理学和自我的分析》中的分析，认同乃是把权威主义群体中的所有成员束缚在一起的一种联系。[28]与这种权威主义群体的压抑性结构不同，艺术家和听众之间的伙伴关系的目的在于本能的解放。

弗洛伊德找到了诙谐中的纯粹游戏因素与本能解放因素两者之间的关联，并把这种关联与性关系中前快感和后快感的区分做了类比。性关系中的前快感存在于最初对身体所有部位的抚玩之中，它代表着不可磨灭的童年性欲中多种多样的任性游戏；存在于性高潮中的后快感则纯粹是生殖器的和后青春期的。弗洛伊德认为，诙谐中的纯粹游戏因素所起的作用就像一种"令人神往的奖赏"，它使人能够从受压抑的欲望的解放中得到更多的快乐。对我来说，下面这段话似乎只要做稍许文字变动，就可以用"艺术"一词来代替"诙谐"一词：

> 它发端于游戏，以便从这种对语言和观念的自由运用中获得快感。一旦强化起来的理性把这种语言游戏和观念游戏视为无意义的和愚蠢可笑的而加以禁止，它便转为玩笑（joke），以便继续保持快乐的源泉并从这些无意义事物的释放中获得新的快感。作为真正的却无目的的诙谐，它帮助强化这些观念以

抵御那严厉判决的攻击。在这一过程中，它所利用的是快乐源泉彼此交换的原则。最后，它加入那反抗压抑的主导倾向，以便根据前快感的原则消除内心的抑制。[29]

于是，艺术诱使我们到反压抑的斗争中去。

这种把艺术视为本能解放的一种方式的看法，进一步揭示出艺术与梦和神经症的不同之处。梦和神经症使被压抑的无意识获得了表达（expression），却没有使它获得解放。要在表现无意识和解放无意识之间做出区分是十分困难的，也许我们可以说：神经症和梦是无意识的最终结果；艺术则是对浮现到意识层面的无意识的有条理的自觉表达。因为艺术的解放与艺术中自觉意识的因素是联系在一起的。弗洛伊德曾拿幽默与神经症的防御机制做过比较（这些防御机制也像幽默一样是用来避开痛苦的），与此同时，他也区分了幽默与神经症防御机制的不同之处。确实，他曾称幽默是所有防御机制中最高级的一种。但与压抑全然不同的是，幽默能够使人公开面对那些令人痛苦的或与痛苦的意象相关联的思想，所以它可以超越压抑这种自发的防御机制。[30]

神经症防御机制涉及压抑作用，涉及对自觉意识的回避，涉及作为其结果的心理的自动作用（automatism）。艺术不是对自觉意识的回避，不是一种压抑作用，而是某种自由。通过解放本能，艺术获得了梦和神经症所不能获得的积极的（positive）快乐。梦是幻想中的愿望的满足，神经症症状则是被禁止的快乐的替代品，然而作为妥协的产物，它们始终不能令人满意。艺术与梦相反，无论在认知的意义上,还是在力比多的意义上,它都不是向无意识所做出的妥协。它给人以积极的满足,而且正像弗洛伊德后来所表述的那样,它不能简单地被看作一种"替换性满足"而划入梦与神经症的范围。在《诙谐与无意识》中,弗洛伊德对梦与诙谐做了对比,我认为其实质就在于:一个主要是在避免痛苦,另一个则是在寻找快乐。[31]要想深入理解这一公式,必须联系弗洛伊德在避免痛苦和寻找欢乐之间所做的区分,正是这种区分使弗洛伊德说出了这样的话:"爱并不满足于避免痛苦这样一种倦怠的忍让。爱全然不觉地迈过了这一目标而执着于那种根深蒂固的激情,即竭力使快乐得到积极的实现。"[32]艺术能够给我们提供这种积极的快乐,只要它能达到那个人性永远追求的目标——自觉的游戏。弗洛伊德已经看到,唯有自觉的游戏这一概念能在梦、神经症与艺术之间做出最后的区分。梦始终是一种愿望,诙谐却是现实化的游戏。[33]

从弗洛伊德关于诙谐所说的这些话中,我们所获得的艺术概念,已经足以构造一套精神分析学的艺术理论,或至少足以构成这一艺术理论的概貌。艺术是快乐,艺术是游戏,艺术是对童年时代的向往,艺术是使无意识成为意识的过程,艺术是本能解放的一种方式,艺术是共同争取本能解放的人们的精神纽带和亲密关系——所有这些思想都完全符合并能够被纳入精神分析学体系。那么,它们是否符合艺术的实际呢?显然,只要去掉这些思想的精神分析学框架,我们便不难看见,这些思想并不新颖:它们带有浪漫主义运动——或马里奥·普拉日(Mario Praz)所说的浪漫主义斗争——的标记。如果我们把弗洛伊德放在19世纪的科学和怀特海所说的浪漫主义反应这两大潮流的碰撞点上,弗洛伊德便在欧洲思想史上取得了他的合适位置。

浪漫艺术家的看法与精神分析学家的这种观点极其相似,我们可以从里尔克的论文《论艺术》[34]中看出这一点。这篇论文最初发表于1899年,即弗洛伊德发表《释梦》的前一年。里尔克视艺术为一种生活方式,"就像宗教、科学一样"。他认为"它不同于其他解释生活的方式在于:它不是过去时代的产物,我们可以说它是对于终极目的的世界观……是新世界和新时代的感性的可能性"。艺术作品总是"响应着当前的时代"的,但是"过去的时代却在抵抗它","正是从当代潮流和艺术家那种不合时宜的人生观之间的紧张冲突中,产生了一连串小规模的释放,这就是艺术作品"。

这样,艺术与社会的矛盾冲突便来自艺术家与人性之终极本质的接触,而这种终极本质正是人性的终极目标。"历史是那些过早出生的人的历史。"至于艺术家则是那种"一次又一次地从人群中觉醒的人"。"他在人群中没有自己的立足之地,他的出现遵循着种种更加宽泛的法则。他有奇怪的习惯而且会做出大胆、无礼的要求。未来残酷无情地经由他来说话。"然而作为人的本质和人的未来的代言人,艺术家其实是当前被压抑的那些要求的代言人。"他们那能够飞翔的心灵到处撞击着时代的大墙;他们的作品乃是他们的生活所未能解决的问题。"

里尔克把艺术家比喻为舞蹈者:"他的动作因狭小空间的限制而中断,那些不能在他的舞步与他挥舞的手臂中得到表现的东西,从他疲惫的唇间挣扎出来。如果不是这样,他就必定会用受伤的手指把他身体的线条和轮廓刻画在周围的墙壁上。"艺术乃是一种忠实于自然本能并因而忠实于童年时代的生活方式。"与其说是为了任何特别的目的而进行的自我控制或自我限制,毋宁说是一种来自自身内部的自由宣泄;与其说是小心谨慎,毋宁说是一种富于智慧的盲目;与其说是努力工作以获得默默地、缓慢地增长的财富,毋宁说是持续不断地消耗所有终将耗竭的价值。这种存在方式中有着某种朴素而又天真的本能的东西,它类似于那个以欢乐的信心为特征的未被意识到的(无意识的)最佳时期,即童年时代。"儿童没有"失去什么东西的焦虑"。儿童所感觉到的一切都经过爱的过滤并被爱所照亮。"那一度被爱所照亮的事物,便作为意象留存下来。这些意象就是财富,它们不会丢失。这就是儿童如此富有的原因。"弗洛伊德对幸福的谈论可以被看作对里尔克这一思想的补充:"幸福是推迟实现的史前(prehistoric)愿望。这就是财富很少带来幸福的原因——金钱并不是童年时代的愿望。"[35]艺术家是那种拒绝经由教育进入现存秩序中生活的人,他始终忠实于自己的童年时代,并因而成为"一个生活在所有时代的精神中的人———一位艺术家"。因此,如果把艺术家比作一棵树,它与别的树的区别就在于它深深地把自己的根扎进黑暗的无意识:"艺术家更深地进入那生成所有变化的温暖的深处。别的枝叶也会在他们身上开花结果。"

也许,里尔克需要精神分析学的补充。但另一方面,当我们把精神分析学的种种表述与里尔克的说法并置在一起时,精神分析学的这些表述便成了小巫见大巫。精神分析学家们应像弗洛伊德那样羡慕诗人的才能:"(他们)几乎不需要什么努力,就能从自己情绪的旋涡中捕捞出最深刻的真理。我们这些人却不得不披荆斩棘,在令人痛苦的种种不确定性中不断地摸索,才能获得这些真理。"[36]

第六章
语言与爱欲

　　如果说精神分析学推进和发展了一般的人性理论，那么它就一定能够推进和发展语言理论。反过来说，神经症症状既然如此近似于语言符号，那么精神分析学在表述其神经症理论的时候，就不可能不涉及对卡西尔称之为"animal svmbolicum"①的事物的总体解释。语言就像艺术一样，也是一个需要通过综合精神分析学和非精神分析学学派的理论才能获得解答的难题。这种综合的目标是建立一种总体的人性理论，而其基础是毅然决然地把文化幻觉视为神经症。除了我们后面将要考察的一段不够具体的文字外，弗洛伊德并没有关于语言的总的理论。因而，最有意义的综合性尝试，乃是具有精神分析学思想的人类学家韦斯顿·拉巴尔[1]所做的尝试。

---

　　① 拉丁语，意为"符号动物"。——中译注

精神分析学对语言所做的研究，其基本矛盾是把语言视为升华的性欲和把语言视为力比多从性欲目标向社会目标做总体转向——按照精神分析学的理论，这种总体转向就是所谓的升华，也就是所谓的文化——过程中的一种关键性的工具。弗洛伊德在他最接近于对语言理论所做的总体研究中，曾试验性地采用过斯佩珀尔的语言理论——语言来自动物的求偶呼唤，语言是通过在这种求偶呼唤和劳作过程之间建立起一种联系而建构起来的。"可以说，原始人乃是通过把劳作当成性行为的等价物或替代品，才使劳作变成了可以接受的事情。"[2]

在精神分析学中，升华或许是最难理解的概念，只有到本书的后面，我们才有可能获得对它的理解。总的说来，升华过程不仅涉及性本能，还涉及性本能的对手和敌人。因此，在我们获得对爱欲的对手和敌人的理解之前，我们不可能获得对升华的理解。在弗洛伊德的后期理论中，十分特别的一点是，否定（negation）——语言中的一个基本原则——竟被视为死本能的衍生物。[3]我们此刻还没有一种升华理论，自然也就不能提出一种语言理论。尽管如此，对精神分析学的有关观点做初步的评估，可能仍是有价值的。

如果语言是爱的产物，我们就必须超越"语言起源于人类劳动过程"[4]这一经济理性或操作理性的思想。从精神分析学的观点来看，语言确实离不开人类的劳动过程。在弗洛伊德对斯佩珀尔的评论中，语言的功能是使劳作成为可能的事情。但要使劳作成为可能的事情，首先需使它成为可以接受的事情；而要使它成为可以接受的事情，就需要使它成为受压抑的性欲的替代品。在劳动之外和之上的是爱,劳动是靠受压抑的爱的能量来维持的。

如果语言是(升华的)性欲的产物,那么它几乎不可能像斯佩珀尔理论所设想的那样,是生殖器性欲(动物的求偶呼唤)的产物。这样一种假说与精神分析学强调童年期前生殖器的(pregenital)性欲是爱欲的巨大储蓄库(升华和文化正是被这一储蓄库引导出来的)的思想不协调。它同样与这一事实不吻合:儿童言语能力的获得发生在童年性欲早期也就是童年性欲的全盛时期,并成为其不可分离的组成部分。我们不需要什么精神分析的技巧,只需要对人的童年时代做简单的观察便会发现,在每个人过去的生活中,语言总是起源于以母亲为中心的童年生活——即游戏、快乐和爱的生活。在这一原始功能的基础上,继发性的功能才建立起来,即将人的能量组织起来用于社会化了的生产性劳作。就每个人在个体发生学意义上的发展而言,爱的语言和建立在快乐原则上的语言先于那后来成为劳作语言和现实原则语言的语言。语言是建立在爱欲基础上的具有操作性的上层建筑。

弗洛伊德说思想是力比多的投注(cathexes),这也就是说,思想是爱的表演。自觉的注意并不仅仅是一种知觉行为,也是一种力比多的过量投注(hypercathexis),从而"肯定(affirmation)作为结合的替代品,从属于爱欲"。[5]这样,弗洛伊德将不得不使精神分析学与由现代比较语言学权威耶斯佩森重新阐述的卢梭和赫尔德的理论结盟。耶斯佩森说:"人早在能够说出自己的思想之前,便用歌唱来抒发自己的感情。"[6]追随耶斯佩森的说法,苏珊·朗格也认为,语言"其开端并不是天然的顺应调整(natural adjustments）和表达意义的方式""它们最初是无目的的喃喃自语的本能，是原始的审美反应，是梦一般的观念联想"。[7]如果语言具有童年期爱欲的基础，那么它基本上就是一种游戏活动。对儿童所做的观察表明：学说话对儿童来说，本身就是一种游戏，尔后，语言进一步被用来使其游戏生活更加丰富多彩。对语言（不是特殊的语言，而是一般的语言）所做的分析也显示出它本质上是游戏的结构。用卡西尔的话来说，"语言就其要义和本质而言乃是具有隐喻性质的"，而每一种隐喻都是一种语词游戏。[8]语言中游戏的成分即爱欲的成分。这种爱欲成分本质上并非基于生殖器的，而是多形态的性反常（polymorphously perverse）。

如果在每一个儿童过去的生活中，语言首先是一种表达爱欲的方式，尔后才屈服于现实原则的统治，那么它便遵循着（或许我们应该说反映出）人类心理所选择的路径，并承担着人类心理的最后命运——神经症。这样，语言就不得不作为快乐原则与现实原则冲突的结果，就像神经症症状那样，被作为妥协形式（compromise-formation）来加以分析。[9]像这样把人的语言——它是我们优越于动物的无须加以证明的标志——视为一种疾病或至少视为本质上具有疾病性质的事物，这无论对一般人还是对哲学家卡西尔来说，都肯定是一种可怕的假设。[10]然而，精神分析学既然坚持在文化成就和神经症之间，在社会组织和神经症之间存在着必然的联系，并因此把人定义为神经症动物，它也就很难采取任何其他立场和做出任何其他的选择。在这一点上，弗洛伊德并未意识到他本人所开创的这一思想路线的内在含义。他认同19世纪的科学，但19世纪的科学对自己所使用的工具缺乏批判意识。不过，只要把精神分析学推向其逻辑的必然结论——语言具有神经症性质，它就能够与20世纪的语言分析学派携手。20世纪的语言分析学派对语言所做的深层分析受到维特根斯坦的启发和鼓舞。这位语言的心理病理学（psychopathology）方面的真正天才这样说道："哲学是一场战斗，它反抗我们的心智用语言对我们进行的魅惑。"[11]

某些这样的语言分析者计划通过把语言还原为纯粹操作性的术语来摆脱语言的疾病。从精神分析学的观点来看，纯粹的操作性语言将是一种不具有力比多（爱欲）成分的语言。因此，精神分析学一定会暗示：这样一种计划是根本行不通的，因为语言也像人一样具有一种爱欲的基础；此外，这种计划也是毫无用处的，因为无论你怎么劝说，人是不可能仅仅为了操作（劳作）的目的而进行操作的。如果我理解无误的话，我认为维特根斯坦的立场与精神分析学的立场要接近得多——他把哲学的任务限制在认识到语言不可避免地具有精神不健全的性质上。"我的目的在于，"他说，"使你们学会抛开一段经过伪装的无意义的话，转向那明显的无意义的话。""谁真正懂得了我，谁便最终认识到这（我所说的）是没有意义的。"[12]精神分析学的起点正是维特根斯坦哲学理念的终点：问题不在于语言有病，而在于人就是疾病。

作为疾病的语言和作为游戏的语言，这两种语言在神经症游戏即巫术（维特根斯坦所说的魅惑）这一概念中汇合在一起。在《泛灵论、巫术和思想的全能》（*Animism，Magic and Omnipotence of Thought*）[13]这篇论文中，弗洛伊德的观念超越了弗雷泽对原始巫术的理解。弗雷泽认为，原始巫术简直就是一种谬误的思维体系，它由于对事物之间的联系缺乏真实的（"科学的"）理解，而把因果关系置于肤浅的观念联想的基础上。弗洛伊德则致力于寻找一种动力学意义上的心理因素，以便用它来解释原始人对巫术的热衷。他发现，这一心理因素就存在于对思想全能和愿望全能的信仰中。但既然对思想全能的信仰①也能在儿童和文明化的成年神经症患者身上找到，弗洛伊德便自然能够对它做出精神分析学的解释：这是存在于童年期性欲发展的自恋阶段的一种具有典型特征的心态；原始人中的成年人保留着高度的自恋心态，而文明化的成年神经症患者则倒退到这种心态。

现在，如果我们可以说语言有病就在于它具有巫术的种种特性，就在于它反映出对思想的现实性和愿望的现实性的信仰，那么我们便能够把语言的这种巫术特性追溯到它与幼儿期性欲发展的自恋阶段——正是在这一阶段，儿童形成了纯粹追求快乐的自我——的有机联系。对一个纯粹追求快乐的自我来说，世界是一个梦的世界，这个世界产生于"神经症流行"，在这个世界上，愿望即真实——其实，对儿童来说，这并非神经症，因为儿童根本不知道快乐原则与现实原则的冲突，而他不现实的世界也就是他的现实世界。同样，这个世界也是一个游戏的世界。在这个游戏的世界中，那获得满足的愿望的象征被作为现实来接受。而在实际效果上，弗

---

① 所谓"对思想全能的信仰"，指的是这样一种心态，即相信只要自己这样想，事情就果真是这样或必然是这样。例如中国古训中"我欲仁，斯仁至矣"的说法，就隐含着这样一种对思想全能的信仰。——中译注

洛伊德说，它也确实是现实的。儿童和原始人之所以满足于游戏和模拟性象征，并不是因为他们意识到自己的无能并因而退而求其次，满足于这些替代品，而是因为他们如此明显地赋予他们的愿望以过高的估价。[14]作为游戏的语言和作为疾病的语言是作为愿望满足型思维的语言的两个侧面，而愿望满足型思维是永恒地存留于我们心中的童年时代的遗产——它执行着那个纯粹追求快乐的自我的计划，追求着一种富于爱欲的现实感。

神秘主义传统很早就认识到了语言的神经症性质。雅各布·波墨①曾提到：亚当的语言不同于我们所知道的任何语言，它是唯一自然的语言，是唯一未被扭曲、未成幻觉的语言；这种语言能力只有在人回归乐园时才能恢复。按照雅各布·波墨的说法，亚当的语言是未被掩藏的种种感觉的明镜，所以他称这种理想的语言是"感官的语言"（diesensualische Sprache）。这种语言适合正在实现自己感性肉体天性中蕴藏的真正潜能，并因而与所有的感性自然和生命结合在一起的物种。波墨说，动物享受着真正的自我，人却做不到这一点：

> 很少有人能够懂得这种感官的语言，而天空中的飞鸟和森林中的百兽却依其物种的天性懂得这种语言。因此，人可以反思他被夺走了的一切以及他在第二次诞生中将要恢复的一切。因为在这种感官的语言中，所有的精神都在与彼此对话。它们

---

① 雅各布·波墨（Jakob Bobme，1575—1624）：文艺复兴时期德国神秘主义哲学家，主要著作有《曙光》《伟大的神秘》等。——中译注

不需要别的语言,因为这就是自然的语言。[15]

因此,现代诗歌作为神秘主义者的后裔和精神分析学在完成使无意识的东西成为自觉意识到的东西这一任务时的同盟者,便十分重视超越性语言(transcending language)的必要性。瓦莱里①把艺术的目标确立为恢复我们的感性和感官天性:"高贵的艺术家的艺术,则是要通过自觉意识的操作来恢复感性的完整性和事物的情感力量。"[16] 如果语言本质上是爱欲(快乐)原则和操作(现实)原则之间的神经症妥协,那么顺理成章的便是:在对语言作艺术的运用时,意识便是在颠覆和推翻它自己的工具并试图超越它。用瓦莱里的话说,语言是"美丽的链条,它把迷失的神祇束缚在肉体中"——

Belles chaines en qui s'engage
Le dieu dans l a chair égaré.[17]②

但是,诗歌的目标是一种本质上不可言喻的体验:"美意味着不可言说、难以形容、无法言传……如果人们渴望通过那些被说出的东西,即通过语言来产生这种效果,或者说,如果这种效果使人感到是运用语言的结果,那么顺理成章的便是,语言正在被用来使

---

① 瓦莱里(Paul Valéry,1871—1945):法国象征派诗人。——中译注
② 法语,意为"美丽的链条,它把迷失的神祇束缚在肉体中"。——中译注

人沉默,它正在表达无言。"[18]

里尔克同样把无言的言说确立为目标——"那通过肉体方式表达的内容,本质上是自然的言说"。[19]用波墨的话说,就是感官的语言。美的不可言喻性,以及美和瓦莱里所说的感性完整性之间的联系,共同建立起一种尺度来测量爱欲在文明社会中受压抑的程度,来测量今天的人(连同他们对其神经症语言的病态嗜好)和未来的人(即他们作为动物物种而臻于完美后和恢复了用感官言说的力量后所可能成为的人)之间的差距。

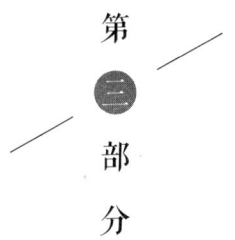

死亡

  弗洛伊德最终把构成人生种种冲突之基础的本能二元对立，认定为生（爱欲）与死的二元对立。弗洛伊德之后的精神分析治疗者，甚至弗洛伊德本人，从死本能中看到了横亘在治疗道路上的不可逾越的障碍。由于缺乏弗洛伊德所具备的坚韧勇气，弗洛伊德的后继者们抛开了死本能，却又没有用任何其他假说来取代其位置。然而，闭眼无视弗洛伊德悲观主义的地基，绝不可能为治疗开启新的可能性。

第七章
本能的二元论与本能的辩证法

本能理论是精神分析学中最晦暗、最不受人欢迎的理论。我们对"本能"一词心怀疑虑：这个词意指一种无可改变的生物性状态，因此它似乎从根本上否认了人有力量改变自己，也否认了环境有力量改变人。这就把人置于一种固有的天性之中，而这与人类性格和行为的实际上的多样性并不一致。人性理论必须来自对人类行为所做的观察。从这一方法论原则出发，我们无论如何也不明白，除了对人的种种行为进行分类之外，我们能够从观察人类行为中获得什么东西。把这些类别称为本能，我们不明白这除了使问题变得神秘化之外，还能获得什么东西。

原本，我们还只是不赞同本能理论，但当我们发现弗洛伊德固执地坚持说本能有两种而且仅有两种的时候，我们便从不赞同转向公开抵制。在坚持本能有两种且仅有两种这一点上，精神分析学似乎十分武断并因此而变得极不科学。至于说到两种本能的性质，我们最后发现，弗洛伊德在他精神分析生涯的中期，对这一问题的想法发生了剧烈的转变。在他对这一问题的讨论中，充斥着大量技术上的考虑和生物学上的推论。在完全晕头转向的情况下，我们欣喜地发现弗洛伊德说了这样一段话："本能是一些神秘的东西，它们极富不确定性。"[1]我们把这句话解释为他对整个问题有所忽略而做的辩解，但同一段话的第二句是："在我们的研究工作中，我们不能对它们有半点忽视，但我们仍不能确信已把它们彻底弄清了。"

因此，首先，我们必须弄清这些被称为"神秘东西"的本能在科学上的合法性（status）。弗洛伊德把它们视为精神分析学的基本概念，认为它们具有可与物理学中物质和能量这些概念相比拟的合法性。但他又说，在真正的经验科学中，这些基本概念不是整个结构的基础，而是整个结构的顶点。他认为，尽管一种推论必须建立在种种被严格界定的概念之上，但是一门经验科学只能"满足于模糊的、不能清楚把握的概念，这些概念只可能在其发展进程中获得清楚的理解，或甚至随时准备被别的概念取代"。[2]（注意：弗洛伊德是在他决心放弃其早期本能理论之前很久说这番话的。）在另一段文字里，弗洛伊德坚持认为，这样一些基本概念在一门科学的初始阶段必须具有某种程度的不确定性，严格地讲，它们必须具有习俗的性质。"我们不能以主观武断的方式来随便地确定它们，而必须以其同经验材料的重大关系——在我们能够清楚地认识和展示这些关系之前，我们似乎只能预言这些关系——来加以确定。"[3]我认为，除极端的实证主义者外，弗洛伊德对"神秘"本能的科学合法性所做的这番辩解,是能够被大家接受的。诸如本能这样的基本概念,是为了回答任何一门科学所试图加以解决的那些基本问题所做的探索性尝试,但与此同时,它们又必须来自经验材料——正是这些经验材料构成了该学科的真实基础。

使弗洛伊德本能理论由复杂晦暗变得清晰明了的,是这样一个清楚的概念——压抑作用。这个概念涉及他正试图解答的问题,涉及获得这种解答的种种事实。我们必须回到精神分析学的这个基本概念,回到整个大厦矗立其上的这一基石。精神分析学赖以建立其上的经验材料,是对压抑、拒斥和人生冲突所做的观察。精神分析学的目标,是创立一种解释压抑何以存在的人性理论。

这一目标立刻解释了本能理论的两大形式特征。弗洛伊德的本能理论之所以始终是二元的,是因为它发端于精神生活的内在冲突这一事实,而其目的是解释这一事实。正因为如此,弗洛伊德对荣格的力比多一元论所做的批评,便集中在坚持认为这种一元论会毁坏压抑理论的基础之上。[4]

其次,弗洛伊德所说的"本能",是一个介于精神性和生物性之间的边缘概念。因为此时,弗洛伊德正试图以能够把人的特异化的人性特征(压抑)和人的动物(肉体)天性关联起来的术语,来解释人的神经症和人的受压抑。正因为如此,他才把本能定义为"既是发自机体内部并渗透到心灵之中的那种刺激的心理表征(mental representative),又是对心灵(因其与肉体的关联)的要求的衡量尺度"。[5]

作为介于人与动物之间的边缘概念,本能理论不可避免地促使弗洛伊德对之做生物学和心理学方面的考虑。因此，他对压抑问题的总体考察使他所说的本能具有两大形式特征。一方面，这些本能必须普遍适用于一切动物其至所有有生命的东西；另一方面，它们必须成双成对，相互对抗。这些形式特征无论对早期本能理论还是对后期本能理论来说都是同样适用的。因为无论这种对抗——或如弗洛伊德所说，这种矛盾心理（ambivalence）——存在于性本能与自我保存本能之间，还是存在于性本能与攻击本能之间，或者存在于生本能与死本能之间，在任何情况下，弗洛伊德都始终假定，在生命本身的性质之下，存在着一种终极的二元性。

弗洛伊德首先从浪漫派诗人那里借用了饥饿与爱这一对偶概念，把这一对偶概念翻译成科学术语，便成了他的"性本能"与"自我保存本能"。性本能与自我保存本能对应于快乐原则与现实原则。在弗洛伊德的早期理论中，这是导致压抑的原因。与此同时，它们也可以被视为同样存在于一切有机体或至少是所有动物身上的东西：性本能致力于保存物种，自我保存本能致力于保存该物种的个体成员。这一最初的压抑理论被对性本能（力比多）所做的深入探索推翻了。性本能与自我保存本能这一对偶概念，在精神分析学由于经验事实而认识到性本能具有自恋特征的时候遭到了破坏。因为自恋力比多投注于自我，人们没有办法区分自恋力比多与自我保存本能。自恋力比多仅仅揭示出这样一种二元性，即自我力比多与对象力比多的二元性。由于迫使精神分析学承认自恋力比多这一概念的种种事实已经表明，自我力比多可以转变为对象力比多（反过来说，对象力比多也可以转变为自我力比多），所以这种二元性已经不再坚实可靠。

这样，为了再次寻找新的二元对立，弗洛伊德将目光转向爱与恨的矛盾心理。像饥饿与爱一样，爱与恨的矛盾心理在浪漫哲学和浪漫诗歌中，以及在心理病理学的病历中，都是突出而引人注目的。弗洛伊德由此从性本能与攻击本能这一对偶概念中获得了一个新的起点。然而，促使弗洛伊德选择这一本能对偶概念的种种经验事实，再次证明性本能与攻击本能不是终极的二元对立论。没有人比弗洛伊德本人更清楚地证实过，爱可以转变成恨，而两者的融混则衍生出施虐现象。因此，为了获得足够坚实可靠的二元性，弗洛伊德最终转而乞灵于生与死这一生物学上的二元对立，并把普遍的生物学意义上的死本能与受虐癖这一心理现象联系起来。

到此为止，弗洛伊德已能够假设一种存在于爱欲和死本能之间的不可调和的冲突——爱欲旨在保存和丰富生命，死本能旨在使生命返回死亡的宁静。这样，种种矛盾心理的融混（例如施虐狂）便不再对基本的二元论之基础构成威胁。这些矛盾心理的混合是一些次要的、继发性的融混，是从生与死的永恒冲突中派生出来的妥协产物。施虐代表了内在的死本能的向外倾注，是求死欲望转变为杀人欲望；爱欲造就了这一转变，从而缓解了机体内部固有的自毁倾向，并使其转而与维持和丰富人生这一爱欲的任务结成了一种有用的同盟。[6]

如果精神分析学的本能理论必须具有弗洛伊德所要求的这一形式上的特征，如果我们不得不将精神生活中的种种冲突追溯到"因其与肉体的关联而作用于心灵的那些要求"，那么我们就很难有办法来避免弗洛伊德这种生死本能的终极二元对立。假定我们不得不走向二元论，那么，迫使弗洛伊德从一种二元论走向另一种二元论直到最后做出这一假说的种种技术上的考虑和讨论，就既是合乎逻辑的，又是建立在经验材料之上的。弗洛伊德之后的精神分析学家既不能接受生死二元性，又不能创造出任何替代物，便只能满足于拒斥死本能，像荣格那样走向本能的一元论，或走向理论上的怀疑主义或对理论的漠视。

执业精神分析师有足够的理由从弗洛伊德最后的本能理论倒退回去。弗洛伊德留下的这一理论导致治疗上的彻底的悲观主义。因此，对分析师们来说，这比毫无用处还糟糕。弗洛伊德本人也不能把死本能这一概念用于他自己后期的临床著作中。这当中只有一个有意义的例外，那就是论文《有期的分析与无期的分析》（*Analysis Terminable and Interminable*）。这篇论文分析了妨碍彻底治愈的种种因素。弗洛伊德在治疗上的悲观主义根植于他关于生与死在每一有机体内发生的永恒的、不可调和的斗争的假说。这一斗争在每个人身上产生"自发的冲突倾向"，并在神经症患者身上显现为对治愈的无意识抗拒，即某种"心理熵"（psychical entropy）。[7]

除了死本能的特殊性质——这是下一章的主题——之外，弗洛伊德的体系在整体上有一种指向悲观主义的形而上趋向，这是由必须首先假定精神生活中的种种冲突应追溯到本能中去这一形式上的需要造成的。本能理论的目的，是要在心理冲突（神经症）和人的生物性之间架设一座桥梁，而其结果是——至少按弗洛伊德的处理方式是——发现冲突的根源存在于生物性领域内。但是，如果这些根源是生物性的,那么就不存在治愈的希望。的确,弗洛伊德不止一次地反对对压抑作用做与心理学相对立的生物学解释。[8]但当他求助于爱欲与死本能之间"原始的""固有的"矛盾冲突,并以此作为对人的神经症的终极解释(例如在《文明及其不足》中的解释)的时候,我们却只能假定,他所说的"固有的",实际上是指生物性上给定的(biologically given)。[9]他在《超越快乐原则》一书中对生与死的洞察,则通过把所有有机生命视为矛盾冲突完成了这一构想。

这样,所有的有机生命便都是有病的。我们人类必须放弃对治愈的渴望。我们只能安于这样的想法,即我们的病是自然界某种普遍疾病的一部分。《超越快乐原则》中形而上的勇气不应该使我们无视这事实上是形而上学(弗洛伊德称之为思辨)。从斯宾诺莎思想的角度来讲,这是真正的宗教——弗洛伊德试图以上帝的眼光看待事物,将人类看作永恒的亚物种。以对人不对事的态度来反对一种形而上学的体系是容易的,精神分析学使我们精于此道。说弗洛伊德把人类的神经症投射给了整个有机界,以便展示人类神经症的不可避免性和永恒性,这也是容易的。我们还可以轻易地说:这是一种文饰(合理化),它确实表现了对治愈的下意识抵制。而根据弗洛伊德的说法,这种对治疗的抵制使病人顽强地执着于自己的疾病和痛苦,因此这种抵制是死亡愿望的表现。[10]但我们难以看到,精神分析对人的神经症的探索怎样才能走向别的理论结论或者别的本能解释。

精神分析要继续成为精神分析,就必须保留本能理论。本能理论包含着把人的动物天性归还于人并消除灵魂的神秘性的努力。正因为如此,这些本能就必须是普遍有效的生物性规则。问题在于,要使一个动物成为人,那么在他身上必然会发生什么样的变化?此时,精神分析要继续成为精神分析,就必须保留本能的二元性。人这种动物的本质是神经症,神经症的本质则是心理冲突。人的神经症必须追本溯源到本能的矛盾冲突,这种冲突是所有有机生命所固有的那些力量之间的冲突。除非我们注定只能回到传统的陈旧看法,即认为人的心理冲突是由于他的超生物性(superorganic)灵魂和他的生物躯体之间的矛盾所造成的,否则我们就应持有这样的看法。

但是,如果精神分析想保留治愈的希望和可能性,它就必须设法避开弗洛伊德的这一形而上学的洞察,即所有生命皆由于生与死之间的冲突而成为疾病的载体。它必须执着于这样一种看法,即认定人由于享有患病这一特权而优越于其他动物,认定患病和文明化存在着一种本质上的联系。换句话说,神经症乃是人这种独特的社会动物的特权。因此它必须坚持认为,本能的这种矛盾和含混乃是人所享有的特殊权利。

总之,我们需要一种既承认人与动物之间的一致性、又否认人与动物之间的一致性的形而上学。我们需要一种本能的辩证法,而不是本能的二元论。我们不得不说的是:无论人生中基本的两极性究竟是什么——无论它是饥饿与爱,是爱与恨,还是生与死——这种两极性都存在于动物身上,但不是以矛盾心理的方式存在于动物身上的。人与动物的区别在于:人享有彼此分离并最终陷入相互冲突的不同的生命侧面（各种本能），但是这些侧面在动物身上是一个未分化的统一体（它们处于和谐状态）。精神分析学必须在动物身上找到人的神经症的基础，与此同时，它又必须承认：动物并未患神经症（除非是由于人的接触性传播造成的）。由于人的神经症的基础是冲突，所以那后来在人身上发展成冲突的两极性（polarities）也一定存在于动物身上，只不过当它们存在于动物身上时，不是作为冲突而存在的，而是作为某种未分化的两极性而存在的。

这种辩证的形而上学，并不比《超越快乐原则》中的形而上学少。只要将它们与其在纯粹哲学思辨中的对应模式相对照，我们就能很好地看出这两种形而上学之间的差异。弗洛伊德发现，前苏格拉底哲学家恩培多克勒的观点准确地体现了他本人的观点。恩培多克勒认为宇宙的终极原则是爱与恨之间的永恒冲突。[11]①我们的思辨则与恩培多克勒的前辈阿那克西曼德和赫拉克利特②类似。阿那克西曼德说，各对立面的斗争是由这些对立面从原初的未分化统一状态中分离出来所产生的。赫拉克利特则断言，这些对立面，包括生与死，最终是统一的。

本能的二元论与本能的辩证统一，其间的差异是微乎其微、难以把握的，但是这种基本层面上的微小差异可以使结论产生巨大

---

① 恩培多克勒（Empedocles，公元前490~前430）：希腊哲学家，认为一切物质由火、空气、水、土四种成分构成；另有两种力量，即爱和恨，相互作用，使四种物质结合或分（爱使它们结合，恨使它们分散）。——中译注

② 阿那克西曼德（Anaximander，公元前610~前546）和赫拉克利特均为古希腊哲学家。——中译注

的差异。弗洛伊德的二元论破坏了存在于有机体内部不同发展水平上的差别（虽然这些差别仍具有连续性和一致性）。如果从恩培多克勒的学说转向阿那克西曼德的学说，我们就有可能在人与动物之间同时既设定这种连续性和一致性，又设定这种不连续性和不一致性。弗洛伊德的二元论还导致了自杀式的治疗上的悲观，因为他把冲突视为普遍的生物必然性而不是人类的一种变态或反常。我们对弗洛伊德的本体论所做的限制和修正使我们重新有了拯救的可能性。从处在动物水平上未分化的本能的辩证统一中挣扎出来，这是人的显著成就。人使这些对立面彼此分离、彼此拒斥，用尼采的话说，"使生命楔入生命"。人的特权是反叛自然，使自己患病。但如果说人叛离了自然，那么他是有可能重返自然并治愈自己的。因此，用尼采的话说，"人的疾病只在怀孕是一种疾病的意义上才是一种疾病，其结局可以是一种诞生和再生"。[12]弗洛伊德的二元论使我们不能设定人对自然的叛离，因此也不能设定人向自然的复归。由于不能设定人对自然的叛离便需要将人的疾病外化和投射给自然，所以即使重返自然是可能的，也并不意味着会回到健康状态。

只有辩证法（而不是二元论）才是希望的哲学。只要人类生活仍处在总体的压抑状况之下，我们就没有办法从人类生活中消除对信仰的追求。既然像弗洛伊德所说的那样，信仰是爱的衍生物，那么我们就可以说，辩证法是爱欲哲学。这种爱欲，如圣·保罗所说的那样，对一切事物充满希望，像弗洛伊德所说的那样，寻求着事物的重新统一。

实际上这种辩证的希望哲学并不缺乏经验的地基，这地基由精神分析学本身构成。构成人性希望的唯一地基就是人的童年时代这一事实。如果不是坚信这样一种学说，即认为人类乃是一个不断渴望回到其童年时代的物种，那么就可以说精神分析学一钱不值。但是，童年时代是一种自然状态，人叛离了自然又渴望回到自然这样一种思想，尽管与弗洛伊德的本能本体论不相容，却为他的童年理论所需要。正像我们所看见的那样，弗洛伊德关于本能具有内在矛盾冲突的本体论假说，是与其关于人在童年时代有一个无矛盾和前矛盾的经验定理相冲突的。由于执着和固着于这一最初的前矛盾（pre-ambivalent）经历和体验，所以人类在无意识中总是渴望克服这种本能的矛盾情感，并渴望回到曾经存在于童年时代和至今仍存在于动物身上的对立面的统一状态中去。

弗洛伊德思想的错综复杂、弗洛伊德所具有的卓越才能体现在：尽管他的基本的本体论不容许两种相互对抗的本能有任何妥协的可能性，但他仍然勾画了这样一种目标并谈到它们可能出现的融合。他进一步把促进这种融合的任务分派给自我，即自觉意识到的自己，说它具有将精神生活中的对立冲突方面加以"综合"，使其"和谐""达成一致"，并对其"加以组织"的能力和倾向。[13] 在弗洛伊德看来，自我的这种进行统一的倾向，一定是爱本能和生本能的显现，因为他认为爱本能和生本能具有寻求越来越广泛的统一的功能。这是对自我的一种相当乐观的分析，它实际暗示爱欲在其本能结构中占有压倒性优势，自我所取得的胜利就是爱欲或生本能在与死本能的斗争中所取得的胜利。人们不禁想知道：自我何以能如此轻易地逃脱死本能的控制。

如果在人身上，本能已经脱离了其原初的、未分化的统一状态，那么，正像弗洛伊德说对象的寻找是一种再寻找一样，我们也可以说，自我所寻求的这种融合乃是一种再融合。如果是这样，那么，对弗洛伊德所说的本我（本能的储藏库）完全不具备综合和统一的能力与倾向的说法，[14]我们就可以提出疑问。而且，他关于软弱无力但始终一贯的自我总是致力于驯服存在于本我中的强有力的混乱状态的描画，也应该被限制和修正。融合的目标既可以是自我要实现的目标，也可以是肉体和无意识本能自身要实现的目标。因此，如果说弗洛伊德对自我的说法未免显得过分乐观，那么他对本我的说法或许显得过分悲观了。

如果精神分析学坚持认为本能——它们在动物性的水平上处于和谐的统一状态——在人性的水平上彼此分离并开始相互冲突，坚持认为人类将永远处于躁动不安的状态直到其在更高的意识层面消除这些冲突、回到和谐状态，那么它就再一次表明：精神分析学实际是在完成浪漫运动所要完成的任务，它只能被人们从这一角度去认识和理解。浪漫主义的伟大幻想之一（席勒和赫尔德早在1793年就已清楚地表述过这一幻想；这一幻想在黑格尔和马克思的体系中至今仍有活力）是：人类的历史就在于从与自己和与自然界的原初的、未分化的统一状态中分离出来；在这个过渡的中间阶段，人的力量经由分化和与自己、与自然界相对抗、相异化而得到发展，最终将在更高的水平上回到统一与和谐状态。[15]然而，像原初的统一、经由对抗而得到分化、最终复归于和谐这样一些范畴和概念，在浪漫主义者那里始终是武断的和神秘的，它们缺乏心理学的根据。于是，精神分析学的童年理论通过填补这一空白完成了浪漫运动所未能完成的任务。

与此同时，意识到存在于精神分析和浪漫运动之间的不自觉的联系，就是在赋予精神分析学以一种历史哲学的角度。原初的统一、经由对抗而得到分化、最终复归于和谐这样一些概念，为浪漫主义者开辟了一条历史之路，并指出了人类作为一种物种的最终命运。弗洛伊德最后的悲观主义和他无法形成一种历史哲学理论这一点是紧密相关的。对这位心理治疗者和人道主义者而言，历史哲学必须是以末世学的形式，公开宣布只有在什么样的条件下，人才能获得拯救而免于罹患神经症。

拯救的可能性就在于使本能的相互对立重新获得统一。但弗洛伊德最后把本能的相互对立看作生命本能（爱欲）和死本能的对立，生与死如何能够获得统一？我们必须转而去审视死本能。

第八章
死亡、时间、永恒

精神分析的神经症理论要求我们假设：在人的身上存在着本能的矛盾冲突；治疗的可能性则取决于认识到这种本能的矛盾冲突乃是人的一种特权。这种特权在动物的水平上是不具有的，而在人的水平上则是与压抑作用相关联的。因此，从原则上讲，只要压抑作用能被超越，这种特权就能被超越。弗洛伊德有充分的理由从其早期的二元论假设演变到他最后关于生本能与死本能的假设。但如果本能的二元论就是生本能与死本能的对抗的话，我们对弗洛伊德的本体论的限制和修正就需要假定：生本能与死本能以某种未分化的统一状态共存于动物身上，而且它们能够在人身上重新获得统一并达到更高的和谐状态。然而在任何人类意识形态之中，在任何个人体验之中，死亡都是最大的敌人，死怎么能与生统一在一起呢？如果我们希望治愈自己的疾病，我们最好还是追随弗洛伊德来对死本能做一番研究。

在死本能的框架下，弗洛伊德归纳了三组不同的现象。首先，生物学和心理学的观察与思考都表明：所有有机体的活动与人类心智的活动都指向消除紧张进入死寂状态（我相信现代生物学中与此相关的术语是"原状稳定"[①]）。从这种观点来看，弗洛伊德最初用来作为精神生活的定向原则的快乐原则，就变成了一种涅槃原则（Nirvana-principle），其目标在于趋向死寂，趋向安息或睡眠，而安息或睡眠不过是死亡的孪生兄弟。其次，弗洛伊德假定爱欲和快乐原则存在着一种联系，因此拿快乐原则与强迫性重复冲动相比——后者在许多病例中表现为对过去的创伤性经验的固着，并使病人有一种自寻痛苦的着了魔似的强迫性冲动。弗洛伊德因此坚持认为：强迫性重复冲动是一种独立于快乐原则之外的、比快乐原则更加基本的倾向。然后他使强迫性重复冲动与所有有机生命中本能所固有的保守性相关联，而提出这样一种思想：存在着一种回到事物先前状态的一般本能倾向，这种本能倾向最终来自所有有机体身上那种回到生命源头的那种无机状态或死寂状态的倾向。最后，弗洛伊德还通过精神分析对施虐—受虐情结进行了分析。此时，他修正了他先前认为受虐倾向是一种原初的施虐冲动的向内发展的观点，转而认为存在着一种原初的、针对自己的受虐倾向，而施虐倾向不过是这种原初的受虐倾向的向外发展。于是他认为这种原初的受虐倾向等同于死本能。[1]

为了真正弄清这一问题，我们必须区分弗洛伊德死本能理论中

[①] 原文为"homeostasis"，又译为体内环境恒定。——中译注

的三大要素,也就是涅槃倾向、强迫性重复冲动和受虐倾向。这三者或许全都代表着死本能,但如果是这样,它们代表的就是死本能的不同侧面。在弗洛伊德的含混语义中,或许存在着真正的真理,"死亡"的这三种形式或许最终会被证明确实是同一种死本能的三种形式。然而,我们首先必须能分别把握这三者。而在我们的分析过程中,在进一步对弗洛伊德的本体论做出限制和修正的同时,我们必须始终紧迫地致力于澄清动物层面和人类层面两者之间的关系——澄清"动物在变成人时究竟发生了什么"这一至关重要的问题。

假定涅槃原则(或原状稳定)确实是有机生命的基本原则,那么它是怎样在人的精神生活中运作的呢?弗洛伊德在其早期著作中说,快乐原则表达了人的欲望的基本目标,它的目的就在于消除紧张(不快乐)。他由此将人类水平上的快乐原则与所有有机生命中的原状稳定倾向等同,完全抹除了人和动物在这方面的差别。

他在《超越快乐原则》中首次提出,但在尔后才得到进一步发展的一个突破,就是原状稳定倾向和快乐原则之间的差别。在这方面,弗洛伊德得力于他把原状稳定与死本能相等同的做法——因为快乐原则与力比多(也即与性本能、爱本能、生本能)之间的联系是显而易见的。他因此放弃了这样一种看法,即认为快乐原则的目标是要在一定程度上消除紧张感。他认为快乐在其本质上并不存在量的区别,若要了解这种区别,应该到"质"中去寻找,尽管他还不能确定这种质的确切性质是什么。[2]沿着这条新的思路,弗洛伊德在力比多的运作中,在两性关系、社会关系和人类心理各种冲突因素（自我、超我和本我）之间的关系中，发现了一种寻求更大的结合与统一的倾向，这种倾向超越了减少和消除紧张这一纯粹消极的目标。[3]这样一来，爱欲和快乐原则就显得不是在消极地寻求消除不愉快的方法，而是代表了一种"对积极地实现快乐和幸福的根深蒂固的热烈追求"[4]——这种快乐和幸福存在于某种更为广阔的结合与统一之中。弗洛伊德因此不再把快乐原则与涅槃（原状稳定）原则相等同（这种等同在《超越快乐原则》一书中仍然存在），而是推进和发展了这样一种思想："涅槃原则表达了死本能固有的倾向，而快乐原则代表着力比多的要求。"[5]

这一新思想显然与先前所有针对快乐原则和涅槃原则、针对力比多和消除紧张这一目标所做的讨论很不协调。因此，弗洛伊德在未曾意识到问题的这一面的情况下，在同一段文字中提出了涅槃原则经由转变可成为快乐原则的假说："我们必须觉察到涅槃原则——它属于死本能——在有机生命体中受到了一种限制。在这一过程中，它变成了快乐原则。此后，我们要避免把这两种原则视为同一种东西。"[6]但弗洛伊德在这段文字中所暗示的死本能转变为生本能，却与他的二元主义的本体论互不相容。

弗洛伊德二元主义的本体论混淆了一个重要问题。我们可以像生物学所假定的那样假定原状稳定原则代表了所有有机生命要求回到平衡稳定状态的固有倾向。我们也可以从弗洛伊德的后期著作中接受他关于快乐原则在人类水平上不能还原为和不能等同于原状稳定原则的思想。但这样一来，弗洛伊德自己的说法便表明：那在动物水平上表现为静止的涅槃原则的倾向，在人类水平上却表现为动态的快乐原则的倾向。

这一重新定义,保留了人与动物之间的连续性因素,与此同时,它又让我们认识到那十分重要的不连续因素。把快乐原则归属于人和把涅槃原则归属于一般有生命的存在物,只不过是换了一种说法来指出:人,只有人,才是患有神经症的动物。患有神经症的动物是永不满足的动物。人的永不满足意味着制约动物行为的在紧张与消除紧张之间保持平衡的稳定状态已经破裂。本能的压抑使动物身上静态的原状稳定原则倾向转变成人身上动态的快乐原则倾向,而原状稳定原则只能存在于本能满足的种种条件之下。正是在本能受到压抑的条件下寻求本能满足的努力,在人身上制造出了一种躁动不安的追求,即快乐原则追求一种在压抑条件下它所得不到的体验。永不安宁的快乐原则是在心理疾病的条件下寻求心理的健康,因此它本身就是疾病的一种症状,正像弗洛伊德所说,心理疾病的进程也可以被视为一种获得痊愈的努力。[7]

同样,如果人能够结束压抑状态而获得本能的满足,那么永不安宁的快乐原则就会复归于涅槃原则,也就是说,复归于一种紧张与消除紧张之间的平衡状态。如果涅槃原则因此"属于死本能",而快乐原则因此属于爱欲的话,那么它们的重新统一便会是一种生命的安宁状态——这是一种完满的、无压抑的生命状态,是一种自我满足的、自我肯定的生命状态,而不是一种自我改变的生命状态。这样解释的话,精神分析学便重新肯定了古老的宗教向往。因为,如果说涅槃状态表现了最低形式的有机生命体的节奏和韵律的话,那么它同样表现了佛教的最高向往。圣·奥古斯丁曾许诺给人终极幸福,也就是精神和肉体都得到永恒的安宁[8],至于这与涅槃状态有何不同,我把它留给神学家去进行区分。

按照弗洛伊德把死亡等同于涅槃的等式,生本能与死本能的重新统一就只能被设想为历史过程的终结。弗洛伊德的悲观主义和他宁可采用二元论而不采用辩证法的做法,以及他那无法形成一种历史的末世学,都与此相关。把人视为与自然分离的和与自己的本能分离的,就是把历史视为神经症,也是把历史视为在不断地和下意识地趋向终结并获得一种重新与自然结合的安宁状态。我们由此可以说:人身上的生本能与死本能的统一一旦破裂,人将成为历史性的动物。因为,永不安宁的快乐原则(作为涅槃原则的病态体现)正是那使人变成浮士德式的人的动力,而浮士德式的人乃是创造历史的人。一旦压抑作用不复存在,浮士德式的人的永不安宁的追求便走到了尽头,此时他便会满足地说:"Verweile doch, du bist so schön." [9]①

现在,让我们转向强迫性重复冲动,并尽量以同一种方式辨别其在动物水平上的作用机制和在人类水平上的作用机制。当弗洛伊德把强迫性重复冲动视为所有有机生命体中的一个要素时,他所遇到的一个困难是:他在两种不同的现象之间发现了一种联系。这两种不同的现象是:所有的有机体都要死亡;生物本能基本上是保守的(他以鸟类和鱼类的迁徙,以及遗传规律和胚胎学定理为例证)。[10]如果我们考察了弗洛伊德内在的死亡驱力这一思想中有

---

① 德语,意为"停留一下吧,你多美呀",参看歌德著《浮士德》。——中译注

关施虐—受虐情结的考虑,我们便会同意他关于强迫性重复冲动体现了本能的保守倾向的说法。在《超越快乐原则》一书中,弗洛伊德注意到,需要把人身上"进步"和"趋向完美"的现象与有机体水平上本能所固有的保守倾向联系起来考虑。而且,如果我们撇开他的某些犹豫,他实际上正确地发现,这些明显对立的倾向实际上是同一种东西:

> 要放弃这样一种信念,即人身上存在着一种趋向完美的本能……这可能是十分困难的……然而我不相信存在着这种内在本能,而且我无法看出这种仁慈的幻象将如何被保留下来。在我看来,人类个体目前的发展水平,并没有什么不同于动物的发展水平的地方。那在极少数人类个体身上表现为一种永不懈怠地追求完美的冲动,完全可以理解为本能受到压抑的结果。受到压抑的本能对于完满的满足的追求永不停息,而这种完满的满足只能存在于对原初的满足体验的重复和再现上。没有任何替代品或任何反应形式,也没有任何升华作用能够消除受到压抑的本能的这种持续不断的紧张。[11]

人和动物的不同之处在于本能的压抑。在压抑状态下,强迫性重复冲动引发一种对过去的执着(固着作用),这种执着使神经症患者无法停留在当下,使他不自觉地在未来中寻找过去。这样,神经症患者的外在表现虽然是追求新鲜事物,但在其本能的水平上,他不过是被一种想要重演过去的强迫性冲动所驱使。在人这种神经症动物身上，本能的这种想要重演过去的强迫性冲动转化成了它的反面，即对于新奇的追求。这种追新求异的行为，其不自觉的目标却不过是重复过去。

何况，正是压抑作用把强迫性重复冲动变成了快乐原则的对立面。弗洛伊德早已认识到，强迫性重复冲动既可以是快乐原则，又可以是一种创伤性地执着于过去的冲动原则——同样的混淆曾使他先把涅槃原则说成爱欲的原则，后来又说成死本能的原则。他注意到，"儿童总是重复做令他们感到愉快的事，没有人能够说服他们停下来，因为他们坚持认为重复行为就是先前那种行为"。与此相比，在成人身上，"新奇始终是令人感到愉快的条件"。[12] 从心理学的角度来说，人在儿童时期处于自然状态，而在动物水平上是不存在快乐原则和强迫性重复冲动之间的紧张对立状态的。强迫性重复冲动（本能固有的保守倾向）似乎是一种生物原则，它把物种的本质局限强加给该物种的每一个个体，引导个体去欣赏那适合于该物种的生活。然而，在人这种永不满足的生物身上，它转变为一种退行性的执着（即对于过去的执着），与之伴随的效果则是迫使自己不断地改变，去成为自己和去寻找适合他这个物种的生活。然而，一旦压抑作用不复存在，人便能够欣赏和享受这个物种的生活。这样，这种退行性的执着便不复存在，对于新奇事物的永不安宁的追求就会再次被吸收到愉快而重复的渴望之中，想要**成为**什么的欲望（the desire to Become）就会消融到想要**是**什么的欲望（the desire to Be）之中。

人作为永不满足的动物，不自觉地追求着适合这个物种的生活，而成为历史中的人：压抑作用和强迫性重复冲动开创了历史。压抑作用把没有时间性的本能重复冲动转变成向前运动的神经症辩证法，这就是所谓的历史。历史之所以能向前运动，凭借的是强迫性重复冲动，这种强迫性重复冲动保证了压抑状态的缓慢回归这一历史法则。[13]相反，那未受压抑的生命——解除压抑作用后存在于人和人的生活之下的有机生命——并不在历史性的时间之中。如果我们把强迫性重复冲动与弗洛伊德反复强调的本我中的本能过程是没有时间性的这一定理[14]联系起来（弗洛伊德并没有这样做），那么只有受到压抑的生命是处在时间之中的，而未受压抑的生命是没有时间限制的或者说是永恒的。这样，精神分析学在把自己的逻辑结论贯彻到底和转变为一种历史理论的时候，就再次把古老的宗教向往集合到了自身之中。永恒的安息日——那时间不再成为时间的时刻——就正是这一状态的描绘，而这一状态正是无时间性的本我中强迫性重复冲动的终极目标。浪漫主义者继承了宗教对永恒的神秘向往，并使之世俗化；黑格尔设想过历史辩证法的终点，设想过人性最终进入"绝对精神"的永恒王国。精神分析学后来提醒我们，我们实际上是肉体凡胎，压抑其实是肉体的压抑，完美只是在"绝对肉体"领域中的完美，永恒也只是无压抑的肉体的永恒。

不管我们愿意还是不愿意，强迫性重复冲动已经把我们卷入关于时间的理论之中。在这里，也像在别处一样，精神分析学成了（或者说应该成为）一种悖论。取缔时间这种思想，对许多人（包括对正统精神分析学家）来说都是荒唐无稽的胡言乱语，而不仅仅是一种悖论。难道时间不是所有事物的本质吗？难道我们是天神以致竟可以随意废除时间吗？但是，时间并不是事物的本质。正像弗洛伊德所看见的那样，[15]精神分析学的时间理论必须以康德的时间学说作为出发点。康德认为，时间并不从属于外在事物本身，它不过是人类心智的一种知觉形式。这一哥白尼式的革命使时间成为一个心理学问题，而不是一个本体论问题，它因此成为精神分析学的研究对象。而且，正像叔本华看到的那样，[16]它开启了人的心灵从时间的暴虐统治下解放出来的可能性。它暗示人的心灵一旦穿透现象的帷幕到达凭直觉把握到的实在，便会发现并不存在什么时间。确实，康德本人坚决否认这样的可能性，他不仅否认存在着凭直觉把握到实在的可能性，而且断言人类心智借以感知实在的种种形式（包括时间）是不变的，并把这些不变的形式等同于理性。

与此相反，精神分析学声言要穿透现象抵达隐藏的实在，至少在关于我们自身的知识方面是如此。如果我们——我想我们完全可以这样做——把弗洛伊德所说的无意识等同于我们心中隐藏的、只能凭直觉把握的现实，那么我们会发现，弗洛伊德肯定地断言，至少在那个"只能凭直觉把握的"现实中，时间是根本不存在的——"无意识心理过程本身是处在时间之外的""在本我中没有任何与时间观念相吻合的东西"。[17]因此，如果我们比弗洛伊德更进一步，我们就完全可以做出这样一种严肃的推论，即有可能存在这样一种自觉意识，这种自觉意识不是建立在压抑作用上的，而是对个体迄今未曾意识到的东西的意识。由此，顺理成章的是，这样一种自觉意识将不再处于时间之中，而是处于永恒之中。而事实上，永

恒似乎不过是儿童生活于其中的时间。诗人们就曾这样说过。精神分析学家马里·波纳帕特则以这样一种方式来表达这一观点:

> 童年时期似乎在某种意义上逍遥于时间之外。童年时代的这些日子——让我们都来回忆这些时光——对儿童来说似乎就是永恒……当然,那些抚养孩子长大的人总是严格地把他们自己的时间观念灌输给孩子……然而孩子感到这种由成人强行灌输的时间观念就像是一种外来的入侵。孩子自己的时间本质上是一种无限的时间。[18]

弗洛伊德不仅突破了时间,抵达了"只能凭直觉把握"的自我,他还奠定了一种基础——使我们可以由此出发去质疑康德在时间框架与理性之间画等号的做法。精神分析学中的一些定理(我们将在后面的某一章里讨论这些定理)把时间意识视为一种病态意识,并逐渐得出这样的结论:那些被康德拿来作为理性的先验构架的东西,实际上不过是压抑作用的先验构架。[19]确实,弗洛伊德未能把精神分析学的若干洞察搜集起来向时间概念展开攻击。他事实上认识到了这一点,所以在临终前写道:"我们常常感到,我们很少在我们的理论中发现这样一个毋庸置疑的事实,那就是,受到压抑的东西始终没有被时间改变。这一事实似乎为我们提供了逼近某些真正深刻的真理的可能性,但我本人在这方面没有进一步的发展。"[20]弗洛伊德似乎并未注意到时间概念的可变性,因而更谈不上(在废除压抑的同时)取消时间概念了。

与此相反，物理学、生物学和人类学最近的发展倾向于认为时间框架因不同的生物需要和文化需要而具有相对性。[21]换句话说，在20世纪，人们已经看到了时间框架的普遍有效性和普遍合理性的破裂与解体。后面，在我们能够利用精神分析学有关压抑机制（"防御机制"）的理论来进一步讨论这个问题的时候，我想我们对永恒安息日（the Sabbath of Eternity）的展望是可以做到没有任何神秘色彩的——除非有人把所有对美好事物的希望都说成神秘的。

但这样一来，完美和永恒岂不是只能存在于永恒之中吗？难道这样一种思想在遭到理论上的反对之外不是还会遭到情感上的反对吗？禀有浮士德性格的我们不可能正面地想象"安宁""涅槃""永恒"，而只能把它们想象为一切活动的停止，换句话说，只能把它们想象为死亡。我们的理论探索与其说是要寻求死而毋宁说是在寻求生，只不过这种生已经把生与死统一起来。我们因此不得不坚持认为，活动（生）有可能同时也是静止。

活动（生）同时也是静止的思想朴素地存在于基督教的天堂思想之中。我常常怀疑，佛教徒的涅槃其实并不像基督徒在论辩中说的那样，是消极无为和充满惰性的。基督教的天堂是为了解决那在尘世中不能解决的问题而存在的。既然它假定了天堂中的不朽，它的潜在的心理学前提就是：无论在尘世还是在天堂，生与死都是不可能相互调合并达成一致的。但正像F.C.S.席勒所揭示的那样，[22]我们完全可以找到一种更令人满意的模式，这种模式在亚里士多德的著作中被设想为没有运动的活动（activity without motion）。

亚里士多德的基本思想是活动（energeia），而运动（kinesis）

则是一种特殊的活动，即一种不完美的活动，是从不完美向完美的运动。完美的活动是一种没有运动、没有变化、没有被动性的活动。又因为时间仅与运动（motion）有关，所以完美又是一种并不处在时间之中的活动。亚里士多德认识到，倘若不存在"障碍物"（用弗洛伊德的术语来说，就是不存在"挫折"），肉体感官的愉快活动也就是一种无运动、无变化、不处在时间之中的活动。"鉴于这种活动似乎在任何时候都是完满的，所以它并不需要任何后来发生的事情来使它变得完满。快乐也是这样，因为它本身就是完整的，所以人只要持续地快乐着，就不需要什么东西来使快乐的形式得以完满。因此，快乐也不是一种运动（movement）。"[23]快乐是衡量活动的完美程度的尺度。因此亚里士多德把它作为完美活动的模型："神总是欣赏一种单纯的快乐，因为不仅存在着一种有运动性的活动，而且存在着一种无运动性的活动。而快乐，与其说它处在运动之中，不如说它处在静止和安宁之中。"[24]我们还可以补充说，那并非由匮乏和欠缺所引发的活动本身是无目的性的，所以它实际上就是游戏。波墨认为，上帝的生活，其本质就是游戏。永恒则是游戏的方式。

亚里士多德成功地表述了他的这一哲学思想，而这一思想同样蕴涵在基督教的时间神学之中。基督教的时间神学认为：时间与发生（Becoming）相关，而与存在（Being）无关；而发生与不完美、不完善或邪恶相关。在F.C.S.席勒的表述中，不满足就是非永恒（impermanence）的原因，而非永恒并不是不满足的原因。我们并非必须接受亚里士多德有关人的完善和不完善的思想（因为他并没有提到压抑作用这一概念）。他关于无运动的活动和处在永恒之中的活动的思想，或许只是表述了完美至善的抽象的形式特征。因此，正像F.C.S.席勒所说的那样，那很可能只是"通俗的关于天堂和永恒的神学概念的一种科学表述"。至于人类究竟能否达到完美境界和完美是否值得讨论，我想我最好还是引用F.C.S.席勒专门讨论这一问题的最后一段话来予以说明：

当然，究竟是否存在实现这样一种理想的可能性，这完全是另一个问题。没有人比我更尖锐地意识到这种形而上的梦境与我们日常生活中的严峻事实之间的痛苦对比。但是，曾经我们认为的最正确的事实和我们最不容置疑的真理，也统统不过是一个梦的幻觉而已。这些由一种预见能力所预言的事实和真理后来缓慢地凝结为科学。因此，就连这样的梦境或许也总有一天会成为现实或变成现实，只要我们努力去尝试。何况，即使我们把这些思想作为懒散的梦想而加以驱逐，世界上也依然会有梦想，并且那消耗和损坏我们这个世界的冲突和摩擦也决不会结束。如果我们同意去寻求和谐，那么我们的意愿很可能会成为我们取得成功的首要条件。即使对日常生活中那些十分切近的目标而言，对一种形而上的理想的冥想而言，它或许也是有些实用价值的。它可以使我们变得活跃，同时警告我们：不能以一种可怕的、野蛮的、神经质的和躁动不安的形式去自我实现，也不能以一种徒劳无功的、持续奋斗的形式去自我实现，而必须以一种超越变化和时间的、使自己处于和谐与平衡的状态之中的活动形式去自我实现。[25]

现在，很明显，弗洛伊德在"死"的不同形式上的语义含混是有意义的。看起来，强迫性重复冲动和涅槃原则是对于完全满足和压抑消除的本能需要的两个相互关联的侧面。虽然废除历史、进入永恒的安息状态既是强迫性重复冲动的终极目标，也是涅槃状态的实现，而涅槃状态的实现又是快乐原则的终极目标。即使如此，我们仍然不明白弗洛伊德为什么要坚持使用"死亡"这一术语。在涅槃原则（或强迫性重复冲动）和死亡状态之间，我们看不见任何联系。除非二者之间确实存在某种真实的联系，否则弗洛伊德所说的死本能就不仅是譬喻，而且是含糊的譬喻。只有死本能中的第三个要素，即施虐—受虐情结，才在真正的和严格的意义上把死亡导向了死本能。

施虐—受虐情结的理论始于这样一种观察，即人同时具有爱与恨的矛盾情感，人既能爱他人又能毁灭他人，既能爱自己又能毁灭自己。弗洛伊德沿用传统的伦理学术语，把爱等同于善，把恨等同于恶。他的基本看法是：人心中的恶不能被简单地解释为在人性本善的基础上附着的一种表浅的赘疣，而是深深植根于人性的、人类固有的内在冲突。尽管弗洛伊德最初的本能理论确实暗含着"人基本上是一种有爱心的动物，只是在现实原则的逼迫下才有了无爱心的行为"这样一种思想，但他最终抛弃了这一自由主义的乐观立场。大多数社会科学家和大多数新弗洛伊德主义者都奉行这种乐观思想，认为人天生善良平和，其攻击行为不过是来自外在的挫折、冷落和恶劣的教育的,而弗洛伊德虽然认识到外在挫折因素的存在(事实上"挫折"这一概念正是他首先提出的),却仍然坚持认为问题并不那么简单。

在弗洛伊德看来(正像在圣·奥古斯丁看来一样),人的命运就是与乐园的分离和努力重新回到乐园。然而在这一过程之中,人始终在与自己作战。正像圣·奥古斯丁所说的那样,人被两种爱——一种是真正的爱,另一种则是对权力的渴望——所驱策。[26] 用精神分析学的术语来说,人性内在的冲突根植于本能,由此才产生弗洛伊德关于爱欲和攻击本能的二元论思想。正像新弗洛伊德主义者所指出的那样,弗洛伊德对爱欲和攻击本能之间的冲突的表述排除了任何拯救和治疗的可能性。弗洛伊德令人震惊地谈到人类固有的攻击性倾向:由于具有这样一种固有的攻击性倾向,人唯一的选择是要么使之向外去毁灭他人,要么使之向内去毁灭自己。

在《文明及其不足》中,弗洛伊德把人类处境的这一不愉快的画面依照逻辑推向其所有可能的结局。如果我们接受《文明及其不足》中这一阴郁的悲观主义,而不接受新弗洛伊德主义者为我们提供的甜蜜轻松的摇篮曲,我们就必须具有忍受令人不快的真实的坚韧素质。同样,如果人的攻击性是天生的,而且会随着文明化的程度累积起来,那么像弗洛伊德一样,精神分析学就应该寄希望于爱欲的复兴和再生。但是在理性的角度上,精神分析学只能预言人类的自我毁灭。作为现代思想生活的一个悲哀的嘲讽,弗洛伊德关于人天生具有死本能的假说,本来被作为悲观主义的顶峰而被人们怀着恐惧的心情所接受,但它其实是唯一能够帮助人们走出"人天生具有攻击性本能"这一真正悲观假说的出路之所在。

在弗洛伊德提出死本能这一假说的时候，由于考虑到爱欲和攻击性在人类水平上形成的本能冲突，他着手寻找（精神分析学的本能理论要求他必须寻找）在一切有机生命体水平上与之相对应的本能冲突。他的力比多理论的进步已经摧毁了他最初在性本能和自我保存本能之间所做的区分。此时，力比多已转变为一种普遍的生本能，其目的在于挽救生命和使生命更丰富。因此，力比多理论的进步已暗示：基本的对立冲突是生与死的对抗。这样，在心理学的生本能与死本能假说的武装下，弗洛伊德开始考虑生与死在生物学中的关系。

他的看法是：有机体是由于内在的原因而死（他坚持认为这与生物学的理论并不矛盾）；死是生命的一个组成部分。用弗洛伊德的话说，"一切生命的目标都是死亡"。[27]这时，弗洛伊德转向了施虐—受虐情结。精神分析学业已证实，攻击性既可以转向外部（施虐倾向），又可以转向内部（受虐倾向）。并且人们早已提出哪种倾向是原初形式这一问题。但是，以自我毁灭的方式转向自我的攻击性只能是一种死本能，弗洛伊德于是给他的生本能补充了合乎逻辑的对立面。他断言，外向性的攻击倾向来源于一种"原初的受虐倾向"，他还把这种原初的受虐倾向等同于死亡本能。[28]

弗洛伊德一直没有注意到，攻击性是一种外泄的死本能这一假设，为解决攻击性问题开辟了某种可能性。他在临终之前仍然把固有的攻击性和毁灭本能说成仿佛就是死本能。然而，实际上，一切取决于在人和其他有机生命之间的连续性和差异。弗洛伊德僵化的二元论和本体论,使他把所有有机体内在的生与死的统一,解释为两种不同的、完全对抗的力量之间的永恒冲突。这两种力量,一种渴望挽救和拓展生命,另一种则渴望毁灭生命,把生命还原到它源头的无机状态中去。但弗洛伊德自己对一些精神分析学资料所做的解释却使人感到,死本能以一种支配冲动和权力意志的形式向外发泄,其实是一种特殊的人类特有的现象。弗洛伊德本人的公式——"一切生命的目标都是死亡"——也使人感到,在生物层面上,生与死并不彼此冲突,甚至在某种意义上是统一的。也就是说,生与死存在某种辩证的统一,就像赫拉克利特所说的:"活着与死去、觉醒与睡眠、年轻与年老在我们身上乃是统一的。前者反过来就是后者,后者反过来也就是前者。"[29]这样我们便看到:在有机生命的层面上,生与死是统一的;只有在人类水平上,它们才彼此分离,变成了相互冲突的对立面。在人类水平上,死本能的向外转化是消除那本来并不存在于有机生命层面上的冲突的一种方式。这样,神经症就仍然是而且应该是人类的一项特权。生与死的并存并没有使自然界患上神经症。

如果死是生固有的一个组成部分,那么在人对待死亡的态度中就存在着一种特殊的不健康的病态。弗洛伊德认识到了这种病态,但未能把它与死本能的理论联系起来。乌纳穆诺[①]说:"人与其他动物的不同之处在于,人以这样或那样的形式守护着他死去的亲

[①] 乌纳穆诺(Miguel de Unamuno,1864—1936):西班牙著名哲学家,存在主义者,著有《人生的悲剧意识》《基督教徒的痛苦》等。——中译注

人。人为何要这样徒劳无益地保护着他死去的亲人？因为人对自身的毁灭感到恐惧……大猩猩、黑猩猩、巨猿以及其他此类动物一定会把人看成一种软弱的动物，其特有的习惯就是保存自己死去的亲人。"[30]人与动物的区别不在于对死亡的意识，而在于对死亡的逃避。从最早以染红死者的遗骸并将其埋在家中火塘下的方式来保存死者遗体的洞穴人的习俗，一直到今天好莱坞的葬礼崇拜，对死亡的逃避正如乌纳穆诺所说的那样一直是一切宗教的核心。金字塔和摩天大楼这些比青铜器保存得更久的文物使我们意识到，人类的"经济"活动在很大程度上也是对死亡的逃避。如果死是生的一个固有的部分，如果死本能与生本能（性本能）是并存的，那么人对死亡的逃避就正像对性欲的逃避一样。如果死是生固有的一部分，那么人对死亡的压抑就正像对生命的压抑一样。

按照弗洛伊德的说法，攻击性代表着生本能与死本能的一种融合。这种融合通过使死本能固有的自毁倾向向外转化，通过把死的愿望转化为杀的愿望，而使有机体得以从自毁倾向中获得拯救。[31]与弗洛伊德不同，我们认为：死本能的向外转化乃是人对自己的独特难题的一种独特的解决方式。对死的逃避使人不得不面对这样一个难题，即如何对付自己终将走向死亡这一可能性。动物把死作为生的一部分并运用其死本能走向死亡；人类则充满攻击性地建立起不朽的文化并通过创造历史来反抗死亡。因此，如果我们辩证地对弗洛伊德的死本能加以阐释并始终划清人与动物之间的界限，那么弗洛伊德的死本能便像涅槃原则和强迫性重复冲动一样在心理学历史中变得至关重要，它还会在弗洛伊德本人和历史哲学家黑格尔之间建立起另一个至关重要的联系。

存在主义者所做的学术研究发现了一个富于人性的黑格尔，即作为心理学家的黑格尔。黑格尔试图超越哲学家固有的偏执，试图发现人的本质并不存在于思维之中，而是存在于人的欲望和人的痛苦之中。在黑格尔为把握人的本质所做的两种系统性的尝试中，第一种是把人等同于爱，第二种是把人等同于死。黑格尔的思想因而从爱欲走向了死本能，爱欲和死本能共同形成了人性的本质（与弗洛伊德后期的本能理论相似）。只是，黑格尔通过他的第二种尝试（即把人等同于死）才把握了人作为历史创造者的本质。

在其哲学生涯之初，黑格尔受到狂飙突进运动（Sturm and Drag）时期感伤的浪漫主义的影响，在爱的小宇宙中发现了人的欲望和人的行动这一现实。此后，受到完成了《浮士德》二卷时期的歌德的影响，他又在人类历史的大宇宙中发现了人的行动这一现实：人是一种拥有历史的独特物种。换句话说，人的本质并不像其他动物那样与其存在相统一，而是在历史和时间的辩证运动中形成的。在形成人是有历史的动物这一哲学思想的过程中，黑格尔发现他先前把人等同于爱的说法是不充分的。爱是爱者生命中的一个瞬间，而且爱始终不过是一种内在的主观体验，它对历史这一大宇宙没有任何触动。人类历史不能被视为爱的展开。

黑格尔能够形成他的历史哲学，只有通过建立一个新的出发点并把人等同于死亡。他建立起这样一个悖论：历史是人反抗死亡的历史。这一思路几乎与弗洛伊德的思路完全一致。弗洛伊德认为，人性中的攻击性——主宰自然的冲动和主宰他人的冲动——乃是死本能向外转化的结果。此时，死的欲望被转化为杀戮的欲望、毁灭的欲望和统治的欲望。黑格尔曾设想过，死亡意识是一场以自己的生命去冒险，把他人的生命据为己有的斗争：作为阶级斗争（用黑格尔的术语来说，就是所谓主奴辩证法）的历史，建立在死本能的向外转化上。同样，黑格尔探讨的另一个基本历史范畴——人的劳动或工作——也是从死的否定性和虚无性转变为一种外向性的否定和改变。更概括地说，按照黑格尔的看法，时间是人从死亡中制造出来的。历史的辩证法就是时间的辩证法，"时间在感性世界中是否定性的因素"；时间就是否定性，而否定性就是向外转化出来的死亡。[32]

弗洛伊德没有这一具有历史真实性的思想，但是这一历史真实性正是黑格尔的力量之所在。尽管黑格尔也试图把握人类历史真实性的心理前提，但他只具备一种建立在直觉基础上的心理学思想。不过，黑格尔可以帮助我们理解死亡。黑格尔需要从精神分析的压抑学说和无意识学说的角度去重新阐释死亡。转化为攻击性的并不是人类对于死亡的意识，而是人类无意识中的死本能。无意识中的死本能才是那种向外转化为否定自然、否定他人的行动的内在否定性和虚无性。弗洛伊德本人在《超越快乐原则》之后对他的死本能的理论做了最重要的补充。此时，他已从爱欲中引申出肯定性，并从死本能中引申出否定性。[33]如果精神分析学要取得突破性的进展并形成精神分析学的时间理论——弗洛伊德并没有做这种努力，那么黑格尔把否定性与时间联系在一起的学说就显得十分重要了。

快乐原则与涅槃原则的关系表明，人拥有历史是因为在动物水平上紧张与消除紧张之间的平衡已被打破,并被一种动态的、永不安宁的努力所取代。对强迫性重复冲动所做的研究表明,压抑作用开创了历史性的时间是由于它开创了一种在本能层面上被决定了的对被压抑的过去的执着(固着),并因此启动了一种向前的辩证运动。这种向前的辩证运动同时是一种想要回到过去的努力。在这一对人的历史性的展望中,最重要的精神分析学概念是对过去的执着(固着),而在我们的新观点中,最重要的精神分析学概念则是对死亡的压抑。

对过去的执着和对死亡的压抑之间的关系究竟是什么?显而易见,其间的媒介就是对衰老的拒斥。在生物学水平上,有机体自在地活着而没有自己的历史是因为生与死以及其间的衰老过程在有机体身上是被不可分割地统一在一起的。用莎士比亚的诗句来说,对于有机体来说,"成熟就是一切"。但是在人类水平上,压抑作用能制造出一种不自觉的对于童年经历的执着。此时,生与死在本能层面上的统一被打破了,生本能与死本能都被迫处于压抑状态。在生物学水平上,死本能在对通向死亡之路的肯定中,同时肯定了生命之路——成熟就是一切。而在人类水平上,被压抑的死本能却不可能通过对死的肯定来肯定生。生命由于受到压抑,也不可能去肯定死,因而只能逃避死亡。死为了肯定自己和肯定生,就只能通过把自己转变为一种否定生命的力量,转变为歌德的靡菲斯特[①]那样的精灵。

---

① 歌德著作《浮士德》中的魔鬼,他引诱浮士德开始了无尽的追求。——中译注

这样,弗洛伊德的三种死亡形式(涅槃原则、强迫性重复冲动、施虐—受虐情结)在语义上的含混便具有了深刻的启示意义。人是这样一种动物——生与死在生物学水平上的统一在人身上已分裂为彼此冲突的对立面,而这些冲突的对立面又处在压抑状态下。生与死在生物学水平上的统一遭到破坏后,涅槃原则被转化为快乐原则,强迫性重复冲动被转化为对童年经历的执着,死本能被转化为具否定性的攻击性倾向。而这三种人类特有的属性——快乐原则、对过去的执着、具有攻击性的否定倾向——全都是人这种特殊的、处于历史时间中的存在物的存在方式的不同侧面。

弗洛伊德把有机生命视为生与死的辩证统一。我们对他的这一直觉的说明,由于当代有机哲学尚待发展而受到妨碍。精神分析学本想以死亡在有机体水平上的作用作为其明确的出发点,然而,伟大的有机哲学家怀特海在其著作中却没有提到死亡或生与死的关系。看起来,怀特海似乎也不自觉地证明了死确实在人的意识中受到了压抑。不超越怀特海,精神分析学就不可能有进展。事实上,黑格尔(不是怀特海)提出了这样一种思想:在死与真正的生命本质(即个体性)之间,存在着一种内在的联系。"有限事物的本性就是把传种作为它们的使命,它们出生的时刻也就是它们死亡的时刻。"[34]人类个体所要求获得的那种极为珍贵的、本体论意义上的独特性不是以其具有一个不朽的灵魂,而是以其具有的一个必朽肉体而赋予他的。黑格尔坚持认为,没有死,个人便被降低到斯宾诺莎所说的永恒的实体的存在方式中去。[35]同样,没有死,怀特海的有机体也没有任何个体性可言:在最简单的有机体发展水平上,任何特殊的动物或植物都有其独特性和个体性,因为它过着自己的生活而没有别的生活,因为它最终必有一死。

我们从弗洛伊德的本能理论中也能隐约感觉到死与个体性之间的内在联系。弗洛伊德把生本能与性欲相等同,实际也就是把生本能与那种使物种不朽的力量相等同。这就暗含着这样一层意思:死本能构成了物种中某个特殊成员必有一死的个体性。进一步讲,在弗洛伊德关于爱欲或生本能旨在通过寻求结合与统一来拯救和丰富生命的定理中,含蓄地包含了这样一个定理:死本能的目的是分离。弗洛伊德在其焦虑理论中也明确地把出生和死亡都说成分离危机。[36] 这样一来,弗洛伊德实际是在对有机生命进行一种结构分析,即将它视为由结合或相互依存与分离或相互独立之间的一种辩证运动所构成。结合或相互依存的原则维持了物种的不朽和个体的有限生命;分离或相互独立的原则赋予个体以个体性并承诺了他的死亡。

如果说死赋予生以个体性,如果说人是一种压抑了死亡的有机体,那么人就是一种压抑了其自身个体性的有机体。因此,我们自豪地视人为天生具有个体性的物种的观点,我们认为低级动物不具有个体性的观点,都是站不住脚的。田野里的百合花有其个体性是因为它们根本不考虑明天,而我们做不到这点。低等生物过着适合它们物种的生活,它们的个体性就在于它们是其物种本质的具体化身,它们以一种特殊的生命形式存在,最后终止于死亡。

如果精神分析学的压抑理论确实包含着某种真理,那么人其实根本就没有展开过那适合于他这个物种并被赋予他的肉体的那样一种存在方式。压抑作用使人本能般地被驱使着要去改造人的内部自然和他生活于其中的外部世界,并因此而使人拥有了一部历史和把个人的生命附属于物种的历史性追求。历史不是由个体而是由群体创造的。那些贩卖陈词滥调的人令人厌烦地重复着人天生就是社会性动物这一说法。精神分析学的观点要求指出人类社会性中的病态性,这种病态性不是与"原始"社会对立的"文明"社会才有的,也不是与"原始共产主义"对立的"阶级社会"才有的,而是所有人类的社会性中所固有的。弗洛伊德"原始父亲"(primal father)和"原始部落"(primal horde)的说法(见《群体心理学与自我之分析》)无论是否对存在于群体组织中的病态做了充分的解释和阐明,其重要之处都在于它从临床的角度宣布了社会性就是一种疾病。

弗洛伊德对人的社会性所做的诊断,其基本要点被罗海姆指出:人拥缩在作为父母替换品的部落中,其目的是摆脱独立状态,摆脱"被孤独地留在黑暗中"。[37]社会并非如亚里士多德所说的那样是以生命为目的而组建起来的,而是由于缺陷,由于死亡和对死亡的逃避,由于对孤独的恐惧和对个体性的恐惧而建构起来的。于是,弗洛伊德把对孤立和"被部落开除"的恐惧追溯到阉割焦虑,又把阉割焦虑追溯到对与母亲分离的恐惧和对死亡的恐惧。[38]因此,任何社会群体都有它们自己不朽的宗教,而所谓创造历史,也不过是对群体不朽的追求罢了。只有一种未受压抑的、坚强得足以生足以死的人性,才能任凭爱欲去追求融合,任凭死本能走向分离。

未受压抑的动物根本没有任何本能的计划去改变它自己的天性。人类也必须超越压抑状态，才能获得一种自由的生活。这种生活不受想要寻找另一种生活的无意识计划的制约，不受无意识中的否定性的制约。只有当人不自觉地寻求适合他的生存方式的努力停止以后，也就是说，只有当历史终结之后，人类物种的个体成员才能过上这样一种生活——就像较低级的有机生命的生活一样，人类个体体现了物种的天性。只有在这种意义上的生活，对过着这种生活的个人来说才是满意的生活。因此，如果人类物种获得个体性，就意味着从永不安宁的快乐原则回归到和平宁静的涅槃原则。涅槃原则支配着享有充分满足并具体地体现着物种的完整本质的个体生命。在这种个体生命中，生与死同时得到肯定，因为生与死共同建构着个体性，而且"成熟便是一切"。这样的个体生命为所有低于人类的有机生命所具有。由于人也具有一个躯体，也是一种有机体，也必有一死，所以人也具有那些使他不得安宁直到他获得个体性为止的本能。

在普遍压抑的条件下，我们很难对死本能做出肯定，而使其不至于成为生命的仇敌。因为在普遍压抑的条件下，死本能的运作完全是恶意的。在与生本能的辩证融合中，死本能表现为一种永不安宁的否定原则（就像歌德的摩菲斯特那样）。只要在普遍压抑的状态下，人对生活有着基本的不满足，人就总是潜在地渴望走向纯粹的死亡。因此，叔本华虽然似乎是在肯定死亡和涅槃，但由于他不能肯定生命，所以他对死亡的肯定实际上是虚假的。叔本华对个体性原则的敌视既是对死的敌视，也是对生的敌视。只有那能够肯定生命的人才能肯定死亡，因为生与死乃是一个整体。在普遍压抑的状态下，只要生命是不令人满意的，那么对死亡的肯定就只有那些生本能足够强大，能够正视生与死的统一，并将其视为生本能努力加以追求的人才能做得出来。叔本华之所以不能对生或死做出肯定，是因为他坚信"人的构造使得他无论被放在什么样的世界中生活也不可能幸福"。因此他只能对一个临终的个体说："你即将不再是那种你宁可永远不要成为的东西了。"[39]

与叔本华相比，尼采因为能够正视超人出现的可能性，所以既能肯定生，也能肯定死。"那已经变得完美、所有一切都已成熟的事物，其所渴求的便是死亡。"尼采的解释显示了本能的压抑是如何导致个体对死亡的逃避的，而对死亡的逃避又是如何导致不朽宗教的产生和遗产继承的经济制度的产生的。"所有那些未成熟的个体渴望生，所有那些受苦的个体渴望生，这样一来，他们或许会变得成熟、欢快并充满向往——向往那更远、更高、更光明的事物。'我渴望后继有人，'那些受苦者说，'我需要子孙后代，我不需要我自己。'"[40]那些对尼采心存偏见的人不妨拿他的"渴望后代"的观点与约翰·梅纳德·凯恩斯对目的性的批评[41]做比较：

> 目的性意味着我们关心我们行动的遥远的未来结果更甚于关心这些行动自身的性质或它们对我们周围环境所产生的直接影响。"具有目的性的人"总是试图使自己的行动具有某种虚假的、自欺欺人的不朽性，并因此将自己的兴趣纳入时间流程之中。他不爱他的猫，而爱他的猫生的小猫。事实上，他也不

爱这些小猫，而只爱这些小猫生的小猫，并以此类推，直到整个猫王国的尽头。对他来说，果酱并不是果酱，除非它是为明天准备的而不是为今天准备的。这样，通过无限地把自己的果酱推向未来，他竭力使自己煮果酱这一行动获得一种不朽性。

与受压抑的人性的这种神经质的沉迷于未来的态度相反，尼采肯定的是重复的永恒性："然而欢快并不需要子孙后代——欢快追求自身，追求永恒，追求欢快的再次出现，追求一切永远如一的事物。"

尼采所说的完美是一种无压抑的生命（欢快），它追求永恒，也追求死亡。永恒因此是人类从对过去和未来的神经症痴迷中解放出来的一种方式。它是一种生活于现在的方式，也是一种死亡的方式。一切在坟墓的彼岸具有不朽性的天堂，其终极的缺陷都在于其中没有死亡。这就暴露了这种幻象与生命处于压抑状态之间所固有的联系。正像存在主义神学家所指出的那样，为死亡而焦虑并不具有本体论的意义，它只具有历史性的意义，并与对人的肉体的压抑相关联。对死亡的恐惧是对里尔克所谓"肉体未充分生活而死亡"的恐惧。而基督教教义所许诺的完美的、复活的肉体，则由于其已经臻于完美而渴望死。"那已经变得完美的便渴求死。"黑格尔说，接受死亡需要最大的勇气和毅力。[42]追随黑格尔，存在主义哲学家回到了蒙田的名言："学习哲学就是学习如何去死。"由于缺乏弗洛伊德的爱欲概念，这些哲学家或许只展示了他们无意识中的死亡愿望。而弗洛伊德，尽管他有自己的爱欲概念，但他依然未能完全从这种死亡愿望中超脱出来。在面对死亡的同时，这些人为生命事业做出了贡献。

使人的意识结构坚强得足以接受死亡，这是哲学、精神分析学和艺术共同为之奋斗的一项任务。诗人里尔克指出，把生与死结合在一起是诗人的使命，"谁正确地理解并庆祝了死，谁也就同时弘扬了生"。[43]但精神分析学必须坚持指出的一个严峻事实是：接受死和在意识中使之与生重新结合在一起，不能靠哲学的训练和艺术的魅惑来实现，只能通过废除压抑来实现。人是由女人生下来的，他命中注定必有一死，他是一个肉体凡胎的血肉之躯，他具有有机体所固有的种种本能。只有当爱欲（生本能）能够对躯体中的生做出肯定的时候，死本能才能对死做出肯定。而人在肯定死的同时也就弘扬了生。

如果死本能的压抑和个体性的压抑在人类历史中具有这样重要的意义，精神分析学就应该能够发现其在个体生命身上形成神经症时所起的作用。然而，或许是由于缺乏死本能受到压抑这一概念的缘故，弗洛伊德事实上未能在他的著作中运用他的死本能假说并将其与攻击本能区分开来。但死既然是生的另一面并赋予生以个体性、独立性和分离感，那么顺理成章地便是，对死本能的压抑必然会产生种种症状——这些症状一方面展示了个体对独立性和分离感的逃避，另一方面展示了个体想要回到那受压抑的本能的强迫性冲动。按照弗洛伊德在后期著作中所说，这种对独立性和分离感所持的矛盾态度，乃是各种神经症的实质和核心。压抑与神经症的根本原因是焦虑，而焦虑是"与保护自己的母亲相分离的焦虑"。神经症人格的一个重要标志便是终生执着和停滞于依赖他人的这样一种童年模式。[44]

尽管弗洛伊德未能在焦虑与死本能之间建立必要的理论联系，但是他认为，自我在焦虑状态中所恐惧的，"本质上具有毁灭的性质"。[45]如此看来，人类特有的焦虑能力的确反映出一种对死亡和对个体性的反抗，或至少反映出对生与死的有机统一的某种深层的不安。如果在人类的时间感和人类对死本能的利用之间确实存在着联系，那么我们就有充分的理由怀疑在时间和焦虑之间也存在着联系。克尔凯郭尔曾像精神分析学家一样指出："没有内在的不安，时间便并不真正存在。时间对完全没有焦虑的动物而言是根本不存在的。"[46]

第九章
死本能与童年时期

根据精神分析学理论,童年时期遗留给我们的不仅有想要超越人类神经症的计划,还有神经症本身;不仅有人性中爱欲的种种可能性,还有使这些爱欲可能性不能实现的种种自我挫败的机制。人类智慧指引我们回到童年时期——不仅回到童年时期的不朽愿望中去寻找我们希望得到的那些事物的本质,还要回到童年时期的失败中去寻找我们患病的原因。

童年性欲中的神经症要素,主要集中在力比多的童年组织形式(口腔的、肛门的、生殖器的)之中。在我们前面论及童年性欲的章节中,我们曾从弗洛伊德的学说中引申出这样一条定理:性能量在成人身上的最后配置方式(生殖器结合,或力比多集中于生殖器)乃是一种与人的身体的自然倾向相悖的暴虐专制,而人的身体的自然倾向是无序状态和多形态的性反常。我们没有深入追究这样的问题,即这种生殖器结合的暴虐专制是怎样建立起来的。生殖器结合并不是青春期造成的，它是童年性欲发展的结果，特别是由俄狄浦斯情结和阉割情结（在正常情况下于五岁左右发生）造成的。童年性欲中的俄狄浦斯情结阶段是后来力比多集中于性器官的先决条件，而在它之前，有更早的、力比多集中于肛门带和口腔带的阶段。因此，多形态的性反常（游戏）的理想虽然深深根植于我们对童年时期的执着，但它不得不以一种相反的倾向来呈现。这种相反的倾向同样深深根植于童年时期。按照精神分析学的理论，后来建立起神经症模式的，正是童年时期这种相反的倾向。神经症的分类建立在童年时期的这些"气质定位点"上，建立在成人神经症患者是在不自觉地竭力成就其童年时期的口腔野心、肛门野心或生殖器野心的基础之上。性格类型也是以同样的方式划分的。所有的文化成就作为性欲的升华，乃是童年性欲的升华而不是成人性欲的升华，是集中和定位在儿童身体不同部位的童年性欲的升华，而不是多形态的性反常这样一种童年性欲的升华。

力比多的童年组合（无论前生殖器阶段还是生殖器阶段）造成了人的神经症。这些组合方式是与人的心理失调相对应的人的肉体的失调。弗洛伊德的悲观主义的一部分原因，就是他把这些组合方式看成不变的，而且就像他不能设想压抑作用的消除一样，他也不能设想这些组合方式的消除。当然，廉价的乐观主义也是不难获得的，只要我们像新弗洛伊德主义者一样，把关于幼儿的性欲理论整个撇在一边。[1]但我们主张从另一途径去探索。弗洛伊德关于幼儿性欲阶段（口腔的、肛门的、生殖器的）的理论早在他的生涯之初便已形成，但他后来没有以他后期的理论去重述这一理论。事实上，他后来的理论发展已极大地改变了整个情形。

在早期的《性学三论》(*Three Contributions to the Theory of Sex*)中，弗洛伊德把幼儿性欲阶段简单地视为性本能成熟过程中的几个阶段，因此它们只是生物学过程中的几个阶段，而俄狄浦斯工程（oedipal project）乃是其自然的目标。幼儿性欲的这一自然的绽放被视为蒙受了来自外界的扰乱。此时，俄狄浦斯工程仍屈服于阉割情结。俄狄浦斯工程与阉割恐惧的这种正面相遇被表述为儿童性欲的要求与现实原则所发生的致命冲突，并被认为是造成压抑的原因。

然而在弗洛伊德后来的讨论中，童年性欲被说成在很早的阶段便受到儿童与其所依赖的母亲之间关系的干扰。弗洛伊德过去曾把阉割的威胁说成来自父亲的形象，现在他却发现，过去被他视为败坏了儿童与父亲之间爱欲关系的爱恨交织的矛盾情感，早在前俄狄浦斯阶段，甚至早在所谓的口腔阶段，便已存在于儿童与母亲之间。[2]这样一来，幼儿性欲从很早的阶段起便受到本能的矛盾情感的干扰，因而其典型的显现方式（口腔的、肛门的、生殖器的）就必须被看作不仅由爱欲所创造，也由爱欲本能的对立面（爱欲的敌人）所创造。弗洛伊德在他的后期著作中，对幼儿性欲所受到的干扰做了另一种展望，并将它引入自己的焦虑理论，但没有在逻辑上保持一致性地使之与对本能的矛盾情感所做的分析结合起来。此时，他不仅把阉割情结视为从很早的阶段便已开始的本能矛盾史上的一个高潮，也把它视为可以追溯到出生创伤的童年焦虑史中的一个高潮。

弗洛伊德关于本能的矛盾和关于焦虑的新理论，在我看来尚未充分展开，但正如他自己所看到的那样，其产生的效果，将决定性地使整个压抑理论发生改变。用弗洛伊德的话说，"是焦虑导致了压抑，而非如我以前所相信的那样是压抑导致了焦虑"。[3]同样，他也试图将本能的矛盾作为造成压抑的原因。[4]过去的理论把"现实原则"说成造成压抑的原因；而新理论把压抑的原因从外部世界转向内心世界，并把压抑的原因置于儿童自己心中，从而使压抑在本质上成为自我压抑。

弗洛伊德未能以他后来关于本能的矛盾理论和关于焦虑的理论重新修改力比多的童年组合理论。如果像他自己所说的那样——压抑理论乃是整个精神分析学的奠基石[5]，那么我们就必须对自我压抑这一新思想进行探索。我们必须将焦虑和本能的矛盾作为导致压抑的原因加以探索。而且，根据我们上一章的观点，焦虑和本能的矛盾必须与死本能相关联。如果焦虑和本能的矛盾弥散到了整个童年性欲之中，那么力比多的童年组合方式就必须被视为受到死本能的病态干扰的童年性欲。既然用弗洛伊德的话说，"自我乃是焦虑的唯一所在"[6]（也是本能的矛盾的唯一所在），那么力比多的童年组合方式就是自我的组合方式，而不仅仅是力比多的组合方式。这样一来，我们或许应该把性欲的组合方式视为存在于自我之中的焦虑对肉体所产生的影响。既然如我们在上一章中所见，焦虑乃是由于自我无力接受死亡所导致的，那么性欲的组合方式便很可能是由逃避死亡的自我所建构的，并因而可能被一个强大得足以去死的自我所废除。

第九章 死本能与童年时期

当弗洛伊德说到儿童身上本能的矛盾冲突时,他心里想到的是爱与恨。但正如我们所看见的那样,他的死本能的理论必须被认真考虑并被系统地运用到对儿童所做的分析中去。结合与分离、依赖与独立、物种与个体,简言之,生与死的一切辩证统一在人身上破裂了。这种破裂发生在幼儿阶段,它是人类家庭制度的产物。人类家庭制度延长了儿童处于依赖地位的时间。父母的照料使个体的童年时代成为享有自由、不受现实原则统治的黄金时代,从而允许并促成了童年性欲和快乐原则在一种非现实的环境中获得早期发展。在父母的庇护下,个体的童年性欲(爱欲或生本能)在一个充满爱和快乐的世界中沉溺于自恋式的无所不能的梦幻。

假若家庭制度使儿童有了一种任何动物都没有的对自由的主观体验,那么它能够做到这一点是因为它把儿童置于对父母的绝对依赖这一客观状态下,而这种状态是其他任何动物都达不到的。对父母的依赖在儿童身上制造出一种消极的、依赖性的、渴望被人爱的需要,而这与他自恋地以为自己无所不能的梦幻恰恰是相反的。因此,人类家庭制度实际上从两个彼此矛盾的方向塑造了人的欲望,正是由这一矛盾所引发的辩证运动,导致了弗洛伊德所说的矛盾情感。

但是这种由家庭制度在人内心深处建立起来的矛盾,不过是生本能与死本能之间的矛盾。个体在主观上沉溺在爱与世界结为一体的梦幻之中,客观上却处于渴望被人爱的消极依赖地位。主客观的矛盾意味着在结合与分离、依赖与独立、物种与个体这些生与死的辩证运动中存在着相互敌对的倾向。这种敌对倾向不是因为某种新要素的侵入而产生的,而是由于同样一些本能过分发达、过分"肥大"造成的。在生物水平上,这些本能本来是和谐地结合在一起的。建构了一切生命的那些本能,同样建构了人类家庭。作为家庭之内核的父母与子女的关系,使作为生命本质的那种相互依赖的结合有了一种新的方式。与此同时,它也使作为死亡本质的个体独立性有了一种新的方式。人类家庭是由爱的一种更紧张的方式创造出来的,反过来,它又创造了死的一种更紧张的方式。

儿童在家庭中所处的地位在他的心中形成了种种矛盾冲突,他对这些矛盾冲突所做的反应是焦虑。焦虑既是对死亡的逃避,又是对死亡的体验。根据精神分析学的看法,童年的焦虑有一段漫长的病史,它可以一直追溯到婴儿的出生。在出生的那一刻起,生与死便进行着紧张的搏斗,婴儿此时的焦虑,为尔后焦虑爆发时伴随产生的生理感觉和神经感觉的综合症状提供了模式。奥托·兰克走得如此之远。他竟断言,儿童出生时的创伤性体验是他尔后产生神经症的原因。弗洛伊德则并不把人类特有的焦虑和神经症归咎于出生创伤,而是把它们归咎于这样一个事实:在人类家庭中养育的儿童,会像遭受出生创伤一样遭受精神上的创伤,这些精神创伤必然会在种种不同于出生情境的其他情境中重新引发焦虑症状。[7]

纯粹生物性的生产行为不仅注定了有机体必有一死的最终命运,而且其本身就既是婴儿的诞生,又是胎儿的死亡。这种生物学意义上的出生又是婴儿与赋予婴儿以个体性的母亲的生物学意义上的分离。这种心理创伤的原型,这种需要又无法找到母亲的体验,则是一种心理上的分离体验。由此产生的焦虑，用弗洛伊德的话说，乃是"与保护他的母亲分离的焦虑"。[8]儿童最大的心理创伤莫过于阉割焦虑。这种焦虑，按弗洛伊德的说法，也是害怕与母亲分离，或者毋宁说，是害怕失去那可以在交媾行为中与母亲替身重新结合为一体的工具。[9]进一步讲，所有这些分离均被体验为死亡的威胁。用弗洛伊德的话说，在焦虑中自我所害怕的，"本质上是被推翻和消灭"。[10]

尽管弗洛伊德本人并没有这样说，但他对焦虑的分析证明：在焦虑与死本能之间有一种紧密而深邃的联系。焦虑是个体对分离、个体性以及死亡等种种体验所做出的反应。儿童在母亲怀抱中经历和体验了一种新的、紧张的结合方式、生存方式和爱的方式，他必须也经历和体验一种新的、更加紧张的分离方式、个体性方式和死亡方式。用弗洛伊德的语言来说，当自我面对自身力比多所提出的过多需要时，创伤便形成了。[11]在人类家庭中，爱欲朝向新的更高的水平扩展，这也导致死本能向着新的更高的水平扩展。正因为儿童爱他的母亲，他才把与母亲的分离视同死亡。结果是，那本来在生物学水平上只能经历和体验一次的出生与死亡，在人类心灵的水平上却被反复地经历和体验。从而，儿童完全可以如圣保罗那样宣称："我每天都在死亡。"

由于无力接受分离、个体性和死亡，人所采取的一个步骤便是把死亡爱欲化——赋予病态的死亡愿望以活力，赋予病态的渴望回到出生（分离）之前的胎儿状态、回到母亲子宫中去的愿望以活力。弗洛伊德在分析阉割情结时，认为它是对失去可以与母亲子宫的替代物重新结合的工具的恐惧。这一分析的内在含义不仅暗指在幼儿的俄狄浦斯情结中隐藏着病态的、退行性的死亡愿望,也暗指在成人对生殖器的使用与安排中隐藏着这种病态的、退行性的死亡愿望。因此,正像弗洛伊德经常指出的那样:在选择妻子的时候,男性实际上仍然是在寻找自己的母亲;在性交行为中,"阴道实际上成了母亲的子宫"。[12]

费伦奇在《塔拉莎》一文中,曾大大发展了这种对性交所做的分析,说它是旨在"以生殖器的方式重建子宫内的处境"。然而,他的这种分析没有阐明这种"退行性的子宫倾向"所具有的病态性质。因此,在我看来,他也像弗洛伊德一样[13],错误地和不合法地把这种倾向投射和扩展到所有有机生命身上。无论如何,在人类身上,这种特有的力比多集中于生殖器区域——集中于儿童的生殖器阶段以及成人的生殖器结合阶段——的现象,乃是由退行性的死本能发明出来的,它反映了人无力接受死亡、分离和个体性的心理事实。在同一篇文章中,费伦奇超越了弗洛伊德,他证明了童年性欲的更早阶段——口腔阶段和肛门阶段——也受到这种退行性趋势的支配。[14]在最早的婴儿时期,力比多特别地集中于口唇区域,高度地投注于吮吸行为——这种情形是由个体无力接受与母亲分离造成的,是由退回子宫的幻想支持的。肛门阶段则涉及为了恢复与母亲的结合而象征性地把粪便作为一种神奇工具加以操纵。因此,性欲的组合方式,无论是前生殖器阶段还是生殖器阶段,都显得是由焦虑、对死亡的逃避和赴死的愿望建构起来的。要想让力比多在生命中的分布不与死本能相对抗,人们只有在多形态的性反常中才能办到。

无力接受死亡不仅激活了退行性的死亡愿望，而且败坏了爱欲并使幼年的自恋工程背上了逃避死亡的负担。本能的矛盾冲突使童年时期处于它徒劳无益地想要战胜和克服的越来越严重的二元论冲突之中，直到最后，经过挣扎和拼搏，它终于承认自己被打败，承认自己已遭受了永久性的创伤。在这个二元论逐渐形成的过程中，我们可以追溯到下面这样一些阶段，死本能正是通过这些阶段才转变为一种积极主动的否定性原则的。

第一个阶段是口腔阶段。在这个阶段，我们不仅发现婴儿的嘴在母亲乳房上的爱欲活动是婴儿最重要的活动，还发现了婴儿在需要母亲的乳房却找不到母亲的乳房时的焦虑。因此，弗洛伊德说：这个阶段向我们揭示了主体与客体的二元论。[15]正是在这个阶段，儿童形成了他那纯粹的快乐自我的宏伟计划，他醉心于在爱和快乐中与世界结合为一体。但是这一纯粹的快乐自我的建构与最初的压抑作用是分不开的。这一压抑作用采取拒斥外部世界、把一切痛苦的事情统统投射给那个被拒斥了的外部世界的形式，它否认这一外部世界的存在。[16]从而，最初的肯定（纯粹快乐自我的构想）即伴随着最初的否定。这种否定是压抑作用的原型，但按照弗洛伊德（以及黑格尔）的说法，它也是死本能的显现。[17]因此，在这一阶段，自我对分离的无力接受导致了这样一种结局，即把那促成分离、促成个体生命的本能力量转化成一种与现实相分离、否认现实、压抑现实的精神力量。这使得儿童在爱中与世界结为一体的自恋构想背负上了一种不现实的、使自己成为自己的整个世界的构想（即许多哲学家退缩到其中的唯我主义）。

在弗洛伊德所说的第二个阶段，即肛门阶段，主体与客体的二元论转变为主动与被动的二元论。童年的自恋倾向使个体继续坚持其从第一阶段便已开始的否认其自身依赖性的工程，但由于现在这种依赖性已在行动的水平被体验到，儿童对依赖性的否认便成了对被动性的否认。儿童因此通过反抗的行为，通过企图把被动性转变为主动性的尝试来证明自己的独立性，就像在玩耍中那样，"现在让我们来玩游戏，让我来做母亲，你来做孩子"。[18]

但这种执意将被动性转变为主动性的做法具有极强的攻击性。弗洛伊德总是注意到攻击性起源于这一阶段，因此才有肛门-施虐癖（anal-sadistic）这一称呼。他差不多认识到，正是在这一阶段，通过把被动性转变为主动性，死本能的向外转化开始以攻击性的形式出现。[19]此刻，爱欲经由其既成为母亲又成为孩子的工程，在对死亡的逃避中，把已经转变为一种具有否定性的死本能转变成一种具有否定性的主动性或具有否定性的攻击性。（儿童自我形成和发展过程中的这一阶段依附于肛门区。因为就像我们后面将要看见的那样，同时成为母亲和成为孩子的计划不是在现实中实施的，而是在幻想中实施的。这些幻想必须有某种身体基地，所以它们附着于身体的一个部位。这个部位能够像神奇的自我的复制品一样被以神奇的方式操纵。）

在最后的生殖器阶段或俄狄浦斯阶段，主动性与被动性的两极性被转化为男性身份与其对立面（阉割）的两极性。[20]在这里，幼儿的自恋倾向继续其从前一阶段便已开始的对被动性的反抗，不过他现在是在生物学的生殖意义上体验到这种被动性,就像孩子事实上是被一位母亲生出来的一样。因此,在幼儿的俄狄浦斯构想中,必然有一个通过母亲来生一个孩子的设想,即成为自己父亲的设想。幼儿以此来将被动性转变为主动性。由于弗洛伊德本人并非始终坚持对俄狄浦斯情结的这一解释,我们特引证弗洛伊德的这段话:"所有本能——爱、感激、肉欲、反抗、自我确证与自立自强——都在成为自己父亲的愿望中得到满足。"[21]

俄狄浦斯工程并不像弗洛伊德早期表述中所暗示的那样,是对母亲的天然的爱,而是像他后期著作中所承认的那样,是矛盾情感相互冲突的产物,是试图以自恋膨胀(narcissistic inflation)的方式战胜这一冲突的尝试。[22] 俄狄浦斯情结的本质是渴望成为神,用斯宾诺莎的话说是"自因"①,用萨特的话说是"自在自为的存在"②。同样,它所展示出来的也完全是由于逃避死亡而被扭曲的童年自恋倾向。在这一阶段(以及在成人的生殖器结合中),男性身份被等同于主动性,成为自己父亲的幻想附着于阴茎,因此自恋力比多集中于生殖器部位。[23] 即使在俄狄浦斯情结被摧毁之后,男性也仍然存在着额外的幻想,即不仅享有男人与女人的性关系,而且享有父亲与儿子的关系。儿子作为父亲的继承人,保证了父亲的不朽。用弗洛伊德的话说:"在自恋的最脆弱的一点上,即在自我的不朽性问题上,安全感只有通过逃向子女才能获得。父母之爱

---

① 原文为"causa sui",拉丁语。引申为自己成为自己的主宰,即把自己神化。——中译注

② 原文为"être-en-soi-pour-soi",法语。——中译注

不是别的，它只是父母身上再次萌生的自恋倾向而已。"[24]这再一次表明：性的结合，无论是前生殖器的结合还是生殖器的结合，都并不与爱欲在人身体内的自然分布相符合；它们代表的是一种特别集中于身体某一部位某一机能上的过量投注（hypercathexis）和超量负荷——这种过量投注和超量负荷是人的自恋幻想在逃避死亡的过程中引发的。

童年性欲中的所有问题最后在阉割情结中达到顶点，阉割情结是联结儿童性欲和成人性欲的中间环节。按照弗洛伊德的说法，俄狄浦斯情结以及整个童年性欲，最后都屈服于阉割情结。经由阉割情结，童年性欲最终转化为正常成人的性欲。因此，阉割情结是成人生殖器性欲心理学中的一个关键，更广泛地说，它也是两性心理学中的一个关键。与此同时，阉割情结建立了性能量的储存库。这些被拦截和储蓄的性能量不可能在正常成人的性行为中得到充分的表达，因而经由升华作用创造出了文化。阉割情结又是这样一种机制，它把儿童对父母的依赖式的爱转变为成人对社会权威、宗教权威和道德权威的依赖式的爱。总而言之，在神经症是由儿童性欲受到压抑所导致的范围内，阉割情结是理解人类神经症的关键。

阉割情结的理论很好地显示出精神分析学要走多远才能成为一种完整的体系。弗洛伊德不断地向前走，不断地做一些新的更正，以使他的理论与他后来的发现（如焦虑、本能的矛盾冲突、前俄狄浦斯情结的母亲等）相一致，但他没有从整体上做全盘考虑，也没有放弃早期那些与后期发现不符合的表述。但弗洛伊德至少知道，他并没有使问题获得完美的解决。那些跟在大师后面亦步亦趋的人在没有完全放弃这一问题的时候，试图把弗洛伊德的早期理论与他的后期理论结合为一个封闭的体系，结果遭到公众的冷落。因此，需要有一种新的理论表述，需要有一种考虑到弗洛伊德思想中向前发展的种种因素的理论表述。

在弗洛伊德的早期理论中，有这样一个思想，这一思想在他后期的表述中虽已过时却没有被放弃，并且它至今仍充斥于精神分析的教科书中。这一思想就是：儿童性欲的生殖器阶段本质上就是手淫，而阉割情结的本质是父母（通常是父亲）以阉割惩罚作为威胁来压抑手淫。与这一思想相关的还有这样一种解释，即认为女性之所以形成阴茎羡嫉（一条与阉割情结不可分割的定理）乃是因为小女孩担心女性阴蒂在手淫方面不如男性阴茎那样优越。

在精神分析学家如是谈论的范围内，他们为那种广泛流行的幻觉正了名。那种幻觉就是：父母只需戒除对儿童手淫的压抑（至少不以阉割相威胁），儿童就可以健康成长且不受阉割情结的伤害。在那些具有精神分析头脑的人类学家中，同样有人在试图寻找正确的大便训练方式，仿佛父母的行为就是造成日后的肛门创伤以及使人形成肛门人格的原因。这一整套思想都是以弗洛伊德早期理论的某一思路为线索而形成的，其基本的假定是：首先，受到压抑的是自体爱欲中躯体器官的快感；其次，这一压抑是从外部插入的。然而，力比多之集中于生殖器并不简单地是器官快感的表现，而是由儿童自恋倾向中的退行性幻想——它被对死亡的逃避所扭曲——造成的，简言之，它是由俄狄浦斯工程造成的。

这一整套思想已被弗洛伊德本人的这一表述所推翻:"手淫不过是在生殖器上释放那些从属于俄狄浦斯情结的兴奋。"[25]如我们所说,俄狄浦斯工程是试图通过成为自己的父亲来战胜死亡。我们无法设想,放弃一点点器官快感竟会造成这样一种创伤并导致这样一种深远的后果,就像人们用阉割情结所假设的那样。阉割情结所粉碎的是对死亡问题的一种儿童式的解决办法。因为正如我们已看见的那样,人类家庭生养出来的是一个无力接受死亡的儿童,所以顺理成章的便是,俄狄浦斯情结将不可避免地在儿童身上自行发生并指向父母,而不管父母采取什么样的行动。因此,弗洛伊德认识到,父母没有任何办法(不管是采取宽松的教养方式还是严厉的教养方式)避免在儿童身上唤醒攻击性。因此他才有这样一段卓越的表述:"一个人是否真的杀死了自己的父亲,这并不是真正的决定性因素。无论杀死或没杀死,人都必然会产生罪疚感,因为罪疚感乃是矛盾冲突的表现,是爱欲和具有破坏性的死本能之间的永恒冲突的表现。"[26]

同样的道理也适用于肛门阶段。这听起来似乎是个悖论:儿童是在自己训练自己的大便习惯。精神分析师必须始终记住,儿童就是他自己的父亲。弗洛伊德曾说(但他并未始终遵守他自己的这一金玉良言):"儿童在心理上乃是他自己的父亲。精神分析的经验使我们确信这一断言是完整而真实的,并且具有普遍性。"[27]成人对大便训练的鼓励,其起源存在于一种童年气质之中。童年肛门性并不是肛门爱欲或"粪便游戏"。它并不是追求器官快感和游戏(快感和游戏从外部遭到父母对大便训练的要求的粗暴压抑)的简单表现。它是爱欲和死本能的一种矛盾的混合物,涉及附着于肛门带的与母亲结为一体的退行性幻想和同时成为自己与他人的自恋幻想。因此,"粪便游戏"(玩屎)本身包含着想要支配和控制粪便的内在冲动。

弗洛伊德不仅在其早期理论中简单假定了那受到压抑的东西就是爱欲(或游戏),还假定这压抑来自外部,来自以阉割相威胁的父亲,来自坚持大便训练并因而造成肛门创伤的父母。然而弗洛伊德在其后期理论中却倾向于认为压抑本质上是自我压抑,是儿童内在的自我的焦虑和本能的矛盾冲突的不可避免的结果。在这一新观点中,阉割情结成为儿童与母亲关系中长期的矛盾心理发展过程中的高潮,它代表攻击性成分压倒爱的成分并取得了最后的决定性胜利。弗洛伊德在他后期的一部著作中犹豫不决地得出了这一看法:

> 人们甚至可以相信,儿童这种初恋就因为它是初恋而注定要破灭。因为这些早期的对象投注始终在极大程度上是矛盾的。与儿童强烈的爱伴随着的总是强烈的攻击性倾向,而且儿童越是热烈地爱一个对象,他对于失望和挫折就越是敏感。最后,爱注定要向逐渐积累起来的敌意缴械投降。[28]

同样,正像亚伯拉罕指出的那样,[29]儿童在大便训练过程中逐渐对粪便产生厌恶也不是由于他接受了父母的灌输,而是基于内在的理由。在开始肛门阶段的自恋工程(符号性地保留、驾驭和拥有世界)时,儿童的自我转而反叛口腔阶段的自恋工程(符号性地摄入和吞咽世界)。

如果阉割情结是本能矛盾冲突史上的高潮,那么它也一定是儿童与母亲关系史上的高潮。如此一来,父亲的角色就一定是次要的。在弗洛伊德的后期理论中,在对女性心理的研究中,弗洛伊德揭示了位于俄狄浦斯情结和阉割情结之下的一个更深的层面,其核心就是附着于弗洛伊德所说的前俄狄浦斯情结阶段的母亲。弗洛伊德说,这是令他震惊的,其效果不亚于在希腊文明后面发现了米诺斯-迈锡尼文明所造成的震惊。[30] 前俄狄浦斯情结阶段的母亲,由于家庭的生物学基础,必须成为儿童的整个世界。

当然,在这个一般的意义上,弗洛伊德从他生涯的开始便深知这位原始的或前俄狄浦斯情结的母亲的重要意义。弗洛伊德在他生涯后期所发现的仅仅是,必须把他对俄狄浦斯情结和阉割情结的分析与这位原始母亲联系起来。也就是说,必须把与父亲的俄狄浦斯关系理解成建立在与母亲的俄狄浦斯关系基础之上的上层建筑。这一新观点给人的启示是,俄狄浦斯情结和阉割情结在原则上可以在丝毫不涉及父亲形象的条件下发生。对小女孩的分析表明,她与她母亲的关系在化被动性为主动性这一原则的作用下,引发了她想使母亲怀孩子的欲望。[31] 弗洛伊德把这一通过母亲来有一个孩子的计划称为前俄狄浦斯计划。既然俄狄浦斯意图在其中是清楚明白的,那么弗洛伊德称它为前俄狄浦斯计划,其意思一定是说它早在女孩转向父亲之前的时期便已开始。

因此,在弗洛伊德的女性心理学中,一个不可分割的部分就是设想女孩可以在与父亲形象无涉的情况下构想出俄狄浦斯计划。在同样的思想框架内,弗洛伊德把女孩的阉割情结描述为一种因发现性别差异而产生的对母亲的突然反感——一种因发现自己是一个女人即与自己母亲性别相同而产生的突如其来的反感。[32]这样,至少对女孩来说,阉割情结是围绕与母亲的关系产生的,它并不需要父亲的介入和参与。在弗洛伊德的女性心理学中,女孩是在阉割情结之后和作为阉割情结的结果才转向父亲的。随之变得清楚的是,女孩先前形成的那种对男性身份的渴望——整个阉割情结以及女性的阴茎羡慕理论都假定了这一点——所代表的正是这种自因的俄狄浦斯计划。由于性别差异这一发现的冲击,女孩对生物性地依赖于母亲所做的反叛,现在转变成渴望与母亲性别相反的愿望。

那么男孩的情形如何呢?与通常的看法相反,弗洛伊德的女性心理学比他的男性心理学更成熟,因为它完全属于他后期的思想。弗洛伊德本人已经认识到,需要以前俄狄浦斯阶段这一观点来重新审视男性的阉割情结。[33]无论如何,弗洛伊德对他自己先前的表述所做的修改,实际上表明他正稳步地走向这样一种立场:男性的阉割情结在原则上可以在不涉及父亲形象的条件下发生。弗洛伊德在这一方向上迈出的第一步是他发现引起阉割情结的并不是父亲的阉割威胁,而是对女性性器官的发现。就像在小女孩那里,阉割情结乃是因认识到男女性别差异而起的一种反应一样。他迈出的第二步是他认识到,性别差异的发现只在母亲被从这一角度去看待时才成为一种创伤性的危机。而在他较早的著作中,他曾提到,阉割情结是由于在与兄弟姊妹的关系中意识到男女性别的差异才被激活的。最后的一步是他认识到，阉割情结的本质并不是感知到要实施阉割的父亲的形象，而是感知到被阉割的母亲的形象——弗洛伊德的直率说法是，感觉到母亲的生殖器并把它视为割除阴茎后的样子。[34]

男孩也像女孩一样，突然接触到性别差异这一事实，便把对母亲的反对转变为对与母亲相反的性别的渴望。这种对男性身份的渴望是在把女性身份视为阉割的情况下发生的。这样，通过性别差异的发现而把母亲理解为被阉割的，男孩和女孩便自动地离开母亲并生发出恐惧感和轻视感，而丝毫不涉及父亲形象。[35]弗洛伊德不仅从这种恐惧与憎恶的感受中为男人对女人的轻视以及女人对阴茎的羡慕找到了根据，还从中为人们对乱伦的恐惧与憎恶感受找到了根据。弗洛伊德总是把乱伦视为主要的禁忌，把人对乱伦的憎恶视为基本的道德法则，并总是使之与良心或超我的形成相关联。

弗洛伊德在这一方向上的进展，以《自我与本我》（1923）中俄狄浦斯情结具有双重性的理论为过渡。在这一理论中，他认识到，所有指向父亲的矛盾关系——他曾把父亲设想为超我的起源——同样能够出现在与母亲的关系中。[36]我们因此可以得出结论：从原则上讲，阉割情结以及精神分析源于阉割情结的所有影响深远的后果，这些最终都以儿童与母亲的关系为基础。而儿童对与母亲的性别差异的奇特反应——"恐惧和憎恶这被残害了的生灵"——作为阉割情结乃是儿童自己的发明创造。这是幻想的产物，而这一幻想又与成为自己父亲这一幻想分不开。并且，作为幻想，它与实际地看见女性生殖器仅有遥远的联系。因此，正像你无论是否实际杀死了你的父亲，你都注定要有罪疚感一样，弗洛伊德同样认为，主要的问题并不在于是否真的存在阉割行为，而在于男孩相信这一点。[37]

尽管弗洛伊德发现了前俄狄浦斯情结阶段的母亲或原始母亲，但是在《群体心理学与自我之分析》（1921）和《摩西与一神教》（1937）中，他还是回到了他称之为科学神话的阉割了儿子们的原始父亲上。在这两篇著作中，他强调了种系发生因素或远古遗产在个体的神经症形成中所起的重要作用，因此我认为他实际上陷入了形式上的自相矛盾。这种自相矛盾的原因很可能只能从他自己的俄狄浦斯情结中获得解释。原始父亲这一神话其实不外乎是把男性的优越性和攻击性假设为一个不变的自然事实（原始父亲之所以成为一种文化是因为它处在自然状态之中），并运用这一假设来解释人类家庭制度的心理起源。

即使我们承认男性的优越性和攻击性是普遍存在的事实，我们也依然要面临它们为什么是事实这一问题。弗洛伊德的人类学基本上是根据精神分析学进行的一种推论，因此它不能被合法地用来掩盖精神分析学本身的空缺。如果必须要到弗洛伊德的人类学中去寻找证据，那么整个阉割情结的思想就将面临那些本来针对弗洛伊德人类学的攻击。那时，我们将有充分的自由争辩说，阉割情结并不是普遍的现象，而是仅仅存在于父权制文化中的现象。如果这种乞灵于人类学的做法行不通，弗洛伊德便不能对那必须予以解释的东西做出解释。

根据父亲是家庭中富于攻击性的统治因素这一野蛮的外部事

实，人们便可以解释儿童何以把主动的攻击性与男性身份等同，这恰恰是把有待解释的东西作为给定的东西而予以设定。精神分析必须在童年时代找到对成年男性的攻击性的解释。在这里，也像在其他任何地方一样，精神分析必须采取这样一种悖论：儿童就是自己的父亲；原始父亲也曾是个男孩，他的气质倾向应追溯到他的童年。这涉及方法论中的一个关键。在原始父亲神话中，弗洛伊德放弃了精神分析的解释而乞灵于以野蛮的自然力范畴来填补空白。在自然状态中，力量是至高无上的，而人类家庭就是在原始父亲手中凭借力量的垄断建立起来的。这位原始父亲垄断了所有的女人，并阉割了所有对他的垄断构成威胁的儿子。

这样，弗洛伊德便被推回到黑格尔和尼采的位置上。黑格尔把主奴的二律背反假定为由自然界给定的；尼采则像弗洛伊德一样把罪疚感解释为受到压抑的攻击性，与此同时，他又乞灵于一个建立起压抑、建立起国家并因此导致了攻击性内化的"主人种族"的突然出现。的确，弗洛伊德超越了黑格尔和尼采，因为他把攻击性的内化和人类的全部攻击性倾向归因于人类的家庭制度。因为无论是国家还是主奴关系的二律背反都不可能保证由自然所给定，而家庭制度可以保证由自然所给定。一方面，弗洛伊德向后追溯到社会制度与自然制度的真正的结合点上，他揭示了人类家庭所固有的心理动力倾向如何在时间的长河中建立起主奴关系的二律背反和建立起国家制度。另一方面，弗洛伊德把主奴关系中的二律背反是由自然给定的这一假定置于他对家庭所做的分析中。弗洛伊德专横暴虐的"原始父亲"被转换到家庭之中，并承担了黑格尔和尼采以国家的名义所设想的那种统治。[38]

弗洛伊德主义的人类学,其正确的出发点是前俄狄浦斯情结的母亲。在家庭中,由自然所给定的是儿童对母亲的依赖。男性统治必须被理解为继发现象,理解为由儿童对原始母亲的反叛造成的,理解为阉割情结赠送给成人和赠送给文化的一份遗产。弗洛伊德式的人类学因此必须跳出弗洛伊德对家长制的一神教的先入为主的偏见,必须从荣格醉心于利用巴霍芬对伟大母亲宗教的发现的做法中有所借鉴。巴霍芬在父亲宗教的下面发现了母亲宗教,这就相当于弗洛伊德在俄狄浦斯情结阶段的父亲形象下面发现了前俄狄浦斯情结阶段的母亲形象。而且正像弗洛伊德的发现一样,巴霍芬的发现也可以与在希腊文明后面发现了米诺斯–迈锡尼文明这一成就相媲美。

从这一基础出发,弗洛伊德式的人类学必须创立一种理论来说明家庭结构、宗教和物质文化之间的动态关系,并用它来解答许多至今尚未得到解答的难题。例如,巴霍芬所假定的以及追随巴霍芬的那些不可能与之成为同路人的马克思主义者和罗伯特·格雷弗斯所假定的母权制宗教须以母权制家庭为先决条件的说法,就根本不是一目了然的。按照精神分析学理论,幻想并不如此笨拙地与现实联系在一起。正如弗洛伊德所预见的和人类学家开始看见的那样,人们可以确定的似乎只有:乱伦禁忌是古代家族制度中发挥主要动力作用的因素;乱伦禁忌指向母亲;人们不能从社会学的角度以抽象的社会需要去解释乱伦禁忌,而应该从心理学的角度以罪疚感和阉割恐惧去解释。光说乱伦禁忌是家庭制度的基础(许多人类学家现在正乐意这样说）还不够，我们还必须回到弗洛伊德的理论，并指出是乱伦罪疚感（俄狄浦斯工程）造就了乱伦禁忌。如果乱伦禁忌涉及一种对男性身份的强烈渴望以致竟使女性身份被视为阉割，那么很可能人类家庭中内在地便具有一种父权制倾向。

按照基本的精神分析学理论，阉割情结建立起了人类能够以肉体去设计非肉体的活动（升华活动）这样一种奇特的能力和人类能够以自我去进行自我否弃（超我）这样一种奇特的能力。我认为我们其实不难理解这些悖谬，只要我们把俄狄浦斯工程设想为自因（成为自己的父亲）工程，并设想它本质上是对死亡的总体反抗——特指反抗使母亲与儿童分离的生物学原则。阉割情结是俄狄浦斯情结与觉察到母亲和儿子的性别差异所产生的冲击带来的结果。问题是，当俄狄浦斯工程与阉割情结发生碰撞时，俄狄浦斯工程发生了什么变化？弗洛伊德正是在这里有一个奇怪的矛盾：尽管他毕生坚持认为俄狄浦斯情结是斯芬克斯之谜的谜底，是理解一切神经症的线索，但在一篇题为《超越俄狄浦斯情结》（1924）的论文中，他说阉割情结对俄狄浦斯情结造成的影响"不只是压抑"，"当发挥到极致的时候，它等于摧毁和解除了这一情结"。在《精神分析新引论》中他也反复说，在"正常情况"下，俄狄浦斯情结"完全被摧毁了"。[39]

弗洛伊德从未对这些说法展开过论述，也并未停止描述俄狄浦斯情结的无所不在的影响，即不仅存在于神经症之中，也存在于正常的两性心理中。显然，他最后的观点是俄狄浦斯情结既继续存在，又不再继续存在。这需要我们对其进行进一步阐述。一

第九章 死本能与童年时期

方面,成人对死亡的逃避——所有宗教中许诺的不朽、家族制度中的不朽、文化成就中的不朽——维持并延续了成为自己父亲的俄狄浦斯工程;成人的升华活动延续了这一俄狄浦斯工程。另一方面,人们从母亲那里面对了性别差异这一事实,又摧毁了童年俄狄浦斯情结的肉体性欲的性质。其结果便是俄狄浦斯工程的空灵化(etherealization)——用弗洛伊德的话来说,就是俄狄浦斯工程的非性欲化,也就是所有升华活动都是非性欲化的活动。人就这样获得了一个不同于肉体的灵魂,获得了一个超有机体的文化。这个灵魂和这个文化则维持和延续着有机体对母亲的反叛。这个灵魂和这个超有机体的文化既延续着自因的俄狄浦斯工程,又延续着构成阉割情结本质的对(性别差异)这一生物事实的恐惧感和厌恶感。

人虽然获得了灵魂,但人始终不过是一具躯体。在这一躯体中,与灵魂相对应的乃是那构成生殖器结合的力比多指向生殖器的集中。在俄狄浦斯阶段或生殖器阶段,病态的死亡愿望与对死亡的逃避融合在一起并使儿童的自恋倾向发生扭曲,以便造成力比多集中于生殖器,并将儿童与母亲重新结合的幻想附着于其上。阉割情结结束了这一肉体结合的现实可能性,却没有结束这些幻想。用弗洛伊德最后的表述来说就是:"这一威胁造成的结果是他放弃了手淫,但并未放弃与之相伴随的想象活动……早期手淫幻想的这些衍生物通常会进入其后来的自我之中,并在其性格的形成中发挥作用。"[40]

因此俄狄浦斯情结既已被摧毁,又仍然存在。结果是,那非性欲化的阴茎就是那负载着俄狄浦斯幻想却被否弃了肉体实现之可能性的阴茎。在《超越俄狄浦斯情结》这篇论文中，弗洛伊德做了一段再好不过的表述："属于俄狄浦斯情结的力比多趋势，一部分被非性欲化和升华了……另一部分则受到抑制，不能实现其目标，并转化为温情。一方面，这整个过程拯救了生殖器官，避免了失去生殖器的危险；另一方面，这整个过程又使生殖器官瘫痪，夺走了它的功能。"[41]正像生殖器结合和前生殖器结合扭曲了童年自恋的躯体一样，这二者同样代表着自我的扭曲和变形。自我的自然功能正如弗洛伊德在《自我与本我》中所说的那样，乃是要成为整个身体的敏感的表层，但附着于生殖器的那些幻想的存在却在无意识中像费伦奇所说的那样，把生殖器建立为整个自我的缩影。[42]

俄狄浦斯工程的不可避免的结果便是人的自我和人的肉体的变形和扭曲。阉割恐惧最终强制儿童的肉体与母亲的肉体分离，但这种强行分离是创伤性的，因此人永远也达不到个体性——爱欲与死本能的真正结合。人的自恋倾向由于仍然负荷着这一神化工程（causa sui project）①而仍然追求着不现实的独立性，并因而变得病态的内向。阉割情结把自我与他人的二元论建立为绝对的不可动摇的东西，而这种二元论一度是童年自恋倾向想要解决的。现在，儿童不得不在爱自己还是爱他人之间做出选择。按弗洛伊德的说法就是，儿童的自恋使他与自己的母亲分离。[43]但是一个这样被爱着的自己是不真实的：自恋取代了父母的爱，但儿童因此付出了代价。按弗洛伊德的说法，自恋之取代父母之爱是在将自我分裂为父

---

① 神化工程，也可直译为自因工程，这里意译为神化工程。——中译注

母与孩子的代价下完成的。[44] 经由超我的建立,父母被内化,人最终成功地成了自己的父亲,但付出的代价是同时使自己成为自己的孩子,使自己的自我始终处在童年状态。

与此同时,与神化工程不可分割地结合在一起的人的攻击性同样被内化,不仅被内化到自我与超我的冲突之中(正是这一冲突造成了父母与孩子之间的敌对),而且被内化到自我与肉体的冲突之中(它造成了压抑和俄狄浦斯工程的非性欲化)。已经转变为一种否定原则的病态的死本能,在阉割情结之后进一步发展为一种自我否定原则,发展为对自己肉体的否定。病态内向的爱欲和病态内向的攻击性构成了那个"自律的自我"(autonomous self),构成了那个在人类物种中被视为个体性的东西。罗海姆说:"个性化的过程天然地建立在对母亲的敌视倾向上……然而,正因为这种分化过程是从这个二元统一的母体中开始的,所以这些攻击性必然带来罪疚感,带来补偿,带来对母亲的再次认同并因而再次带来新的攻击性。"[45]

在这里,我们再次看到,精神分析最亲密的同盟就在宗教传统之内。对人的个体性的这一严厉的看法同样包含在原罪教义之中。神学家中最具精神分析眼光的波墨形成了这样一种教义:原罪就是自立,或一种自负地想要独立于那被视为母亲原则的总体性计划之中。他用一段可以与弗洛伊德相对照的话说:

> 每一种进入自我并为自己的生命形式寻找地基的意志,都使自己摆脱了神秘而进入反复无常、任性多变之中。它必须

这样，因为它的同伴们渴望死亡。它否认其与神意的关联，用自我来取代神意，从而得以从统一性中挣脱，成为对自我的欲求。如果它知道所有的事物造就了它并因而成为它的母亲，如果它不把它母亲的实体性据为己有，而是把它视为所有事物的母亲，那么贪婪、嫉妒、竞争以及悖逆的意愿就不会产生。[46]

在波墨看来，这种堕落为自我，这种亚当式的堕落，就是从永恒堕落到时间之中。它因此是人类历史的起点，也就是亚当不再游戏而开始工作的那一刻。用弗洛伊德的术语来说就是：阉割情结压抑了儿童的性欲，开始了升华活动。

精神分析的特殊贡献是把宗教和哲学问题追溯到它们在具体的人类肉体中的根源。阉割情结理论中的一个中心悖论是：性别差异这一事实在儿童心中，并且此后在成人的无意识中造成了女人是被阉割了的印象。从理论画面中消除构成威胁的父亲的一个好处是，它使人们清楚地看到，要在男性心理中保留阉割情结，就不能不同时承认女性心中的阴茎嫉羡。批评家曾指责弗洛伊德不可避免地和自然而然地接受了19世纪男性优越的思想，他们害怕任何暗示女性在天性和生理上不如男性的思想。的确，弗洛伊德混淆了这一问题，他有时设想男人的社会统治地位是由自然决定的，有时又试图把女性的阴茎嫉羡归因于阴蒂在器官和生理构造上不如阴茎。男性统治地位的设想暗示阴茎嫉羡并不是绝对的和普遍的，它仅仅表现了女性对男性的社会统治地位的一种反感。但是，阴蒂与阴茎的比较却使女性的次等地位成为绝对的，并具有生物学普遍性。

弗洛伊德在社会决定论和生物决定论之间的这种令人不满意的动摇最终被他自己所超越。是他（而不是那些批评家）把我们引向原始母亲的思想，引向在人类家庭中做一个儿童所不可避免地要面对的后果。男人身上的阉割情结和女人身上的阴茎嫉羡，这二者起因既不在社会，也不在生理，而在儿童性欲的隐秘计划中。新弗洛伊德主义者一方面说"弗洛伊德的基本态度是父权制态度"，另一方面又说他"把两性心理差异解释成由解剖学上的差异所造成的"。[47]弗洛伊德悖论的关键在于，不管社会等级如何，不管解剖学上的差异如何，男女两性的不朽愿望始终是相同的。女性的阴茎嫉羡是女性的神化工程的产物，它与男性的阴茎自我相对应。只要人类及其文化仍在逃避死亡，阴茎幻想就会扰乱女性的爱欲生活、家庭生活和社会生活，就像它们扰乱了男性的爱欲生活、家庭生活和社会生活一样。

在女性的阴茎嫉羡和男性的阉割情结之下，男女两性都不自觉地、始终不渝地忠实于一个明显的矛盾——弗洛伊德所说的童年时期的双性倾向。幼儿性欲出现在阉割情结形成之前。正因为是幼儿性欲，所以它在性别上是没有分化的；由于幼儿的结构对两性来说都是一样的，所以力比多的基本需要对两性来说也是一样的。[48]弗洛伊德后期思想中的一部分便是强调俄狄浦斯工程本身的双性特征：

> 深入的研究往往会揭示出那个更为完整的俄狄浦斯情结——它具有双重性，既是积极主动的又是消极被动的，而这

是由本来存在于儿童身上的双性倾向造成的。这就是说，小男孩不仅对自己父亲有一种（爱与恨的）矛盾态度，对自己母亲有一种挚爱的态度，而且也像小女孩一样展示出对自己父亲的挚爱的女性态度和对自己母亲的敌视和嫉妒。[49]

因此，以无意识的标准和以儿童的标准来衡量，成人力比多的性分化（就像在生殖器结合与人类家庭关系中表现出来的男性的攻击性和女性的被动性一样）丧失了性欲的完整性，所以性别差异这一事实才给儿童带来了恐惧感。弗洛伊德说："在每一种性别中，属于与之相反的性别的那些心态都被迫屈服于压抑作用；在每一种性别中，无意识都拒不接受这种压抑而渴望恢复童年时期的双性倾向。"与女性的阴茎嫉羡相对应，男性身上也存在着"一种拼命反抗自己对他人所表现出来的消极被动的女性态度的挣扎"。[50]弗洛伊德在其最后的临床论文中指出，对性分化的抗拒，是造成力比多与现实之间神经症冲突的最深邃、最顽固的病因。[51]而以弗洛伊德把生殖器结合视为生物学事实的观点来看，其自然的结论便是：神经症是无法治愈的。

即使我们同意并承认生殖器结合是还没有坚强得足以去死的自我的一种构成形式，力比多和历史上有记载的所有文化形式之间的冲突也仍然存在。因为如果人类在无意识中一直反抗着性分化和生殖器结合，那么生殖器结合和阉割情结实际上便已经是所有已知的人类家庭形式的心身基础。在假定人类的爱欲和人类的家庭制度之间存在着深刻冲突这一点上，精神分析再次与宗教传统有所关联。

按照一本神秘主义神学家精心制作的圣经教材所说,按照原始民族的种种神话的描述,[52]在天堂里是没有人结婚的。尽管如此,所有人仍平生第一次真正地在爱着。

在最深的层面上,无意识中的阴阳人或两性人理想,反映了人的肉体渴望战胜那构成神经症的二元论,渴望最后使爱欲与死本能重新统一起来。男性身份—女性身份的二元论仅仅是转变成生殖器术语的主动性与被动性的二元论;主动性与被动性则代表着处在冲突状态中的爱欲与死本能的多变的、不稳定的融合。弗洛伊德因此把男性身份等同为攻击性而把女性身份等同为受虐癖。[53]在弗洛伊德的早期著作中,在他从俄狄浦斯情结中发现双性倾向之前,与他早期认为爱本质上是一种占有(对象选择)的思想相一致,他把力比多假定为本质上是主动的和男性气质的;而在他后来的著作中,力比多则被视为本质上是双性的。"一种单一的力比多的目标,尽管它的满足方式既可以是主动的,也可以是被动的",[54]但是主动性和被动性仍是死本能的衍生物。所以,爱欲在其自身之中包含着与其对立的本能重新结合的可能性并努力趋向这一目标。在《超越快乐原则》中,弗洛伊德引用了人本来是两性同体、后来才被一分为二的神话,暗示爱欲所寻求的统一,很可能是恢复其已经失去的原始统一。[55]由于他把本能视为彼此毫不相干的,所以他只能把这种原始统一看成所有生命在未被外来的分离力量粉碎之前的一种原始的聚合。以一种更为辩证的观点来看,爱欲所寻求的这种原始统一,乃是要重新恢复它与其对立面——死本能的统一。

正像弗洛伊德引用原始的两性人神话所显示的那样,精神分析在被解释为人类思想史上的一种现象时，其实不过是对神秘主义梦想所做的解释。在西方，犹太神秘主义曾把《创世纪》第1章第27行——"上帝以自己的形象造人……把他们造成男人和女人"——解释为暗示上帝具有两性性质，人在堕落前的完美状态中也具有两性性质。[56]这一思想从犹太神秘主义传入波墨的基督教神秘主义，在那里，它又与使徒保罗的神秘主义（《加拉太书》第3章第28行："不可能有什么男人女人，因为你们在耶稣基督中都是一人。"[57]）结合在一起。在对波墨，或至少是对波墨的这一面的忽视中，后来的新教只能采取置之不理的态度，因为正像别尔嘉耶夫所说：

> 唯一能成为人类学哲学之基础的伟大人类学神话是两性同体的神话……按照人的理念，按照上帝对人的看法，人是完整的，是男性的女性存在物，既是太阳（阳性）又是大地（阴性），既是道又是宇宙……原罪第一次与男女两性的分化联系起来，与两性人（即作为完整存在物的人）的堕落联系起来。[58]

在东方，道家神秘主义正像李约瑟所说的那样，希望回到两性的自我。《道德经》中有一段著名的文字这样说：

> 他知道男性，却忠实于女性；
> 变得像一条深谷，容纳了天下万物；
> 所以永恒之德永不漏失。

这就是复归于幼儿状态。[59]①

既然诗歌与精神分析都是神秘主义传统的现代继承人,两性人的理想便成为诗人——例如里尔克——的重要理想。在《给一位青年诗人的信》中,里尔克写道:"两性之间的关系或许比我们想象的更深远,世界的伟大更新或许系于此。那时,男人与少女将从所有虚伪的感情和彼此的嫌恶中解脱出来,不再把彼此当作异性追求,而是当作兄弟姊妹,当作邻人。那时,他们将真正成为人并走到一起。"然而,比两性之间关系更深的问题是把两性重新统一在自身中的问题。在艺术家里尔克身上——根据他的朋友萨乐美的回忆——"两种性别被统一为一个实体"。里尔克在呼唤上帝使他成为一个艺术家的同时,也呼唤上帝使他成为一个两性人:

Mach Einen herrlish, Herr, mach Einen gross,
ban seinem Leben einen schonen Schooss,
and seine Scham errichte wie ein Tor
in einem blonden Wald von jungen Haaren.[60]
(主啊,使一个人愉快,使他伟大,
使他的生命成为一茎美丽的幼芽,
使他的羞辱像一扇门那样建造在
青春毛发的金色树林里。)

---

① 参看《道德经》第二十八章:"知其雄,守其雌,为天下蹊(或作溪)。为天下蹊,常德不离,复归于婴儿。"——中译注

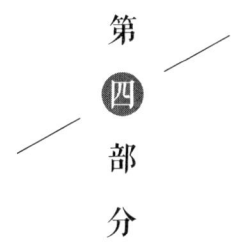

第四部分

升 华

升华这一概念是连接精神分析学与人类文化科学的链环。如果精神分析学是正确的，那么人类学家称之为文化的那些东西的总和，便几乎都是由升华作用形成的。弗洛伊德不仅把"高级的精神活动"和"科学的、艺术的、意识形态的活动"视为性能量的升华，而且把不那么高级的和更为基本的文化活动（如劳动）视为性能量的升华。使某一特殊文化中的个体成员维系在一起的情感纽带，以及个人的和社会的性格结构，都被说成由升华作用所造成的。然而，有关升华作用的理论远不那么清晰。升华这一至关重要的概念，反映了精神分析与社会之间的全部暧昧含混的关系。

第十章
升华在概念上的含混

如果精神分析学的理论是正确的，我们就不得不极大地改变我们对待人类文化的态度。升华这一概念包含着最粗暴无礼的悖谬。它竟然断言，在高级的文化活动和低级的肉体区域之间，在成人的"理性"活动和儿童的非理性原型之间，在"纯粹的"心理结构和性欲之间，存在着一种必然的联系。[1]反过来说，如果我们反对和拒斥精神分析学的升华概念，那么精神分析学对文化科学就几乎无所贡献。这就是新弗洛伊德学派在放弃了升华这一概念之后，如此轻易地就被纳入正统人类学的理论结构中去的原因。他们已没有任何令人震惊或看起来荒谬悖理却又似乎有某种道理的话要说了。正统人类学的理论在A.L.克罗伯①的文章《论超有机体》中得到了经典

---

① A.L.克罗伯（Alfred Louis Kroeber，1876—1960）：美国人类学家，20世纪上半叶最有影响力的权威之一。其主要研究课题是试图理解文化的性质和它的过程，他在这方面的著作有《文化发展的结构》《文化的性质》等。——中译注

表述。它在给自己的研究对象下定义的时候,在自然和文化(生物进化和文化演变、动物水平和人类水平)之间、在个人和社会之间做出了绝对的区分。[2]而精神分析学的全部要点就在于它拒绝接受这种神秘主义的两分法。升华这一概念,本质上是试图将有机体层面与超有机体层面关联起来。正如在精神分析学的全部努力中,很重要的一部分乃是要发现人身上的动物性并试图治疗躯体与灵魂之间的冲突一样。

当人这种动物不再只是动物,当人获得了被A.L.克罗伯称为超有机体层面上的活动方式时,人的躯体究竟发生了什么样的变化?升华这一概念本身只是陈述了一个古老的问题(即有机体与超有机体的关系问题),但由于它通过引入儿童性欲这一概念而以一种新的方式陈述了这一问题,所以它实际提出了新的问题。精神分析学不得不一方面致力于经验的归纳,以便由果溯因地揭示儿童性欲层面与文化层面上的种种相关性(例如肛门性爱欲与贪恋金钱之间的关系);另一方面致力于理论上的精心建构,以便使那些带有假说性质的联系变得可以被理解。在经验层面彼此相关的东西倒是被大量地搜集起来,但在理论层面仍然存在许多未解决的问题。尽管精神分析学教科书并不承认这一点,但聪明的做法是像弗洛伊德那样承认理论的局限。在一篇文章中,弗洛伊德先是断言对金钱的贪恋是肛门性爱欲的升华,接着又坦率地承认他本人的困惑不解。"当然,这种关系中内在的必然性甚至连我本人也并不清楚。"在他后期的一部著述中,他表示希望有一天精神分析学将真正理解升华作用。在他的最后一篇论文中,他虽然用了很长一段文字来探索趋向

"灵性进步"的冲动，却没有得到最后的答案。[3]

弗洛伊德的确对升华做了明白易懂的界说，但我们仔细考察就会发现，这些界说与其说是对升华作用的解释，不如说是对升华作用所做的描述。升华作用改变了本能的目的与对象，从而使"那本来是性本能的东西现在取得了某些成就，这些成就不再是性欲的成就，它们具有较高的社会价值和伦理价值"。在说完这段话后，出于科学上的正直，弗洛伊德立刻又补充道："这些不同的特性尚未联结起来形成一幅完整的画面。"[4]在这里和在别处他都始终强调，升华作用一方面涉及性本能及其目标的非性欲化，另一方面涉及它们的社会化。但非性欲化和社会化是怎样发生的，以及这些术语的含义究竟是什么，我们并不清楚。儿童性欲与文化之间存在某种联系的假说，在没有得到任何解释的情况下被提了出来。从文化的角度来考察这一问题，弗洛伊德确信文化的持续存在有赖于儿童性欲的升华：

> 在为生存而斗争的压力下，通过牺牲原始冲动的满足，文明被建立起来，并在更大的范围内一如既往地被再创造出来。因为每一个个人在不断地进入社会的同时，也在为了共同的利益而牺牲自己本能所寻求的快乐。在如此被利用的本能力量中，性本能无疑是最重要的力量之一。性本能以这种方式得以升华，也就是说，性本能的能量偏离了性欲的目标而转向其他目标，它不再是性欲并变得对社会而言更有价值。[5]

这一表述表明，升华概念不仅试图把肉体与精神关联起来，还试图把个人与社会关联起来。但在这里，再次出现了未曾解决的问题。如果升华是社会强加给个人的，那么它就是压抑作用的产物。但在另一段文字中，弗洛伊德又怀疑事情是否真的这么简单。"有时候，人又会想到，这不仅是文化的压迫，而且是某种在该功能本身性质里的东西使我们无法得到充分的满足并促使我们走向另外的方向。"[6]弗洛伊德在许多地方都把升华说成一种"出路"："升华是一种出路。经由这一出路，自我能实现它的要求而不遭到压抑。"[7]他甚至说升华并不是由敌对的现实强迫人对快乐做出的牺牲，而是人从敌对的现实中赢得的胜利，是一种稳固的快乐源泉。他说："它的任务就在于将本能的目标转向一些不再能够被外部世界挫败的方向。本能的升华在这方面为我们提供了援助。"[8]

这些相互矛盾的文字表明弗洛伊德有时试图区分两种不同的升华。一方面，非压抑的升华具体体现在"高级的"脑力劳动中，如科学与艺术，这只有某些精英才能达到。另一方面，大众是"懒惰的和愚钝的，他们丝毫不热衷于本能的放弃"，因而只能被迫在体力劳动中走向必需的升华。[9]如果去除这些表述中的社会学偏见，我们面对的便只有对脑力劳动和体力劳动的区分，以及体力劳动在某种特殊意义上是带有压抑性质的升华活动这样一种暗示。但这种暗示本身又是有争议的，并且与弗洛伊德本人的其他思路相斥。在一段文字中，弗洛伊德曾暗示，原始人"通过使自己的工作成为性行为的等价物或替代物而使自己的工作变得可以被接受"。而在另一段文字中，他又暗示，在现代社会中，工作在某种情形下能够成为力比多满足的来源,"只要它是人们自由选择的,只要它经由升华作用保证了其用途适合个体现有的气质倾向"。[10]

相反,说到高级形态的升华,例如说到莱昂纳多·达·芬奇的理智上的好奇心时,弗洛伊德对压抑与升华的关系却表述得极其含混。他把非性欲的理智上的好奇心与儿童的性好奇关联起来,认为儿童的性好奇可以有三种不同的方式和结果:(1)它可以简单地受到压抑,其结果是智力在总体上受到抑制和缺乏好奇心。(2)它可以转移为理智上的探索。这种理智上的探索由于与受压抑的性探索冲动相结合而带有性色彩,其结果是理智上的探索变成一种强迫性冲动。(3)存在着完美无瑕的升华。但正直和诚实迫使弗洛伊德不得不承认:甚至在所谓纯粹的理智上的好奇心中也存在着某种性压抑;理智上的探索确实具有强迫性冲动的性质;对性欲主题的回避本身就证明了压抑作用的存在,正是这种压抑作用使力比多转而走向升华的道路。[11]论莱昂纳多·达·芬奇的文章是弗洛伊德对升华作用的最精心的研究的成果,它证明了最高级的升华作用即使对极少数有幸能达到这一境界的人来说,也并不是摆脱压抑的真正"出路"。

弗洛伊德关于升华是一条"出路"、升华能使本能在一种令自我感到满意的方式中得到满足的思想,显示出升华与治疗之间的内在联系。如果性欲的压抑是神经症的病因,那么人类除了患神经症之外还有什么选择?精神分析治疗的目标一向被认为是消除压抑,使迄今一直受到压抑的性能量受病人自我的控制和支配,但即使这些性能量被置于自觉意识的控制之下,病人的自我又能拿它做什么呢?

由于清楚地意识到这一点,威廉·赖希发现,治疗的结果不过是使人们在现实世界中的行为方式更具爱欲色彩。但由于假定文化所压抑的性欲乃是正常成人的生殖器性欲,所以赖希对这个问题简单化甚至歪曲了这个问题的实质。赖希坚持认为,正常成人性欲的压抑对现有文化而言并不必要,只有在那些建立在家长制统治基础上的文化之中才有必要。因此,赖希很自然地认为,压抑作用的废除并不会对现有文化构成威胁,只会对家长制统治构成威胁。[12]

弗洛伊德同意赖希关于现代文明压抑了正常成人的生殖器性欲的观点:"在今日文明生活中已不再有两个个体之间单纯自然之爱的任何地盘。"[13] 弗洛伊德也同意赖希关于社会不必要地过分压抑本能的观点:"精神分析学……建议减少对本能的压抑。"[14] 弗洛伊德不同于赖希之处在于他正视了这样一个问题,即所有的文化可能都涉及压抑,这就与那种仅把"剩余压抑"(马尔库塞的术语[15])和家长制联系在一起的观点完全不同了。

问题的关键不在于正常成人的生殖器性欲受到了压抑,而在于人们如何看待儿童的前生殖器性欲。在赖希看来:一方面,前生殖器性欲在充分的生殖器性欲得以实现后会自然地消失;另一方面,整个有关升华的思想完全可以被忽略,并被"工作"与"知识"将成为未受压抑的生命力的自然显现的思想所取代。[16] 但是,如果儿童性欲理论仍然存在,那么废除家长制甚至废除生殖器性压抑的严厉性都仍将不能解决问题。事实上,弗洛伊德总是假设精神分析治疗的一个主要目标就是用升华取代压抑。[17] 他在治疗上的悲观之所以越来越被强化,也是因为他悲观地认识到不可能从升华中得到完全的满足。首先,他认为,并不是所有的力比多都能得到升华。[18]其次,只有少部分人的力比多能够在很大程度上得到升华。[19]最后,升华内在的性质决定了它"不可能做到真正的全面满足"。[20]正像对莱昂纳多·达·芬奇的研究所表明的那样,升华作用并不能真正避开压抑作用。在弗洛伊德之后关于死本能的学说中包含着更深刻的评论:内在于所有升华作用的非性欲化倾向不可能由性本能造成,它涉及某种必要的要素(即对肉体生命的否弃),所以它不可能使生本能得到满足。[21]

为什么升华这一概念在精神分析理论中始终是模糊不清的呢?原因在于,它暴露了人与文化之间的敌对性,而弗洛伊德不能解决这一敌对性。赖希坚持认为,为了完成精神分析在治疗上做出的许诺,精神分析必须正视一场社会变革。他在这一点上是完全正确的。赖希的错误在于,他把这场社会变革局限在使成人的生殖器性欲得到解放上,但是实际上这一治疗任务还要大得多。到底有多大呢?人们只有坚定地正视升华问题才会知道。作为一名治疗者,弗洛伊德对这一问题没有总体的解决方案,而且他的病人不得不仍然生活在一个一如既往的世界中,因此他只能继续向人们推荐升华作用(作为治疗的处方)。由于他并未闭眼不看升华作用固有的局限性,所以他只能正视自我和本我之间仍在继续进行的战斗。于是,他不得不让那经过精神分析治疗重建的自我,去继续行使其压抑本能的职能,只不过是采取斯多葛式的自我控制和主动放弃的形式罢了。但是,现在没有,将来也不会有任何精神分析学的理由足以使人相信，这种自我控制能够成就过去的压抑所不能成就的事情。或者，用弗洛伊德本人在另一段文字中的话说，"这种世俗的、指向文明化行为的动机居然能够成就宗教动机都已遭到失败的事情"。[22]那令人痛苦的对立——人与文化之间的对立——仍然一如既往地没有得到解决。

与治疗问题有内在联系并同时涉及升华理论的是理性问题。因为正像升华作用与压抑作用的关系十分模糊含混一样，升华作用与神经症的关系也模糊含混。此问题在《图腾与禁忌》中最有名的一段表述里被揭示出来：[23]

神经症一方面展示出与艺术、宗教和哲学的……明显的和深邃的雷同，另一方面，它又似乎是这些东西的扭曲与变形。或许可以这样说：一例癔症病例就是一幅艺术漫画，一例强迫性神经症病例就是一幅宗教漫画，一例偏执妄想病例就是一幅哲学漫画。

尽管弗洛伊德本人最感兴趣的是在宗教和神经症之间建立起联系，但是我们不能不说精神分析学在所有的升华方式和神经症之间——在文化和神经症之间——都假设了一种深邃的联系：[24]

只要稍加思考就不难发现，要把这样一种精神生活的观点限制在梦和神经失调的范围内几乎是不可能的。如果这种观点确实指明了某种事实，那么它也必须适用于正常的精神事件。

而且，即使人类精神的最高成就也无法推卸其与在病理学中发现的那些要素的联系——无法推卸其与压抑作用、控制无意识的努力，以及使原始本能获得满足的种种可能性的联系。

那么，如果神经症与文化之间确实有某种区别，这种区别又是什么呢？在所有这些表述中，弗洛伊德并未在两者之间画等号，他在两者之间做出了区分。在任何一种文化形式中，该活动尽管在起源上出自性欲，但它以某种作品的形式被非性欲化、社会化和指向现实。然而在神经症中，该活动再次被性欲化并成为对社会和现实的逃避。[25]尽管非性欲化这一标准十分含混，但另外两种标准——社会性和现实性——却提供了有益的、被精神分析学采纳了的标准。所以罗海姆说："神经症与升华之间的差别显然存在于该现象的社会层面。神经症是与世隔绝的，升华作用却与他人结合在一起。在升华作用中，某种新东西被创造出来（例如一幢房屋、一个团体、一种工具），而且这东西本身就是在集体中和为了集体的用途而创造出来的。"[26]

这一粗略实用的区分方式遭到了弗洛伊德本人思想中其他线索的破坏。弗洛伊德始终徘徊于两大目标之间，即个体的治疗和总体的理论之间。用个人在社会劳动过程中行为的整合作为标准来划分神经症与文化的界限，这是站在个体治疗的立场上说话。所谓神经症的个体，是指该个体与其在社会中成为有用的角色这一目标相背离，而个体治疗的职能是要恢复该个体与社会的联系，使他回到社会中去。个体治疗必须受制于文化，它的座右铭应该是调整和适应。但是,即使文化活动可以以其社会性而有别于个体罹患的神经症,也并不意味着所有社会化的活动都是非神经症性质的。弗洛伊德从理论家的角度认识到,被运用于个体治疗的"正常"与"病态"的区分并不具有理论的有效性。[27]而从社会批评家的角度,他实际对普遍的文化升华活动——如对教会、军队、国家的忠诚等活动——中所固有的非理性性质做了心理层面的分析和解剖。[28]

弗洛伊德因而发展出这样一种思想,即"许多文明制度(或者说许多文明时代),几乎所有的人性,都在文明进程的压力下变得具有'神经症'性质"。[29]因此,罗海姆在紧紧追随其宗师甚至不怕他的复杂学说把自己引向自相矛盾的境地的同时,对"神经症和文明化在结构上的基本同一性"做了明确的断言。[30]弗洛伊德把普遍性和社会性作为划分文化活动和个体神经症的标准。但在他的普遍性和社会性概念中,文化活动与个体神经症却有着内在的紧密联系,以致个人若参与到社会化了的神经症中去,就免除了他患个体神经症的必然性。宗教信徒就是"通过接受社会化了的神经症而免于形成个体神经症"的。[31]

升华概念仍然是连接精神分析与文化剖析的链环。人们可以同情新弗洛伊德主义者。他们十分渴望使精神分析学成为一门社会科学。考虑到弗洛伊德的升华概念确实十分矛盾和含混,人们完全可以理解新弗洛伊德主义者对升华概念的放弃。但升华概念的形成基于人们把人的精神(及其创造物)与人的肉体联系起来的需要。在放弃升华概念的同时,新弗洛伊德主义者也放弃了人的肉体。因此，他们不可避免地要回到西方文化传统中固有的精神自主的思想上去——然而这些思想遭到了来自弗洛伊德的挑战。升华这一概念要求我们以医学术语把种种社会现象理解为病态的。新弗洛伊德主义者忽视了人的肉体，因而放弃了对社会的科学批判。他们要么诉诸社会适应，要么不得不求助于自己的个人偏见并不惜美其名曰"民主人格""自我实现的个体"，以及诸如此类的东西。

第十一章
治疗与文化

精神分析学的治疗理论不能不同时成为一种文化理论，这不仅因为它必须在文化中为力比多找到出口，而且因为使无意识成为意识这一治疗方式本身就是一种力比多现象（因此它也是一种文化现象）。只要精神分析理论仍然坚持意识本身的自明性质和意识在价值上的自明，我们就很容易形成这样一种治疗目标——"使无意识成为意识"。"一切本我均应由自我来取代或控制。"[1]只是在要求用精神分析学自己的力比多理论来解释使无意识成为意识这一过程的时候，也就是说，只是在要求用精神分析学的理论对精神分析本身做出解释的时候，种种困难才会出现。

治疗过程中的移情（transference）现象使精神分析学不得不考虑意识的力比多方面。显而易见，使无意识成为意识这一治疗过程，只有在这样的条件下才能奏效：病人接受分析时能够重建其受压抑的本能生活，能够使受到压抑的爱与恨得到表达并将其指向治疗者本人。这一事实的理论意义是双重的,并且都已被弗洛伊德本人充分认识到。首先,在现实生活中重演受压抑的情景乃是重建意识与无意识的联系的前提。"压抑过程的这一经过修正的翻版只能部分地受到过去导向压抑的那一过程的记忆痕迹的影响,其决定性的作用是在与医生的关系中和在移情中,通过创造出早期冲突的新版本来完成的。"[21]其次,无意识进入意识,这件事本身就是一个力比多过程,是指向治疗者这个活生生的人的一种爱恋行为:"这一挣扎过程的结果并不取决于病人知识层面的洞察(这种洞察力还没有强大和自由到足以完成这一使命),而是由他与治疗者的关系所决定的。就他的移情是一种正面的现象而言,他给医生披上权威的外衣并将移情本身转化为对医生的发现和医生的观点的信任……信任重复了移情的历史。移情是爱的衍生物,这一点看来是毋庸置疑的。"[3]

如果精神分析所说的意识要以重建受压抑的过去为先决条件,如果意识本身就是一种爱恋行为,并且这种恋爱行为取决于个体能否在现实世界中获得一个新的爱恋对象,那么要在治疗的躺椅上实现治疗的目标,其可能性便显得不可解释。首先,因为回忆取决于过去情景的重现,而治疗时的情景又必然会限制重演过去的种种可能性,所以治疗必然会限制回忆的可能性。[4]其次,治疗者在分析治疗过程中成为病人的所爱对象也会使人产生这样的疑问:精神分析治疗与此前的催眠暗示疗法之间究竟有什么本质上的区别?这两者与远古巫师驱邪的宗教技术之间究竟有什么本质上的区别?弗洛伊德本人也说,这实际上已经涉及信任问题,而治疗者已经有了父亲形象这一神圣光环。

弗洛伊德最初试图这样解决这一问题：他主张在精神分析过程中，移情活动本身应该被看成一种"新的、人为获得的神经症"，并且主张治疗最终应该消除移情作用，使病人从一种受保护的状态中解脱出来。[5]然而，常识告诉我们——并且弗洛伊德本人也承认这一点——移情作用远远没有被全部消除。[6]最明显的证据和例子就在治疗者本人那里，就在精神分析运动所产生的仇恨和忠诚之中。格罗弗在他与克莱茵进行辩论的时候挑明了这个问题，他说："在精神分析训练过程中形成的移情倾向容易在受训者身上发生并成为对训练者在理论上的坚信不疑。这意味着今日众多的受训者将在今后二十五年中实践此理论并使克莱茵的教义得到宣传。"[7]

进一步讲，如果移情是"早期冲突的新版本"，治疗就不应纯粹着眼于意识，而应该着眼于一种能够在行为上反映出来的内在变化。[8]但是，什么样的变化能够被说成痊愈呢？从事分析治疗的拙劣之辈当然可以满不在乎地把治愈等同于对现实的适应。然而对弗洛伊德这位批判现实者来说，问题并不这么简单。

面对实践中的两难困境，弗洛伊德在他的后期生涯中倾向于以限制移情来限制治疗者在治疗中所发挥的作用。他不声不响地收回了最初的主张，不再认为经过精神分析治疗的自觉意识必须以移情重演为先决条件。相反，他认为分析的职能就在于以回忆（"历史事实"）来代替其在现在的重演。"当病人的病原性体验属于过去，从而自我能够与其保持一段距离的时候，分析治疗的工作就算做到了家。"[9]换句话说，对过去采取一种历史的意识已经不再有赖于今天以改变了的方式重演这一历史，而是成为它的替代物。弗洛伊德于是回到传统的思想之中，相信纯粹理论与实践之间是完全分离和脱节的。他不仅暗示存在着这种可能性，而且把它作为治疗方式和实践方式推荐给人们。弗洛伊德之所以被迫回到纯粹意识这一传统理论，是由于他希望避免在移情情境中出现的重演和宣泄，他因此不得不乞灵于一种超越本能的自觉意识。"治疗者和病人之间、理智和本能力量之间、认知和竭力渴求宣泄之间的这场殊死搏斗，几乎完全是在移情作用的显现之上得到解决的。"[10]因此，在他的最后一部著作中，他说，治疗取决于病人有无能力"超越本能所追求的粗陋生活"。[11]

这样，尽管弗洛伊德本人并不承认这一点，但是他作为一位治疗者仍然没有能够避免主张一种世界观。而且事实上，他主张以他个人的解决方式去解决人生的难题，即以纯粹知性的生活方式去解决人生的难题。这种向传统的心身二元论的复归，当然与精神分析学的基本理论不吻合。精神分析的一条基本定理就是，力比多要在外部世界寻找对象，从而丧失其在外部世界的对象（自恋回缩），这可以被说成是一切精神神经症的一个总体的先决条件。另一条基本定理是，意识本身就是本能创造出来的一个作品，它栖居于本能与外部世界之间，旨在为本能在外部世界中寻找满足。

治疗理论特别是移情概念需要一种精神分析学的知识理论或至少是精神分析学的知识。如果我们坚持最初的洞察，坚持认为行为上的重演乃是意识到被压抑的无意识的必不可少的条件，我们就必须设想在意识和无意识之间不存在直接的对话渠道。因此，被压抑的无意识能量必须首先进入外部现实,然后才能被自觉意识所觉察。这一结论大体上是合乎逻辑的,因为关于无意识存在的假定是与意识总是指向外部现实这一常识性假定紧密联系在一起的。事实上,弗洛伊德在《自我与本我》中曾明确无误地表述过这一思想。在把意识定义为心理器官的外围,说它形成了一个不同的系统并在最靠近外部世界的地方发挥其职能和功用之后,弗洛伊德继续追问道:"当我们说'使无意识成为意识'时,我们究竟是什么意思呢?"他排除了无意识观念可以直接从内心深处进入自觉意识的可能性,他提出:"任何来自内心深处、渴望成为自觉意识的东西,都必须首先设法把自己转变为外在知觉。"他最后得出这样的结论:由于这一假设,并且只有通过这一假设,精神分析学及其认识论才能与"所有的知识都在外部知觉中有其起源"这一定理达成一致。[12]

那么,无意识怎样才能"将自己转变为外在知觉"以便使自己成为自觉意识呢?如果从移情现象的角度来解释这一问题,那么顺理成章的当然是,受到压抑的冲动必须首先在外部世界中找到现实的对象,然后才能把自己的性质显现给主体。说得通俗一点,爱(或恨)的行为会使人认识到被压抑的爱(或恨)。弗洛伊德由于对整个移情行为忧心忡忡,所以未能如我们所做的一样从移情的角度来解释他自己关于"无意识要成为意识就必须首先把自己转变为外部知觉"的说法。相反,他说无意识是通过与语词的联系——"那些相应的语词意象"——变为意识的。这些语词意象是外部知觉留下的记忆残迹。精神分析的工作就是提供这样的语词意象,使之成为把无意识与意识连接起来的链环。[13]如果把这一复杂的表达方式还原为它本来的意思,那就是,谈话可以发挥治疗作用,至少,谈话可以使无意识成为意识。人们能够理解弗洛伊德作为治疗者和作为一个相信纯理论可以使人生变得有意义的人为什么如此渴望拔高语词的力量(就像他自己说的那样,语词是他的上帝,是他的"道"[14]),人们同样可以借助弗洛伊德的工作,轻而易举地证明语词并没有这般神力。

通过语词来进行治疗的思想并没有公正地处理"在动力上受到压抑的无意识"的奇特性,因为它"不能够以寻常的方式成为意识",[15]只能经由特殊的分析程序(包括移情)成为意识。即使我们承认无意识中的观念是"记忆痕迹的投注"[16],这里所说的这些记忆也明显不是普通的、可以经由语词联想而得以复活的记忆。这些记忆属于本我的原发过程,它们从未出现在意识中,因此也从未被"遗忘"。

在下一章中,我们将会更清楚地看到,被弗洛伊德作为"在动力上受到压抑的无意识"的内容而发现的童年性生活,并不是真正的性生活,而只是幻想的性生活。弗洛伊德生涯中的转折点是,他被迫得出结论——癔症患者的记忆是假的,"癔症症状来源于幻想而非真实事件"。[17]这些所谓的"记忆"其实从未被"遗忘",因为我们有充分的理由说明它们根本从未发生过。这些记忆几乎不可能"通过与它们相对应的语词意象发生联系"而成为自觉意识。只有通过付诸行动并作为行动的结果,它们才能成为自觉意识。用弗洛伊德的话说就是:"我们可以说,在这里,病人实际上根本就没有回忆起任何被遗忘、被压抑的东西,他只是把它表达为行动。他不是在他的记忆中而是在他的行为中重建它。他重复了它,但他当然不知道自己是在重复它。"[18]

同样,以语词为中介使无意识成为意识的思想,也与弗洛伊德在别处关于语词的说法相矛盾。弗洛伊德在其论文《论无意识》中,把精神分裂症患者的语无伦次作为出发点,区分了"语词观念"和"具体事物之观念"[19]这两种观念。他进一步指出:"意识既包含具体事物之观念,又包含与之对应的语词观念。"如果把他的这段话应用于使无意识成为意识这一问题,我们马上就会清楚地看出,光有语词是远远不够的,我们还需要具体事物。但这究竟是什么样的"具体事物"呢?弗洛伊德说它存在于无意识之中,是某种记忆,但他又强调它首先是一种抵达外部世界的能量性愿望。"无意识系统中包含着对对象的能量贯注,包含着最初的和真实的对象投注。"精神分裂症患者的语无伦次为他提供了最初的出发点。这种语无伦次证明,只有语词是不够的,因为精神分裂症的最明显特征恰恰是"对象投注被放弃",而"与这些对象相对应的语词观念的投注却被保留下来了"。语词意识在这里并不代表治愈,并不代表真正的意识,只代表疾病的加剧。当然,它同时是走向痊愈、走向真正的意识的中间站:

> 语词观念的投注并不是压抑行为的一个组成部分,它代表个体试图走向痊愈的第一步努力。这些企图和努力在精神分裂症的治疗过程中是十分明显的,它们的指向是要重新获得失

> 去的对象。情形很可能是这样的：为了实现这一目标，它们通向对象的道路就必须经过那从属于该对象的语词，但是这样一来，它们就不得不在本该满足于具体事物的地方使自己满足于语词。[20]

弗洛伊德说，语词是通向失去了的东西（具体事物）的中间站，也是构成人类文化的众多符号系统中的一种。拉巴尔说："如果我们不患精神分裂症，我们就不可能有所谓的文化。"[21] 弗洛伊德对语词意识所做的分析不仅深化了我们对语言作为神经症的理解，而且深化了我们对文化作为神经症、作为"替换性满足"，以及作为走向真正的愉悦的一种临时安排的理解。

充分理解了实际治疗的这些真实的维度，也就勾画出了正统精神分析治疗中的种种局限。正统精神分析治疗一方面强调意识中语词所起的重要作用，另一方面忽视意识与外部世界的关系。因此，它培养了一种语词意识并把这种语词意识当作真正的意识。弗洛伊德认识到分析的这些局限性，他知道自己与真知的距离还有很远。在这里，我不打算对正统精神分析对病人的影响做出判断和估计。然而，正统精神分析对分析者本人所产生的影响，是每个人都可以根据自己的分析记录加以估计和判断的。纯粹的废话和喋喋不休在其中所占的比例、使用弗洛伊德的术语所进行的与现实仅有昙花一现的关联的语词堆砌和语词操练，这些都堪与精神分裂症患者对语词的自恋式过高估价相比拟。同样，精神分析与精神分裂症之间的这种联系，也没有完全使它丧失治疗价值。弗洛伊德本人曾说，精神分裂症患者对语词的过高估价，"代表他试图走向痊愈的第一步努力"。如果终极的治愈取决于在外部现实中找到与童年时代失去的对象相对应的实实在在的对象，那么精神分析迄今所做的一切，乃是在造成力比多从外部世界——弗洛伊德以及大多数现代人确实不爱这个外部世界——这个大宇宙撤退，并使力比多指向内心世界这个小宇宙。这种从外部世界撤退的自恋式退却当然是力比多在精神分裂症患者身上的典型特征。就力比多的这一取向同时伴随着认识到外部世界的不可爱而言，它代表着人在对现实进行思考方面所取得的进步。但若就精神分析歪曲了人们的注意力，使人们不能取得更大的进步而言，它却可以成为一种障碍，使人们不能把外部现实改造得可爱，使人们不能最终获得真理——因为精神分析和在此之前的神秘主义者早已教导我们，只有当我们爱这个世界的时候，我们才能获得对自己的真知。[22]

对自己获得这样一种真知的可能性，建立在内外和谐的基础之上，而非建立在使自己与世界相异化、相疏离的基础之上。弗洛伊德在他论社会梦想家约瑟夫·波普尔-林科伊斯的那篇文章中考察了这种可能性。弗洛伊德承认：他本人以"道德勇气"——即勇敢地承认力比多与现实世界之间的矛盾冲突——发现的那些真实情形，完全可以在一种以爱为基础的乌托邦中被纳入更高的知识水平。但弗洛伊德紧接着便抵制了这种乌托邦取向，说它与"自然界的进程""人类社会的宗旨"不相容。[23]对乌托邦展望的拒斥和抵制，意味着如此勇敢、如此自恋地从外部世界中退回来的力比多，不可能以其改变这个世界的计划重新回到外部世界中去。弗洛伊德因此停留在与现实相疏离的悲观主义中。

正统精神分析治疗未能使力比多以改变世界的计划这样一种方式返回外部世界,同样,它也未能给攻击性问题提供一个解决方案。经过精神分析的意识,通过使自己回到内心世界这个小宇宙,人便把先前处于压抑状态的大量力比多交由自我来处理。在经过精神分析的意识通过语词来抵达现实的范围内,这样做的结果乃是使我们平生第一次意识到我们欲望的范围和性质——用里尔克优美的诗句来表达,那就是意识到"我们肉体未曾生活过的地方"。那么,经过精神分析的自觉意识将如何处置这些新发现的欲望呢?一旦认识到升华的局限性,一旦承认不可能"超越粗陋的本能生活",[24]正统精神分析学便由于无力把自己转变为社会批判理论而不得不把这些欲望重新送回压抑状态中去。弗洛伊德抱有的乐观希望——经由精神分析的自觉意识来消除压抑——现在已不复存在,取而代之的是这样一条定理,即精神分析的意识将"以更加坚实的材料重建压抑"。[25]换句话说,精神分析在向我们展示了我们肉体的未曾生活过的广袤地带之后,却告诉我们要马上把它们忘掉,因为它们与"自然界的进程""人类社会的宗旨"不相容。这样一来,这种新建立起来的"自我控制"——如果我们严肃认真地看待弗洛伊德有关攻击性的理论的话——便意味着由所有本能放弃释放出来的攻击性都将转向内部。[26]

这样,弗洛伊德便没有任何办法避免攻击性的内化,避免罪疚感的积累。正如他自己所证明的那样,这种攻击性的内在化和罪疚感的积累,乃是造成个人的神经症和人类社会的神经症的主要因素。治疗最终不得不走向悲哀的结局。这正是因为弗洛伊德相信现存文化的两个基本特征:"强化理智——这种被强化的理智正在开始支配和驾驭本能生活";"攻击性冲动的内化——这种内化必然导致种种好处和危险"。[27]

唯一可以改变的选择,唯一可以避免"罪疚感的加剧……直到它最后……可能剧烈到没有人能够承受"[28]的途径,就是使攻击性转向外部世界,使攻击性成为用来改变这个世界的巨大能量。治疗就是战斗。问题仅在于选择站在哪一边和把谁作为自己的敌人。弗洛伊德把治疗视为自我与现实原则结成联盟共同反对本我的过程:

> 其情形就像一场内战,胜负只取决于来自外部的援助。精神分析师和病人的软弱无能的自我,由于都以现实的外部世界为根基,所以它们联合起来反抗内在的敌人——本我的本能要求和超我的道德要求。[29]

但是还有另外一种选择,即自我与本我结成联盟共同反抗现实。除了某些情感上的态度,如顺从于不可避免的文化挫折和对"粗陋的本能生活"的敌视,弗洛伊德不能正视这一选择的主要原因是他的现实原则的表述在理论上的含混性。弗洛伊德说,成熟的和理性的自我必须接受现实原则,必须以现实原则来代替在本我中占有优势的快乐原则。[30]理性的自我当然必须把现实作为事实来接受,并避免按自己的意愿来思考。然而,认识到世界的本来面目并不意味着应该拒绝一切改变世界以使现实变得符合快乐原则的愿望和行动。[31]事实上,如果我们紧紧抓住弗洛伊德的天才洞察——我们受压抑的欲望具有不朽的力量,那么改变现实便成为自我在现实与快乐原则的矛盾冲突面前所能做出的唯一合理的反应。在自我、本我与现实的冲突之间必须加入一点什么东西。按弗洛伊德的说法,在神经症中,自我接受的是现实,它的能量是指向本我、对本我实行压抑的。要维持这种压抑,自我必须回避和忽视与受压抑的欲望相关联的那一部分现实。在精神病中,自我完全被本我压倒了,这割断了自我与现实的联系,因此,自我着手为自己创造一个新的外部世界和内部世界。健康个体的反应与神经症患者的反应相似,即不回避和忽略现实。像精神病患者一样,健康个体也创造出一个新的世界,但与精神病患者不同的是,健康个体是在一个现实的世界中创造一个新世界。也就是说,健康个体致力于改变现实:

> 神经症患者并不否认现实的存在,他们仅仅试图忽略它;精神病患者则否认现实的存在并试图以别的什么东西来取代它。被我们称为正常反应或"健康"反应的那种反应把神经症和精神病的特点结合在一起。因此,像神经症患者一样,健康个体也极少否认现实,但他们却像精神病患者一样致力于改变现实。这种态度自然会使他们在外部世界中取得某种成就,而不会像精神病患者一样满足于在自身之中建立起另一个世界。因此,健康个体的自我不再是封闭的,而是向外开放的。[32]

把精神分析学转变为一项改变人类文化的工程，便解决了未曾被解决的移情问题。移情之所以必要，是因为要使无意识成为意识，只能先将其转变为外部知觉，而外部知觉又必须建立在行动以及现实的爱与恨的基础之上。用更具技术性的术语来说，无意识唯有经由投射作用被投射到外部世界，才能够成为意识。但正像我们在下一章中将要看见的那样，人类文化乃是受压抑的无意识的一整套投射。与移情一样，人类文化乃是强迫性重复冲动的创作和产物，它不断地生产出童年冲突的新版本。与移情一样，人类文化的存在，其目的是将儿童的情结投射到具体的现实世界中。因为只有化为具体的现实，这些情绪才能被看见。弗洛伊德把图腾视为人类文化的原始雏形。图腾的本质就是俄狄浦斯情结在外部世界的投射。图腾通过这种象征性的方式解决了俄狄浦斯问题，建立起了社会群体。

作为逐渐回到受压抑状态的神经症，人类历史在其从图腾制演变为一神教和现代国家的过程中，已经把越来越多的俄狄浦斯情结投射给外部世界。于是，人类文化成了一个巨大的竞技场。正是在这个竞技场中，移情的逻辑出现了：童年幻想创造出了普遍的人类神经症。但是，童年幻想本身是不能直接被领悟和驾驭的，只有它在人类文化中的产物是可以被领悟和驾驭的。人类意识要想从父母情结（俄狄浦斯情结）中解放出来，便只有先从其文化产物（父权制的国家和族长制的上帝）中解放出来。这样，文化为所有人做的事情，就正是移情现象为个人所做的事情。用弗洛伊德的话说，

"正是它们（移情现象）为病人提供了价值无可估量的服务，它们把病人埋藏在心中的被忘却了的爱变成现实的东西并将其显现出来。因为在最后的结局中，没有谁能够毁灭于子虚乌有的幻影中。"[33]在最后的结局中，也没有什么东西存在于子虚乌有的幻影中；在最后的结局中，俄狄浦斯情结仅存在于它的文化产物之中。只有当现代文化继续维持儿童对死亡的逃避时，俄狄浦斯情结才可能继续存在。

像这样转变为一门文化科学的精神分析学，当然不再要求个体以接受精神分析作为自己的神秘的成年礼。弗洛伊德曾坚持认为，个人有必要接受精神分析，以便懂得精神分析学所说的一切。但这种必要性将不复存在，因为问题将不再是个人的问题，而是社会的问题。我并不是在此评论精神分析技术——能够把卓尔不群的个人重新变成对社会有用的人的一种技术。像这样一门技术，人们只能从实用主义的角度来评价它。任何有用的东西都会发挥其作用，而且，正像弗洛伊德自己所承认的那样，"宗教"或许能够比精神分析为个人提供更好的服务。

然而，多亏了弗洛伊德的天性，精神分析毕竟具有成为整个人类意识中一个新的更高阶段的可能性，以及成为普遍的人类神经症的一个最终解决方案的可能性。如果是这样，精神分析所说的意识就只能是对人类生存有可能不建立在压抑基础上的憧憬。精神分析本身也是文化的一个组成部分。它能够发挥的唯一作用乃是把力比多从建立在压抑基础上的文化和现实中撤回来。它能够提出的唯一解决方案乃是动员力比多和意识投入对现实的转变。如果精神分析学使自己完全脱离文化或超越于文化之上,那么在为了改变现实而从现实机制中撤离的时候,它便完全地脱离了现实。如果精神分析学相信通过神奇的语词作用和自我封闭式的自我调整能使自我避免落入普遍的神经症的"陷阱",那么自我就是在发展一种独特的精神病,落入了弗洛伊德所说的与世隔绝的命运。按照弗洛伊德的说法,神经症不同于文化的本质就在于:"神经症是非社会的自我中心的结构。神经症患者试图以个人努力的方式成就那个在社会中以集体努力的方式得到的结果。"[34]

第十二章
日神与酒神

健全的本能使弗洛伊德保留了"升华"这一术语及其古老的宗教内涵与诗的内涵。升华是灵魂对肉体能量的利用。灵魂借升华使自己与肉体分离。升华是"灵魂的上升",是"灵魂的能力凌驾于物质之上"(斯威夫特对宗教热情的定义)。[1]斯彭德①说:"写诗是一种精神活动,它使人暂时忘记了自己还有一个躯体。它打破了肉体与心灵之间的平衡。"[2]伯特兰·罗素说:"公正地看,数学不仅拥有真理,而且享有最崇高的美——一种冷峻的、严整的美。就像雕塑的美一样,它并不向我们天性中软弱的方面发出呼唤……真正的欢乐精神、精神上的高扬和擢升,那种飘然欲仙的感觉,作为对最高的优越性的测试和检验,都肯定可以像在诗歌中一样从数学中找到。"[3]而且,正像一种不同于肉体的灵魂学说一

---

① 斯彭德(Spender,1909—?):英国诗人,评论家。20世纪40年代起以编辑很有影响的期刊《地平线》《遭遇》而闻名。——中译注

样,升华作为一种飘然欲仙的企图,其目标乃是不朽。贺拉斯说:"我不会完全死去,我的升华将使我跃居于天上的星辰。"

升华因此寓居于心身二元论之上,不是作为一种哲学,而是作为暗含在升华者行为中的心理事实——不管这些升华者自觉意识到的哲学是什么。所以,柏拉图始终是最真正的哲学家,他把哲学定义为升华,并正确地指出哲学的目的就是使精神跃升于物质之上。但正像弗雷泽所证明的那样,灵魂外在于肉体、灵魂可以与肉体分离的思想,乃是像人类本身一样古老的思想。[4]

最初的升华者——哲学家、先知和诗人们在历史上最早的祖先——是原始人中的巫师(萨满)。他们拥有种种技术,能够使人的灵魂愉快地与肉体分离,能够使人的灵魂向上飞升,能够使人的灵魂飞翔于天际。升华的历史还有待谱写,但从康福德的开创性的著作看,柏拉图主义以及由此而来的全部西方哲学,显然都是文明化的萨满教,是对于一种更高的存在方式的持续不断的萨满式追求,只不过人们所采用的方式不断地变换以适应都市生活的需要。这之间的中介环节包括毕达哥拉斯及其灵魂出窍的方式,也包括巴门尼德这位伟大的理性主义者——他的理性幻觉在漫游天穹到达夜宫(the Palace of Night)之后从女神那儿得到了奖赏。[5]对萨满式起源的这一发现把西方哲学史的研究与精神分析学的研究联系在一起。萨满今天距我们已很遥远,所以我们能够认识到,他们或多或少有一点疯狂。正像我们所看见的那样,精神分析也发现升华中有一种内在的疯狂。费伦奇说:"纯粹的智力原则上是一种疯狂。"[6]

精神分析的目标是使我们的灵魂回到我们的肉体中，使我们自己回到我们自己之中，并以此战胜人类的自我异化和自我疏离。虽然这一目标尚未实现，尚未完全被我们觉察到。升华活动本质上是一种灵魂与肉体分离的活动，所以精神分析必须使我们的升华活动重新回到我们的肉体。另外，我们要理解升华作用，就必须首先理解灵魂的性质——用精神分析的术语来说，就必须首先理解自我的性质。升华是自我处理力比多的一种方式。力比多在升华作用中之所以偏离其本来的目标，是因为自我对它施加的影响。力比多的非性欲化是穿越自我这一炼狱所造成的。性能量是肉体的能量，非性欲化的能量是非肉体的能量或灵魂化的能量。因此，从技术上讲，我们可以把升华理论的落后归因于自我理论的落后，但自我理论的落后又实在是由一种实际存在的因素——它在与伟大的西方升华传统以及它赖以立脚的心身（灵肉）二元论断绝关系时犹豫不决——导致的。

事实上，正统精神分析学所做的一切就是用它自己的一套术语重新引入心身（灵肉）二元论，而它所用的方式是使"自我"成为一个实体。这个实体借助种种"防御机制"不断地向"本我"开战。升华之所以被采用是因为它被视为一种"成功的"防御机制。[7]在将自我实体化的过程中，正统精神分析学紧跟弗洛伊德这一权威，因为正是他把自我与本我的关系喻为骑手与马的关系[8]——这一比喻可以一直追溯到柏拉图的《斐德若》，它使柏拉图的二元论得以延续。然而，弗洛伊德总是不时地超越自己。在《自我与本我》中，弗洛伊德正确的出发点是他的这一表述："自我首先是一个肉体的自我"，是"肉体表面的心理投射"；[9]它发源于知觉系统，而且，像知觉系统一样，它具有在这一肉体和其他肉体之间充当媒介的作用。如果我们能够了解这一肉体自我怎样变成了一个不同于肉体的灵魂，我们就能理解升华作用，也就能理解灵魂要在什么条件下才能恢复其自然功能并再次成为一个肉体的自我。

弗洛伊德在《自我与本我》开篇处说："自我的任务就在于用外部世界对本我及其种种倾向施加压力和影响，并努力以现实原则代替在本我中自由地占支配地位的快乐原则……自我代表我们称之为理性和理智的那些东西，它与充满激情（情欲）的本我形成了对照。"[10]这段话暗示，构成自我之本质并被自我用来对本我施加影响的力量，其实就是现实原则。换句话说，自我不过是本我与外界之间的一层透明媒介。造成压抑与升华的力量存在于外界。

自我与现实原则的这一朴素的等式（以及压抑与外部现实的这一朴素的等式）不再出现在弗洛伊德的后期著作中，但仍然出现在精神分析的教科书之中。芬尼切尔说："自我的起源与现实感的起源，乃是同一发展阶段的两个不同侧面。"[11]但是按照弗洛伊德的后期理论，真正的情形是，自我的奇特结构起源于它无力接受现实，特别是死亡和分离这一最高的现实。《自我与本我》的真正成就是它以一种开拓性的努力对自我进行了一种本能上的分析，以弄清自我面对爱欲与死本能时究竟做了些什么。在这一分析中，自我的出发点是不能接受死亡，不能接受（与外界的，即与母亲的）分离。或者，用弗洛伊德特别偏爱的术语来说，自我的出发点是不能接受对象的丧失。

诚然，自我必须始终处于外部现实与本我之间。然而，由于人的自我尚未坚强得足以接受死亡这一现实，所以它只能通过在机体和现实之间形成一道保护性屏障来发挥其媒介作用。具有讽刺意味的是，人的机体用来保护自己使自己与生和死这一现实相隔离的方式，乃是开创一种更为主动的死亡方式。这种更为主动的死亡方式就是否定。自我的主要作为就是否定——不接受现实，特别是不接受与母亲的身体相分离这一现实。如同我们在前面某一章中所看见的那样，这种否定性的态度后来发展为自我否定（压抑作用）和对外部世界的否定（攻击性）。然而，正像辩证逻辑学家看到的以及弗洛伊德本人后来在写作《论否定》这篇论文时终于看到的那样，否定乃是一种辩证的矛盾现象，其中始终包含着对正式予以否定的东西的一种变相的肯定。弗洛伊德说：[12]

> 因此，在受到否定时，受压抑的意象或思想可以进入意识。否定是考察受压抑的东西的一种方式。的确，它实际上是对压抑作用的消除，虽然它还算不上是对受压抑的东西的接受……否定仅仅有助于消除压抑作用造成的种种后果中的一种，即"受压抑的意象不能进入意识"这一事实。否定的结果是在理智层面接受压抑的东西，而在所有基本点上，压抑作用仍继续坚持行使其职能。

一个尚未坚强得足以去死并因而尚未坚强得足以去生的自我，它的最根本的法则就在于，它对内在世界和对外在世界的意识都打上了否定的烙印。[13]经由否定，生与死被稀释到我们可以忍受的程度。"否定的结果是在理智层面接受受压抑的东西。然而，在所有基本点上，压抑作用仍继续坚持行使其职能。"生命的这种被稀释就是非性欲化。换句话说，我们必须从弗洛伊德《论否定》这篇文章的角度去看升华作用才能理解它。作为非性欲化的升华作用并非真的是肉体爱欲的偏离（目标的改变），而是肉体爱欲的否定。这里再次变得明显的是，精神分析学若想突破压抑作用的藩篱，就必须突破单纯否定的逻辑（压抑的逻辑）而采用一种辩证的逻辑。高级的升华活动与低级的身体部位相关联的方式是一种以否定来肯定的辩证方式。正是通过对粪便的否定，金钱才始终是粪土；正是通过对肉体的否定，自我（灵魂）才仍然是肉体的自我。

人的自我否定性倾向是与其内在的自恋是分不开的——它们都是不能接受分离的结果。自我萌发于对象的丧失。弗洛伊德事实上曾一度把"严格意义上的压抑过程"定义为"力比多与先前所爱之人（和物）的分离"。[14]但对象的丧失是人无法接受的，用《自我与本我》中的话说："当一个人不得不放弃其性欲对象这种事终于发生时，经常随之发生的事便是自我中的某种变化。这种变化只能被说成对象在自我中重新被建立起来了。"[15]也就是说，对象并未被"丧失"，而是不得不被主动否定，但通过以否定来肯定这一原理，对象仍然得到了肯定（认同作用）。这样一来，作为人无法接受的对象丧失的结果，机体的自恋被转化为同时成为自我与他人的虚幻工程。而这一虚幻工程向自我提供了它的主要能量。当人失去所爱对象以后，过去给所爱对象的爱便重新指向自我。由于所爱对象的丧失是无法被接受的，所以自我唯有通过欺骗力比多，通过把自己等同于失去的对象，才能重新使力比多指向自己。用弗洛伊德的话说，"当自我肩负起所爱对象的特征时，它便可以说是把自己作为爱的对象而强加给了本我，并试图以这样的话——'瞧，我与你爱的对象如此相似，你完全可以来爱我'——来补偿对象的丧失"。[16]用弗洛伊德式的技术性术语来说，认同作用取代了他恋（对象爱）。借助于这种认同作用，对象力比多转变成了自恋力比多。

按照弗洛伊德《自我与本我》中的说法，由此形成的自恋式力比多的储备构成了一种由自我支配的"非性欲化的、中性的、可移置的"能量储备。以升华的形式重新指向外部现实的正是这种能量。[17]于是，非性欲化便不仅是升华作用的内在特征，也是构成自我的那些能量的特征。这种非性欲化的过程以把世界内化在自我之中这种虚无缥缈的计划来取代肉体与世界的爱欲结合。用弗洛伊德的话说，"由此发生的从对象力比多到自恋力比多的转化，明显地意味着一种性欲目标的放弃（即一种非性欲化过程），它因此成为一种升华"。[18]这样，灵魂便不过是肉体与肉体关系的虚幻的替代物。

在自我中重建的这些失去的对象乃是过去的对象。自我的自恋取向与它的压抑取向是不可分的，这两种取向都是否定这一辩证运动的产物。眼前的分离受到由过去的结合所重新激活的幻想的否定。这样一来，自我便在自己和生与死这个充分的现实之间，插入了过去的幻影。我们所说的"人格特征",正是这种把自我囚禁于过去的外壳:"自我的人格特征乃是被放弃的对象投注的积淀。"[19]我们所说的"良心",则在我们心中像一把枷锁一般维持着我们与过去的对象(现在是我们自己的一部分)的联系:"超我在自身之中把现在和过去的影像结合起来";"在超我的现身中,我们面前仿佛有一种能将现在转变为过去的方式"。[20]

这种退行性取向不仅把我们的道德人格(人格特征、良心)束缚于过去,而且把我们的认知能力——用弗洛伊德的话说就是自我检验现实的职能——束缚于过去。人的自我在其认知功能中并不是一面透明的镜子,可以把现实原则直接传达给本我。它具有一种更为主动积极的歪曲变形作用,而这正是由于它无力接受当前的人生现实所造成的。人的认识活动在形式上的出发点是失去了所爱对象的现实:"建立起检验现实的制度,其基本的先决条件是,人已经失去了从前给人以现实满足的那个对象。"[21]但这些丧失的对象正是认知的自我在寻找的东西。因此从根本上来说,人的意识有一种回忆过去的目标。再次用《论否定》这篇论文中的话来说就是:[22]

> 某种想象出来的东西是否应该被纳入自我之中,现在已不再是一个问题。现在的问题是:某种现在作为意象存在于自我之中的东西,能否在知觉(也即现实)中再次被发现……因此,检验现实过程中首要的和紧迫的目标,并不是在实际知觉中发现一个与所想象的对象相对应的对象,而是重新发现这样

一个对象。

更通俗地说,就像弗洛伊德在《释梦》中所说的那样,所有的思维都不过是一种迂回。它从给人以满足的记忆出发,通过迂回的小路一直走向同一记忆所投注(弗洛伊德的用语)的对象。[23]尽管弗洛伊德断言自我要以现实原则取代本我的快乐原则,但自我并没有废除快乐原则。相反,自我还从本我那里获取用来探索现实的能量。因此,弗洛伊德有关力比多的基本定理——每一次对象发现实际上都是一次再发现[24]——同样适合于意识;人的意识也与改变现实以便"重新获得失去的对象"[25]这一积极主动的尝试分不开。自我以这样的方式构建和想象出来的现实就是文化。正像升华(或神经症)具有一种成为"替换性满足"的基本特性一样,文化作为对过去快乐的一种苍白的模仿,也正是用来取代或替换当前的快乐的,因而它本质上是非性欲化的。

肉体自我借以成为灵魂的更为特殊和更为具体的机制是幻想。幻想可以被定义为一种投向记忆中的满足的幻觉。[26]它与梦具有同样的结构,它同本我和本能现实的关系也与梦一样。幻想和做梦都并不呈现本我的要求,也就更谈不上满足本我的要求。本我的要求是肉体的要求,它寻求与外部世界的肉体的爱欲结合。像神经症一样,幻想和做梦的本质也是"替换性满足"。

幻想在本质上是退行性的。它不仅是一种记忆,而且是对记忆的幻觉式的复活,是一种用过去来取代现在——或毋宁说通过否定而同化过去与现在——的自我欺骗。事实上,这种"幻觉式地投向记忆中的满足"仅仅使主要的否定行为成为可能,并在每一个表面的否定(包括压抑)后建立起潜在的肯定性满足。正是经由幻想,自我才内摄失去的对象并建立起对它们的认同。认同就是幻想,因为它把过去的对象投注保存下来并用过去的阴影遮蔽了现在的生活。认同就是幻想,因为它把他人安置在自身之中。认同就是幻想,因为它是自我为了以自己来取代现实并取悦本我而佩戴的面具。同样,幻想乃是那些业已存在于自我之中的意象,而自我在行使它的认知功能时正是在寻求从现实中重新发现这些意象。

按照《释梦》的说法,幻想乃是原发过程的产物,是人的机体在面临挫折时所做出的最初的解决方案,是提交给继发过程的天然的原始材料。正是在继发过程中,因需要而产生的兴奋被导向迂回的小路并终止于自愿的活动,以便改变现实世界并在其中制造出对那个给人以满足的对象的现实知觉。[27]艾萨克丝是英国精神分析学中的一个异端分子,她不顾正统精神分析学的忠实捍卫者爱德华·格罗弗的反对而坚持推进弗洛伊德后期的思想。她说:"如果没有无意识幻想的同时发生和支持,现实思维根本就无法运作。"[28]幻想同样是自我借以构建前生殖器性关系和生殖器性关系的一种机制。在这里,我们不妨再次听听艾萨克丝的意见,她认为幻想具有改变肉体的力量。[29]或许我们可以说,由于生命乃是肉体的生命,所以幻想作为对生命的否定就必须否定特定的肉体器官。如果没有对肉体的否定,就不可能有所谓的幻想。

正像我们在前面某一章中所看见的那样,前生殖器性关系和生殖器性关系都是由与母亲结合这一退行性幻想建构起来的。童年时代的分离是从什么地方发生的，这些幻想便附着于该特定的地方（器官）。例如，所有"对象力比多转变为自恋力比多"的过程以及所有升华活动（或许是所有升华活动中最令人满意的那些），其原型都是童年时代的吮吸大拇指的行为。在吮吸大拇指这一行为中，靠着与母亲结合的幻想的帮助，儿童使自己同时成为自己和自己母亲的乳房。因此，总体来说，幻想的世界是一个不透明的盾牌，自我凭借这一盾牌来保护自己和避开现实，又透过它来观察现实。正是通过生活在一个幻想的世界中，我们才得以过一种非性欲化的生活。在升华活动中被投射出去的正是这些童年时代的幻想。升华活动中的爱欲成分并非本我之现实。升华不是童年性欲的继续，而是童年梦想的继续。我们还可以说，那被升华的童年性欲并不是作为多形态性反常的童年性欲，而是经由幻想被组织到性关系中去的性欲。阿那托尔·法朗士说："只要人还在女人的乳房上吃奶，他就必定成为神殿里的祭品并被引入某种神圣的神秘之中，他就必定有他的梦。"[30]因此，文化作为升华活动的产物，用柏拉图的话说就是模仿之模仿，用品达的话说就是梦的阴影。

幻想是理解神经症的一条线索，又是精神分析理论中的一个关键点。弗洛伊德本人在"人心中最后的病理发生因素究竟是幻想还是实际体验"这一问题上的态度显得模棱两可。直到1918年，他才说，"这是整个精神分析领域中最棘手的问题"。[31]但在弗洛伊德的早期生涯中，这一转折点出现在他发现神经症的隐秘原因并不是实际发生的事件（例如童年时代的诱惑）而是种种幻想的时候：[32]

人必须避免自己被错误地引向用现实的标准去衡量心灵的受压抑的创造物。因为这种做法可能导致人以它们并没有实际发生为理由而过低估计幻想在症状形成中的重要作用,导致人因没有任何实际犯罪的证据而过低估计幻想在形成一种神经症罪疚感中的重要作用。人必须使用他正在探索的国度里流行的货币——在我们的例子里就是神经症货币。

神经症货币就是愿望和想法。它们在巫术和神经症中被思想万能这一自恋原则变成了现实。因此,弗洛伊德可以说:"一个人究竟是否真的杀死了他的父亲,这一点并不是决定性的,因为无论在哪种情况下,他都一定会产生罪疚感。"他还可以说:"是否真的存在阉割行为,这一点也不重要,真正重要的是儿童坚信这一点。"[33]因此,在更为广泛的意义上,神经症症状的来源并不是童年性生活中的事实,而是儿童心目中与性欲有关的那些奇幻的想法。这些奇幻的想法表达了儿童想要成为自己父亲的自恋愿望。事实上,正是由于童年性欲幻想的绽放,后来那些灾难性的压抑才成为必需。童年性欲的命运已被注定,因为"它的种种愿望与现实不相容",因为它"没有现实的目标"。[34]

那些自称唯物主义者的人们争论说,弗洛伊德从以实际事件的记忆解释神经症病因转向以幻想解释神经症病因,是决定性地"放弃了人生经历"和"不知羞耻地转向了唯心主义"。[35]但无论是"人生经历的放弃"还是"不知羞耻的唯心主义",都不是弗洛伊德的过错，而是人性的过错。认识到我们所有人都是实践中的唯心主义者，都与我们的肉体疏远，并且像童年性欲一样，我们的追求都没有"现实的目标"，这无论在实际上还是在理论中都是克服心身二元论的先决条件。原初的幻想的真正性质显现在这一事实中——它们不可能被回忆起来，只能再次发生。它们的存在仅仅表现为以一种神经症的方式去展开目前的行动，并且仅仅是在自我继续维持着儿童对生与死的逃避和以幻想取代生存与赴死这一现实的条件下才有可能发生。或者换一种表达方式，它们既不存在于过去，也不存在于记忆之中，而是仅作为幻觉存在于当前。除了作为对当前的否定，它们没有任何意义可言。

弗洛伊德在其后期著作中反复说："癔症的症状来自幻想而非来自真实的事件。"[36] 然而他对神经症病因学中"种系发生因素"或"远古遗产"——那些不能在个人经验中加以追溯的因素——所做的解释却引出了种种新困难。他说："我们在神经症患者的病史中所能找到的不过是——儿童总是在他自己的经验使他遭到挫败的地方死死抓住这种种系发生的经验。他用史前时代的真实来填补他个人真实中的空白。"[37] 从这段引文，我们很容易看出："种系发生因素"其实就是幻想这一因素；"种系发生经验"这一术语意味着，弗洛伊德正是在幻想中从人类历史的真实事件中获取他从个人历史的真实事件中所不能获得的因素。这样，弗洛伊德的"远古遗产"这一概念便再次使幻想成为真实的记忆。只有在这时，幻想才是"先前世代的经验中的记忆痕迹"。[38]

这一思路使弗洛伊德所说的原父和原罪成为真实的历史事

件——正是这些真实的历史事件在人心中构成了终极的病理发生条件。然而我们在前面某一章中已经说过,精神分析如果不得不乞灵于以历史来解释神经症(而不是将历史解释为神经症),那么它就必然会崩溃。我们也说过,原罪只是一个神话、一个幻想。有一点仍然是真实的,那就是我们每个人都正承受着成为人类时所遭受的创伤。这种创伤最初发生在冰河时代,尔后重新发生在每个出生在人类家庭中的个体身上。然而这一创伤留给我们的遗产,并不是由已经获得的性格特征的客观遗传禀赋所传递给我们的一种客观的罪疚感(如同弗洛伊德所假设的那样[39],这种罪疚感也没有从外部和过去把压抑强加给有机体),而是由自我不断地重新制造出来以使机体能够自己压抑自己的一种有罪幻想。弗洛伊德的原罪神话仍然肯定了幻想的现实性,仍然维持着压抑。一个坚强得足以去生的自我将不再需要虚构其逃避生存的出路,它不再需要幻想,也将不再有罪感。

幻想作为幻觉,作为以不存在的东西去辩证地否定存在的东西的方式,它赋予现实以一个隐秘的意义,并把一种符号性质租借给所有的经验。符号的动物(animal symbolicum,卡西尔对人所下的定义)即升华的动物(animal sublimans),它致力于以本能的符号满足取代真正的满足,它因此成为非性欲化的动物。同样,符号的动物也是丧失了自己的世界与自己的生活的动物。它在自己的符号系统中保存着一张地图,这张地图指引它去恢复那失去的现实。这样,正像费伦奇所说,那种想要在敌对的外部世界中重新发现所爱事物的倾向,便是符号倾向的渊源。弗洛伊德认为语词是返回事物路途上的中间站,他揭示了符号满足的替换性质和临时性质。升华对本能的满足,就像地图对旅游欲望的满足一样。[40]符号的动物是制造幻想的人。人依然无法找到通向现实的本能满足之路,他因此仍然被困在童年时代所发现的用梦幻来解决问题的方式之中。早在儿童性生活的建构中,幻想便已经赋予儿童身体的某些特殊部位以符号的意义。在口腔阶段,儿童与母亲结合的梦想是靠吮吸大拇指来支撑的。在他吮吸大拇指的时候,大拇指便成为一个象征性的乳房。同样,肛门阶段则涉及对粪便的符号驾驭。当童年性欲最终以阉割情结抵达其灾难性的结局时,儿童便像弗洛伊德所说的那样,放弃了躯体,但没有放弃幻想。[41]非躯体性质的文化对象(升华)继承了幻想的特性,因此,生活在文化中的人成了醒着做梦的人(查尔斯·兰姆给诗人下的定义)。[42]拉巴尔的警句表达了这一毫不夸张的事实:"一元钱代表着一场柯夫雷·罗杰的舞蹈,代表着一场精心编导的精神病——它在该动物的某一亚种身上被视为正常的,代表着一场每个人都可以立刻拥有的制度化了的梦幻。"[43]

升华作用延续了儿童的自我在处理生死问题上的否定性的、自恋式的和退行性的解决办法。简言之,它延续了儿童的梦。尽管如此,在升华作用和它赖以发生并始终维持的儿童性生活之间,依然存在着一点差别。在阉割情结之后,自我失去了躯体,但还保持着幻想。然而在失去躯体的过程中,自我必定在某种意义上也失去了幻想。幻想也像所有其他东西一样只能存在于当前——作为当前的幻觉,而且必须附着于当前的对象。按照精神分析的理论,在与躯体脱离之后（用弗洛伊德直率的话说，在放弃了手淫之后），幻想被投射到现实之中，形成了被人们叫作文化的不透明的媒介。而我们正是经由这一不透明的媒介来理解和操纵现实的。

这一投射作用是怎样发挥作用的？它的意义何在？这些问题的答案包含在弗洛伊德后期对否定特别是对作为否定之结果的恋物癖所做的研究中。从阉割情结出发，与其说弗洛伊德证明了性欲的分离既被接受又不被接受这一事实，毋宁说他证明了性欲从母亲身上脱离这一事实（"只有当它在其他外部对象中找到一个可以用来象征性地代替阴茎的东西时才能被接受"）。"在移置作用的帮助下达成了一项妥协，这是我们在梦中就已经司空见惯的。"[44]升华作用正是通过恋物癖这一机制才从儿童性欲中脱离出来并得以形成。升华作用是对童年性幻想的否定，但它却在以否定求肯定的方式中肯定了这些幻想。最初的幻想是否定，升华则是否定之否定。童年性生活中那些最初的行为是符号性（象征性）的，升华则是符号（象征）的符号（象征）。这样，升华作用便成了更高层面上的非性欲化，文化中的生活便成了梦中的影子。

正是这更高层面上的非性欲化或否定，给予了我们不同于躯体的灵魂。弗洛伊德指出，在恋物癖症状中同时发生的接受与拒斥，涉及自我中的一种分裂。[45]由于自我起源于它所不能接受并以幻想加以否认的分离创伤，所以在自我中，从一开始就存在着一种固有的分裂。就像费伦奇所说："无论是在惊惧中还是在震骇中都不会没有一点人格分裂的痕迹……人的一部分退行到先于创伤而存在的幸福状态中去了。这创伤正是它竭力要消除的。"[46]但就在儿童的肉体自我在它的灵魂（即幻想）和它的肉体（即童年性生活）之间达成妥协并因而得以如弗洛伊德所说的保留了儿童自己的理想时，[47]成人的自我（由阉割情结构成）却不得不使自己一分为二——因为它被要求在躯体和灵魂之间做出选择。成人的自我不能放弃躯体，又没有坚强到足以放弃灵魂。通过一个"自恋式的自我分裂"，自我脱离了超我。也就是说，形成个体人格特征的对象投注（认同）所构成的整个层面都被放弃了，它沉落到无意识中，而理智的自我（借用席勒的术语）被从肉体自我中分裂出来。[48]

然而，自我不可能摆脱躯体，它只能否定躯体并通过对躯体的否定来辩证地肯定躯体。因此，所有符号活动，包括那些最高的升华活动，都始终是肉体的符号活动。费伦奇说："有人曾说过一句可笑的话来反对精神分析学。他说，无意识在每一个凸形物上都看到阴茎，在每一个凹形物上都看到阴道，我发现这句话很好地勾画出了事实的基本特征。"[49]童年性欲在童年性生活中否弃了世界，并试图从自己的躯体中创造出一个世界。升华作用否弃了童年时代的躯体，并试图在外部世界中建构失去了的童年躯体。童年性欲是对丧失了的对象的一种自体成形（autoplastic）的补偿。升华作用是对丧失了的自己的一种异质成形（alloplastic）的补偿。

因此，升华作用和文化过程的潜在目标都是不断地发现失去了的童年躯体。正像我们在上一章中看见的那样，受到压抑的无意识只有通过转变为外部知觉，只有被投射出去，才能够成为自觉意识。按照弗洛伊德的说法，宇宙的神话学概念（即使在最现代的宗教中，它也活着）不过是投射到外部世界中去的心理学。[50]不仅神话是投射,所有的文化也都如此。用斯彭德的话说,"我们所创造的这个世界——这个由贫民窟、电报和报纸构成的世界——乃是我们的内在愿望所使用的一种语言"。[51]

后来在精神分析学中开花结果的那种洞察,其最初的突破发生在德国唯心主义运动之中,发生在"黑格尔世界是精神的作品"的思想之中,发生在"诺瓦利斯世界是幻想魔力的产物"的思想之中。事实上,精神分析把个人从文化中分离出来的倾向,还反映出某种洞察力的丧失。一旦我们认识到治疗中的谈话仍有局限,或者说,一旦我们认识到治疗中的谈话仍然是一种文化活动,那么显而易见的便是,除了去分析这些投射活动——这个由贫民窟、电报和报纸构成的世界中的活动,精神分析便没有任何东西可以分析。因此,精神分析只有成为历史分析和文化分析,才能够真正地实现自己。同样,受压抑的无意识本身也是文化和历史的产物,因为受压抑的无意识只有在以文化投射的形式转变为外部知觉时才能成为自觉意识。

因此,文化与文化的差别并不取决于受压抑的无意识内容(这内容始终是那些由人的童年的普遍性所引发的原型幻想),而取决于受压抑的无意识的各个不同种类和层面的回归,取决于由不同种类、不同层面的外在环境和技术等造成的投射活动。因此,那些有精神分析学头脑的人类学家,那些试图从育儿实践中种种可变的现实条件来解释文化多样性的人,完全是在追逐幻想。文化中的病理发生条件也像个体中的病理发生条件一样,它并不是儿童时代真实的经历,而是幻想。因此,精神分析作为从意识到无意识的一种新的更高的方式，乃是由于工业革命及其对人类心理的新揭示或新投射才成为可能。精神分析乃是浪漫主义反应的一个组成部分。

升华活动是对失去的生活的追寻。它的前提是生活的丧失，它又继续造成生活的丧失。因此，它不能成为生命本身在其中生活的形式。升华活动是一个更愿意去发现生活而不是去生活、更愿意去认知而不是去生活的人的生活方式。由于起源于对象的丧失（首先是丧失他人，然后是丧失自己），人的自觉意识（自我）不仅负担了一个使人不同于其他动物的压抑功能，而且负担了一个使人不同于动物的认知功能。人的意识不仅被用来探索外部世界，还负担着发现被分隔了的内心世界的额外任务，结果，不可避免地，它既歪曲了外部世界，又歪曲了内心世界。用弗洛伊德的话说，小男孩保全了他的阴茎，代价是用谎言来掩盖现实。[52]种种投射作用把内心世界带入意识，它们自己却被统统打上了否定或疏离的印记。它们与内心世界的关系遭到否认。升华作用使童年自我始终无力负担生与死的完整现实。童年自我始终维持着童年的幻想机制，用它来冲淡经验，使经验非性欲化，以使其达到我们能够忍受的地步。弗洛伊德通过解释总结出这样一条基本法则：意识系统（即所谓"继发过程"）只有在它能够抑制可能由一个观念所引起的任何痛苦的时候，才能投向这一观念。[53]升华作用能够抑制痛苦依靠的是与经验拉开距离并在意识和生命之间设置一道帷幕。弗洛伊德说，我们投射出来的仅仅是那些我们不知道也不想知道的东西，[54]这样我们才能在不知道全部真相的情况下去认知。我们再次引用弗洛伊德的原话，那就是：[55]

能够像这样既认识现实,又摆脱现实,这对个人来说有极大的价值。他真希望自己也配备同样的武器,可以用来防范本能所提出的往往是残酷无情的要求。这就是他宁愿如此痛苦也要把所有那些来自内部的困扰投射(即转移)到外部的原因……

一种特殊的方法被用来对付内部的刺激——这些刺激常导致不愉快。存在着这样一种倾向——这种方法可以使这些刺激从外部而不是从内部作用于我们。这样一来,我们就可以使这面防范刺激的盾牌作为一种防御手段发挥作用。这就是投射作用的起源,它注定要在病理过程的因果关系中扮演一个如此重要的角色。

一个像这样被用来使生命非性欲化,像这样与生命拉开距离的基本机制就是否定。升华是生命在受到否定的条件下进入意识的。升华的否定性质在它与象征(与语言、科学、宗教、艺术)和抽象的不可分割的联系中清楚地展示出来。正如怀特海告诉我们的那样,抽象是对经验之生命器官的否定,是对整体生命的否定。[56]用弗洛伊德的话说,"使感官知觉屈居于抽象观念之下是神性(geistigkeit)对感觉的胜利,更恰当地说,是一种必然伴随其心理后果的本能放弃"。[57]否定和异化的辩证法在升华意识的历史发展过程中表现为一条日益走向抽象的法则。我们关于自己的最深刻的知识都是在最高的抽象条件下获得的。抽象作为与生命拉开距离的一种方法,其支撑来自对"低级的"童年性生活的否定。

这种否定造成了器官爱欲的"自下而上的移置",也就是说,使它们到达头部,特别是到达眼睛。[58]升华最偏爱的是听觉和视觉领域,因为它们与生命保持了距离。乱伦禁忌对你说:"你若要欣赏你的母亲,那你只能远远地看着她。"[59]怀特海还批评说,抽象的另一种形式是把认知活动限制在"少数定型了的与外部世界进行交流的途径上……特别是对眼睛的偏爱上"。[60]当生命被局限于看(通过幻觉式的投射作用从远处看,而且中间隔着否定的帷幕)时,升华作用便算是保存了儿童式的解决办法——梦,并对之做了精心的加工。

如果升华的机制就是梦,那么撑持着升华的本能格局便是自我中的死本能优先于生本能。把童年之梦导向升华的那条道路发轫于自我无力接受分离,发轫于自我所开创的那些病态的死亡(否定)形式,发轫于压抑和自恋式的病态内转。最终的结局是,用非性欲化的生活,用死去的生命取代生与死共存的现实。这一结论粉碎了人们想在升华活动中寻找"出路"的希望。因此,它被从正统精神分析学的辞典中删除。但是,弗洛伊德在《自我与本我》中坚定地正视并表述了这一结论:"通过像这样从对象投注中获得力比多,通过使自己成为爱的对象,通过使本我的力比多非性欲化或得以升华,自我实际上站在了爱欲之目的的对立面,并使自己服务于相反的本能倾向。"[61]

由于升华之辩证法在文明进程中是累积性的——逐渐走向抽象,逐渐走向死亡,所以弗洛伊德的这一直觉洞察——文明将趋向理智占上风和性欲的衰退——是完全正确的。[62]在这条道路的尽头是纯粹的理智。用费伦奇的格言式的表述来说,就是"纯粹的理智是走向死亡的产物,或至少是精神上变得迟钝的结果"。[63]正像弗洛伊德在《自我与本我》中所说的那样,这种解决方式瓦解了两种本能之间的和谐,导致"爱欲被分解为攻击性","在升华作用之后,爱欲成分不再能够像先前那样把种种破坏性因素与自己聚合为一个整体,于是这些因素倾向于以攻击性和破坏性的形式被释放出来"。[64]因此,日益积累的升华又是日益积累的攻击性和日益积累的罪疚感——攻击性是受到阻碍的本能对非性欲化的不满足的世界的反抗,而罪疚感是对非性欲化的不满足的自己的反抗。

如果有一条"出路"可以使人摆脱日益积累的压抑、攻击性和罪疚感,那么它一定不在升华之中,而在升华的反面。为了理解目前的困境,我们不得不返回这一困境的起源,返回西方文明的起点,回到希腊人那里去。希腊人过去教导我们现在仍在教导我们如何走向升华。他们崇拜升华之神——日神。日神是形式之神:艺术中的造型形式之神、思维中的理性形式之神、生活中的文明形式之神。然而,日神的形式是用来否定本能的形式。德尔斐的智慧告诉我们:"任何事都不要做得太过分。要遵守限制、畏惧权威、敬重神明。"日神的形式是否定质料的形式,是永恒的形式,也就是说,是僵死的形式。因此,柏拉图及其萨满式先师阿巴里斯和阿里斯蒂斯都是日神之子。日神是男神,但正像巴霍芬所看到的那样,日神的男性身份是符号式的(即否定性的)男性身份。所以,日神又是维持"自下而上的移置"的神,他给人以一个向上的头颅并教人凝视天上的星辰。所以,他的世界是一个阳光普照的世界。这个世界不是象征着自然的,而是象征着性欲的升华,象征着太阳般的眼睛。这眼睛永远在看,却并不品尝,而且像日神本人——这位远投手——一样,永远是从远处去看。正像尼采所预言的那样,日神的世界是用梦来建造的。日神统治着一个美丽的外观世界,它是内在的幻想世界的投影。日神必须遵守的限制——"那梦境不得僭越的微妙界限"[65]——乃是使梦与本能之现实彼此分开的压抑作用这条界限。

但是,给了我们日神的希腊人也把日神的反面给了我们,也就是尼采所说的酒神。酒神不是梦而是醉,不是与生命保持距离并从帷幕里观看生活,而是完整的、当下的生活本身。所以尼采说:"整个躯体的符号都被召唤到游戏之中。不是单纯的嘴唇、面孔和言语,而是整个舞蹈、整出哑剧,把一切都推入这有韵律的运动之中。"[67](这也就是里尔克所说的"自然通过躯体来说话"。)酒神式的人"不再是艺术家,他已变成了一件艺术品"。[58]因此,酒神并不遵守限制。对他来说,过剩将把他引向智慧之殿堂。尼采说,那些因生命满盈而受苦的人渴望酒神式的艺术,[69]所以他们不否认任何东西。尼采说,这就是酒神信念的本质。[70]酒神肯定(而非否定)两大本能的辩证统一,他把男性与女性、自己与他人、生命与死亡重新统一起来。[71]酒神是精神分析将在帷幕的另一面发现的本能现实的象征。弗洛伊德看到,在本我中,不存在否定,只有肯定和永恒。在前面某一章中我们曾看到,神经症动物(人)徒劳无益地逃避的现实是生与死统一在一起的现实。在这一章中我们则看到,童年性欲之梦和日神升华之梦并不代表本能之现实,而是对本能之现实的否定。本能之现实是酒神式的醉。用弗洛伊德的话说,"我们只能借助比喻来想象本我,把它称为'混沌',称为'一锅沸腾的兴奋'"。[72]

人的自我必须面对这一酒神的现实,必须面对自我转换这一伟大工作。因为尼采正确地指出,日神精神拯救自我意识,酒神精神毁灭自我意识。只要自我的结构还是日神式的结构,人们便只能以消解自我的代价去获得酒神精神的体验。这个问题也不能以把日神精神与酒神精神"综合"起来的方式来解决,因为问题在于建构一个酒神式的自我。因此,后期的尼采倡导酒神精神,而从这一酒神精神中发现酒神精神与日神精神的综合,则是为了求得心境的平静而牺牲洞察到的真理。没有建构起酒神式自我的酒神不仅以消解自觉意识来威胁我们,还以"真正的妖巫之酿""肉欲和残忍的可怕混合物"[73]来威胁我们,而这正是酒神精神对日神精神的反叛,是本能之对立面的矛盾冲突的混合物,而不是它们的融合。

由于我们是在与躯体的现实打交道,而不是在与抽象的理智原则打交道,所以我们不妨听听一位既懂得心灵生活又懂得躯体生活和躯体艺术的人——伊莎朵拉·邓肯(Isadora Duncan)——是怎么说的。她告诉我们,她是怎样把酒神式的销魂体验为"理智的挫败"和"往往对理智和精神构成重大灾难的最后的痉挛和沉入虚无"的。[74]然而,她说她的酒神式的销魂是一个高潮——一个比宇宙间一切事物都更值得追求的瞬间。酒神式的自我将挣脱生殖器结合的束缚,将从那种"使性渴望摆脱躯体而集中于生殖器"[75]的必然性中解放出来。如果说日神式的自我是生殖器结合的自我,那么酒神式的自我将再次成为躯体的自我,而且将不会在躯体的狂喜中被消解。

建构一个酒神式的自我,这样的工作是没有边际的,但有迹象表明,这工作已经开始了。如果我们能够从现代史上的若干剧变(萨德①的性行为学和希特勒的政治学)中察觉到酒神的妖巫之酿,我们便同样能够从浪漫主义者的反应中察觉到酒神精神进入了自觉意识。诗人布莱克说过,"过剩之路通向智慧之殿堂"。黑格尔则把现实的辩证运动看成"无人不醉于其中的酒神式狂欢宴饮"。[76]尼采和弗洛伊德是浪漫主义者的后裔。唯一可以用来取代妖巫之酿的是精神分析的自觉意识——这一自觉意识并非正统精神分析的日神式的经院哲学,而是拥抱和肯定本能之现实的自觉意识,是酒神式的自觉意识。

---

① 萨德(Marguis de Sade,1740—1814):法国色情文学作家,一生中多次因对妇女施行变态的性虐待而遭监禁。他的作品也充斥这方面的描写。如今心理学中的"施虐狂"(Sadism,又译"性虐狂")一词便因他而来。——中译注

第五部

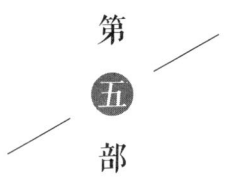

肛门性研究

爱却在排垢泄污之处竖立起它的大厦。

——叶芝[①]

[①] 威廉·巴特勒·叶芝（William Butler Yeats），"疯狂的吉英和主教的谈话"，《诗集》（纽约：麦克米伦出版公司，1952），第254页。

我们业已尝试将精神分析重铸为有关人性、文化和历史的一般理论。在这种努力中，升华这一概念至关重要。我们在前一章就试图对升华理论和（与之关联的）自我理论做出技术上的修正。现在，是时候让这些抽象观念面对事实了。这样人们便能看出它们对解释人类文化的种种现状的作用。既然精神分析的剖析总存在悖论，那么我们就选择升华作用最具悖论性的精神分析解说（即肛门性）来进行考察。欧内斯特·琼斯曾说："或许弗洛伊德的发现中最令人惊讶的，当然也是激起人最强烈的怀疑、厌恶和反对的，是他发观某些性格特征可以修正为婴儿在肛门通道区体验到的性兴奋的结果。我能想象，每一个人初次听到这个说法都会觉得它离奇得难以置信——这一事实很好地说明了无意识与意识的距离多么遥远。对于进行过严肃认真的精神分析研究的人来说，谁也不能对这一说法的真实性抱有丝毫怀疑。"[1]

第十三章
排泄幻象

约拿旦·斯威夫特的读者都知道,在他对人类天性的分析中,他颇为强调肛门功能,并抱着在西方文学中独特不凡的态度。单就对粪便描写的数量而言,他与阿里斯托芬和拉伯雷不相上下。不过对于阿里斯托芬和拉伯雷而言,肛门功能乃是人类整个存在的一部分。他们让我们爱它,因为它是生命的组成部分。但是对于斯威夫特来说,肛门功能是他攻击人类的虚荣、骄傲乃至自尊的决定性武器。在斯威夫特对粪便的描绘中,最令人反感的篇章是其后期的三首诗:《贵妇的化妆室》(*The Lady's Dressing Room*)、《斯特里芬和奇萝》(*Strephon and Chloe*)、《卡西努斯和彼得》(*Cassinus and Peter*)。它们都是下述主题的变种:

啊!西莉娅,西莉娅,西莉娅……

阿尔都斯·赫胥黎解释说:"这个单音节的动词①,是1929年的庄重作风不允许我重复的,它与'wits'和'fits'押韵。"[1]然而,因为具有更广泛的形而上学的意义,所以更令人不快的是,在《格列佛游记》(*Gulliver's Travels*)第四部中,斯威夫特将人视为"耶胡"(Yahoo)的幻象。耶胡遍体粪便,比所有其他动物都肮脏。肛门主题也不是斯威夫特成熟期或后期创作的新特色。它在《桶的故事》(*A Tale of a Tub*)中业已显露端倪,那是他青年时代才华的流溢和整个斯威夫特式启示录的源头。因此,要理解斯威夫特,就要在一开始认识到,斯威夫特对人类天性的剖析(就其整体层面而言)可以被称为"排泄幻象"。

"排泄幻象"是米德尔顿·默里1954年论述约拿旦·斯威夫特的书中某一章的标题。[2]他能认识到斯威夫特作品中排泄主题的核心意义,要归功于阿尔都斯·赫胥黎。赫胥黎在题为《为汝所欲》(*Do What You Will*, 1929)的一篇文章中说:"斯威夫特的伟大之处在于他那'憎恨肛肠'的近乎疯狂的强烈情绪,这乃是他愤世嫉俗的本质和全部作品的基础。"[3]默里的功绩在于他所使用的引人注目的措辞,这将文学批评重新导向斯威夫特创作的中心问题。赫胥黎的文章对昆塔拉的《约拿旦·斯威夫特的思想和艺术》(*The Mind and Art of Jonathan Swift*, 1936)一书并未产生任何影响。此书绝好地说明了试图驯化和管教英国文学中这只猛虎的文学批评是何等贫乏。昆塔拉对斯威夫特作为作家的最后阶段进行了概

---

① 这里指的是在"……西莉娅"后省略了的shits(拉屎)一词。——中译注

括讨论，将他所谓的"有害作品"予以埋葬。他说："人们欣慰地撇开粪便描写，转向题为《赫尔特·斯克尔特》（*Helter Skelter*）或《追捕巡回审判的律师》（*The Hue and Cry after the Attorneys going to ride the Circuit*）的重要诗作。这些诗作显示出斯威夫特彻底掌握了刚健有力的诗律。"《格列佛游记》第四部中的排泄主题被当作坏艺术予以摒弃（在这里，文学批评像通常那样发挥着道德偏见假面具的功能）。"斯威夫特在发挥兽性主题时堕入了危言耸听的泥淖……假如《格列佛游记》第四部降低音调，它本会成为更优秀的艺术品。"[4]在我们的头等大学里，阐述英国文学的人乃是像鲍德勒那样懂得如何改进经典作品的人，这就令人更加放心了。对斯威夫特的评论史正像精神分析学的历史一样，显示出在肛门性方面的压抑比在生殖器方面的更为沉重。精神分析关于生殖功能的原则在一些人心目中已成为合理的前提，但这些人却不愿听取弗洛伊德对于肛门性的论述，以及斯威夫特的言论。（可是他们仍然撰写《斯威夫特的思想和艺术》这样的论著。）

即使是赫胥黎和默里，他们正视了这一问题，也仍然表示他们自己不能看出其中的意蕴。在将被过去的批评所压抑的不愉快的事实引入意识之后，他们又运用系统的歪曲、谴责和贬低等手法来保护自己和我们大家免受排泄幻象的侵扰。在文学批评领域，这是说明弗洛伊德下述观点的一个绝妙例证：意识觉察到某个被压抑观念的第一种方式乃是断然地否定它。[5]要否定排泄幻象，最基本的手法当然是谴责它。赫胥黎采取了一种智力优越的姿态来斥责"这种拒绝接受宇宙现状的荒唐态度和孩童般的愚蠢"。[6]默里则与自我矛盾的保守的性哲学家D.H.劳伦斯相呼应,采取了一种道德优越的姿态——斥责它"如此反常,如此不自然,精神上如此病态,人性上如此荒谬"。[7]这样,他们对斯威夫特所表现出的显而易见的情绪反应被伪装成一种精神分析的病情诊断:排泄幻象原来是一种精神错乱的产物。赫胥黎谈到"这种对内脏和排泄主题的心醉神迷""濒于精神错乱的边缘",暗示它和斯威夫特与斯特拉及范尼莎之间"变幻无常的冷淡关系"有联系,意味着这是一种生殖功能方面的障碍。[8]

默里试图把赫胥黎的暗示转入正式的传记研究,这是滥用推论的一个例证。正如我们将看到的,斯威夫特的"有害作品"的文本和《格列佛游记》的第四部被粗暴地歪曲了,这使得他的厌世主义被转化为厌女症。于是,整个排泄幻象被解释为试图借指出女性的污秽来辩解他(与范莉娜、斯特拉和范尼莎)在生殖功能上的挫败。这就虚假地暗示着排泄幻象只局限于斯威夫特创作的最后阶段。这种暗地里植入的观念不仅有利于暗示斯威夫特还有并非排泄性的幻象(在这一点上,赫胥黎比默里还要固执),还有进一步的好处,即可以把排泄幻象与斯威夫特最后的精神崩溃联系起来。事实上,斯威夫特的精神崩溃在十年之后(1742)才到来,而这阻止不了任何对精神病理学无知但又执意要对斯威夫特的粪便描写施行"脑叶切除术"的人。借助于将斯威夫特的精神崩溃视为上帝对其粪便描写的惩罚这样一种热情的幻想,年代的缺口被填补上了。依靠一句精神分析的行话,再辅以一次历史想象的飞翔,排泄主题在《格列佛游记》第四部中业已十分突出这一事实就被解释过去了:

"显然，在斯威夫特写作《格列佛游记》第四部时，这整个情结正在他头脑里起作用……它在那一刻的出现可能是范尼莎的去世所引起的深刻的情感激变的结果。"同一种情结在范尼莎去世前两年所作的《给一位年轻诗人的忠告信》(Letter of Advice to a Young Poet，1721)中已有显著的表现，却被置若罔闻。默里做出了业余的诊断。他在斯威夫特遭到范莉娜拒绝（1696）一事中找到了整个情结的根源。这一点对他认为《桶的故事》未受这个情结影响的论点而言也至关重要。默里用以支持这种阐释的办法是，一方面把目光从《桶的故事》中肛门性的突出表现转移开，另一方面则将全书解释为不需认真对待的奇妙玩意。也就是说，默里采用了一种否认机智妙语具有意义的喜剧观念来支持这种阐释。[9]

如果文学批评的职责就是判定斯威夫特神智错乱，那么人们就应该把批评权转交给精神分析学家。他们担当起此项重任，并且表明，由他们签发的医学证明才是可以信赖的。他们的一般结论和赫胥黎以及默里的结论基本相同，只是添加了某些漂亮的新术语。例如费伦齐（Ferenezi，1926）说："以精神分析的观点来看，可以把他的精神病状况描述为正常能力的抑制。他在与优秀妇女的关系上缺乏勇气，对能力较低的妇女或许具有持续的侵犯倾向。对斯威夫特生活的这种洞察确实证明我们的做法是对的，我们处理《格列佛游记》中的奇思狂想是严格按照分析神经症患者时（特别是解释他们的梦境时）处理自由联想的方法进行的。"[10]卡普曼（Karpman，1942）说："在对《格列佛游记》进行这样一种研究的基础上，我们可以认为斯威夫特是一个显示出性心理幼稚症的神经症患者，他特别表现出嗜粪癖，还表现出厌女症、厌世症、恋污癖和恐污癖。"[11]格里纳克（Greenacre，1955）则说："人们的印象是，斯威夫特的肛门固恋心理是强烈而富于约束力的，而他的生殖器需求却受到损害或至少受到限制，以致他在成年生活的早期就完全没有生殖器性行为。这可能始于他与其第一位女神吉英·韦林的不幸关系。"[12]

正如人们可能已经预料到的，精神分析学家在做出诊断时将斯威夫特神经症的根源一直追溯到他的童年早期。如果神经症的精神分析理论是正确的，我们就必须放弃默里将排泄幻象孤立为晚期赘生物的那种尝试，我们也必须摒弃默里的那种论点（这与他为了体面的理由而试图挽救斯威夫特的一部分作品有关），即斯威夫特对范莉娜（吉英·韦林）的爱在被她拒绝以前乃是"具有自然的情感和丰富天性的健康自然的爱情"。[13]我们将不得不回到赫胥黎那更加顽固的文学判断上去，即承认斯威夫特始终等于排泄幻象。我们还将不得不回到他那更为顽固的心理学判断上去，即承认斯威夫特的性状态从一开始在结构上就是反常的。由格里纳克撰写的极精细的分析传记所提供的证实材料足以说明这一点。斯威夫特在他出生前就失去了父亲。在一岁时，他被保姆从他母亲那里拐走，三年之后，他被交还给他母亲。然而，在回到母亲身边一个月之后——这正好是在精神分析学上至关重要的"俄狄浦斯时期"（oedipal period）——他又被母亲抛弃。[14]按照精神分析学的标准，这样一连串婴儿期损伤早就足以造成终生神经症了。

看起来，对这个病例的分析到此就结束了。精神分析学家和文学批评家达成共识，认定斯威夫特疯了，而他的作品仅应作为病历文件被阅读。这里的作品不仅指《格列佛游记》的第四部和其他"有害作品"，也包括斯威夫特的所有作品。如果我们认为斯威夫特那些令人讨厌的部分是"发疯了"的表现，那么我们就应当老老实实地把这个病例呈交给精神分析学家。可是，在精神分析学家详细审察之后，斯威夫特身上的东西就无不令人讨厌了。我们不应低估精神分析学揭示象征的真实含义的能力。例如，精神分析学家在评论格列佛作为一个小人坐在布罗卜丁奈格岛的一艘小船上时指出："男人作为阴蒂坐在小船上这一通常的象征手法，暗示着对于女性的男性生殖器意念的认同。这是男性易装癖者的特征。"与此相似，精神分析学家把这位教长的品格弄得毫无正直度和诚实度可言。①斯威夫特表现出显著的肛门性特征［极端的洁身自好、守口如瓶、雄心勃勃，乐于搞不太明显的污浊玩意（即讽刺），在正义事业中怀有顽固的报复心］，这些都清楚地表明排泄功能的早期控制是在巨大的压力下进行的，或许是在为时过早的情况下完成的。"[15]

在这一点上，人类共有的人性就会起来反抗了。假如说个人的纯洁无瑕、雄心壮志以及拥护正义事业都是神经症的病征，那么谁还能逃脱鞭笞？假如让精神分析学家在文学文本上为所欲为，那么没有一个天才能幸免。人性使我们转而对赫胥黎、默里以及精神分析学家产生反感。他们有什么权力签发精神病证明？凭的是他们

---

① 斯威夫特曾任都柏林圣帕特利克大教堂的教长。——中译注

自己杰出的健全心智吗?从理智和真实的角度来判断,《格列佛游记》与默里和赫胥黎的著作相比,并不会受到更多指责。只有斯威夫特才能公平地评判赫胥黎的嘲讽。赫胥黎在一卷论文集中谴责斯威夫特的厌世主义描写,不仅如此,在这本书中,他还对圣弗兰西斯和帕斯卡尔的品格加以摧毁。精神分析学家的心智——以及他们对一个男人坐在一条船中的含义的解释——也并不是完全没有问题的。只有斯威夫特才能公平地评判精神分析学家的嘲讽。他们谴责斯威夫特对肛门性的专注,而他们在最不可能的地方发现肛门的本领真是臭名昭著。幸运的是,斯威夫特本人在面对精神错乱这样的指控时并未缄口不言:

> 他献出他微薄的所有财富,
> 建立一所愚人和疯人之家。[16]

在斯威夫特博士的精神病院里,有个房间是为赫胥黎和默里准备的。他们的宗教偏执早就以《桶的故事》中那个宗教狂热的典型形象杰克的名义被预先勾画出来。赫胥黎的情况就像杰克一样。后来有消息称:"据确凿报告,他已经疯了。之后不久,他在国外露面,正如报告所言,他堕入了有史以来患病的大脑所能产生的最为古怪的奇想之中。"[17]斯威夫特也为抱着肛门情结的精神分析学家准备了一个房间。他不是预言式地宣布他们是"北美的某些算命先生,他们有一种预见人的命运的方法,那就是窥视他的屁股"[18]吗?

这场争论最终成了一座疯子的巴别塔①——一片喧嚣，互相指斥对方是"疯狂的"。如果我们抵御住掩耳逃跑的诱惑，保留一点对精神分析的兴趣和冷静的不偏不倚的态度，那么我们的结论只能是：这些指控都是有道理的，他们全都疯了。他们疯狂的关键在于，他们骄傲地坚持认为，除了他们自己（赫胥黎、默里和精神分析学家）其他人都疯了。使我们免于陷入他们的疯狂的唯一办法，是承认我们都是疯狂的。精神分析学理应受到最严厉的责难，因为它本该帮助人类去发展这种自觉意识和这种谦卑态度。弗洛伊德把精神分析学看作科学给人类自我陶醉心理造成的第三个大创伤，这可以与牛顿和达尔文的革命相比拟。[19]但是，弗洛伊德的追随者以在普遍的指责中被豁免的骄傲的特选人物自居。正如我们在前面所论证的，精神分析学的本来目的是对人类的普遍神经症做出诊断，而它本身又是这种神经症的一种症候和一个阶段，就像人类智力发展史的其他任何时期一样。

如果我们把精神分析学转到这个方向上来，那么我们就有了一种将精神分析学应用于斯威夫特（或者其他文学人物）的一种迥然不同的方法。我们不再只是试图将斯威夫特的文学成就当作他个人的神经症的偶发症状予以解释。相反，我们力图鉴赏他探察人类普遍神经症的真知灼见。于是，精神分析学就不只是为了解释斯威夫特而存在，而是成了阐发斯威夫特的一种方法。我们并不因事实上斯威夫特对人类普遍的神经症有他个人的看法而感到烦恼不安，也

---

① 据《圣经·旧约》记载，人类欲建通天的"巴别塔"，所以上帝弄乱了他们的语言，使之无法与彼此交流。——中译注

不因想到他个人的神经症性的严重反常，或者想到他的反常状态与他的艺术密不可分而感到烦恼不安。

对于天才的产生而言，强烈的痛苦可能是必要的，然而是不够的。精神分析学从未认为通过它的立场能解释关于天才和疯狂有亲缘关系的由来已久的传统看法。或许正如尼采所说，存在着"医生和护士自己也患了病的必然性"。[20]这样一来，精神分析学对于研究斯威夫特来说就并非可有可无的，而是更为必要的，尽管它采用的是一种不同的方式。它是必要的，它可以使人们保持那种必不可少的谦恭态度——对于我们自己的、对于人类的，以及对于天才的。对于要严肃对待斯威夫特对人类普遍神经症所做的探索而言，它也是必要的。本章的论题是，如果我们愿意倾听斯威夫特，我们将发现他对弗洛伊德的肛门性、升华作用以及人类普遍神经症等原理有惊人的预见。为了防止有人提出异议，我要先说明，斯威夫特的精神分析和弗洛伊德的区别在于，他探索无意识的工具不是精神分析学而是机智。可是弗洛伊德本人在《机智和无意识》（*Wit and the Unconscious*）中承认，机智在探索人类普遍神经症方面有它自己的方式。

为了阐明那些"有害作品"，精神分析学的存在显然是必要的。至少，那些没有接受过精神分析的神经症患者看来并无能力去正确地说明这些诗写的是什么。令默里感到深恶痛绝的正是这些诗，他说它们"满纸胡言，不堪忍受""如此反常，如此不自然，精神上如此病态，人性上如此荒谬"。默里谴责的是这样一种看法——妇女有生理排泄之罪，所以是令人厌恶的。我们用不着考虑这一看法是否应受到如此谴责。理由很简单,因为它出自默里的想象,而非斯威夫特所有。默里就像斯特里芬和这些诗中其他不幸的男人一样,当他发现那个西莉娅在……时就吓昏了头,从而不知不觉地为斯威夫特心理洞察的真实性提供了证据。任何能接受精神分析学的冷静智慧的头脑都会发现这些诗并无特别之处——除了它们写于18世纪前半期这一事实。因为它们的真正主题是,由肛门功能恰当和集中体现出的我们的动物性身体,与我们自命不凡的升华心理(特别是与升华的罗曼蒂克的柏拉图式爱情的矫饰)之间的冲突(这对于平心静气的读者来说是显而易见的)。在这些诗中,作者揭露的正是某位"女神"——"如此神圣的一个创造物""超凡的奇梦",更确切地说,作者揭露的是男性崇拜者头脑里的幻觉——他幻想那位女神通体只有头和翅膀,没有臀部去泄漏她尘世的弱点。

斯威夫特对"西莉娅……"这一主题的特殊处理基于如下观念:在堕入爱情状态和觉察到所爱者的排泄功能之间存在某种绝对的矛盾。在我们把这个念头当作一个患病的头脑的胡思乱想而予以摒弃之前,最好回忆一下弗洛伊德也谈到过同一件事。在1912年的一篇论述男人性生活失调的文章中,他最后总结说,根本问题在于人类对于肛门性具有一种犹豫不定的矛盾态度:[21]

> 我们知道,起初,性本能分化为许许多多不同的成分(更确切地说,性本能是从这些成分中发展起来的),但这些成分并非全都能够进展到最终形式。某些成分不得不被超越,或者

在进展到最终形式前转向其他用途。首先,性本能中的嗜粪成分与我们的审美观念不相容,这大概从人类直立形走,发展了嗅觉器官时就开始了。接着,相当一部分属于情欲本能的施虐成分也不得不被摒弃。所有这些发展进程都仅仅和这一复杂结构的上层相联系,但是引起情欲兴奋的基本过程是保持不变的。排泄与性的关系过于密切而不可分离;生殖器官的位置——在排尿之处与排便之处之间——仍然是决定性的和不可改变的因素。生殖器官并未经历人类身体其他部分的那种趋向美的发展,它们仍保留着动物特色。因此,即使在今天,人类的爱欲也一如既往地在本质上和动物的相似。

在《文明及其不足》中,弗洛伊德再度发展了这一思想,即性压抑的根本原因在于一种器质性因素,在于人类机体中较高功能和较低功能间的不平衡:[22]

整个性欲而不仅仅是肛门性欲受到了威胁,可能沦为由于人类采取直立姿势和嗅觉价值降低而导致的器官压抑的牺牲品。因此,从那个时候起,性功能就与一种不易做进一步解释的阻力联系在一起了。这种阻力在通往完全满足的道路上给人类设置了障碍,并迫使性功能从其性的目标转向力比多的升华和移置……所有神经症患者,也包括许多其他人,都对(性功能)"产生于尿液和粪便之间"这一事实怀有抵触。这样我们就会发现,对始于直立姿势的新生命形式施行机体保护,乃是随着文化而发展的性压抑的最深刻的根源。

那些像米德尔顿·默里一样诅咒斯威夫特的排泄幻象违犯基督教义的人们，大可以深思一下弗洛伊德在上述两段文章中使用过的圣·奥古斯丁的那句引语。

下述事实表现了斯威夫特的思想与弗洛伊德的相似，全面阐述了他的那些诗作不得不采用"压抑"和"升华"这些术语的原因。造成斯特里芬和卡西努斯的罗曼蒂克幻想破灭并使真相暴露得如此具有伤害性的，当然不是他们对肛门因素的无知，而是对它的压抑。斯威夫特在诗中表现出的最终恐惧正是由于他想到升华——所有的文明行为——是一个谎言，一旦诉诸真实就无法存在。他在最早处理这一主题时（《贵妇的化妆室》，1730），还和斯特里芬一道讲述升华的道理：

难道我要拒绝爱情的女王，
只因为她来自恶臭的泥污？

斯特里芬也使自己调和于——

混乱中产生了这样的秩序，
粪堆里长出如此艳丽的郁金香。

但是在《斯特里芬和奇萝》（1731）中，升华作用与对排泄功能的意识则表现为互不相容，结论则是人们必须不惜一切代价换取升华作用，甚至以压抑为代价：

> 古今官方都说，
> 女人应当体面端庄，
> 对配偶尤需藏起每处瑕疵，
> 岂止是不要让全世界知晓⋯⋯
> 把感情建立在情理和智能上，
> 用礼仪铸造成铁壁铜墙。

在这些诗作的最后一篇（《卡西努斯和彼得》）中，就连这个解决办法也破裂了。这集中体现在"理智"一词中的具有文明化升华作用的生活，因为无法压抑排泄幻象而崩溃了。这首诗谈到了两个大学生：

> 在剑桥成长的两个二年级大学生
> 都特别富于理智，都是多情人⋯⋯

而卡西努斯这样解释他的致命创伤：

> 也不要惊奇我怎样丧失了理智。
> 啊！西莉娅，西莉娅，西莉娅拉（粪便）。

神圣的马的种族"慧骃"（Houyhnhnms）[①]则摆脱了罗曼蒂克的柏拉图式爱情的幻想，更确切地说是摆脱了爱情。"他们的头脑中绝不存在求婚、恋爱、送礼、遗产之类的事情，他们的语言中也没有表达这类事情的词语。年轻夫妻的相识和结合，都仅仅因为他们父母和朋友的决定——这是他们每天都耳闻目睹的事，而他们也把这视为理性动物的一种必然的行为。"[23]如果说慧骃代表着对人类生殖功能和生殖制度的一种批评，那么耶胡就代表了对肛门功能的一种批评。

耶胡代表了人类兽性的自然内核。但斯威夫特的想象和格列佛的赎罪心理的实质乃是认识到西欧的文明人不仅仍是耶胡，而且比耶胡更坏，"是一类凑巧得到了一点理性的动物"。"他[②]想不通这是为什么。然而理性对我们毫无用处，只是助长了我们天性中的腐败、堕落，并且使我们感染上造物主本没有赋予我们的坏习性。"此外，耶胡的本质在于肮脏。这种肮脏并不会使它们区别于西欧人，但是会使它们区别于所有其他动物。"使他感到奇怪的是耶胡对污秽肮脏有奇怪的嗜好，而其他动物似乎对清洁有天然的爱好。"耶胡在生理上具有一种极度的恶臭——"那臭气大概介于黄鼠狼和狐狸的气味之间"。在交配季节，这种气味更为强烈，对于公耶胡而言，这是一种有力的诱惑。格列佛在回到英格兰之后仍然能感觉到人类身上的臭味："在第一年里，我不能忍受我的妻子或

[①] 《格列佛游记》第四部中慧骃国的统治者，它们与耶胡相反，是些理性、公正和诚实的马。——中译注

[②] 指慧骃，下同。——中译注

孩子待在我身边，他们的气味简直让人受不了。"当他上街的时候，他要"用芸香、薰衣草和烟草紧紧塞住鼻子"。耶胡吃东西的习惯也同样不洁。"没有什么比耶胡任何东西都吃的习惯更令人厌恶的了。它们遇见什么就吞下什么，无论是草、树根、浆果还是腐败的兽肉，有时它们还会把杂七杂八的东西搅在一起吃下去。"

但是，耶胡和其他动物的最大区别在于它们对自己的排泄物的态度。对耶胡来说，排泄物不是废物，而是进行自我表现和攻击的工具。幼年耶胡就具有这种态度。"当我用手抓住那个小坏蛋时，它排泄出一种又黄又稀的污秽东西，把我的衣服全弄脏了。"它们的这种态度会持续到成年期。"有几个该死的畜生抓住背后的树枝，跳到树上，从那里把粪便拉到我的头上。"这也是耶胡的仪式的组成部分，象征着社会的更迭：当耶胡群的老首领被撤职的时候，"它的继任者就率领着那个地区的所有耶胡一齐前来大小便，弄得它从头到脚都是屎尿"。因此，在耶胡的社会领属系统中，"这个首领总有一个与它本身极其相似的宠儿，它的差事就是舔主人的脚和屁股，并把母耶胡赶到主人的窝里去"。格列佛在返回英格兰之后仍然认为，人这种动物区别于其他动物的特征在于人具有特别的排泄性，所以他只有和自己的马夫待在一起的时候才觉得摆脱了人类的那种难以忍受的臭气。"因为我嗅到他从马厩里沾上的气味就感到精神振奋。"斯威夫特并不像赫胥黎所说的那样，憎恨人有五脏六腑，他只是憎恨人类使用它们的方式。[24]

对人类排泄天性所做的这种可怕的描绘，是我们理解《格列佛游记》的一个巨大的障碍。昆塔拉说它是审美上的一次失误，是拙劣的哗众取宠。米德尔顿·默里说它是对人类的毁谤。"因为即使我们竭尽想象之能事来对人类进行剔刮剥离,也不会得到耶胡这种东西。我们也许会从人类身上找到耶胡般的残酷和凶恶,但绝不会找到耶胡般的污秽和肮脏。那是人性的一种毫无道理的堕落。那不是一种赞扬,而是骇人听闻的攻击。"[25]可是,如果我们不是用隐蔽在昆塔拉和默里的苛责背后的那些助长人类自傲心理的老一套自鸣得意的偏见,而是用精神分析无情的睿智来衡量斯威夫特的说法是否正确,那么我们就可以清楚地看到,关于耶胡的排泄幻象与精神分析关于肛门性欲在人类文化形成中广泛作用的学说在本质上是相同的。

根据弗洛伊德的理论,人在婴儿期要经历一个阶段,即肛门阶段,其结果是力比多(即身体的生命能量)集中在肛门区域。婴儿的肛门性欲阶段采取的基本形式是在肛门产物之上附加象征意义。这种象征方式的结果是,对于孩子来说,他们通过肛门产物获得了他们自己的孩子或创造物的意义——他们可以通过肛门产物在游戏中得到自恋快感,或者从别人那里得到爱(以粪便为礼物),或者向他人表示独立(以粪便为财产),或者对他人施行侵犯(以粪便为武器)。这样,社会行为中的某些重要的范畴(游戏、礼物、财产、武器)就从婴儿性欲的肛门阶段中产生了,而且更重要的是,它们绝没有失去与这一阶段的联系。当婴儿性欲灾难性地终结时,非身体性的文化事物承袭了本来附着于肛门产物的象征意义,不过只是作为次好的替代物取代了原来的东西(升华作用)。因此,升华是一种象征。所谓财产,并不只是简单地由粪便转变为金钱。实际上,金钱就是粪便,因为肛门性欲在潜意识中继续存在着。肛门性欲并没有被戒除和摒弃,而是被压抑了。[26]

精神分析学中主要的含混不清的地方包括如下问题:力比多的婴儿前生殖器时期的机制,包括肛门机制,是不是由生物学因素决定的?我们在本书其他地方业已采取的立场是,它们并不是由生物学因素决定的,而是被人的自我建构的。更确切地说,它们代表着人的身体的畸变,而这正是人的自我。如果情况真是这样,那么精神分析学的理论和斯威夫特的论点不谋而合,即肛门性欲——用斯威夫特的语言来说是"对污秽肮脏的奇怪嗜好"——就是人类的特权。另外,精神分析学又与斯威夫特有分歧。按照斯威夫特的意思,那种对污秽肮脏的奇怪嗜好在生物学上是天然存在的。这也就是说,斯威夫特认为耶胡没有"一点理性",并且认为,把导致胡变成西欧文明人的因素仅归为理性,这是错误的。如果肛门机制是由人的自我建构的,那么"对污秽肮脏的奇怪嗜好"就是人类理性的一种原始的或婴儿期的表现。斯威夫特也先于弗洛伊德对肛门性欲与人的侵犯行为之间的联系进行了强调。耶胡的污秽之处首先表现为以排泄物实行侵犯。精神分析理论也强调肛门机制与人的侵犯行为之间的内在联系,以至于将婴儿期性行为的这一阶段称为肛门施虐阶段。挑衅、统治、权力意志这些人类理性的属性最初是在排泄物的象征性操作中发展起来的,之后又在对排泄物的象征性替代物进行象征性操作中永恒化了。

精神分析关于肛门性欲的理论依赖于它关于升华作用的理论。假如金钱之类不是粪便,那我们就没有多少理由去假定人对于排泄物怀有奇特的迷恋。同样的道理，假如斯威夫特没有预见到升华理论，那我们就很难理解他怎么会预见到关于肛门性欲的理论。然而斯威夫特确实预见到了关于升华作用的理论。这要归功于威廉·燕卜逊。燕卜逊在谈到《桶的故事》及其附录"精神的机械作用"时这样写道：[27]

> 在斯威夫特的这个可怕的事例中，也是由于同样的机制，他表明了他自己都不曾意识到的一种怀疑。"每一件精神性的和有价值的事物都有一个粗俗而令人厌恶的模仿物。这模仿物与它十分相似，并有相同的名称。只有坚持不懈地进行鉴别才能区分它们。"他为此提出了一整套双关语，试图简化这种鉴别工作。他有意识的目的是反对基督教改革者的灵光说（Inner Light），捍卫英国国教。但是只有精神分析学家才能赞赏其效果。在他的表述中掺杂着他（令人信以为真的）伴作相信实则嘲讽的东西，亦即引起他厌恶的根源，那就是"每件精神性的事物实际上是物质性的，霍布斯和科学家已经证明了这一点"。

根据燕卜逊的看法，斯威夫特产生厌恶的根源在于他发现高级事物和低级事物、精神性事物和物质性事物之间存在关联——也就是精神分析学所说的升华。斯威夫特发现了升华学说，他把它当作对宗教——尤其是宗教狂热——进行心理分析的一种新方法。在这种新方法中，他把宗教狂热视为他所说的"精神的机械作用"的结果。一开始，他就把他的宗教心理学和传统的自然主义心理学区别开来。者把宗教狂热当作"自然原因的产物，强有力的想象、怒气、激愤、恐惧、悲伤、痛苦以及类似情绪的结果"。如果你想给斯威夫特的宗教心理学安上一个特定的名称，那你只能叫它精神分析学。他的第一个步骤是把宗教狂热定义为"使灵魂或其官能超越物质的一种提升"。然后，斯威夫特提出"感官的败坏即精神的产生"这一基本主张。斯威夫特所说的感官的败坏意味着压抑。我们从他的解释中可以看得很清楚：[28]

> 人身上的感官是通往理性的要塞。在这一作用过程中，它们被完全阻塞了。因此必须尽力转移、蒙蔽、愚弄、灌醉和哄骗感官，或者把它们挤出据点。当感官缺席的时候，或者当感官被弄来互相打内战的时候，精神就乘虚而入，履行其职责了。

压抑是升华作用的原因这一学说，斯威夫特在为"精神的机械作用"所建立的类比关系中生动地暗示出来了：[29]

> 在我们的祖先塞西亚人（Scythians）中有一个民族叫作"长头人"。"长头"最初是因为接生婆和保姆们捏弄、挤压和拉扯婴儿脑袋的习惯产生的。通过这种方法，自然形态的一个通道被关闭，它将被迫寻找另一个通道。于是，它在上面找到了空间，向上长成圆锥形。

斯威夫特不仅断言精神是通过身体的感官性被压抑而产生的，而且正如塞西亚长头人的类比所暗示的，他也断言了升华作用的基本结构是——用精神分析的惯用语来说——从下层向上层的移置。从下向上的移置，即赋予身体的上部区域和下部区域以一种象征性的同一性。这就是斯威夫特对清教徒崇拜大耳朵所做的解释：耳朵乃是象征性的阴茎。根据精神分析学的观点，生殖器功能向另一器官移置是转变性歇斯底里的基本模式。"转变性歇斯底里将身体的那些征象明显的部分生殖器化。"例如，处女的脸红就是转变性歇斯底里的一个轻微病例，也就是说，是整个头部的轻微的竖立。[30] 根据斯威夫特对清教徒的分析，"通常，这不仅被看作人的外部的一种美饰，也被视为内在优美的标志。此外，自然主义者也坚持认为，如果在身体的高级区域有些部分突出隆起，例如耳朵和鼻子，那么在低级区域也一定如此"。因此，斯威夫特说，虔诚的女教徒"也就把那个器官独特的膨大看作热情的突起，或者精神的赘生物"，并且"希望孕育一个符合这种期望的后代"[31]。沿着这条道路，斯威夫特抵达了弗洛伊德关于人性中最高部分和最低部分具有同一性的原理。用弗洛伊德的话来说："因此，属于我们每个人头脑中最低、最深的东西，通过理想事物的构建过程被转变为人类心灵中价值最高的东西。"[32] 用斯威夫特的话来说则是：[33]

在人的头脑中，当给思想以刺激并放松对其的控制时，它绝不会停步不前，而会自然而然地冲进高和低、善和恶这两个极端。他最初的幻想联翩，总是把他带到绝顶完美、最为高贵的观念中去。除非他翱翔到力所不逮、目不能及的程度，否则他无法觉察到高处和低处的边界是多么接近，互相毗邻。沿着同样的路线飞翔，他垂直跌落进事物的底部，就像一个人向东旅行最后进入西方，或者就像一条直线被它自己的长度拉成了一个圆。

斯威夫特正是以这种超凡的活力追求着他的幻象的。这样，在《桶的故事》及其附录"精神的机械作用"中，他一共两次得到了这一观念——上帝与魔鬼对立统一。"人们自称要扩展某种无形力量的领域而缩小相反的领域，却发现自己完全不了解善与恶的性质，而且极其可怕地混淆了两者的界线。在人们把他们神性的宝座提升到光明天界（Coelum Empyraeum）以后……在他们把他们邪恶的天性沉没到最低的核心中去以后……我放声大笑，同时看着这些推理家卷入关于某些道路、某些地方到底是接近上帝还是接近魔鬼的聪明的辩论，看着他们一本正经地争论'如此这般的影响是从上面还是从下面进入人的头脑的'或者'某些激情和感情是被恶的还是善的精神所指引的'……这样，人们就让基督和魔鬼建立了交情，也让裂开的舌头和裂开的脚掌①彼此相似。"[34]燕卜逊证明了这种受到不公平否定的思想是以什么方式和依照怎样的反讽法则成了斯威夫特自己的思想的。

正如我们在别处论证过的那样，精神分析学家在升华作用和神

---

① 在西方传说中，魔鬼长着裂开的爪趾。——中译注

经症症候之间发现了广泛的相似性：两者都以压抑为先决条件；两者都牵涉因原始性感区力比多的压抑而产生的移置作用。这样，精神分析关于升华的理论就导致了关于人类普遍神经症的理论。弗洛伊德的说法是：[35]

> 神经症一方面表现出与艺术、宗教和哲学有惊人而广泛的一致性，但在另一方面，它似乎又是这些东西的畸变。我们可以坚持认为一例癔症病例就是一幅艺术品的漫画，一例强迫性神经症就是一幅宗教的漫画，而一例妄想症就是一幅哲学漫画。

在《桶的故事》中，斯威夫特发展了他的人类普遍神经症的学说。斯威夫特把"全世界在伟大人物影响下所实行的最伟大的行动"归功于疯狂，称"它们借征服来建立新的帝国、发展新的哲学体系、设计以及宣传新的宗教"。精神分析学一定会因在弗洛伊德的名单里省略了艺术而遗憾，但会因在其中增添了政治而喝彩。弗洛伊德本人在其后期著作中也加上了政治。斯威夫特是从他的升华观念里演绎出人类普遍的神经症的。他的说法是：[36]

> 因为人的上部区域和大气的中部区域在组合布置上是相似的。尽管二者的组成材料的来源有很大差别，但它们最后产生的是同样的物质。雾气来源于土壤，蒸汽来源于肥料堆，水汽来源于海洋，烟气来源于火焰。云是由相同的物质组成的，产

生的结果也相同。从厕所里散发出的气体也提供了适宜的和有用的蒸汽，和祭坛上升起的香烟并无二致。我想，说到这里，人们都很容易承认这些道理，那么接下来就要承认，正像大自然不到云雾笼罩、发生激荡时决不会下雨一样，位于人类大脑中的理解力也必须受到从低级官能升腾起来的蒸汽的搅扰和笼罩才能浇灌创造力，使之结出累累果实。

斯威夫特对国王、哲学家和宗教狂热者做了一番充满机智的评论，之后得出了结论："如果所谓现代人不过意味着由于疯狂、低级官能产生的某些蒸汽而造成的大脑骚乱，那么这种疯狂就是在帝国、哲学和宗教中发生的所有巨大革命的根源。"斯威夫特在结束他关于疯狂的论述时，把他的学说运用在自己身上，其谦卑和始终如一的态度是在精神分析学中闻所未闻的：

> 甚至我本人，这些重大真理的创造者，也极难驾驭这种想象，极容易和理性一道溜走。我从长期经验中观察到，这个理性是个非常差劲的驭手，很容易被掀下马背。因此，假如我不严肃地保证我以这种或与之类似的方式释放我的思绪乃是为了人类的普遍利益，我的朋友们是决不会相信我一个人的话的。

正如我们所看到的，斯威夫特在升华作用，或至少在某些升华过程中看到了生殖功能的向上移置。他在给清教徒的大耳朵赋予生殖器的意义时也隐含着这样的意思。他对清教徒的鼻音也做了类似的意义引申，只不过更精微、更复杂、更具有猥亵性。他还谈到"某些一流的多血质的教友们"，"在他们的精神操练中，他们时常达到顶峰和亢奋状态……紧接着，他们就发现精神和神经突然一起松弛和低落下去，于是被迫草草结束"。斯威夫特用他的升华观念来解释所有现象：[37]

> 使人对无形的东西产生幻象的起因和本源是具有肉体性质的……脊髓并不是别的什么，它只不过是大脑的延伸，需要使高级官能和低级官能自由联络罢了。因此，肉中的荆棘就起到了精神的刺马钉的作用。

根据斯威夫特的看法，向上移置的不仅有生殖功能，还有肛门功能。一般原理业已表述在人的上部区域和大气的中部区域的比较中："从厕所里散发出的气体也提供了适宜的和有用的蒸汽，和祭坛上升起的香烟并无二致。"[38]这种思想在拜风教徒（Aeolists）或风的崇拜者那类宗教狂的形象中又得到了发展。斯威夫特在这里使用了"精神"（spirit）的双关意义。正如燕卜逊说："语言在这里对他很有利，因为精神性的词汇都是从对物质的比喻中衍生出来的。"[39]精神分析学当然也应当把语言看作人类精神史的博物馆，把运用机智、诗歌或科学词源学来探索词汇的工作看作进入无意识领域的一条通路。[40]当斯威夫特在运用机智，用他的讽刺解剖学的"生理学方案"来"肢解人性的尸体"[41]时，他问自己，这种狂风般的布道声从何而来。他的答案把整个猥亵描写的重

点置于肛门因素之上：[42]

> 在一些时候，人们会看见几百人排列成首尾相接的圆圈，每个人拿着一对风箱，对着他前面那人的屁股。就这样，他们相互打气，直到每个人都变得像大酒桶那样又圆又鼓。因此，他们通常恰如其分地称他们的身体为容器①。在通过这种行为使自己变得足够饱满之后，他们就马上离开，然后为了公众的利益把他们丰厚的收获倾注到他们的信徒的身体里去。

另一种充气的方法不用风箱，而是和桶有关：

> 每逢庄严的日子，传教士就要使用这只桶。在用前面描述过的方法预先做过适当准备之外，他还要在屁股后面偷偷带上一个漏斗，通往桶的底部。这样，他就可以从朝北的一个裂缝里得到新的气体。于是，你会看见他那容器立即变得又圆又鼓。他就以这种姿态向他的听众喷出风暴。下面注入的元气使他口若悬河。像这样从隐秘的深处往外流溢，没有剧烈的肚痛肠疼是办不到的。

斯威夫特关于升华了的肛门性的想象并不只限于宗教布道或《桶的故事》。在《斯特里芬和奇萝》中，他对女人们恶意的唠叨

---

① 基督教把身体视为接收某种精神或影响的容器，故常把人称为"容器"。——中译注

是这样解释的：

> 你会认为她在用臀部说话，
> 或者认为她的嘴巴正在放屁。

正如格里纳克所观察到的，更普遍的情况是，斯威夫特在整个创作中都表现出"书写或印刷的文字与排泄功能之间存在一种联系"。[43]当未入精神分析之门的人读到斯威夫特在给阿巴思诺特的一封信中所写的"让我的愤怒从我的笔端喷发"这句话时，可能会怀疑精神分析所做的解释。但是斯威夫特在提到文学论战（即他自己采用的文学形式）时就曾将其视为投掷污物（可与耶胡相比较）。[44]他还思考过："凡人都是一柄扫帚，扬起一片前所未有的尘埃。他自以为是在清除污染，实际却饱受污染。"[45]在《给一位年轻诗人的忠告信》中，他主张把作家集中在一条邋遢街里，这样就免得整个城市都变成一个阴沟。他说："当各种型号的作家都像城市的自由民那样，在他们喜欢的每一条街道上随意抛洒他们的污秽和排泄物时，结果将会如何？城市必定会被毒化成一个厕所。正如著名旅行家所报道的，爱丁堡在晚上就是这样。"[46]这一系列思想具有如此明显的斯威夫特的特征。在现在被认为是蒲伯在与阿巴思诺特和斯威夫特谈话之后所写的《马蒂纳斯·斯克里布勒努斯传》（*Memoirs of Martinus Scriblerus*）中，关于斯克里布勒努斯出生的故事一定是从斯威夫特的思想里获得的灵感。"这位伟人的诞生也并非没有奇迹伴随而来。他本人经常告诉我，在他临出世的那个晚上，斯克里布勒努斯太太梦见她生下了一个庞大的墨水瓶，墨水瓶中涌出了几大股墨水，仿佛那是一个喷泉。她丈夫认为这个梦意味着这孩子将会成为一个极其多产的作家。"[47]即使是门外汉也会在其中清楚地看出精神分析学家所发现的肛门分娩幻想。

详细叙述精神分析著作与斯威夫特作品的类似之处将是令人厌烦的。不幸的是，精神分析学家们认为他们在探索无意识领域时不需要其他帮助。芬尼切尔在他那部关于精神分析正统观念的百科全书里谈到"话语的肛门性欲性质"时并不是想开开玩笑。[48]或许引证费伦齐论述"沉默是金"这句谚语的文章就足以说明问题了（对于费伦齐来说，这句谚语本身是话语具有肛门特征的又一证据）：[49]

> 关于肛门性欲和话语之间存在某种联系这一点，我已听弗洛伊德教授谈起过。他告诉我，一个口吃者说话的全部异常特征都应当追溯至肛门性幻想。琼斯在其著作中也反复指出力比多从肛门活动向语音的移置。最后，我在一篇早期论文（《论猥亵语》）中也指出音乐的歌声文化和肛门性欲之间存在联系。

厄纳斯特·琼斯论述"肛门性欲的人格特征"的文章给我们的印象是，高级文化没有一个方面不与肛门性有联系。[50]斯威夫特也给我们留下了同样的印象。斯威夫特甚至预见了精神分析学关于肛门升华作用可以消解为简单的肛门性这一原理。他讲了一个狂暴的征服者停止征服事业的故事："刺激英雄头脑的那种蒸汽或者精神处于永远的循环之中，一下子控制了人体的某个区域（此处因麝香猫而闻名）并聚集在那里形成了一个肿块，这时候他就让世界的其余部分暂时平安无事了。"[51]

文明的肛门特性是一个需要心理学也需要社会学和历史学来处理的论题。斯威夫特在题为《教长颂词》(*A Panegyrick on the Dean*)的一首诗里转向了肛门性的社会学和历史学。这首诗是以艾奇逊夫人的口气写的。她是斯威夫特1729至1730年居住的市场山那所房子的女主人。诗作以讽刺性赞扬的形式描绘了斯威夫特作为教长在市场山充当的各种角色：陪伴贵妇人的清谈家、到地下室里取一瓶酒的男仆人、制造黄油的奶场工人。但是教长在市场山的最大成就是建造了"两座规模宏伟的庙宇"，在那里——

> 男人和女人在不同的小房间里
> 弯曲着膝头，正在起誓。

他们在向着"温柔的泄殖女神（Cloacine）"起誓。斯威夫特在建造这两个厕所时，似乎已经思考过我们为什么对肛门功能感到羞臊并且予以压抑：

> 你这美丽的泄殖女神，
> 我们为何要把你囚禁在庙宇？

他提出的答案是，在纯洁无知的时代，并不存在对肛门性的羞耻感和压抑（在这里，我们再次看到赫胥黎关于斯威夫特"憎恨人有五脏六腑"的说法是错误的）：

> 当萨图恩①独自统治着天宇时，
> 那是黄金时代，人们对黄金一无所知；
> 这个地球归属于你，
> 它接纳全人类的献礼。

在育夫②篡位后，"满脚油污的饕餮鬼"随之产生，此外还有它的子孙——"无所事事的懒惰""苍白的水肿病""趾高气扬的痛风症""呼哧呼哧的气喘病""骄奢的财富之子"：

> 得意扬扬的哈耳皮③跃出地狱
> 把女神囚禁在一间牢房里。

人类身体的腐败破坏了肛门功能，并使自然的泄殖女神远去：

---

① 农神，即天神宙斯之父，克洛诺斯。——中译注
② 育夫（Jove），即罗马神话中的朱庇特，希腊神话中的宙斯。——中译注
③ 希腊、罗马神话中的鹰身女妖。——中译注

……讨厌的气体升起，
　　冒犯了您优雅的鼻子。

在精神分析学中，与此相关的学说当然是金钱即等于粪便。神话的逻辑（神话也像机智一样深入无意识区域）也使斯威夫特得到了同样的等式。在那个纯洁无知的时代，那个"对黄金一无所知的黄金时代"，有另外一类黄金。在北爱尔兰的乡村少年中，还留有这种黄金时代的印记——

　　他们金黄的奉献物被摆成一排一排，
　　装饰着我们清澈河流的堤岸。

然而，这里展示的前景对于斯威夫特或者对于我们来说都太深远了：

　　赶快制止野心勃勃的缪斯；
　　不要去思考太崇高的问题。

第十四章
新教时代

路德获得的一个启示成了新教改革运动的基本原则,这个启示就是"因信称义"说(the doctrine of justification by faith)[①]。他曾以下述内容来描述他得到这个启示时的情况:[1]

"正义"和"上帝的正义"这些话在我的良心里犹如一道电光霹雳。听到它们,我就立即感到恐惧。"他"是正义的,因此"他"要施行惩罚。但是有一次,当我在这座塔楼里思考着"义人凭信仰活着""上帝的正义"这些话时,我很快就产生了这样的想法:我们是不是应当通过信仰来获得正义呢?上帝的正义是不是应当拯救每一个信仰者呢?于是我的灵魂很快苏醒并振奋起来。这样看来,正是上帝的正义判定我们为"正

[①] 16世纪宗教改革领袖马丁·路德提出的学说。该学说主张人应当凭信仰获救。——中译注

义",并拯救我们。于是,上面那些话对我来说便成了甜美的启示。这个知识是圣灵在那座塔楼的厕所上给予我的。

路德毫不虚伪做作,具有无所不包的活力和信念,并以明澈坦诚的态度记录下了他获得至关重要的宗教体验时的情境。那是威登堡修道院的一座塔楼,厕所就位于此处。格里萨解释说:"把这种附属建筑修在城墙及其塔楼上,下水道的出口则在城外,这在古代是很平常的事。"[2]

对于路德的信徒们来说,路德过分坦率了。路德教的学者认识到"塔楼里的体验"即路德圣传里所说的"Thurmerlebnis",于是,他们要么玩弄文本,企图把塔楼与厕所分离开来,要么解释说塔楼并非一个地理位置,而是精神能力的一种比喻。因此,事实的真相只好留给耶稣教的格里萨神父(1911)来恢复,但这招致哈纳克和一群更小的路德教徒的阵阵叫嚷,说他暗箭伤人,沉溺于"庸俗的天主教辩论术"。[3]

待到争论的硝烟散尽,"塔楼里的体验"的地点才终于确定了,耶稣教神父和他的路德教批评者才一致同意这个地点是毫无意义。格里萨赞同哈纳克关于"路德第一次窥探到这一思想的地点并不重要"的说法,他也赞同路德教徒斯基尔关于罗马天主教徒和所有基督徒一样相信上帝无处不在的说法。[4]

然而遗憾的是,精神分析学家不能同意这一揭示了新教神学的宗教体验产生在厕所里的说法是无足轻重的。精神分析学关于婴儿期性欲及其升华作用的理论坚持认为,在高级精神活动与身体的低级器官之间存在着隐秘的联系。从弗洛伊德论述"人格和肛门性欲"的文章(1908)开始,精神分析学就接受了下述已被证明的原理,即表现出整洁、节俭和固执三种特征相结合的特定的伦理人格,是借助集中于肛门区的力比多的升华作用而构建的,因此它被称为肛门人格。[5]埃里希·弗洛姆对精神分析理论所做的真正贡献之一,就是表明了在弗洛伊德的带有整洁、节俭和固执特点的肛门人格与萨姆巴特和马克斯·韦伯描绘的资产者这一社会学类型之间存在联系。[6]而韦伯,当然包括他的后继者特罗尔茨、托尼以及其他一些人,则指出资本主义精神和新教伦理观有着广泛的联系。

将精神分析的范畴和社会—历史范畴联系起来,是符合弗洛姆所属的新弗洛伊德学派的特征的。为了造成这种联系而牺牲了精神分析关于所有意识形态的上层建筑之身体基础的最重要的真知灼见,也是符合新弗洛伊德学派的特征的。在弗洛姆研究新教和资本主义社会心理的著作《逃避自由》(*Escape from Freedom*)中,"权威人格"(authoritarian character)一词代替了弗洛伊德的"肛门人格",而"权威人格"又被当作在身体方面绝无基础的一种自主的精神态度。由于丧失了弗洛伊德的躯体唯物主义,心理学在新弗洛伊德主义者手里也像在荣格主义者手里一样,再一次变得像弗洛伊德革命前那样,成了关于自主心灵的心理学。在新弗洛伊德主义者的圈子里,这种改变被标榜为克服了弗洛伊德的"生物学倾向"的所谓"进步"。弗洛姆说,弗洛伊德"搞错了性感区域和人格特征之间的因果关系,把实际情况弄颠倒了"。关键在于"态度"。如果说人格特征与婴儿期性感区存在某种关联的话,那也仅仅是"婴儿通过身体的语言表达出了他对世界的态度"。因此弗洛姆明确否认在肛门人格中存在任何有关肛门性的东西,除非将肛门意象作为残留和表象来加以利用,以"表达根植于人格结构中的与其他事物的一种联系"。这样,新弗洛伊德主义者就回到了人格的根源在于人格结构这一至理名言——人格独立于身体而自主——上去了。[7]因此,在《逃避自由》中,弗洛姆在谈及路德的研究时丝毫不提及塔楼里的体验或肛门性,这也就不足为怪了。

于是,这件事就只好留给在精神分析学上更为正统(但也不太内行)的一位作家拉特雷·泰勒来做了。他在其著作《历史上的性》(*Sex in History*)中说,路德在得到伟大的启发时正坐在厕所上,这件事是很重要的。[8]不过,正如拉特雷·泰勒所看到的,把肛门人格的概念引入对新教的讨论,是要提出一个难题,而不是解决它,因为精神分析关于肛门人格的理论涉及精神分析关于升华作用的总体理论的含混性和矛盾性。庸俗的精神分析教条主义者们(对这些人来说,精神分析是一个封闭的体系而不是一个难题)似乎相信,应当把成人的肛门人格理解为对婴儿解便训练过程中出现的精神创伤的一种固着作用。"肛门人格特征就是在围绕这一训练的冲突中形成的。"芬尼切尔这样说。[9]

但是,无论这种理论在处理精神失常的个人时作为一种工作前提会有什么长处,当它遇到作为一种社会—历史现象的肛门人格时,它都是毫无用处的。因为,假设在新教和肛门性之间存在着某种联系,正统精神分析的教条提不出别的解释性假说,只能认为新教产生于解便训练模式。或者说,假设我们的资本主义文明表现出了大众规模而不仅仅是个人规模的肛门性神经症特征，正统精神分析的教条又提不出别的社会治疗方案，只能建议在解便训练模式上来一次转变。

人们试图用历史的或交叉文化的证据来证实精神分析对肛门人格的这种解释，不仅没有成功，而且这种做法首先就是敷衍的。即使这些努力有成效，问题也得不到解决，只是变成了父母对儿童解便训练的态度如何转变的问题。实际上，这一整套方法使父母的态度成为决定性因素。因此，它背叛了弗洛伊德的经典原理，即儿童是成人的父亲。它表面上是从婴儿肛门性欲里推导出成人的肛门人格，实际上却是从成人的肛门人格中推导出婴儿肛门性欲：有效的原因是父母身上的清洁情结。[10]

因此，从最后的结果来看，正统精神分析的教条陷入了和新弗洛伊德主义者同样的死胡同里：成人的肛门人格来源于成人的肛门性欲。唯一的区别在于，正统精神分析把婴儿性欲看作肛门人格从一代传到下一代的传输机制。当需要解释一种文化的人格变化时，正统精神分析就什么也提供不出了，因为它的假设是心理决定论的一个循环论证的铁环。新弗洛伊德主义者在这时则不再是心理学家了，他们只有乞灵于传统的非心理学因素。对于弗洛姆来说，就是经济变化引起了人格结构的变化，也就是说，是资本主义产生了资本主义的精神。[11]

这条死胡同具体地说明了升华理论所包含的种种困难。弗洛伊德以充足的根据假定在人的身体与人格和意识形态之间存在广泛又神秘的联系，但是他没有对这种联系做理论阐述，他也不可能提供他的精神分析假说和人类历史事实之间的必然联系。此外，新弗洛伊德主义者打开了通向历史思考的门户，但这是以放弃升华理论为代价的。这样，他们就回到实质上是弗洛伊德之前的关于人和历史的范畴上去了，只不过他们用无关痛痒的（而且是混乱的）心理学行话装饰了一番。

在抽象的理论层面上看，精神分析学貌似荒谬的理论与历史的常识毫不相干，要把它们统一起来只能使人感到绝望。由此看来，要想取得进展，我们不可避免地只能借助于具体的经验式的调查。而且，既然精神分析式的思考总的来说是在事物的表面之下进行广泛探索，那我们就很容易把它作为没有事实基础的随意构建的东西而予以排除。因此，这种具体的经验式调查的出发点就不应当是精神分析关于潜意识中进行着的可能（或不可能）是什么之类的责难，而应当是历史事实。

历史事实提供了这样一个坚实的出发点，那就是当清教的启示降临到路德身上时，他正坐在厕所里。这样的历史事实，我们是很难遇上的（这个世界上的伟人很少具有路德的诚实）。因此我们应当尽量利用历史科学。我们要调查的假设是，在新教的启示和厕所之间存在某种神秘的内在联系，而要解决的问题是，厕所对于路德而言到底意味着什么？不过，既然在这样一场调查中，升华理论的地位危若累卵，那我们就不能运用升华理论把厕所的潜意识意义归结为路德的潜意识。相反，我们应当依靠他的著作这类历史证据，寻找文献事实来说明厕所对路德的意义（用精神分析的术语来说，就是他对于"厕所"这一概念的"联想"）。对路德的著作做这样的经验式调查,揭示了存在一个精神分析学家和历史学家都未曾探索过的"中项",它一方面把厕所和新教联系起来,另一方面把厕所和资本主义联系起来。这个中项就是"魔鬼"。

精神分析学家对于魔鬼的研究一直追随弗洛伊德本人,强调魔鬼的俄狄浦斯形态、魔鬼作为父亲替代物的地位、魔鬼所包含的对父亲既竞争又敌视的矛盾心理的组合,以及在上帝和魔鬼(作为父亲的替代物)的对立中潜藏的同一性。[12]但他们对魔鬼固有的肛门人格没有给予足够的强调。和魔鬼以及黑色弥撒①具有突出联系的色彩是黑色——其原因与魔鬼的住所无关,而与黑色和污秽的联系有关。路德就说:"画家们把魔鬼画得又黑又脏。"魔鬼和硫黄味或其他令人生厌的气味同样有着固有的联系,其来源在18世纪一部民间传说简编中题为《魔鬼的噪声》(*De crepitu Diaboli*)的文章里揭示得很清楚。"女巫的安息日"②这种仪式的高潮就是亲吻魔鬼的屁股或者给魔鬼的屁股戴上一个面具。黑色弥撒的中心仪式是,当安息日女王匍匐在地上时,"主祭人就做好准备,在她的屁股上涂抹由最令人厌恶的东西(如粪便、经血和各类渣滓污物)组成的混合物"。因此,但丁把旋转的世界的那个静止点写成撒旦的肛门,他就是绕过这点上升到净界的。③也正因为如此,鲍斯在他那幅把世界画成地狱的油画里让撒旦高踞在厕所上,那些从它的

---

① 一种渎神活动。人们用符咒召唤魔鬼,并对正式的弥撒仪式进行滑稽的模仿。——中译注
② 根据传说,妖魔鬼怪每年在这一天举行夜半聚会。——中译注
③ 见但丁《神曲·地狱篇》第三十四歌。——中译注

肛门里排泄出来的灵魂则跌落进漆黑的坑里。[13]

路德对魔鬼的观念是当时流行的传说、个人体验和神学思考的混合物。但在这些组成成分中，个人体验的因素占决定性地位。[14]把路德的魔鬼信仰或那个时代普遍的魔鬼信仰视为中世纪主导音调的回响是一个错误。产生了新教的这个时代使人对魔鬼产生了特别直接、强烈和普遍的体验，而路德个人对于魔鬼则具有更为直接、强烈和普遍的体验。从这方面看，他不过是那个时代最有代表性的人物罢了。个人体验是路德检验有关魔鬼的流行传说的试金石，当然也是检验路德的神学思考的试金石。

在路德与魔鬼相遇的时候——请记住我们这里涉及的是物质化的形象，路德对魔鬼的肛门人格具有感官性的知觉，还对它做了感官性的记录［在他的《桌边闲谈》（*Table-Talk*）中］，其细致入微到让后来的新教徒难以想象并不堪忍受。对路德来说，遇见魔鬼也就是遇见某种漆黑而"肮脏"的东西。[15]后来的新教徒鼓励人们传播关于魔鬼向路德泼墨水、路德又向魔鬼泼墨水的那些故事。肛门性在这里还有一层薄薄的却也足以说明问题的伪装。[16]但在墨兰克顿附加的细节描写中就毫无伪装了："魔鬼在被这些话语击败之后便愤怒地自言自语着离去，走之前发出一阵剧烈的噼啪声，在房间里留下了恶臭的气味。这气味几天都没有散尽。"[17]因此，路德的个人经验使他有权证实一位路德教牧师讲述的故事。这个故事说魔鬼以忏悔的、被亵渎的基督形象出现，"离去时留下一股可怕的恶臭"。[18]与魔鬼同一的具体化的肛门性不仅包括肛门的臭味，也包括肛门的形象。至少有两次，当路德受到魔鬼幻象的袭击时，它"向他显示了臀部"。[19]而且，不胜援引的文字说明，路德描述魔鬼袭击时最常用的词汇是通俗朴素的德语动词"bescheissen"（以粪便弄脏）。[20]

和魔鬼袭击方式的肛门性同样引人注目的，是路德反击方式的肛门性。当路德对魔鬼破口大骂或泼洒墨水时，他的武器的肛门性质或许是经过伪装的。但在路德的记述中，他提到，在一次遭遇中，路德的教义不足以打垮魔鬼，他便"放了一串屁"来击败它——在墨兰克顿的故事中，魔鬼对路德使用过同一种武器。在这里，就没有任何伪装了。[21]个人的经验也使路德有权以赞同的态度讲述一位夫人的故事，她也是用同一种手段击败魔鬼的。[22]路德在与魔鬼的搏斗中使用的其他肛门性武器还有——我在这里用的语言要比路德文雅得多——命令它"舔（或吻）我的臀部"或"在它裤子里解大便并把裤子挂在它的脖子上"，以及威胁说要"把大便解在它脸上"或"把它扔进我的肛门里，它本来就属于那个地方"。[23]

最后一句引文显示出在路德与魔鬼的战斗中潜在的心理逻辑和精神分析认识。魔鬼实际上被看作路德本人的肛门性被移置的具体过程。所谓魔鬼被征服就是指它被放置回它原来的地方。同样的肛门性攻击与反击的模式也表现在路德对巫术的看法上。路德说："人们吃被施过巫术的黄油就等于在吃泥土。"作为对破坏搅制黄油的巫术的反击措施，路德推荐"帕默医生的办法"。他说："帕默医生前来抢救。他嘲笑着魔鬼，并把大便拉进搅乳器里。"[24]

假如魔鬼在路德的神学里有重要地位（我们即将着手讨论这个主题），那么正是路德对魔鬼的肛门人格具有细致入微的印象，才使得厕所成为他获得至关重要的宗教体验的场所。用19世纪的路德教徒提出并为耶稣会教士格里萨所赞同的那种说法，即以对"上帝无处不在"的苍白无力的信念来做评论是不适宜的。我们不禁想起路德对一个基督教教士的尖刻考察："他了解死亡和魔鬼吗？难道说，一切都是美好和光明的吗？"[25]新教是在魔鬼的殿堂里诞生的，它是在与上帝极度的疏离中重新找到上帝的。这种阴郁的爱恨交织的矛盾情境表现在路德讲述的一个故事里。在这个故事中，一个厕所里的僧人对魔鬼做出了一段恰当的回答：[26]

厕所里的僧人

难道不祈祷？

上面是上帝，

下面遇见你。

这种情境显然是非常普遍的。约翰·哈林顿爵士在他住宅的厕所里悬挂的标牌上也写着同样的对魔鬼的答语："对上帝，我准备祈祷；对你，我预备着污物。"[27]无论路德在塔楼里的体验里是否有魔鬼的形象，在某种心理现实的意义上来说，魔鬼都是在场的。我们还应该想到，路德对魔鬼十分熟悉。在瓦特堡的城楼里，魔鬼聚集，它们让他得不到片刻安宁，弄得他"看似一人独处，实际却并非如此"。当路德年老的时候，他走路时总有两个特别的魔鬼尾随，无论何时，只要他在寝室里走动，它们就跟着他。威登堡修道院——"塔楼里的体验"就发生在这里——同样到处都是魔鬼。[28]

我们已经建立起魔鬼和肛门性的关系。现在我们应当建立魔鬼和新教之间的关系。人们都知道路德和路德的新教受到一种魔鬼意识的缠绕。每一次，当我们歌唱"一个坚固的堡垒"（Ein feste Burg）并庆祝对我们"古老的敌人"的胜利时，它就在我们对面凝视着我们。但是，靠18世纪启蒙思想哺育长大的理性主义者和靠19世纪自由主义哺育长大的乐观主义者本身并不可能严肃地对待魔鬼，也就不可能严肃地对待路德的魔鬼。我们不禁想起波德莱尔的警句："魔鬼最机灵的诡计就是说服我们相信它并不存在。"[29] 路德的魔鬼信仰不是被人们当作个人的心理失常，就是被视为中世纪迷信的残留物。按照这种态度，特罗尔茨、韦伯、托尼和他们不计其数的追随者（包括弗洛姆）都把新教简单地定义为与上帝的一种新关系。特罗尔茨说："我们可以用新教对上帝的观念来总结并表达它包含的整个观念转变。"新教的实质是"把宗教的整体归结为……对上帝的观念"。[30]

但是，新教及其社会的和心理的意义应该被理解为新教与魔鬼的一种新关系，正是这种关系说明了新教与上帝的新关系。如果我们想要理解路德，不妨对他的上帝和魔鬼观念持怀疑态度，用心理学的解释来替换它们。可是我们不应该认真对待某一个却对另一个敷衍了事。对于路德来说，正如对于约翰·威斯利来说，"没有魔鬼，就没有上帝"。[31] 像这样严肃地对待路德的魔鬼和上帝，我们就走向了20世纪在神学领域里对启蒙运动理性主义和自由主义的乐观思想的反拨。20世纪新教神学的趋势是恢复魔鬼应有的地位，最著名的例子是蒂利希关于恶魔性的观念。[32]新正统派思潮（the neoorthodox trend）使新教学者能更真切地评价路德思想中魔鬼的作用。这一学派具有代表性的成就是奥本迪克的《马丁·路德身边的魔鬼》（*Der Teufel bei Martin Luther*）。它证明，如果关于魔鬼的观念被忽略或掩盖了，那么路德的人类学不仅是不完整的，更是虚假的。[33]

"宗教改革绝没有削弱魔鬼在这个世界上的力量，而是使之增强了。"研究"魔鬼"的最具权威的历史学家这样说。[34]新教的心理上的前提是对罪恶的确信。新教作为对上帝的一种新关系，乃是对邪恶的一种新体验所做出的回应。所谓"新"，首先在于体验邪恶之广与深，其次在于面对邪恶时感到绝对的无能为力。这种对邪恶的新体验应当回溯到中世纪的衰落时期——新教和新教的魔鬼信仰是长期酝酿出来的产物。海辛哈这样描述15世纪：[35]

> 人们把他们的命运和世界的命运视为一系列没有穷尽的罪恶，这是令人惊奇的吗？一塌糊涂的政府、苛捐杂税、大人物的贪婪强暴、战乱频发、盗贼蜂起、灾荒、苦难和瘟疫——在人们眼里，当时的情况几乎就是如此。由于战火动辄绵延不止，加之险恶的社会阶级的威胁，正义原则已不堪信任而给人们造成朝不保夕的感觉。又因为世界末日即将来临的想法的困扰和对地狱、巫神和魔鬼的恐惧，人们的这种感觉愈加恶化。

世界上，人们生活的背景似乎是一团漆黑。撒旦用它阴风惨惨的翅膀遮蔽着暗淡的大地。

在路德心中，这种对无处不在、无法控制的邪恶的体验使他产生了一种神学的新观念，即这个世界所有明显的现象都表明，它不是被上帝而是被魔鬼统治着的。"魔鬼是尘世的君主，凡间的上帝。"路德说，"这是一个信条。"这是一个建立在体验之上的信条。"魔鬼是这个世界的主人。让那些不知道这一点的人去试一试吧。我对此已经有一些体验了，但是人们在自己也体验到之前是不会相信我的。""世界和属于这个世界的一切都必须把魔鬼当作它的主人。""我们是一个客栈里的仆人，而撒旦是房东，这个世界是它的妻子，我们的情感是它的孩子。""整个世界都为撒旦所拥有。""整个世界都为它的诡计所奴役。""世界就是魔鬼，魔鬼就是世界。""每一件事物里都充满了魔鬼，在宫廷里，在房舍里，在田野里，在街道上，在水中，在树林中。"[36]

路德不仅在社会的宏观世界里，也在个人的微观世界里发现了邪恶的自主魔力。正因为对于撒旦统治着个人深有体验，他才产生了另一个神学上的新观念，即对自由意志的否定。墨兰克顿（1559）以及其他一些批评家称路德的定命论为摩尼教定命论，说明他们正确地理解了他的这一思想发展趋势。路德提出定命论，部分基于他对诱惑力量的认识——"没有人能以其自由意志来面对魔鬼"[37]，但从更深的层次来看，则是由于他意识到诱惑和罪恶乃是个人之外的一种自主力量作用的结果。这样一来，他就消除了传统的关于恶行——即个人应当对其负责的过错——的观念,并代之以"魔鬼"。"因此,德国的这位改革者和他的门徒就把所有恶行魔鬼化,使德国充满了魔鬼。"[38]在路德教的一本汇编物《魔鬼的剧场》(*Theatram Diabolorum*,1569)中,编者就列举了许多新发现,如渎神的魔鬼、舞蹈魔鬼、懒惰魔鬼、骄傲魔鬼等。[39]

路德并不满足于将恶行魔鬼化,他还把美德魔鬼化了。人并不是靠善行获救的,而是凭借信仰,但信仰并不是靠我们自己的力量达成的美德,而是上帝的赠礼。整个传统美德的领域被贬低为仅仅是"善行"而转交到了魔鬼手中,"因为我们看到,在基督之外,死亡和罪恶是我们的主人,魔鬼是我们的上帝和君王,所以根本不存在什么才能和力量、智慧和知识使我们自己能追求正义和生命,恰好相反,我们应该处于盲目和被控制的状态,成为罪恶和魔鬼的奴隶"。因此,"不信仰基督的人身上不仅充满了人世的罪恶,而且他的善行也是罪恶"。这样一来,罗马式的虔诚就是魔鬼的行为。"魔鬼让它自己做出许多善行,祈祷、斋戒、建造教堂、确立弥撒仪式和圣日。其所作所为仿佛它是十分圣洁和虔诚的。""做宗教善行的人都是撒旦的奴仆,无论他们在善行和生活的圣洁方面显得多么超乎寻常。"因此,魔鬼就是"世界的主人",而"人们应当按照魔鬼的意愿去想、去说、去做"则是以虔敬行为为内容的传统宗教美德背后的主导精神。

出于同样的原因,魔鬼也被看作自然理性,即亚里士多德和托马斯传统中自然美德的最终依据背后的主导精神。理性是魔鬼的

"新娘"。理性不仅是圣经信仰的明确敌人,它还与"善行使人善良"这一亚里士多德的原则有联系。理性是这个世界上一切成就的根源,但这个世界上的善行和成就是魔鬼的领地。因此,理性的教义只能是魔鬼的教义,理性的声音只能是魔鬼的声音。[40]甚至后来的新教道德、良心的堡垒也逃不开路德对人的美德的贬损。他发现了它的虚假性质并将其算在魔鬼的账上。"良心是一种野兽,是万恶的魔鬼。因此,诗人们创造了厄里倪厄斯(Erinnyes)和复仇神(Furies),亦即向一切邪恶行为施行报复的凶恶的魔鬼。""良心残酷无情地为魔鬼服务。一个人应该学会哪怕违背他自己的良心也要找到安慰。"那就是死亡这一最残酷的手段。[41]

路德对自主的恶魔性的体验必然导致新的形而上学的阐释体系,这种体系给魔鬼赋予了一种中世纪天主教神学不曾给予的自主性。路德与摩尼教接近到何种程度,或者说路德特别喜爱的学者奥古斯丁与摩尼教接近到何种程度,这是一个抽象的问题,只能产生充满派系偏见的答案和神学上无穷尽的烦琐争论。只要说明路德不得不重新阐述赎罪这一宇宙戏剧的根本性质就够了。在中世纪的综合观念中——就安瑟姆、托马斯、阿伯拉而言——赎罪恢复了人和上帝的正常关系。那位神圣者①使得人和上帝归于一致,其方式或是向上帝偿付因人类罪恶而导致的负债,或是平息上帝对人类的愤怒,或是消弭使人与上帝疏离的反叛。但是对路德来说,在这场宇宙戏剧中,矛盾不是人和上帝的,而是上帝和魔鬼的,而且他们之

---

① 指耶稣基督。——中译注

间的关系从根本上来说是互相争斗的。人体化的上帝征服魔鬼。人在这场赎罪的宇宙戏剧中是被动的。人并不是第三种力量，他不是属于基督就是属于魔鬼。而且人并无自由意志去决定他效忠于谁。正如奥本迪克所说，我们应该把这种情势看作上帝和魔鬼为控制人类意志而进行的一场战斗。[42]

的确，路德不允许他的这种二元论的体验淹没了基督教对上帝的君主地位的传统信仰。为了调和这两者的关系，他有如下解释：上帝允许魔鬼凶狠一时；上帝退出以便给魔鬼留出地盘。但是最后，他仍然承认魔鬼的力量本身是一种实在的反神性的结构。因此，当路德论证人缺乏自由意志的时候，他的论证不是简单地从上帝的无所不能的角度出发的，而是从魔鬼的力量与权力和原罪的角度出发的，正是原罪使撒旦对人的统治得以建立并持续。[43] "在新教教派中，魔鬼应该得到报酬，而魔鬼的报酬就是罪人的灵魂。因此，从宗教改革开始之日起，撒旦在这个世界上的力量就大大增强了。"[44] 根据较为仁慈的天主教传统教义，即使是那些与魔鬼订约的人在最后一刻也可以获救，其方式是实行某种外在的悔罪行动（即路德所鄙视的"善行"）或通过圣者们代为祈祷（这是另一个成为新教的宗教激进主义牺牲品的观念）。路德关于不可逃避的惩罚的新观念延续了浮士德传说，并使之成为现代人的一个意义深远的象征。[45]

基督教信仰也不能使基督徒脱离撒旦的控制。这里的核心教义是路德的一个新观念，即克服罪恶的不可能性。正如特罗尔茨所说，这更显著地表现出基督教与保罗派基督教（Pauline Christianity）①的异同。[46]罪恶不可克服的教义可以从善行空虚无益的教义中演绎出来，而它又导致了路德关于内心世界的皈依神恩和外部世界的善行、精神的世界和肉体的世界之间的二元论观念。追随特罗尔茨对路德的立场所做的阐述，我们可以说，基督教理想在世界上不可能主动地完成，只有在未来的生活中实现。因此，路德关于神恩的观念和罪恶不可克服的观念使得基督徒和非基督徒在外表上看不出任何区别。基督徒的品性在于获得内在的神恩，而不在于取得外在的成就。虽然在一定程度上，信仰会产生善行，但这些善行对基督徒虔诚的品质或个人能否获救的事实都不产生影响。[47]这就等于说（路德也是这样说的）基督徒处于魔鬼的统治之下，而他又君临于魔鬼之上，使魔鬼对他无能为力。这种悖论意味着基督徒被分裂为两个方面，即属于基督的精神和属于魔鬼的肉体。我们再一次看到魔鬼的帝国在新教里被大大地扩张了。整个可见的现实的领域、世界和肉体，都属于魔鬼了。上帝已退隐进了不可见的领域——上帝潜逃了。[48]

不仅作为肉体的基督徒继续处于魔鬼的统治之下，作为精神的基督徒也是通过自己作为肉体自愿地屈从于魔鬼才取得对魔鬼的胜利的。英国的宗教改革者约翰·威克利夫也持有这种阴郁的看法，认为在这个世界上，上帝必须服从魔鬼。[49]在路德的新碟刑神学（theologia cruci）里，基督徒应当像基督本人那样自愿地让魔鬼把

---

① 保罗在罗马传教，建立了欧洲最早的基督教会，并形成了"保罗派基督教"。——中译注

他钉上十字架。"钉上十字架就是自愿承担责任,忍受魔鬼的、这个世界的、肉体的、罪恶的和死亡的仇恨。"正如基督把他自己无保留地献给地狱从而动摇了地狱(这一点在罗马天主教神学里是被否认的),"上帝也把那些他原本要送上天堂的人引向地狱,用杀来创造生"。因此,"真正地甘心下地狱"和"希望遭受苦难"都是命定要上天堂的迹象。[50]

对于弗洛伊德所假定的却被非弗洛伊德的学术界所讥笑的死本能的实际情况和作用效力,我们很难找到比这个实例更清楚的例证了。因为路德说过,地狱并非一个地方,而是人们对死亡的体验。说到底,路德的魔鬼说就是人格化了的死亡。[51] 路德的新碟刑神学摒弃了将生命潜能作为爱欲加以现实化这一传统的亚里士多德-托马斯式的目标,而是要求我们去体验世间的地狱,去体验被死本能所统治的世间的生命,去死于这样一种生之中,并寄希望于一种更为欢乐的复活。

> 谁要是没有被十字架上的酷刑毁灭了又苏醒过来并痛苦到虚无若死的状态,那他的善行和才智只是归于他自己的,而不是归于他的上帝的……可是被苦难所吞没的人却不再有所作为,他知道上帝正在他心中工作并做着一切……他知道,对于他自己来说,他只要受苦受难并以十字架的酷刑毁灭自己,从而使自己趋向消亡就足够了。这就是基督在《约翰福音》第三章第三节里教导我们的:"你必再生。"如果我们想要再生,我们必得先死去并和上帝之子一起被竖立(在十

字架上）。我所谓的死，就是要把死当作死仿佛要来临那样去体味。[52]

由于对更为欢乐的复活怀有希望，路德被从死亡的统治下解救出来。撒旦是此生的主宰，但在另一种生命中，基督是君主。信仰另一种生命的存在便是置身于生中之死却又征服了生中之死。要弄清路德这一中心悖论的心理学意义，我们不得不求助于弗洛伊德的两个不朽的对立物：生本能和死本能。我们在路德的信条下察觉到，路德把现实的生命看作处于死本能的统治之下。凡认真看待弗洛伊德的《文明及其不足》的人都不能不同意并且必须承认，在完成为人的自我收复本我的领土这一与人类历史同样古老的任务方面，路德的真知灼见是一次决定性的进步。承认生命是生中之死便反映了并集中体现了力比多从生命中大规模地退出。[53]换言之，如果说在过去的时代，生命一直是爱神厄洛斯（Eros）和死神塔那托斯（Thanatos）的混合物，那么在新教时代，生命便成为一种纯粹的死本能的文化。路德的信仰和神恩——代表着对一种更为欢乐的复活的希望——在死亡的国土之外形成了一块"土地"。这块境外国度不愿屈服于死亡，并把死叫作生。但在另一方面，这块境外国度并不真正否定死统治着生这一事实。路德不能肯定生，而只能死于这生中之死。因此，对于他来说，神圣地活着也就是神圣地死去。"上帝……用杀来创造生。"[54]

因此，新教的真知灼见在于它洞悉了生命中死亡的领域，而它对生命和爱的贡献在于它对将成为真正生命的另一种生命抱有希望。路德思想的明确特征是他的魔鬼信仰和末世学。实际上，魔鬼信仰和末世学是同一枚钱币的两面。对路德来说，要承认魔鬼统治着这个世界，却又不相信魔鬼的统治注定要灭亡、神恩在望、人在地上的历史将在上帝的王国里终结，这在心理上是不可能实现的。所以，像早期基督徒一样相信自己正生活在末世，是路德所持立场中不可分割的一部分。事实上，在路德看来，魔鬼新获得的力量指示了时间的终结：现在的魔鬼比已知的过去各时代的魔鬼都要坏得多；中世纪的魔鬼和现在的魔鬼相比只不过是小儿科；这整个时代都是邪恶的；这个世界维持不了多久了。路德十分乐意自己"从如此邪恶的世界上""很快被攫夺而去"。[55]

因此，新教的衰颓程度可以用魔鬼崇拜和末世学的衰落来衡量。缺少真正的魔鬼意识的神学学派（包括后期路德教）都缺乏路德那种对世界保持批判性独立思考的能力，缺乏路德那种与魔鬼搏斗的气质，到头来便把魔鬼的工作称为上帝的工作。从路德教的社会学说堕入特罗尔茨所描述的"通过宗教对当前状况予以认可"[56]，神学上的前提就是要排除魔鬼信仰和末世学。后期新教偷换了路德关于我们是魔鬼客栈里的奴隶的说法，代之以我们的职业系神指派的观念。波德莱尔说过："对十九世纪的人来说，信仰魔鬼比爱魔鬼还要难。"[57]而爱魔鬼的一种方式就是把它叫作上帝。路德业已觉察到魔鬼新近发动的攻势糟就糟在"人们不知道到底上帝是魔鬼还是魔鬼是上帝"。[58]在衰落的新教中并不存在这样的问题。

与此相似，当新教不再能肯定对于更欢乐的复活的希望时，它也就不再为生本能做出任何贡献了。基督教不能和下述希望相分离，即无论有多少相反的理性上的证据，基督徒仍然期待着某一天可以亲见神恩浩荡的王国。新正统派新教神学因为成功地为魔鬼辩护却没能提出一种末世学，所以它并不意味着希望，而且像现代世界的许多理论一样，有堕入单纯的死亡之爱的危险。路德的伦理学正如原始基督教的伦理学一样，是一种过渡性的伦理学，有希望很快地废除它自身的种种前提。假如新正统派基督徒在人间不能预见基督的王国，那他就把这个人间交给了撒旦的永恒统治。

如果说路德对待世界的态度的核心原则是认为魔鬼就是这个世界的主宰，那么路德与资本主义的关系——以及新教与资本主义的一般关系——将不得不被重新阐述。自从马克斯·韦伯的著名论述问世以来，关于这个问题的社会学—心理学文献都被一个观念统治着，即认为新教对于资本主义的根本贡献在于把世俗的各种职业作为上帝的指令而予以神圣化。这一论点的含义自然是指新教对资本主义的态度基本上是友好的。既然路德因对资本主义持批判态度而著称，那么上述基本论点就产生了一个推论，即认定这位新教的创立者并不是个真正的新教徒，或者至少在他的社会学说方面不是个新教徒。路德对经济问题的明确观点也因此被当作"传统主义的"、"反动的"、中世纪的和基本上是天主教的。[59]

可是，如果新教的精义在于肯定这个世界被魔鬼所统治，那么我们首先就应当看到，认为我们在这个世界上的可见的职业是受到上帝的指令这一看法固然在形式上与新教的精义并无矛盾之处（既然魔鬼的统治也是上帝所允许的），却极大地曲解了新教对于这个世界在心理上既爱又恨的矛盾态度。其次，我们可以十分明显地看到，新教对于这个世界所持的态度本身，就包含着把资本主义恰好视为魔鬼的产物来进行新的批判的基础——这种新的批判具有强大得多的摧毁性，因为它指向的正是资本主义本身，而不是靠天主教决疑术（casuistry）辨别出来的种种"弊病"。[60]

经验教导路德看到魔鬼是这个世界的主宰。这种经验属于他的时代，即中世纪衰微、资本主义兴起的时代。路德时常感觉到在他身边存在着资本主义的不可抗拒的诱惑和力量，他把它解释为魔鬼在这个世界上最终攫取了权力，因此也预示着基督的再次降临和魔鬼的最终覆灭。[61]"万恶的贪婪和高利贷已经彻底毁灭了德国。""德国完全被商人、公司，以及高利盘剥的手段所吞噬。""高利贷在德国的地位坚若磐石，它大发淫威，仿佛它是一切地方的上帝和主宰，没有谁可以反对它。""莱比锡堕入了贪婪。简言之，世界是属于魔鬼的，世界上的人也已成为魔鬼。"他谴责唯利是图，高呼它"以魔鬼的名义吞噬了一切"。他说："地狱将使你餍足。来啊，耶稣基督！来啊，听听你的教会的叹息！赶快来啊！邪恶正在逼近，马上就要到紧急关头了，阿门。""上帝一定要干预并结束这一切，就像他曾经对所多玛，对洪水滔天的世界，对巴比伦，对罗马以及诸如此类的城池所做的那样，彻底地毁灭它们。这就是我们德国人现在要求的。"[62]

我们这一代人已经幸运地摆脱了人类世代以来积累的对魔鬼天性的知识，所以很容易排斥路德对资本主义中存在魔鬼的想象，仅

仅把它当作一种修辞手法,当作表达非理性的和歇斯底里的厌恶感的一种方式。托尼这样评论路德:[63]

> 面对复杂的对外贸易和金融组织,或面对精微的经济分析,他就像被带去参观一台发电机或蒸汽机的野蛮人。他如此惊恐,如此愤怒,以致丝毫不感到好奇。试图向他解释机械原理只会激怒他。他只能反复念叨着里面有一个魔鬼。

托尼没有看到,"里面有一个魔鬼"正是路德极为深刻的一种解释。我们现在开始认识到,在人类的神话原型中,魔鬼是其中之一,它说出了以其他任何方式不可能说出的事物(除非精神分析找到了一种方式)。人类通过魔鬼这一原型说出了有关人自身内在心理力量的某种东西,它所支撑着的经济活动最终发育成了资本主义。魔鬼是原始神话中的作祟精灵(trickster)和文化英雄(culture-hero)原型的直系后代。作祟精灵是支撑原始人经济活动的心理力量的一种投射。作祟精灵经由古典神话中的商神赫耳墨斯等过渡形象演变为基督教的魔鬼,这正对应着人类经济(尤其是商业)活动的形式的变化。[64]所以,当波德莱尔和布莱克宣布商业本质上具有魔鬼的性质时,他们正是利用了伟大的神话传统来表达尚未以其他任何方式表达出来的某种东西。[65]

路德将资本主义精神等同于魔鬼就继承了这种将魔鬼视为作祟精灵的传统。对于路德来说,魔鬼就是撒谎、欺骗、诡诈之父,魔鬼是强盗,是贼。不言而喻,高利贷在路德眼中也是欺诈、抢劫、盗窃。不过路德也想使传统赶上时代,他对新兴的资本主义精神的体验与他对魔鬼的概念互相影响。所以路德强调魔鬼的忙忙碌碌、烦躁不宁,强调魔鬼掌握了所有技艺。而反过来,路德视魔鬼为人格化的死本能的观念又支持他将高利贷者想象为谋杀者,把高利贷想象为扼杀德国的瘟疫。[66]

然而,至关重要的一点是要看到在路德关于资本主义的魔鬼性质的观念和他关于魔鬼的新神学之间存在着本质上的联系。路德说利益上的交易"无疑是德国最大的不幸",它是由魔鬼发明出来的。高利贷者(这些"世界的巨大的吞食者")被谴责为贪欲之神和魔鬼的仆人,或者被认为本身就是魔鬼。渴求财富的普遍倾向被视为魔鬼的奴役。"这个世界流行的就是除了钱以外什么也不想,就好像金钱与生命息息相关。上帝和我们的邻人遭受鄙薄,人们都在为财神服役。可怕的时代就要来临,比之前降临在所多玛和蛾摩拉①(Gomorrha)头上的还要糟糕。"[67]随着新教的新神学中固有的恶行被普遍魔鬼化,高利贷也变成了魔鬼而不是一件罪行。路德在下述事实中看到了现代的一个特征,即魔鬼袭击的形式更加恶劣,它不像中世纪那样让一个吵吵嚷嚷的小鬼来制造些无足轻重的损害,而是以高利盘剥和异端邪说为主要手段。[68]

资本主义的自主恶魔性与所有自主恶魔性一样,都是原罪的结果,并显示出原罪的结构。原罪在于从上帝转向别的神,尤其是企图在一个人身上造出一个神来。资本主义的恶魔性就其最深层次而

---

① 所多玛和蛾摩拉均为《圣经》中所记载的因罪恶而被神毁灭的城市。——中译注

言则在于它那种要成为这个世界的上帝和君主的冲动。"高利贷坚如磐石,大发淫威,仿佛它是一切地方的上帝和主宰。""因此,人类在地上的敌人除魔鬼本身以外再没有比贪婪之徒和高利贷者更坏的了,因为他们想成为所有人之上的上帝。"撒旦本身的基本目标和资本主义的基本目标是相同的——使自己成为在世的君主和凡间的上帝。路德在资本主义对权力的掌握中看出撒旦在这个世界上终于掌权了。"整个撒旦的王国的结构在本质上是资本主义的,我们成了魔鬼的财产。"[69]所以路德对资本主义最深刻的判决在于这样一句陈述:"金钱是魔鬼的语言,它通过这种语言创造万物,正如上帝通过真言创造万物一样。"[70]用本·琼生剧中的伏尔蓬尼的话来说,金钱乃是"世界的灵魂"。[71]在路德的神学中,资本主义和魔鬼一样,都表现出魔鬼即上帝模拟者(simia dei)的基本结构。[72]

因此,新教在心理上接受资本主义是由于魔鬼观念而不是由于上帝的媒介作用产生的,而且人们只能借助路德的新碟刑神学才能理解。首先,路德关于魔鬼具有客观自主性的观念使资本主义的奴役如同一切暴君的奴役,变得与原罪的奴役一样不可避免,因为魔鬼是这个世界的主宰。"这个世界要继续存在就不能没有高利盘剥,不能没有贪婪,不能没有骄纵,不能没有卖淫,不能没有通奸,不能没有谋杀,不能没有偷盗,不能没有对上帝的亵渎和各种各样的罪恶。如若不然,世界就不会存在,世界就会不成为世界,魔鬼也会不成为魔鬼。高利贷应该存在,不过高利贷者应该受到诅咒。"对那些坚持说"鉴于高利贷的流行,路德对高利贷的态度不现实"的人们，路德这样答复道："世界毫无希望，可悲可恶，这并非新奇的事。它过去总是这样，而且将来还会这样。"所以资本主义是由于原罪而导致的撒旦的不可避免的奴役。路德说："实际上，利益交易是一种象征，说明世界已经因极大的罪恶而沦为魔鬼的奴隶了。"[73]

那么基督徒将有何作为呢？在这一点上，路德的思想不能说是始终如一的。有时候，在特罗尔茨或许会称之为宗派狭隘情绪的影响下，路德的观点似乎与自己的神学理念发生了矛盾。他建议彻底废除高利贷，仿佛基督徒在这个世界上可以逃避撒旦的奴役。有时候，在希望较为实际地适应这个世界的情绪下，他又去讨论可允许和不可允许的高利贷，坠入了实质上是天主教和烦琐哲学的诡辩术之中。可是，如果我们留意他的新碟刑神学的本质，那么路德的根本指令是要置身于这个世界而又不属于这个世界。世界是魔鬼的客栈，我们是它的俘虏和奴隶。但是当我们的肉体向魔鬼屈服时，我们的精神却并未屈服。因此，"任何要在这个世界上宁静生活的人都应该做客栈的客人，而金钱又应该是他的客人"。坚持这种超然的态度，而不是那种不信上帝的谋利之徒的态度。在肉体向魔鬼屈服时保持精神的自由。这样，基督徒虽然不可避免地要受金钱之神（Mammon）的奴役，但他们又是金钱之神的主宰。[74]

马克斯·韦伯强调，路德对禁欲生活的批判，以及他把这个世界和这个世界上的世俗行业当作获得拯救的地方，这对资本主义精神而言具有重要意义。他并没有说错。[75]他的错误在于遗漏了路德救赎神学中的碟刑观念。新教徒向他从事的行业屈服就像基督屈从于十字架。"在天主教教义下,负起十字架意味着像僧侣那样用酷刑折磨自己。"然而,"负起十字架也意味着自由地担当起自己的责任,承受魔鬼、世界、肉体、罪恶和死亡的仇恨"。因此,"像僧侣或隐士那样负起一种特别的十字架对你来说是不必要的","留在人群中和你的行业中——在那里,魔鬼和世界将给你足够的苦难"。[76]新教徒向行业和资本主义屈服是向魔鬼和死亡屈服的一种形式。

新教对于资本主义的态度后来的变化进一步证实了魔鬼观念的中心地位。路德的新教建立在两种基本心理前提之上:一是以现实的态度承认此生处于魔鬼和死本能的统治之下;二是对基督再次降临并结束生命中死亡的统治,以及对神恩在望怀抱着宗教的信念和希望。正是这种神秘的希望使现实变得在心理上可以被承受。后期新教丧失了路德的历史末世论、他对世界末日的信念和对末日很快到来的希望。于是,后期新教就不再可能在心理上以现实的态度承认世界被魔鬼和死亡统治着。

相反,随着魔鬼意识的弱化,正如特罗尔茨所认识到的,"现存状况因建立在理性或上帝指令的基础之上而永恒不变,所以现存状况渐渐成为正常状况,基督教伦理也像现代路德教徒不断申说的那样,成了'自然秩序的真理',赎罪的工作也越来越在于要'赞美上帝所创造的自然秩序'了"。[77]此外,特罗尔茨也认识到,由于路德相信魔鬼和世界末日,这使他免于遭受后期路德教徒强加在他头上的那种社会保守主义的解释。[78]由于魔鬼被清除了,所以世俗的各行业可以简单地作为上帝的指令而受到赞美。尽管韦伯和特罗尔茨在阐释路德的观念时将这一立场归咎于他的错误,但特罗尔茨仍然认识到,现代路德教徒大肆吹嘘路德关于"行业"的教义,并将其解释为"对现代文明的某种宗教的奉献和支持",是对路德的背离。根据特罗尔茨的引述,新教徒乌尔霍恩是这样赞美消除魔鬼观念所产生的幸福后果的:"这样一来,存在于现世生活和来世生活、自然事物和超自然事物、基督教的和尘世的、完美的基督徒和平常的基督徒之间的二元论就被克服了。科学、贸易和商业再次获得了自由的运动。"[79]

从初始的新教神学的立场来看,对资本主义和行业的神化就是对魔鬼的神化,或至少是将上帝和魔鬼完全混淆。从精神分析的观点来看,如果说魔鬼就是死亡,资本主义就是魔鬼,那么现代新教与资本主义的联盟就意味着它对死本能的彻底屈服。

因此,曾竭尽全力要恢复魔鬼意识的神学家蒂里希,也是一位曾竭尽全力要把新教从它与资本主义的联盟中解脱出来的神学家,这绝不是偶然的。蒂里希像路德一样,他谈到"现代生活受到恶魔的控制",资本主义是"自主经济的恶魔",它和民族主义的恶魔狼狈为奸,在对我们这个时代的重要性上超过了其他的一切。[80]不过,只要新正统神学不能恢复路德的历史末世论,我们仍然怀疑它会产生什么结果。蒂里希的阐发者詹姆斯·路德·亚当斯可能会说:"人们只有能从现在奉行或保护着资产阶级原则的那些邪恶力量的'占有'中被解放出来,才能找到走出当今时代的道路。"[81]但是,(援引蒂里希的话来说)只要"新教原则不能承认以可见的现实对神恩做出的任何验证",[82]而且不能带着确信重申基督教传统的信念，即亲睹神恩之日的来临（这一目标即具有历史意义），那么看起来，新正统神学仍将无力驱除魔鬼，因而对生本能和死本能的战争只能起到有限的作用。它做出了诊断，却不能医治。

我们从路德获得启示的时刻的地点开始论述。我们通过路德的魔鬼的肛门人格证明了那个地点可能和路德的神学有联系。接着，我们证明了魔鬼在路德的神学中的中心地位。最后，我们证明了资本主义在路德的神学中是魔鬼的一种具体表现。我们现在应当转到肛门性的问题上来。问题是在路德的高级神学中和他对资本主义的观念中，魔鬼是否保持着其肛门人格。或者说，在路德的幻觉体验中，魔鬼显著的肛门人格是否与他的高级神学截然不同。我们必须回到升华作用的问题上来。

现在，无论我们赞同还是不赞同弗洛伊德关于升华了的肛门性在文明的结构中的影响范围的悖论，我认为路德在本质上采取了和弗洛伊德相同的观点这一点都是毫无疑问的，而且他是从关于魔鬼的知识出发得出这种观点的。路德无论在什么地方看到伪装过的（升华了的）肛门性，都会觉察到是魔鬼在起作用，而且设想暴露这种伪装和揭示升华作用背后的肛门性正是福音书的功能。"魔鬼并不以其肮脏污浊的本色出现，而是像蛇那样迂回潜行，并把自己打扮得尽可能漂亮。""对魔鬼来说，没有什么像福音书那样可恨了，因为福音书使它原形毕露。这样它就不能再掩藏自己了，人人都将看到它多么邪恶。"[83]因此，路德对魔鬼进行粗俗的涉及肛门性的辱骂并不是歇斯底里的比喻,而是对其确切本性的正确揭露。

也正因为如此,当路德使用粗俗的肛门形象来抨击他的对手时,这些形象不应被讥评为粗野的谩骂,或被当作路德的"农民背景"的组成部分来解释了事。这种肛门形象剥去了魔鬼工具的伪装(用神学术语来说),或(用精神分析的术语来说)揭示了升华作用背后的肛门性。路德曾做出以下几种表达(仅仅举几个例子)。"魔鬼的确用污物把我们弄得满身肮脏。""魔鬼用它的毒汁玷污和毒化了人们对基督的纯真认识。""身体的器官不能等待身体的排泄物来说明身体是否健康。我们决心要从身体器官本身,而不是从小便、大便和污垢那里去了解这一点。同样的道理,我们不要等待教皇或主教来说'这是对的'。因为他们绝不是身体的组成部分,也不是洁净而健康的身体器官,他们只是乡绅身上的污垢、溅在袖子上的泥污和粪便。因为他们危害真正的福音——人们认为福音是上帝的话语,所以我们可以看出他们只不过是撒旦的污物、臭气和肢体。"[84]

既然魔鬼是这个世界的主宰,那么我们可以用精神分析的术语来说明路德看出了文明实质上具有肛门性虐狂结构,它是通过肛门性的升华作用构建而成的。路德使用动词"beseheissen"(意为"以粪便弄脏")来描述魔鬼攻击的一般性质,神恩则起着使我们洁净的功能。因此路德能够用下述语句来描绘救赎的宇宙戏剧:[85]

幸亏有仁慈的上帝，他能够利用魔鬼和它的邪恶，使它不得不为我们的利益服务。否则（要是听凭魔鬼邪恶的意志），魔鬼会用它的刀对我们实施杀戮，并用它的粪便熏死我们。但是上帝现在把它握在手心并且对它说："魔鬼，你是一个谋杀者，一个邪恶的幽灵，不过我要利用你为我的目的服务。你将成为我的剪修刀，世界和依赖于你的一切都将成为我心爱的葡萄园的粪肥。"

把魔鬼视为这个世界的主宰，就是要把世界视为一个粪肥堆，要看到遍及世界的污秽——路德说它被"喷洒在全世界"。莱比锡的贪婪风气是魔鬼的产物，因此，它也是"污秽"的。[86]而且，根据路德的历史末世学，既然世界在变好以前先要变糟，那么世界末日来临的形式就是"污秽如雨"，基督再次降临将使升华物回归到肛门性中去。魔鬼把牛粪变成了皇冠，但"基督即将在他的光荣中降临，将用硫黄石而非黄金来使它们平息"。[87]按照路德新碟刑神学的说法，在这个世界上，虽然神恩可以使人的内在精神保持洁净，但基督徒必须使其肉体屈从于肛门性的极其激烈的攻击。在这里，路德采用了波希关于这个世界的看法，即世界是一座地狱，我们在其中穿越魔鬼的消化系统。"我们生活在魔鬼的肠虫囊（madensack）里。""我们只不过是粪便和污秽里的蛆虫，我们毫无用处、毫无希望，因为讨厌的臭气和轻蔑基督的十字架使我们成了可憎恶的东西和被轻蔑的对象。"[88]因此，路德这样表达他随时准备离开这个世界："我是成熟了的粪块，而世界是张开了的肛门。"[89]世界的肛门就是魔鬼的肛门。

用精神分析的术语来说，我们在这里看到了作为死本能的魔鬼和作为肛门性的魔鬼的同一性。我们也看到路德对于信仰把基督徒从遍及世界的污秽中解放出来一事绝不抱幻想，而这样的看法会和他关于原罪的基本观念发生矛盾。路德对于肛门人格的洞察并不意味着他本人就不具备肛门人格。肛门人格属于肉体的领域，而肉体是受魔鬼奴役的。"魔鬼是被巨大的绳索系在我身上的。"按照这样的方式，路德大概会把他自己的肛门性解释为对肛门性本身的谴责。我们即将看到，路德攻击天主教会的语言带有强烈的肛门色彩，但他自己又说："我是教皇的魔鬼。"[90]

路德用他的"文明即肛门性"的一般看法来评价具体的社会制度，尤其是他最熟悉的社会制度——罗马天主教制度。在这个问题上，现代新教的退化又一次使我们难以认清，更不要说严肃地对待路德的观点了。在这个新教与天主教亲善谅解的时代，我们已很难找到能保持新教开始时的那种想象力的新教知识分子了。那些头脑简单的新教宗教激进主义者则倾向于保持那种愚笨的才智——视教皇为魔鬼的化身和反基督的人。[91]既然无论路德对天主教制度的观点还是他对魔鬼的看法都没有得到认真对待，那么路德对罗马天主教制度看法的实质也就没有被把握住了。

浅薄的（自由主义新教的）观点由于其隐含的关于发展进步的哲学，而把新教等同于现代（正如它把新教等同于资本主义），把天主教等同于中世纪。于是路德与罗马天主教制度的争吵就变成了他与阻碍进步的旧时代影响的斗争。但是正像我们已经看到的那样，路德并无这种关于进步的观念。相反，他的历史哲学观念是建立在事物正变得更糟并临近世界末日这一原则之上的。因此，罗马天主教制度对于路德来说并非旧时代的影响，而是现代社会中正在得势的邪恶力量的代表——教皇乃是反基督者，出现于末世。路德分立教会，并不是要使新教与中世纪分离，而是要使其与现代世界分离。我们又一次看到在新教社会倾向中的深刻变化，这是与新教最初的魔鬼信仰和末世学的崩溃相关联的。

"教皇是魔鬼的化身。""魔鬼是教皇的伪上帝。""魔鬼建立了天主教制度。""天主教是魔鬼的教会。""在整个天主教中，都是魔鬼在统治。""天主教是撒旦的最高首脑和最大力量。""教皇就是撒旦。"[92]这些表述并不是比喻，它们反映出人们对新教的教会必然分立的那种清晰的确信。路德从根本上确信罗马天主教会是魔鬼的领地。他的确信基于他对外在善行的否定，也就是说，他确信可见的现实世界处于魔鬼的统治之下。在路德看来，罗马天主教的根本罪恶在于它对这个世界的迁就，在于它试图赋予这个世界以精神上的意义。用精神分析的术语来说，就是它忠于柏拉图—亚里士多德式的对升华作用的理想。按照路德关于这个世界（在基督再次降临之前）不可救赎的邪恶的观念，试图赋予这个世界以精神上的意义只会混淆肉体和精神这两个不同的领域。而根据路德的神学来看，它们应该是分离的。"天主教把尘世的和精神的法则混为一谈，以致二者都不能保持自身的力量和权力。""在罗马天主教制度下，那个最伟大、最特殊的秘密——基督的王国不是一个短暂的、会消亡的、尘世的王国，而是一个精神的王国——已被遗忘。"[93]

不过正如我们已经知道的，这样将善行和神恩、尘世的东西和天国的东西相混淆，正是谎骗之父魔鬼最巧妙的伎俩，其目的在于确保人们对世界、肉体和魔鬼的忠诚。所以罗马天主教表现出为邪恶所控制的所有特征。首先，罗马天主教表现出对权力的强烈趋向："基督所否定和规避的东西，即对尘世的统治、权力和荣耀，正是天主教疯狂追求的东西。"这种权力趋向的结构在本质上是邪恶的。教皇正像魔鬼本身，正像资本主义一样企图成为这个世界的君主和凡间的上帝。[94]不过金钱是魔鬼最有力量的语言，所以罗马天主教在它的资本主义精神中也暴露出对魔鬼的忠诚。"罗马天主教徒的上帝就是财神。"[95]在路德对罗马教廷的贪婪所做的抨击中，罗马天主教与资本主义精神之间的亲缘关系尤其可以从例如贩卖赎罪券这样的宗教仪式的商业化中看出来。围绕贩卖赎罪券的争论戏剧化地表现了宗教改革的反资本主义特征。在路德眼里，"罗马天主教徒们把上帝变成了一个商人。他不愿出于仁慈而不求回报地赐福，却要索取金钱和人类的成果"。"在罗马天主教制度下，魔鬼建立起一个灵魂的市场。""罗马天主教从弥撒仪式和对罪恶的宽赦中搞出了一个一年一度的市场。"[96]因此，罗马天主教也表现出为魔鬼和资本主义所共有的其他结构特征（根据精神分析学，这也是所有升华作用所固有的）：欺骗、撒谎以及诡诈。罗马天主作为魔鬼的教会，充斥着谎言、偷窃和抢劫。[97]

不过，邪恶的结构在本质上具有肛门—性虐狂特征，所以路德说这也是罗马天主教的结构。除了大规模净化过的《桌边闲谈》的洁本之外，路德其他著作的每个读者都知道路德是这样说的。至于他在严肃的神学著作中是怎样表述这个意思的，可以在他题为《反抗出自魔鬼捐赠的罗马教皇之尊严》的长达百余页的宣言中找到例证。[98]我们提出的建议只是：不应隐藏和压制事实，应让文本如文学批评家所说的那样自己来说话。为了从总体上指出从文本中可以发现些什么而不援引原文的大量细节，我将仅仅提出以下几点：罗马天主教是魔鬼的粪便或魔鬼是教皇的粪便；教皇的光荣是魔鬼的粪便；教会的法令是教皇的（或魔鬼的）排泄物；修道院的生活是"一个厕所"，是"魔鬼本人的美妙帝国"。"放屁"一词被大加利用，特别是与教皇—驴子（如"教皇驴""驴屁"）这一象征相联系以暴露教皇话语的肛门—性虐狂特征。教皇的话语是谎言，亦即放屁。这些屁又被铸造成钱币。这整幅图景建立在波希的想象上，即世界是个地狱，地狱的中心就是魔鬼的肛门。"因为上帝的愤怒，所以魔鬼让罗马庞大粗野的驴子们弄得我们遍体粪便。"[99]

如果说这件事与精神分析有什么关系的话，那么我们必须再次为现代新教遗漏了路德对肛门性问题的真知灼见而感到遗憾。这样一来，这个问题就在缺乏审判的情况下被交到了精神分析学家的手里。新教的这种退化很早就开始了。在17世纪，有一个不亚于马丁·布塞尔的权威人物倾向于承认收取百分之十二利息的合法性。一位路德的真正追随者在批驳他时写道："已故的路德博士就高利贷问题写给牧师们的那本书现在是什么情况？在我们自称符合福音教义的国家里，哪里还能看见有任何人因为高利贷而拒绝接受祭坛的圣事或神圣的洗礼？我们在哪里还能看见他们中有人被埋葬在粪堆里？"[100]

抵制精神分析的人完全能够对这里所思考的事实提出另一种解释。只有在他们进行这种尝试的时候，才可能通过精神分析与另一种替代理论的比较来估价精神分析所做出的解释。我们的努力则朝着另一个方向——要决定假如精神分析被运用于历史和文化，那么应当如何对它本身做出解释。因此，我们在结束时要总结一下对本书提出的一些问题所做的探讨包含着什么意义：

（1）魔鬼是联系着新教和肛门性的中项。与新弗洛伊德派的看法相反，肛门性意味着真正的身体上的肛门性，而不只是"人际关系中的一种态度"。也与正统弗洛伊德派的看法相反，肛门性中的致病因素并非真正的身体上的解便训练，而是与肛门区相联系的特殊的幻想（魔鬼）。进一步地说，这些幻想并非私人的或个体的产物，而是作为社会向文化领域的投射物而存在。[101] 由此而知，促成新教改革这样的心理激变的，并不是任何解便训练模式的改变，而是从无意识的深层中急剧繁殖出了新生的物质。新教改革是因投射系统（文化）的结构发生大规模变革而实现的。历史的动力乃是被压抑心理的缓慢回归。

（2）我们的探讨证实了在肛门幻想这一方和死本能那一方之间有紧密联系的理论假设。尽管正统精神分析学家已经习惯肛门机制即施虐机制这一观点，但他们认为肛门机制本质上是一种性机制。其含义是，在肛门机制中，爱欲不知怎么地采取了施虐狂的形式，这就低估了死本能在肛门机制和整个性机制的形成中所起的作用。换句话说,弗洛伊德应当按照其早期本能理论所阐述的整个性机制理论,从死本能出发并对其加以修正。我们再次想到费伦奇的论点,即性机制是被"海洋性退行倾向"①——死本能——所构建的。[102]

（3）精神分析和宗教的关系并非如弗洛伊德的书名《一种幻想的未来》(*The Future of an Illusion*)所暗示的那样,是科学和痴心妄想的简单对立。路德教不仅能被解释为神学,也能被解释为精神分析学。路德就像一个精神分析学家,穿透生命的表层,在其下发现了一种隐秘的现实。宗教就像精神分析一样,必须指出事物并非如它们看来那样。而且精神分析必须承认宗教所揭示的那种隐秘的现实和精神分析所揭示的隐秘的现实是相同的,那就是无意识。精神分析和宗教都代表着被压抑的无意识向人类意识回归过程的不同方面。精神分析可以声称它代表着无意识的全面回归,而宗教仅代表着部分的和歪曲了的回归。宗教仅仅在投射的形式中感知到被压抑的无意识,例如路德的魔鬼。无意识的自我只是在一种异化了的形式中,作为非自我(notself)而被感知到的。精神分析出现在荣格所说的"投射作用消退"和马克斯·韦伯所说的"使世界清醒"的漫长过程的终点。它可以声称,因为它意识到了人的身体和所有象征的人体基础,所以异化差不多被克服了,被压抑的无意识的回归也差不多就要完成了。但是,这种优越的智慧并不意味着精神分析有权力把宗教当作神经症打发了事。正像弗洛伊德所指出

---

① 海洋性退行倾向：费伦奇的一个重要概念,指人无力接受生命而希望返回子宫的一种病态的死本能。——中译注

的，"疯狂之中不仅有条理，还有历史真理的碎片"。[103]如果我们认真恪守人类历史即神经症的历史这一立场，那么（除非弗洛伊德是上帝派给我们的）精神分析也处在神经症当中，而且神经症本身一定总是包含那些"解释和治疗的尝试"——弗洛伊德在逝世之前已开始把这些尝试视为治疗学上的希望。[104]如果路德应当被理解为在通往弗洛伊德的过程中的一个阶段，那么新教也就代表着人类历史的一个新阶段，一次被压抑的无意识的较充分的回归。的确，只要还保持着基本的压抑，被压抑的无意识的回归就只能发生在采取拒绝和否定的一般条件下。因此，被压抑的无意识的回归越是全面，意识的扭曲和神经症的普遍恶化就越是严重。但是，正如我们在别的地方已经论述过的那样，精神分析本身并不是普遍压抑状况下的这种意识演变的例外。神经症的发展过程和历史的发展过程是辩证的。

（4）路德新教的最深刻的精神分析洞察力在于它揭露和否定了西方人传统的获救之路，亦即升华作用。强调原罪的精神分析的意义在于，即使肛门性被升华，人类本性在实质上仍然是肮脏的。在路德的立场和弗洛伊德对升华作用的批判之间存在着相似之处。不过精神分析应当承认，如果说路德对一切超越身体的努力所做的否定与弗洛伊德的有什么区别的话，那就是它更始终如一。

（5）新教对升华作用的批判，是爱欲从升华作用中（也就是从现世生命中）大量退出的原因或者结果，或许既是原因又是结果。不过，既然现世的生命乃是我们实际度过的生命，其结果便是使这种生命屈从于爱欲的敌人——死本能。因此，新教似乎标志着文明的精神史上的一个重要阶段：死本能成了房子的主人。这一精神的事实被记录在路德的意识中，表达在他的教义里：魔鬼是这个世界的主宰；神圣地活着就是神圣地死去。

（6）路德关于生命中死亡统治的幻象与他末世学的希望相关联，即寄希望于尘世中生命的转变和人的身体的转变。如路德所说，身体以一种摆脱死亡和污秽的形式复活。[105]路德的末世学向精神分析提出了挑战，也就是它必须阐述清楚死亡和肛门性的统治可能被废除的条件是什么。基督教在向精神分析提出如此挑战时，可以发挥一切宗教所特有的功能，宣告希望之物的本质和不可见之物的根据。而精神分析在回答这种挑战时，可以完成它的主张，即要以意识照亮至今透过镜片依然看得模糊不清的事物。当代精神分析学没有乌托邦的理想，当代的新正统派新教没有末世学。在构成人类历史的生本能与死本能的战争中，这种缺陷削弱了它们二者作为生本能同盟者的地位。它们二者驱逐魔鬼的能力也因此被削弱了。在它们二者之间展开了一场创造末世学的竞争，这场竞争旨在为生本能服务，并给精神错乱的人类带来希望。

第十五章
肮脏的金钱

在粪便里寻找黄金。

——维吉尔[1]

一、理性与非理性

在精神分析探讨金钱的道路上，巨大的障碍之一是金钱与理性有着紧密的联系。我们可以承认精神分析对非理性事物的关切是有道理的，但是还有什么比"经济的人"更有理性呢？当然，我们知道人绝不是"经济的人"，因此我们也可以允许精神分析去探讨人对于这个理想标准的偏离。不过，精神分析关于金钱的原理就对这个以金钱为中心的标准本身是否符合理性提出了怀疑。但是，由于金钱思维和理性思维之间的联系在我们的实际生活中如此根深蒂固，人们似乎又不该对它有所怀疑。有一派经济学的理论家描述了我们的实际经验。他们把经济学定义为"研究作为目的和具有可选择用途的不充分的手段之间关系的人类行为的科学"。在相互竞争的目的之间处置不充分的手段——还有什么能比这个更具有理性呢？在更具哲学性的层次上，社会学［在这一点上，西梅尔讲得最为详尽］正确地指出金钱反映并助长着一种抽象的、非个人的、客观的、定量化的思维方式，即现代科学的思维方式——还有什么能比这个更具有理性呢？[2]

精神分析的本能——因为它也具有为它所压抑的本能——使得它需要攻击谨慎计算和定量科学的合理性，这是一件毋庸置疑却未曾广而告之的事实。由于采用了"现实原则"（reality-principle）和"现实思维"（reality-thinking）这样一种相当幼稚和传统的（因而是非精神分析的）概念，上述事实被掩盖了。在"现实思维"这一幼稚的概念后面，隐藏着弗洛伊德对于科学的不加质疑的态度（他也不可能对每件事提出质疑）。这是孔德式的（Comtian）态度，即认为人经历了巫术和宗教的阶段，最后到达科学的阶段。此时，他终于成熟了，也就是说他此时已摒弃了快乐原则（pleasure-principle），使自身与现实相适应，并学会了将力比多指向外部世界的真实对象。[3]

在金钱和可以称之为"定量理性"（quantifying rationality）的东西之间是存在联系的，而精神分析关于金钱的命题如果不与精神分析对于定量理性的批判相联系，那么谈论它就毫无意义。这种批判在弗洛伊德的著作中是一个棘手却贯穿始终的完整的主题。弗洛伊德根据早期的力比多理论或后期的自我理论来说明这一主题。

在弗洛伊德的理论中，人格是从被压抑的变态的性倾向中推导出来的，精打细算的人格（"经济的人"的理想类型）就是一种肛门人格。[4]在精神分析学的文献中有许多含糊不清的地方，但严格地说，弗洛伊德关于肛门人格的理论——正像古典经济学理论一样——是决不接受所谓过分精打细算的脾气这样的概念的。精打细算本身是一种肛门性特征。肛门人格的理论乃是关于马克斯·韦伯所说的资本主义精神的理论，而不仅仅是诸如吝啬鬼之类的对性格的夸大。

因此，精神分析不能老老实实地把自己简单地局限于解释金钱和经济层面的某些稀奇的赘生物（例如囤积现金，甚至如金本位这样的恋物癖产物）。如果精神分析既是诚实的又是勇敢的，那么它应当坦然贡献出作为整体的资本主义精神的心理学。而且它关于资本主义精神的心理学已经包含了西梅尔提出的资本主义精神与科学式的理性之间有密切关系的观点。弗洛伊德从肛门性推导出"对知识的欲求"，说"它本质上是占有本能的一个分支，被升华到了智能的领域"。[5]同时，费伦奇这个精神分析学的"可怕的后代"（因此也是极其深刻的"后代"）在讨论数学的时候说，"思想说到底不过是防止行动的浪费的一种手段"，所以思想只是"节俭倾向的一种特殊表现"，而且它本身就"起源于肛门性欲"。[6]弗洛伊德后期的自我理论也强化了下述原理：在我们通常认为属于理智和意识领域的人类行为范畴中，存在着意义重大的非理性因素。处于后期的自我理论之核心地位的观念是：自我的大部分是无意识的，并被与本我的无意识联系所支配。[7]

在精神分析中存在着对科学这位伟大神祇的攻击。不过，我们需要小心细致地对这种攻击的性质进行解释。被加以深入挖掘并发现在某种意义上具有病态的，并不是知识本身，而是支配着现代文明中知识追求的那种无意识观念的形式——特别是以占有和支配对象为目的（弗洛伊德），和在手段上节省的原则（费伦奇）。这些观念的形式之所以被指责为病态，是因为如果将它们放在整个力比多理论的背景下来解释，总的说来是这个意思：对自然的占有性支配和严格节约的思想是人类（人类身体）的部分冲动，而在现代文明中，则成了整个人类生活的暴君式的组织者；对整个身体的现实进行抽象并以抽象出的冲动取代整个现实，是"经济的人"与生俱来的。与此相对照，非病态的科学应当是什么样子的呢？它大概是以爱欲而不是以（肛门性的）施虐狂为目的的。它的目的不会是支配自然，而应是与自然相融。它的手段也不会是省俭节约，而应是爱欲充溢。说到底，它将以整个身体而非其一部分为基础，也就是说，它将以多形态的性反常的身体为基础。[8]

按照这样的表述，精神分析对现代理性的批判因为忽略了肛门问题这一十分具体的精神分析重点而被削弱了。我们不久将回到肛门问题上来，不过在探讨眼下这种复杂的事物时，一次解决一件事是比较好的。上述这种被弱化了的表述也是必要的，它有助于我们对精神分析所讨论的这个伟大世界的真正问题达到一个初步的理解。这种弱化的表述的确没有把精神分析对现代理性的批判和一般常识相调和，不过它至少把精神分析与一些严肃的非精神分析的思潮联系起来。

在科学领域，它与怀特海的有机论哲学有关。怀特海对抽象化的批判就是对抽象的、非个人的、定量化的理性的一种批判，而他反对抽象化正是由于一种部分的冲动通过抽象化便等同于整体。怀特海的有机论哲学代表着作为整体的生命体向定量化理性提出了抗议："生存着的经验器官就是作为整体的生命体。"同时，他也"代表价值观"提出抗议。他坚信人的身体、人的认识和被认识的事物的真正结构是爱欲的、创造性的"自我享乐"。[9]

基督教的神秘主义和诗的神秘主义也反对经济节约原则，认为它是对爱欲和生本能的一种侵犯。"丰富就是美。"布莱克这样说。里尔克主张以艺术为一种生活方式，他说：

> 因此不应为了特定的目的而实行任何自我控制或自我限制，应当无忧无虑地放开自己……不应当谨小慎微，应当具有一种明智的盲目性……不应当通过劳作悄悄地获取缓慢增加的财富，应当一直不停地浪费所有变动不居的财富……这种生存方式具有某种天真的和本能的特色，类似于以欢乐和自信为最大特征的那个无意识的时期：儿童时期。[10]

说到第三种思潮，精神分析对定量化理性的批判又与马克思有着密切的关系。在这里，我不是指写作《资本论》的（即承认现代文明的非理性但又将这种非理性定位于"制度"之中的）马克思，而是指写作《1844年经济学—哲学手稿》[11]的（即认为文明的思想具有根本的邪恶性，并将其称为"异化的意识"的）早期马克思。异化的意识与金钱经济有对应关系。它的根源在于强迫劳动。强迫劳动使人从属于物,同时在物的价值和人体的贬值中造成混乱。它把人类的驱力降低为贪婪和竞争(如同肛门人格中的侵犯和占有)。对金钱的欲求取代了一切真正的人性需要。因此,财富的积累其实是人性的贫困,而与其相适宜的道德则是放弃人类的天性和欲望,也就是禁欲主义。结果,以"经济的人"这个抽象观念取代人性,使人性成为非人性。在这种非人性的人性中,人失去了与他自己的身体的联系,更具体地说,他失去了与他的感官、肉欲和快乐原则的联系。而且这种非人性的人性产生了一种非人的意识,其唯一的通用货币就是与真实生活相分离的抽象物——勤勉的、具有理性的、经济的、毫无诗意的头脑。资本主义已使我们变得如此愚蠢和片面,对我们来说,对象只有在我们能够占有它们或它们具有功利效用时才存在。[12]

这样,马克思通过与具有真正人性的人的理想进行比较,发现了经济的人和他的意识是残缺不全的。我们来看看现代经济学家F.H.奈特的论述:"经济关系是非个人的……具有真实功能的是市场,是交换的机会,而不是其他个人。这些甚至不是实施行动的手段。这种关系既不是合作关系,也不是互相利用的关系,而是彻头彻尾的非道德的、非人性的关系。"[13]

二、神圣的与世俗的

横亘在精神分析探讨金钱的道路上的第二个巨大的障碍,我们可以简单但抽象地将其表述为缺乏一个联系的中项。神经症与金钱有什么关系呢？即使我们准备承认在公众的、社会的、历史的领域中存在着某种可以被称作人类普遍神经症的东西，我们也并未认识到金钱是它的组成成分。如果有一种普遍神经症，那么假设它的核心是宗教是合乎情理的。因此，我们可以默认对宗教的精神分析研究是有意义的，却仍然看不出对金钱的精神分析研究有什么意义。难道金钱本质上不是世俗性的（即不仅处于宗教领域之外，也处于它的对立面）吗？

社会学家们清楚地表达了我们常识性的感受。他们以各种方式将神圣性和世俗性当作对立的两极来加以对比，并且总是把金钱和理性视为世俗性完型中的共存物。事实上，"金钱在本质上是世俗性的"这一看法与"金钱在本质上符合理性的"看法存在联系。因此，虽然社会学使用了神圣性和世俗性这一组对立来探索社会中的非理性因素，而且帕雷脱、杜克海姆等人甚至主张社会应始终是建立在宗教基础上的世俗的上层建筑（也就是说社会绝不可能摆脱非理性的残余），但是社会学仍然没有把金钱和非理性以及宗教性联系起来。金钱仍牢牢扎根于世俗的领域。而且金钱既然作为整体的现代理性主义的本质，完全脱离宗教而独立存在，那么它就是世俗性的，也就是理性的了。

将神圣性和世俗性当作互相排斥的对立物而进行这种静态的对比会引人走上歧途，因为这种方法是非辩证的。世俗性是对宗教性的否定。而无论弗洛伊德还是黑格尔的否定，又都是对其对立面的肯定。人们可以借助神学很好地把握这种心理现实。路德已经把握了这种心理现实。现代世俗主义及其伴随物新教并没有开创一个从非人的力量下解放人的意识，或从超自然的现象中解放自然世界的时代。新教的（或资本主义的）时代是指统治这个世界的力量由上帝转到了上帝的否定物和上帝的模仿物——魔鬼——的手中。路德既然已在金钱中看到了世俗性的本质，那么他也就看到了魔鬼的本质。金钱情结就是魔鬼，而魔鬼是上帝的模仿物。因此金钱情结就是宗教情结的后嗣和替代品，是一种在物中发现上帝的企图。

用精神分析的术语来说，现代世俗主义并不是俄狄浦斯情结的解除。弗洛伊德曾说过，宗教衍生于俄狄浦斯情结，所以现代世俗主义只不过是俄狄浦斯情结产生的投射作用从精神世界转移到了物质世界罢了。"从父母开始的一系列形象的最后一个就是命运的黑暗霸权。"弗洛伊德这句话指出了父母情结在世俗思想中的残存。[15]宗教是联系精神分析和社会的中项，这仍然是毋庸置疑的。要建立对金钱的精神分析研究，我们必须从如下假设开始，即金钱情结具有宗教的本质结构（也可以说，宗教的否定物即魔鬼的本质结构）。关于金钱的精神分析理论，我们必须从建立如下命题开始，即金钱是莎士比亚所说的"看得见的神"，是路德所说的"这个世界的上帝"。[16]

精神分析的金钱理论的第一个悖论是将金钱归于非理性，第二个悖论是断言金钱情结的宗教性。后一个悖论也需要细致的解释。马克思（也是在《1844年经济学哲学手稿》中）业已将金钱情结与宗教情结作为两种人的自我异化的形式进行了比较，他甚至持有金钱情结衍生于宗教情结这样一个假设（结果，该假设被拒斥）。他的这段话是值得人们思考的：

> 如果我自己的活动不属于我，而是一种异己的活动、被迫的活动，那么，它到底属于谁呢？
>
> 属于有别于我的另一个存在物。
>
> 这个存在物是谁呢？
>
> 是神吗？确实，起初，主要的生产活动——如埃及、印度、墨西哥的神殿建造等——是为了供奉神的，而产品本身也是属于神的。但是，神从来不单独是劳动的主人。自然界也不是主人。而且，下面这种情况会多么矛盾：人越是通过自己的劳动使自然界受自己支配，神的奇迹就越是由于工业的奇迹而变得多余，人就越是不得不为了讨好这些力量而放弃生产的欢乐和对产品的享受！
>
> 劳动和劳动产品所归属的那个异己的存在物，劳动为之服务和劳动产品供其享受的那个存在物，只能是人本身。
>
> 如果劳动产品不属于工人，它属于一种异己的力量并同工人相对立，那么这只能是因为产品属于工人之外的另一个人。[17]

马克思似乎在承认异化的（强制性的）劳动是一种内在的心理需要。他似乎承认，如果它是一种内在的心理需要，那么就相当于说它是一种对于神的需要。他意识到金钱—资本的最早形式将符合异化的（强制性的）劳动具有宗教性质的假设。不过这一思路的心理学含义是非常含混的，而且马克思的立场退回到以人对人的支配为基本的论据。他的这一论述与自己关于所有劳动本身具有异化的（强制性的）特点的论述相矛盾，也和他关于私有财产是从异化的（强制性的）劳动中衍生的论述相矛盾。[18]人对人的支配（这本身就必须有人来解释，尤其是应由试图废除它的人来解释）当然被当作一个终极问题遗留下来了。终极范畴大概是强力，剥夺他人劳动的强力。

在这里，我们面临着社会理论中若干根本分歧之一。我们已在本书别处看到弗洛伊德本人［以其"原始父亲"（Primal Father）概念］以及黑格尔［以其"主人"（Master）概念］和尼采［以其"主人种族"（Master Race）概念］怎样像马克思那样，为了解释压抑而不得不最后假设存在着外部的控制并且假设它是靠强力维持的。而且我们已经论证过，遵循这条路线就抛弃了心理学的解释（"强力"取代了心理），并且抓不住"怎么会有一种压抑自身的动物"这个谜的整个要旨。[19]抓不住人类疾病的性质也就看不到应有什么性质的治疗。如果问题的症结在于强力，那么"剥夺剥夺者"就足够了。可是，如果主人的统治并非由强力建立起来的，那么或许奴隶是由于某种原因而爱恋着束缚着他自己的锁链。如果存在这样一种更深刻的心理疾病，那么我们就需要一种更深刻的心理理论。

遵循心理解释的道路意味着金钱情结应被视为由宗教情结衍生的。于是，问题就在于应怎样建立这样一个命题。我认为，这个命题只能被历史证实。"衍生"一词若不意味着由历史衍生，就不具备可证实的意义。理解世俗性就是要理解它与神圣性的关系；理解文明的事物就是要理解它与原始的（如果你愿意，也可以称之为古代的）事物的关系；理解现代经济（和金钱）就是要理解它与古代经济（和金钱）的关系。但是对金钱的这样一种历史的（因为是历史的，所以也是哲学的）研究方法，正是在整个现代经济理论的范围里缺乏的东西。

古典经济理论家们假定经济活动具有基本的理性，也假定古代的经济活动是一种其他方面均处于原始和迷信的环境中的世俗理性主义的核心。他们假定：无论何时何地，经济活动在其基本动力方面在实质上都是相同的；经济活动总是被经济的动机（即精细算计）所制约。在假定了精细算计的心理的情况下，他们正确地假定了这种心理的社会学对应物，即所有权制度（财产）。他们又从精细算计的心理出发，推导出劳动分工及其对应制度，即市场上的交换。亚当·斯密这样说：[20]

> 譬如说，在一个猎人或牧人部落里，某个特定的人在制造弓箭方面比别人更熟练。他经常用弓箭和同伴交换牲畜和鹿肉，而且他发现他以这种方式能比自己到田野里去捕捉获得更多牲畜和鹿肉。因此，出于对自己利益的关注，制造弓箭就逐渐成为他的主要工作。

这样，作为交换媒介或者价值标准，金钱制度便从市场制度中衍生出来了。

尽管文化相对主义者向一切试图做归纳（也就是做出重大结

论）的努力频频开火，但我们仍有把握归纳说，古典经济理论的假设与人类学的事实毫不相关。古代经济并不是被精细算计的心理所制约的。我们可以放心地听从卡尔·波拉尼这位唯一正视事实、文化相对主义者提出的问题的经济学家的这番话："现代人种学家在下面这种否定性观点上达成了一致意见。不存在获利的动机，不存在为报酬劳动的原则，不存在费力最少的原则，特别是不存在任何建立在经济动机之上的分离的和独特的制度。"[21] 甚至文化相对主义者赫斯科维茨也不可避免地做出了同一倾向的概括，他提供了许多资料支持波拉尼的论述，没有一条与之矛盾。[22] 在另一方面，古代经济又常常包含着非常复杂的所有权体系、劳动分工和交换。

在古代经济的理想模式中出现过金钱吗？古代心理和现代心理之间（以及专门术语上的）的割裂已在有关这一论题的文献中造成了显而易见的困难。马林诺夫斯基说，假如我们按照现代经济理论来给金钱下定义，即将金钱视为完成交换媒介、价值标准和财富贮藏这三大功能的物体，那么在古代经济里就没有金钱。[23] 在某种意义上说，马林诺夫斯基的这一观点是正确的。在金钱的古典定义中，交换媒介功能是被放在首位的。在古代经济里，没有与金钱对应的东西。其原因与其说在于交换的范围有限，倒不如说在于（常常是很复杂的）古代交换的心理并不是现代定义所假定的那种自我获利和精细算计的心理。不过，一种关于经济的哲学不能只是将古代金钱与一般金钱加以区分，正如关于理性的哲学不能满足于将神圣的和世俗的事物完全割裂开一样。我们需要有更富于辩证性的思考。事实是（马林诺夫斯基本人和研究这一问题的大多数作家都认识到了），在古代经济中，的确有一类特殊的物体被赋予了现代金钱的三种功能中的一种功能，即充当积聚和贮藏财富的工具。[24]如果说对古代经济的研究表明，至少从历史的意义上来说，金钱的首要功能在于积聚和贮藏财富，那么现代经济理论就要重新考虑它在传统上对金钱的交换媒介功能的强调。现代经济理论在金钱和利率理论上还存在悬而未决的问题，接受这一要求是会有所裨益的。

这种可以被积聚和贮藏的财富是什么呢？众所周知的事实是，在古代经济中，特别选择出来充当财富贮藏物并因而被称为"原始货币"的物体在现代人看来是极其古怪的——贝壳、狗牙、羽毛束、雅普岛著名的石头货币。[25]也就是说，在古代经济中，被积聚的财富实际上是无用的。就这个意义来说，积聚就是非理性的。在这里，我们不得不停留在常识上，而避开现代功利主义经济学的伦理相对主义及其"目的随意性"的假设，[26]也避开人类学家的文化相对主义，以及它关于理性的法则就是入乡随俗的假设。不过，即使正牌的文化相对主义者也是有常识的。比如赫斯科维茨就曾说："被无文化民族用作货币的物体，很少是具有使用价值的，大多是给展示它们的人带来声望。"[27]

人们给贝壳、狗牙和羽毛束赋予价值，是基于怎样一些非理性的考虑呢？赫斯科维茨关于声望的概念当然没有错，而且这一概念还能与维布仑的概念结构相联系。后者是未来的经济心理学家所不能忽视的。不过我认为我们还可以进一步指出，无用物体被赋予的价值和拥有者被赋予的声望，乃是魔幻的、神秘的、宗教的，它来自神圣的领域。举个例子来说，在特洛布里昂岛，"财富的标志"是"仪式使用的大斧的斧身"。它是用"稀罕并难以获得的"材料并花费"大量时间和劳动"制作而成的，却"几乎没有任何实际用途"。[28]赫斯科维茨本人认为，在未开化的文化中，社会声望与超自然力量有紧密的联系。[29]唯一不同的解释是把这些古代货币看作装饰品并从其装饰目的中发现价值。[30]但是劳姆在他论述希腊货币的宗教仪式起源的文章中，正确地论证了装饰不能被当作终极的心理范畴来接受，而且装饰品事实上基本是巫术的护符和象征。[31]不过，坚持古代货币的宗教性质的决定性理由，与其说在于物体本身，倒不如说在于它流通的情境。所有的权威研究者都坚持认为，古代经济活动被淹没在各种"非经济的"关系中；他们都强调这些非经济关系的礼仪（仪式）特性。[32]因此，当弗思说原始货币有时包括具有实际用途的物品时，我们不能按照其表面意义来接受他的表述。[33]有的古代货币被看作具有实际用途的物品，通过现代经济理论所假设的效用交换的过程而被提升到价值的标准的地位，但实际上，货币确实不是通过这种方式变成货币的。效用是个含混的概念。在古代文化中，许多具有效用的物品也具有无用的、宗教的价值。这一说法尤其适用于食物，它在充任满足饥饿的实用目的之外还能被当作圣餐中带魔力的物质或宗教上偿付罪过的手段（作为献祭）。劳姆证明了荷马史诗中著名的牲畜货币不是从牲畜作为实用产品的任何用途中产生的，而应该是从牲畜在献祭和仪式性的（圣餐）聚餐中所具有的神圣意义里产生的。[34]我们来看一下赫斯科维茨对东非鲁尔人的牲畜财产的

论述:[35]

> 令人吃惊的是非经济因素怎样进入了他们所有制的每个方面……牲畜在决定姻亲关系中起着重要作用……这样一些事实,连同它们在各种仪式中的实质性位置一起进入宗教生活的这种方式,都使它们与这个民族中其他类型的财产相区别。

最早的市场是宗教的市场,最早的银行是寺庙,最早发行货币的是祭司和祭司王。这早已为人们所知的。可是这些经济制度一直被解释为本身是世俗、理性的,尽管它们最早是由宗教力量发起和承办的。在劳姆的论述中,至关重要的一点是他指出了这些制度本身具有宗教性。劳姆从赎罪仪式的收费中引出了等值(价值相等)概念,从象征性替代的仪式中引出了价值象征物的概念,从仪式中散发圣食引出了价格的概念。换言之,古代的或现代的金钱情结与象征是不可分离的,而象征正如西梅尔所认为的,不是理性的标记,而是宗教性的标记。

如果我们认识到古代货币本质上具有宗教性特征,我们也就能认识到现代货币的某些特性(无疑包括金本位制和利率)本质上也具有宗教性特征。就金和银而言,从常识来看,它们最突出的特点就是不实用。约翰·洛克正确地阐述了这一基本点:"人类同意给金银赋予一种想象的价值。"[36]

以合理用途和真正的人类需要来衡量,现代经济中的金银和古代经济中的贝壳或狗牙绝对毫无区别。雅普岛上的那些"即使在海下也继续象征着价值"的巨大的石头车轮和诺克斯堡（Fort Knox）地下的黄金之间并无不同。[37]在现代经济中，人们附加在金银之上的想象的价值是从宗教领域衍生出来的。这一点在凯恩斯的《论货币》（*Treatise on Money*）中已被充分承认。在题为《思金若渴》（*Auri sacra fame*）的文章里，凯恩斯（我相信他是正确地）把文明社会的货币的历史看作从文明发轫期的城市革命中延续下来的（我相信他是正确的）。他说："古埃及祭司的巧计使这种黄色的金属充满魔力，而这种魔力至今也没有全部丧失。"[38]

凯恩斯还认识到，金银具有特殊吸引力并不是因为一般解释中所提到的出于任何理性主义的考虑，而是由于它们与太阳和月亮在象征性方面具有同一性，以及太阳和月亮在最早的文明所创造的新占星术神学中具有神圣的意义。研究古代经济的权威海希尔海姆也指出，在古代近东地区，附加于金银之上的价值本质上具有巫术—宗教的性质。[39]劳姆说明了金子对银子的价值比率从古希腊时代到中世纪乃至现代都恒定在1∶13。这样一种恒定的比率，我们不可能用理性的供需关系来解释。劳姆提出应当用它们的神圣对应物（太阳和月亮）在占星术上的循环周期的比率来解释。[40]

从这种观点来看，货币的历史尚有待人们撰写。希腊货币曾为现代货币贡献了铸币制度。西梅尔曾认为它在本质上是宗教性的，并且不是产生于市场的，而是发源于寺庙的。[41]劳姆则发展并证实了这一论点。不过，西梅尔和劳姆又被现代货币是世俗性的这一错觉弄糊涂了，因而描述了一个"世俗化的"而实际上只是宗教性之变形的过程，这就使过去的情况变得模糊不清了。即使是凯恩斯,或许也有了这种错觉,尽管他认为货币的真正世俗化还是将来的事。对于是否可能出现摆脱了黄金恋物癖的这种或那种形式的资本主义,历史学家应当持怀疑态度。无论如何,历史学家应该断定,现代经济的理想模式在本质上仍保持着古代的宗教性的结构。我们再一次看到,将宗教性和世俗性非辩证地分离开来是不恰当的。

凯恩斯说,利率是一个"高度心理化的现象"。我认为它带来了经济学中尚未解决的若干问题。"一头古怪的野兽。"罗伯逊教授如是说。[42]虽然"利率是金钱的价格"这种看法会引起质疑,但是说利率和金钱之间有某种紧密联系是不会引起争论的。我在这里仅想对困扰经济学家的一个方面加以评论,即利率长期恒定不变这个奇怪的现象。对经济学家来说,走到经济学之外去寻找可能的解释已是平常事了。有的理论则把利率和动植物的平均生长率或者人的寿命联系起来。F.H.奈特强调,只能将这个问题作为哲学或历史理论来讨论。[43]凯恩斯假设有某些"恒定不变的心理特性"在发挥作用。[44]

利率可能是现代经济的世俗世界中的第二个宗教残存物。价格的稳定性是古代经济的一个普遍特征。因为正如马林诺夫斯基所说,价格不是由供求关系决定的,而是被习俗硬性规定的。[45]在利率里,也存在一种并非由供求关系而是被习俗决定的因素吗?不过,如果是这样,那么我们就必须进一步研究习俗是由什么决定的。在社会学理论中,习俗本质上是宗教性的,那么在利率中,习俗的决定因素怎么会例外呢?我们记得劳姆用类比来解答金银之间的恒定比率之谜。利息制度就像建立在金银之上的货币制度一样，是和城市文明同时代的。事实上，海希尔海姆就曾建议把资本有息投资当作被称为城市革命的经济发展中的战略性关键因素。他试图寻找新的经济制度的根源，而他的回答仅仅是说这个根源应该在伴随城市革命而发生的宗教价值的价值转换中去寻找。[46]

在更深的层次上看，联系金钱和整个宗教性领域的隐秘的中介物是权力（社会权力）。古典经济学理论以纯粹竞争为模式，也就忽视了权力因素。但罗斯金——他被芒福德视为"生命技术类型的主要经济学家"而恢复了生命[47]——没有上当。他说："商业经济……意味着个人手里积聚了对他人劳动的法律和道德上的权利或支配力。""在财富的名义下，他们真正渴望获得的实质上是对人的权力。"[48]卡尔·马克思在这一问题上的含混态度则显露了马克思主义的某种两难处境。在《资本论》第一卷中，他试图把资本主义当作一个被精细算计原则支配的独立自主的制度来建立其模式。因此，他在这个制度中掺入了古典经济学理论的下述观念，即货币是从精细算计者们彼此打交道的市场中产生的一种交换媒介，这对马克思来说也是合乎逻辑的事。但即使在这样一种制度中，不符合他的基本心理假设的那些心理实际状况仍没能逃过他敏锐的目光。

马克思注意到了一种"贮藏的欲望"。它紧密附着于货币之上，因此是一种"对黄金的贪欲"。它还是资本主义从前资本主义阶段继承来的一种固有的因素。"伴随着商品流通最初的发展，一种必然需要和热切欲望也发展起来。要牢牢抓住第一次变形的产物……黄金之蛹（gold-chrysalis）。"

马克思也注意到了货币的交换媒介理论所不能说明的一个事实，即金钱凝聚在无用的物体上乃是金钱固有的性质，也是资本主义从前资本主义那里继承而来的一种固有的特性。"在商品流通的早期阶段，只有剩余使用价值才能被转换为货币。这样，金银就自然而然地成为剩余财富的社会表现方式。"[49]在这里，马克思的理论逐渐向"金钱即声望"靠近，他也认为声望与实际无用的"剩余使用价值"有联系。据我所知，对于这个新奇的术语——"剩余使用价值"，马克思未曾在任何著作里详细阐述过。它包含这样的意思：金钱的心理学应该是一种能够区分无用的（非理性的）需求和真正人性的需要的心理学。但是，正如我们从另一个角度看到的，在应当有这样一种关于真正人性的需要的心理学的地方，马克思主义留下了一片空白。在《资本论》第一卷中，这一思想路线的最终发展方向是使声望成为金钱的根本价值。也就是说，金钱的本质不是其交换功能，而是权力。而且马克思这样说过："在资本主义制度下，社会权力变成了个人的私有权力。"[50]

马克思的这另一思想路线在《资本论》第三卷里得到了详细阐述。整体来说，第三卷清楚地显示了马克思已经觉察到在第一卷中存在着一些未能解决的问题，特别是贮藏（以及前资本主义积累）、货币和利率等论题。在该卷中，货币和利息被作为权力的本质表现得更为清晰了。"在这种形式中，它们代表着对他人劳动的控制权。""因此，利息不过表现了……作为一种独立权力，面对着活的劳动力这一事实。"[51]

与这种对权力的强调相关,《资本论》第三卷明确承认货币的劳动理论——这是第一卷中所采用的价值的劳动理论再加上货币的交换媒介理论的自然结论——是错误的。马克思在该卷中认识到在借贷中货币的价值并不服从第一卷中制定的所有商品的基本法则。这一法则认为,价格不是被使用价值而是被交换价值(根据价值的劳动理论,交换价值即体现在物品中的劳动量)所决定的。这样,他就认识到了利息具有某种非理性的东西。"如果可以把利息称作货币资本的价格,它将是价格的一种非理性的形式,和商品价格的概念极不相符。"利息与劳动价值理论也不相符,它"处于生产过程之外",是"纯粹的所有权的产物"。[52]所以,货币的真正本质不是通过劳动价值理论暴露出来的,而是通过所有制理论即权力的理论暴露出来的。"金银和其他形式的财富是怎样被区分的呢?人们不是通过它们的价值量来区分的,因为这是由物化在其中的劳动量来决定的。人们是根据它们代表的和体现的财富的社会特性来区分的。"[53]货币的价值并不是劳动价值理论所说的那种价值。情况恰好相反——这是至关重要的一点——劳动价值理论并未包含对权力问题的解答。

经济学的终极范畴是权力,但权力又不属于经济范畴。马克思使用了力(暴力)的概念,即将权力想象为一种物质性的实体,从而填补了他理论中的缺漏。但我们在其他地方已论证过,这是一个关键性的错误。权力在本质上属于心理范畴。要探究权力的来龙去脉,我们将不得不进入宗教性的领域,并将其描述为:一切权力在本质上都是宗教性权力。这里的关键问题仍然是要理解古代的人和古代的经济。马克思主义人类学假定权力衍生于经济，并相应地假定经济的心理基础毫无例外的都是占有心理，这必然会导致否认或低估古代社会中权力存在的可能性。但事实上，正如赫斯科维茨所说：[54]

> 在非洲和印度尼西亚的大政治集团中，以及在这些地区和其他地区不太复杂的社会里，在大洋洲和美洲的文化中发挥作用的那些相同的机制也是很活跃的。我们几乎毫无例外地发现，在经济制度、技术成就水平和自然环境允许的范围内，某些人享有比其他人更为优越的地位。

这一发展路线从最简单的社会延续到最初文明社会的庞大的神权政治组织。如果说社会特权的出现标志着人的堕落，那么这种堕落并不是发生在从"原始共产主义"向"私有财产"的转变中，而是发生在从猿向人的转变中。而人类学研究资料表明，在古代社会中，特权成分的扩展和宗教性成分的扩展之间存在着固有的联系。[55]特权就是声望，而"声望"就其词源学上的根本性质而言则意味着欺骗和迷惑。从另一方面来看，这条发展路线又从最简单的社会中的巫师首领延续到最初文明社会中的祭司王（priest-king）和神王（god-king）。正如弗雷泽在五十年前证明的那样。[56]

权力从起源上看就是宗教性的，而且在现代世界中也是如此。这再次证明我们不应该将宗教性和世俗性截然对立，并因而误入歧途，把仅仅是宗教性的变形过程解释为"世俗化过程"。如果有一个阶级除了身上的锁链之外再不会丧失别的什么,那么它身上的锁链就是自我施加的宗教性的束缚,只不过因为神经症妄想的作用而显得像客观实体而已。索雷尔觉察到,阶级之战是被神话支撑的,这构成了其经典著作《论暴力》(*On Violence*)的基础。[57] 另一方面,舒姆皮特觉察到资本主义的本质在于企业家具有催眠魔力似的领导术,他还将其系统阐述为一种经济理论。罗斯金早已在他那本《磨房》的页边空白处写下了"工业依靠意志而不是资本"[58]的格言。我相信,我们沿着上述路线可以找到对现代文明的一种更深刻的剖析,一种心理上的剖析。当弗洛伊德发表他论述大众心理的著作时,舒姆皮特等人所说的那种潜在的引导现象就已被吸收进精神分析领域了。在揭示以压抑人的身体来支撑社会权力和权力斗争的那种神话的起源方面,精神分析迈出了决定性的一步。

三、有用和无用

我们说过,货币的根本性质在于这种凝聚着财富或价值的物体并无实际用途。这条原理对于现代货币(黄金)和古代货币(狗牙)而言都是真实的。为了支持这个命题,我们只是简单地求助于普通常识,但这是因为没有任何普遍被人们接受的理论能够适应这一浅显明白的观察结果。这是一条正式的陈述,而且它本身触犯了谨小慎微的道德中立准则。经济学家和人类学家就是依照这一准则使他们的科学不可能包含任何捣乱的批判性含义的。常识在这一点上正好反映了深刻细微的人类感情,而且在货币无用这个问题上,常识得到了整个宗教的和诗的思想的支持。社会科学家甚至比自然科学家更需要遵从怀特海的劝告,并借助诗的更具体的意蕴来修正他们的科学。

不过我们仍然需要一种科学,而不仅仅是一种常识。从我们现在的有利地位出发,我们还能推导出一种可以容纳"金钱本来是无用的"这个命题的经济学的性质。用马克思主义的术语来说,要把握货币作为剩余使用价值的特点,我们需要的是一种关于使用价值的科学,而不是关于交换价值的科学。或者更精确地说,关于交换价值的科学应当被包含在关于使用价值的科学的更大的框架内。这样一来,经济学就会具有亚里士多德所说的那种经济学的结构,即作为使用的艺术而区别于赚钱或获利的艺术。[59]而且,像亚里士多德的经济学一样,这种关于使用价值的科学应建立在一种关于人类本性的科学的基础上,能够把真正人性的需要和(神经症的)消费者的需求区别开来。正是亚里士多德对人类天性的见解使他可以正式指出:赚钱乃是一种违背自然的反常行为。最后,在关于使用价值的科学中,最根本的导向性问题将不是生产而是消费,不是节俭而是满足。关于阴郁的科学将变成关于享乐的科学。罗斯金说过:"有待于和冒牌科学相区分(如医学区别于巫术、天文学区别于占星术)的真正的政治经济科学,乃是教导所有民族去想望通向生活之物并为之劳动的科学。"[60]

我们开始认识到精神分析和经济学的真正联系。像亚里士多德一样,精神分析力图把经济学与对人类天性的一种基本见解联系起来。但与亚里士多德不同的是,精神分析对人类天性的基本见解是以一种科学的结构开始的。而且它关于人类天性的科学理论力图将赚钱活动当作亚里士多德所感觉到的一种违背自然的反常行为（神经症）来加以把握。进一步说，精神分析因为是关于享乐（快乐原则）的科学，所以它诊断出金钱的反常性质。弗洛伊德曾说过："幸福是一种史前愿望被延迟了的实现——这就是金钱很少能带来幸福的原因。金钱并不是婴儿期的愿望。"[61]最后，精神分析因为提出了金钱等于粪便的著名悖论，而成为明确表述常识和诗人们长期认识到的事实——即金钱的本质是其绝对毫无价值——的第一门科学。

这样，我们得到了精神分析的金钱理论中的第三个悖论，这个悖论也需要我们对其加以细致的解释。同样，要解释这条精神分析原理，我们将再一次努力将它与有关的现代思潮联系起来。在这个问题上的关键人物是维布伦。正如维布伦的最有领悟力的现代阐释者约翰·甘布斯所说，维布伦并无系统理论。也正如甘布斯所指出的，和我们的问题有关系的是维布伦在其对制度主义（institutionalism）的论述中表现出了一种对金钱理论的迫切需要。维布伦具有出色的心理洞察力，但他的心理学理论只是即兴之作。甘布斯本人曾指出，维布伦的心理学理论中最具洞察力的深刻见解和弗洛伊德的理论惊人地相似。如果我们试图把维布伦的理论与精神分析的进行结合，我们就要听从甘布斯的提示。[62]经济学问题的核心不是生产，而是消费，社会学问题的核心在于非理性的人类需求具有丛林争斗的形式。在这些问题上，维布伦是先驱者。幸运的是，维布伦的思想已被赫斯科维茨运用到古代经济的人类学资料研究中去。

维布伦的杰作的焦点是消费问题。我希望这将成为下一代人所面临的主要问题。那些认为心理问题并不存在、对生产力的社会控制和提高生产力会自然而然带来幸福的政治家们应该读读维布伦的杰作。在多布的论"社会主义经济中的经济计算"的文章中，迈向现实思维的进步之一就是他承认了（虽然仍有些躲闪）维布伦提到的非理性的消费模式并不限于资本主义经济。[63]

要在经济理论和维布伦对经济行为中的心理实际的真知灼见之间建立起联系，我们要确定一个缺失的环节，那就是经济剩余（economic surplus）的概念。维布伦关于有闲阶级（leisure class）的社会学概念存在着一个经济上的相关概念，即超出维持生存的最低需要量之外的经济剩余。我们再一次回到马克思所未能清楚阐明的这一表述中来："只有剩余使用价值才能被转化为货币。"洛克说过，作为货币发明的一个结果，"人们渴望拥有的超过其必需的，这改变了事物的固有价值，而这本来仅仅取决于事物对人的生存的实用性"。我们不得不回顾柏拉图对最基本的（"必需的"）城市和奢侈的城市所做的区分，我们也不得不回顾梭罗如何竭力坚持要区别必需品和多余物。维布伦、柏拉图和梭罗都一致认为（用精神分析的术语来说），人类神经症和经济剩余有内在的联系。梭罗说过，奢侈导致贫困。"那个看起来富有的阶级却是所有阶级中最贫困的阶级。他们积聚起废物而不知道怎样使用它们或者摆脱它们，因而为自己铸造了金或银的镣铐。"[64]柏拉图所说的第二种城市——奢侈的城市——也自然而然地变成了肿胀患病的城市，只有靠哲学家与国王的统治来净化。在维布伦看来，"有闲"的逻辑就是"体面的浪费和百无一用"的逻辑。[65]现在，应该问一问开明的人道主义者（他们因为标榜"摆脱贫困"的目标而获得声誉），他们怎样对付柏拉图关于"贫困不在于财产微薄，而在于欲望巨大"的论点呢？[66]

经济剩余或奢侈的存在当然先于城市革命，而且这在理想的古代经济模式中是一个普遍的特点。在这一点上，除了赫斯科维茨的文献以外，人类学文献中存在着相当多的混乱。维布伦本人就混淆了这个问题。他一方面把奢侈等同于有闲阶级，另一方面又把奢侈等同于"掠夺性的生活习惯"。在他看来，既然"掠夺性的生活习惯"和有闲阶级并不起源于原始社会，他就假定存在一个没有这两者也没有奢侈的"古代结构"。同时，在经济决定论的著作中，马克思的追随者们由于没有关于使用价值的心理学说，也就没有剩余使用价值的概念，他们在使用"经济需要"的概念时，就把生存所需的经济必需物和其他在某种意义上来说是多余的经济需求混淆起来。而且，他们在把经济剩余和马克思的标准意义上的剩余价值（剩余交换价值）混为一谈的时候，就像维布伦把奢侈等同于有闲阶级一样，他们（按照马克思的阶级观点）忽视了古代经济中也存在着一种经济剩余，还把它称为原始共产主义。

然而事实上，人这种动物作为一个物种从一开始就是以具有生产剩余物的内驱力为特征的。所以，说这种动力只是在某一统治阶级强行施加压力时才出现的，是不正确的。在维布伦的有闲阶级概念里就存在着这一类错误。实际上，历史上从来不曾有过一个有闲阶级。维布伦本人就出色地证明过他所谓的有闲阶级会进入一种不属于享乐而属于仪式的工作模式中,"展示礼仪上困难而且代价昂贵的成就",等等。[67]在人类精神中,有某种东西使人追求非享乐的事,促使人去工作。因此,这里的问题仍是同一个异化的(强迫性的)劳动问题。假定有一种内在的而不是外部施加的强制工作的力量,也就是假定有一种生产剩余物的内在需要。实际上再没有别的假设能够解释技术进步的现象了。那种"不懈地要发现事物的癖好"——恩格斯把它归因于劳动的结构,他认为劳动是人这个物种的本质——其实正是那种生产剩余物的内驱力。[68]

在人这个物种的结构中,有某种力量迫使他去实行剩余生产。但显然,只有在人不能区分必需和剩余的条件下,这种强迫才是适用的。金钱情结和工作强制的必然组成部分就是混淆剩余与必需。这种混淆在所有关于"经济需要"的含糊议论中仍然占据统治地位。不过,核心的需要乃是对食物的需要。因此我们可以说,金钱情结的固有特征就是给并非食物的东西赋予本属于食物的功效。用弗洛伊德简洁的公式来表示,就是粪便变成了食物。[69]但它仍然是粪便,正如"思金若渴"的弥达斯在饥饿时所发现的那样。①罗斯金说过:"一切基本的生产都是为了嘴,而且最终被以嘴来衡量。""对这一事实缺乏清晰的洞察是一个重大错误,对政

---

① 据希腊神话,弥达斯贪恋黄金,神赐其以点金术。他遂将女儿和食物都点成金子,但是他最终无法生存,只得再度向神祈祷,让一切恢复原状。——中译注

治经济学家而言，则是更加严重的错误。他们的思想总是专注在金钱的收益而不是嘴的收益上。"罗斯金还领悟到，金钱的收益是升华的肛门性梦想的追求物。这种升华将使人"把尘土当作神祇，把鬼影当作财产，把镣铐锁住的梦境当作生活"。[70]印加人甚至有这样的花园：其中的植物"全是用金银仿造的，包括叶、花、果实"；"有的植物刚刚冒芽，有的已长成半大，有的则已成熟"。"他们还有一些玉米田，玉米的叶、穗、干、根和花都是精心仿制而成的。尖梢的穗须是黄金做的，其余部分是白银做的，各部分被焊接在一起。"[71]

这个剩余情结就这样侵入和败坏了人类消费领域。用精神分析的技术术语来说，就是肛门情结转移为并熔铸进了口腔情结。"你们为何要在不是面包的东西上花费金钱？为何为了不能满足你们的东西而付出劳动？""愚人们！他们不明白一半比全部大多少，也不明白在锦葵和长春花中能享受到怎样的乐趣。"[72]由此产生的混乱不仅表现在对不能使人满足的、不可食用的商品怀有无限度的消费需求，而且表现为要求食物本身也具有奢侈的——即剩余的——形式。这种神经症的反常需要并不是文明或阶级统治的产物。事实上，这种需要从古代就开始了。正如马林诺夫斯基和赫斯科维茨所证明的那样，古代食物的生产、分配和消费模式都表现出被维布伦称为"挥霍摆阔"的逻辑——也就是非理性的剩余的逻辑。[73]现代经济理论把市场上表现出的需求（"目的的任意性"）当作既定的和不容置疑的来接受，也就把人类需求和消费模式的非理性当作既定的和不容置疑的来接受了。我们又一次看到了现代"理性"的虚假性。关于供求关系的优雅法则，实际上描绘的是一种动物的古怪行为。这种动物把粪便混淆为食物并且毫不自知，而且他们像处于婴儿期性欲阶段一样并不追求"真正的目标"。[74] 就像亚里士多德所指出的，因为没有真正的目标，所以人们对获得的渴望没有止境。因此，市场经济的心理前提并不如古典交换理论所说的那样，是行动者知道他们想要什么，而是他们并不知道他们想要什么。在发达的资本主义国家，广告的存在是要造成非理性的需求并使消费者糊涂。没有广告使消费者变得糊涂，经济就会崩溃。所以，罗斯金又一次看出，政治经济科学必然使黑暗和无知永恒化：[75]

> 迄今为止，因为关于交换的科学只涉及交换双方中一方的利益，所以它是建立在一方的无知或无能的基础上的……它是一种以无知为基础的科学……在一切科学中，只有这一种科学，它必定要运用一切手段去散布和延续与其对立的无知……因此，它是独特的黑暗的科学。

在无价值的东西向价格昂贵的东西、不能食用的东西向食物转变的过程中，人获得了一个灵魂。人不再只是靠面包生存的动物，人变成了具有升华作用的动物。于是，黄金成了人努力升华的最典型的象征物——"世界的灵魂"（如本·琼生所说）。将低贱物质升华为黄金是炼金术的愚蠢功能，也是炼金术的伪世俗的后嗣——现代资本主义的愚行。在《资本论》中，最深刻的东西就是马克思对金钱的炼金术式的神秘性和商品的"神秘的""拜物教似的"性质的朦胧预感。"这种社会存在（体现在金银里）具有属于另一世界的侧面，具有一种接近又超出社会财富的真正因素（事物、物质、商品）的侧面。""在有息资本的情况下，资本自身的可再生产的特点、价值的扩大以及剩余价值，都使资本被包裹上神秘事物的性质。"商品"被投入流通的炼金钵里"，"出来后就具有了货币的形式"。"流通是巨大的社会炼金钵。每样东西都被投进去，变成黄金的结晶再出来。""流通的每一个毛孔里都流出货币。"[76]弗洛伊德对升华作用的批判预示了人类幻想飞翔的这段航程的终点、这种炼金术错觉的结局，以及对事物真正价值的发现和价格昂贵之物向无用之物的还原。弗洛伊德在给弗莱斯的一封信中这样写道："我几乎无法告诉你，我（一个新的弥达斯）把多少东西变成了粪便。"[77]

追求升华的内驱力和生产经济剩余物的内驱力是相同的。那么，是什么支撑着生产剩余物的内驱力呢？马克思为了解释人的历史性（在他看来也就是技术进步），认为人具有这样一种心理—生理结构：为了满足某种需要的行动和制造某种工具来满足某种需要的行动又会激发新的需要。这样一种假设使人永远成为浮士德式的焦虑不安的人。这就排除了获得幸福的可能性，也排除了出现"富足的经济"的可能性。[78]这种阴影笼罩着《资本论》的第三卷。马克思写道：

> 只要劳动仍处于需要和外部功利的强制之下，自由的王国

就没有开始……正像野蛮人必须与自然搏斗以满足他的需要、维持他的生命和生命的再生产一样,文明人在任何社会形式中和在任何可能的生产方式下也不得不这样做。随着人类的发展,自然需要的领域扩大了,因为人类的需要在增长。与此同时,生产力也在增长。这些需要也因此得到满足。[79]

马克思在《资本论》第二卷中说:"如果我们假定资本主义的强迫性动机是享乐而不是积累财富,那么资本主义的基础就被摧毁了。"[80]但是,马克思的心理学并不能把人类引向享乐。只有一种享乐的科学能把我们从这种无限扩张的技术进步的噩梦中解救出来。但是怎样才能做到这一点呢?

我们研究的问题也是劳动分工的问题。再没有人比马克思更强烈地谴责过文明的劳动分工所造成的非人性的后果了。[81]他认为:它对于自由而言是具有毁灭性的;它造成人的单一才能的发展,以所有其他才能的牺牲为代价,而把人的才能进行分割就是杀死他;它产生了一种残缺的怪物——工业的病态;智力作为一个整体在这一过程中被异化,而专家则变得愚蠢无知。杜克海姆则比较冷漠,他证明了劳动分工并不是个人寻求幸福的结果,而且并不促成个人的幸福;他认为进步是劳动分工的结果,但它与人类幸福毫无关系。[82]杜克海姆强调:在人类幸福和需要的明确性质与进步的不明确的目的之间,在幸福的和谐原则与劳动分工造成的不和谐后果之间,存在着二律相悖关系,而且潜藏于一切之下的是幸福与劳作之间的二律相悖关系。不过马克思又不得不承认劳动分工(为迥然相异的社会经济结构所共有）的现象是"自发形成的"和自然的，所以他有了这样沮丧的结论："某种身体和头脑的残缺甚至是与作为整体的劳动分工不可分割的。"因此，马克思希望当代过度的工业病态状况能够减轻，而杜克海姆希望能够对此加以调节。[83]

劳动分工并不是从严格意义上的经济需要的领域中产生的，而是在经济剩余的领域中产生的。只有在非常发达的组织水准上，家家户户才敢于依赖某种别的东西而不是依赖他们自己的生产来满足他们的经济需要。马克思在描述古代印第安村社时曾这样说："产品的主要部分被指定供村社本身直接使用……只有剩余部分才成为商品。"[84]因此，原始贸易的核心物品——旧石器时代的琥珀、古代东方的黄金——具有剩余物的特点，最早的专家——巫师——也具有剩余物的特点。在这里，我们又一次回到宗教性货币上来了。杜克海姆未能把劳动分工与经济剩余联系起来。他把劳动分工想象为一种抽象的社会团结原则。他在自我满足地指出这种抽象的社会团结原则与个人幸福毫无关系之后，又假设它作为一种真正的敌视个人的力量，并不根植于个人的心中。赫斯科维茨则追随维布伦的观点，采取了另一条思想路线。[85]他把劳动分工与经济剩余联系起来，并把经济剩余和声望以及特权联系起来。同时，正如我们所看到的，他又把声望和特权与宗教性领域联系起来。这就很容易证明，劳动分工作为不断扩展的宗教性剩余成分的组成部分，具有一个连续的发展过程，并通过最初文明中的祭司王，在神圣家庭的复杂组织里达到了高潮。[86]

"人并不单靠面包生活。"这对古代人来说就已经是事实了。古代人受本能束缚,要创造经济剩余物。出于同样的道理,他们也被本能束缚于非享乐、自我抑制和强制性工作中。出于同样的原因,产生经济剩余的那种心理情结又把经济剩余导向非理性的,即宗教性的目的。这种宗教性情结就是劳动分工之母。我们之所以把劳动分工当作合乎理性的东西来接受,部分原因在于我们有"世俗的就是合乎理性的"这样一种普遍的错觉。但它实际上是一种魔鬼崇拜。我们不再把剩余物献给上帝。现在生产不断扩大的剩余物本身就是我们的上帝。既然上帝比文明更具有人性,那么把经济进程从上帝的控制下解放出来就完成了人的非人性化。引用舒姆皮特的话来说就是:"资本主义的理性并没有消除低于理性或超越理性的种种冲动,它只不过通过消除宗教性或半宗教性传统的约束而使那些冲动变得无法控制而已。"[87]因此,真正从劳动分工和强制性工作中获得解放(并且开创一种享乐的经济学)有赖于从宗教的剩余生产的约束下获得解放。我们必须更深入地探究这种约束的性质。

四、负债与负罪

在古代经济理想模式中,我们已假定存在一种非享乐的心理原则——用弗洛伊德的术语来说就是"压抑",用马克思的术语来说就是"异化(强迫性)的劳动"。我们已经从这种非享乐的心理原则中推导出了剩余或多余性的经济制度。我们已经看到现代经济的两大灾祸——权力和劳动分工——业已为古代经济所固有，因为它们是经济剩余的特有产物。我们还看到了剩余成分在本质上就是宗教性的成分。

但是仅仅假定有一种非享乐的心理原则是不够的，我们的目的是要理解它。它是不可改变的吗？它在生物学上是既定的吗？或者说，人类是否可能有一天为自身的享乐而生存呢？非享乐原则和宗教信仰之间的联系似乎为我们提供了一条思路。进一步的思考以及精神分析理论，使我们感觉到它们是一回事，且存在一个共同的问题，即剩余性—宗教性问题。而这个剩余性—宗教性问题在古代经济中就已经存在了。

跟随波拉尼的观点，我们已经看出古代经济并不受精细算计的心理所制约。那么，它遵从的是什么原则呢？波拉尼认为其根本点在于：[83]

> 人的经济活动总是被淹没在他的社会关系中。他的行动并不是为了保卫他在物质产品的占有方面的个人利益，而是为了保卫他的社会地位、社会权利，以及社会资产。他仅仅以物质产品服务于这一目的的优劣来衡量它们的价值……经济制度是靠非经济动机来运转的。

赫斯科维茨也支持波拉尼的这一说法。不过，波拉尼的阐述虽然准确地反映了人类学家的一般思路，却并未回答古代经济的心理问题。"社会关系""社会资产"这些社会学的概念过于含糊，要说它们有意义的话，也只是将经济与一种文化的其他所有方面联系起来而已。现代经济理论将"经济的人"的理想模式弄得深奥复杂，但又完全不适用于整个古代经济的领域。这迫使我们要去寻找一个古代"经济的人"的理想模式。同时，我们充分意识到理想模式总是理想化的。波拉尼认识到了这一点并试图完成它。他指出了一系列社会组织的全局性原则，如相互性（对称性）、再分配（向心性）和家务管理（自给自足性）。但这仍然属于社会学而非心理学，而且不适用于我们的目的。

据我所知，人类学仅仅产生过一个试图以哲学方式去界定原始经济的心理本质的概念，那就是赠礼。马林诺夫斯基以其哲学眼光第一次看出，在特罗布里昂群岛，劳动的刺激和劳动分工都基于一整套复杂的赠送与回报礼物的义务。[89] 接着，马塞尔·莫斯总结出了赠礼这一概念并将其发展为整个原始经济的基本范畴。[90] 事实上，赠礼这一范畴更具体也更根本地说明了波拉尼含糊地称之为相互性和再分配的那些原则。假如我们研究一下圣诞节习俗，就可以对一种建立在赠礼基础上的经济如何运作的情景获得一个大体印象。正如列维-施特劳斯在试图以赠礼来解释古代亲缘系统时指出的，没有什么地方像资本主义的美国那样在圣诞赠礼上煞费苦心的了，人们仿佛通过一年一度的从古代延续下来的给予仪式抵消了自己一整年的索取心理。[91]

因此，原始共产主义的神话也和一切神话一样，具有一种心理真实性的内核。古代经济是被给予和共享的规律所制约的。不过这个规律是一种心理层面的原则。倘若把它解释为建立在一种共同所有制的经济原则之上，那就大大歪曲了它的性质。这样的观念给古代社会掺进了现代的财产和占有心理。它把集体当作一个巨大的拥有者来看待。于是，古代的人也变成了自私自利的"经济的人"，他们之所以共享不是因为具有一种愿意"给予"的内在倾向，而是因为他是一个集体企业的部分拥有者。因此，在关于古代经济是不是集体主义（意即共同所有制）的问题上展开的整个论战才会僵持不下，一片混乱。[92]其症结在于现代的占有心理被强加在了一种更深刻的给予心理之上，而现代的占有心理又是通过否定的作用过程从其古代对立物中构建而成的。

古代赠礼制度是理解整个宗教—剩余性成分的心理机制的线索。在古代经济中，赠礼和还礼组织起了劳动的分工；声望和权力是由给予礼物的能力赋予的；礼物是神圣的，而神的存在就是要接受礼物。[93]因此，非享乐原则、对工作和生产经济剩余物的强制力都包含在给予的需要之中。一种经济剩余物被创造出来，目的在于创造可以给予的东西。古代的人不享乐是因为他们需要给予。

我们应当摆脱关于"经济的人"的那种偏见，即认为经济活动的基础是"理性的"、功利的利己主义。马克思用来作为劳动和技术进步的那种心理假设——人的需要的满足总是产生新的需要——就假定了功利性的利己主义。杜克海姆的整个劳动分工的社会学则围绕着下述原则："生活得更幸福的欲望是唯一能够说明发展进步的个人根源。"[94]杜克海姆假定个人心理的领域被包含在对幸福的寻求之中——也就是说它是利己主义的。于是，他在（正确地）证明了劳动分工不可能产生于对幸福的寻求之后，便肯定它不可能产生于个人的心理，因而径直把社会和超个人的团结原则实体化为一种现实力量。就连莫斯在那篇使我们获益匪浅的文章里似乎也把这个问题搞错了，因为他也没有完全摆脱关于利己主义的谬见。根据莫斯的看法，根本问题在于要确定是什么迫使一件礼物的收受者回赠一件礼物的。[95]他假定原来的赠礼者在愿意赠礼之前需要一种保证，以使他在这种交易中不至受到损失。我们看到，这是对一种利己主义心理的假设。然而利己主义心理是不能解释礼物交换制度的。因为原始经济中的礼物交换是被相互原则广泛制约的，所以赠予者虽然不会受到损失，但也不会有所收获。利己主义心理不能解释那些最终没有收获（而仅仅是没有损失）的活动。问题并不在于是什么迫使礼物收受者回赠礼物，而是何以会有赠予？最后莫斯不得不在赠礼问题上采取杜克海姆对待劳动分工的那种相同立场：礼物交换是社会团结的一种原始行为。[96]

能指出具体的赠礼制度产生了社会团结原则，因此人类社会组织的基本心理可能包含在赠予心理之中，这是一个巨大的进步。不过，假如我们只是简单地从一种未经深入分析的社会团结原则中推导出赠礼制度，那我们就既不能理解赠礼制度也不能理解社会组织。

那么，需要赠予的心理是怎么样的呢？我们已经假定在赠予的需要和非享乐原则之间存在联系，这也就是说，赠予心理使我们超越了利己主义，超越了对个人幸福的欲求——用弗洛伊德的话来说，超越了快乐原则。古代的赠礼行为对于人们认为经济生活的心理动机是功利的利己主义这种看法是一种有力的驳斥。古代人的赠予是因为他需要受损失——这种心理不是利己主义,而是自我牺牲。所以它和宗教性有内在联系。神的存在是要接受礼物,亦即牺牲。神的存在目的在于将人类需要构建为自我牺牲。[97]

在《超越快乐原则》中,弗洛伊德宣布,精神器官存在着一种独立于快乐原则的、比快乐原则更原始的功能,它似乎给人类机体强加上"在快乐原则的统治开始以前即必须完成的另一种任务"。[98]《超越欢乐原则》揭示了弗洛伊德思想的最后阶段——他的余生都专注于探索这另一种原则的性质。他的探索揭示了问题的许多方面——焦虑、重复性强迫症、施虐癖和受虐癖、罪疚感、死本能。在弗洛伊德看来,这些方面都互相联系着,最终都可以被当作死本能的表现来加以把握。我们认为经济的心理基础就在这个区域,即死本能的部分里。

不过,为了避免一下子面对死本能理论的所有复杂问题,我们开始只做有限的假设,即经济的心理基础就是负罪心理。给予即自我牺牲;自我牺牲即自我惩罚。杜克海姆说过:"工作对于大多数人而言仍是一种惩罚和一种鞭笞。"[99]工作起源于亚当的原罪就表达了这种心理真相。在古代赠礼制度中,赠予者想要失去的是负罪疚感。这样,我们对金钱的肛门人格这一精神分析悖论便获得了更深一层的意义。金钱是凝聚的财富,凝聚的财富是凝聚的罪过,而罪过本质上是不洁的。"修道士们吃下这个世界的粪便,也就吃下了罪过。"拉伯雷这样说。亚伯拉罕则说:"在我的一个病人看来,吃粪便的念头是和因为巨大罪过而受惩罚的念头相联系的。"[100]金钱就是人的负罪疚感经过去除杂质而最后凝成的自我惩罚的纯粹晶体。但它仍然是肮脏的,因为它仍然是负罪疚感。

弗洛伊德在谈到陀思妥耶夫斯基时说,他的"罪疚感的重负已经具有像债务负担一样的明确的形态"。[101]我们下面就来讨论弗洛伊德这句评论的含义。论述金钱和肛门人格的传统精神分析论著(弗洛伊德、亚伯拉罕、费伦奇、琼斯等人的论著)对罪疚感这一因素都没有给予足够的注意。只有罗海姆因为熟悉人类学资料才正确地对待了这一问题,不过他仍然采用惯常的那种不适当的晦涩的方式。事实上,正是尼采在他论述罪疚感的文章《道德的谱系》(*Genealogy of Morals*)里指出了精神分析理论关于金钱即罪疚感的要害。尼采的论述既不系统,也不始终一致,但他论述的角度仍然是最佳的出发点。[102]

尼采一开始就将人定义为"能够做出许诺的动物",并把理解"这样一种动物是如何产生的"问题作为关于人的主要问题。许诺的能力涉及对动物遗忘过去的自然能力的丧失,而后者正是健康地生活在现在的先决条件。人的许诺能力牵涉到既往时光的不健康的(神经症的)秘结(肛门人格)——他不能"摆脱"任何事情!这样,通过许诺的能力,未来就被束缚于过去。也正是这一点,赋予人算计的能力,同时使人可以被算计,使人能负债也能还债。正是这一点,使人能承担责任——这就是人的良心。

然后,尼采通过证明负债与负罪("必须"与"应该")、契约与责任、价格与报复之间的结构同一性,扩展了在道德和经济之间的这种假定的内在联系(我抛弃了他关于良心起源于贸易的看法,也抛弃了他对"良心"和"内疚"所做的区分)。他指出,无论是经济领域（债权—债务关系）还是道德领域（绝对责任），都透着残酷的气息（施虐癖）。在道德领域，他假定潜在的原因在于一种本能的压抑，这种压抑将攻击性转向内部并导致自我否定和自我牺牲（受虐癖）。他将整个情结与一种施虐和受虐的宗教联系起来。在宗教领域，他的基本观念是：现在的文化是人们对祖先欠下的一笔债务。尼采假设，随着文化的积累（文明化），人们对祖先的欠债感（罪疚感）也增强了。基督教作为一种不能偿付的欠债的神学，臻于高潮。最后，尼采又回到他原来的出发点（这种能做出许诺的动物是不健康的），把自我牺牲的宗教与本能的压抑以及疾病（神经症）联系起来。[103]

这一整套观念对经济理论的主要意义，可以通过将尼采与一位缺乏这些观念的伟大的经济心理学家做对比来衡量。维布伦试图用掠夺本能（施虐癖）来解释经济制度，但他没有尼采关于施虐癖与受虐癖可以互变的观念，没有罪疚感和压抑的观念。因此，维布伦关于"有闲"的观念是有种种局限的。

要把精神分析体系引入尼采的深刻见解，我们就应该从他的最后一个观念（即对祖先的负债感）着手。精神分析学能够接受尼采关于对祖先的负债感是自我牺牲的宗教的支配性观念这一看法。精神分析学也能接受关于自我牺牲的宗教就是导致本能压抑和克制（非享乐）的生活（和经济）的原因，以及自我牺牲的宗教具有累积性效果的看法。弗洛伊德在《文明及其不足》中运用了尼采的其他观念，如施虐与受虐癖的可互变性、整个情结起源于对当前生命的充分享乐的压抑等。他对这些作用过程做出了比尼采更好的解释。对当前充分享乐的压抑必然释放出对祖先的攻击性,而压抑正是出于对这些祖先的爱才产生的。对祖先的爱恨交织使人产生了罪疚感。而且,愈是充分地向过去偿付债务,也就愈是彻底地损害了对当前生命的享乐。于是,大量新的攻击性倾向被释放出来,又带来了大量新的罪疚感。

不管对罪疚感最终做何解释,我们提出了整个金钱情结根植于负罪心理这一假设。罗斯金说:"金钱这名称恰如其分,都意味着承认负债。"他还论述了希腊神话中的罪过和复仇女神提西福涅(Tisiphone)是"一个通晓最高级的算术和有严守时间的习惯的人"[104](用弗洛伊德的术语来说,就是肛门人格)。印欧语系的语言当然也证实了尼采的说法,负债与偿还的语义(义务)就是负罪的语义(责任)。既然我们出于已知的理由必须抛弃尼采的(在传统上,是亚当·斯密的)"贸易是人类的一种原始制度"的观念,那么我们也应当将他对上述语义学事实的解释颠倒过来,并从罪疚感中推导出贸易。事实上,如果我们同意金钱情结具有宗教特性这一基本假设,也同意将宗教领域与罪疚感所包含的范围等同,那么贸易自然就起源于罪疚感了。

杜克海姆认为,劳动分工及其一切后果都不是起源于快乐原则("对个人幸福的欲求")的。这是正确的。但他认为个人的心理应被概括为快乐原则,这就错了。古代的人是为了卸下"有罪"这一负担才给予他人的。但根据假设,接受给予的人也怀有他的罪责负担。在我们理想的古代经济中,交换赠礼的最终结果便是一种具有相互性、对称性和平衡性的结构。

那么相互给予又怎样有助于人们摆脱罪责负担呢？当然，正如整个古代和现代历史所显示的，这种行为并未解除人们的罪疚感。但它的确代表了人们寻找解决办法的第一次尝试。罪疚感通过被分担而减轻，而人们进入社会组织的目的就在于分担罪疚感。社会组织（包括劳动分工）就是一个分担罪疚感的结构，它将受压抑的潜意识的罪疚感带到了意识之中（当然是以一种歪曲了的形式）。我们记得弗洛伊德的这个主张，即无意识观念要变为意识，只有在它们被转入外部知觉，也就是被投射到真实世界时才能实现。[105]社会组织就是罪疚感的一种象征性的共同忏悔。

这样，我们就了解了弗洛伊德关于社会组织是由一桩原始罪行中的共谋关系（图腾式的兄弟关系）形成的这一观念。[106]赠礼行为的逻辑与图腾式的圣餐的逻辑相同。对于后者，弗洛伊德曾评论说，只有所有参加者的团结一致，才能够减轻人们的有罪意识。[107]所有分发食物的仪式都带有圣餐的性质。像莫斯接受的那种对古代人的解释——共享和交换的物品具有一种规定其社会化的魔幻品质——是不充分的。[108]它们的魔幻品质就像图腾食物的魔幻品质一样，是从它们对潜意识罪疚感的象征性关系中产生的。而潜意识罪疚感的第一要求就是被分担。与此相似，与赠礼制度紧密联系的古代亲缘系统也不能用抽象的对社会组织的需要来解释，而应当用负罪心理来解释。像列维-施特劳斯那样，认为对乱伦关系的禁忌是家庭组织的基础，[109]也是不充分的。我们应当回到弗洛伊德的看法，即对乱伦的罪疚感创造了家庭组织。[100]

不过，我们必须立即把自己和弗洛伊德区别开来。对弗洛伊德来说，原始罪行是一种历史事实。既然它是历史事实，根据弗洛伊德的看法，历史事实的后果要在每一代中重新产生，它就也是一种生物学的事实。弗洛伊德的立场既与他关于"远古遗产"包含"先辈经验的记忆印迹"的立场分不开，也与他关于婴儿期性欲组织（即人的基本创伤的身体承载物）在生物学上是既定的这一立场分不开。[111]所以顺理成章地，罪疚感的问题是不可解决的。抛弃了许许多多错觉的弗洛伊德，并没有抛弃关于亚当确实堕落了的错觉，所以他一直固守着对升华作用和文明——原罪的产物——的基本观点。如果我们接受弗洛伊德关于文明的建立是出于人关于罪疚感的观念以及他对负罪逻辑的认识，那么我们只能得到彻底的悲观主义。

与此相反，我们所坚持的立场是：亚当绝没有真正堕落；孩子并没有真正继承他们先辈的罪恶；原始罪行乃是一种婴儿期的幻想，是婴儿期的自我为了借压抑作用将自己不可控制的生命力（本我）隔绝开来而凭空杜撰的；性欲机制是婴儿期的自我建立起来压抑其身体的生命活力的；成年生活仍固着在这个婴儿期幻想的世界上，直到成年的自我强大到足以解除这种基本的压抑并进入自我享乐的王国。尼采说："无神论和某种第二次纯真（second innocence）是相辅相成的。"[112]只有拥有第二次纯真，人才能认识到整个负债和负罪情结是幻想，是噩梦。只有第二次纯真才是无神论的。我们再次看到伪世俗的"理性主义"的局限。根本问题并不在于负罪疚感，而在于没有能力生存。一种不能享受生命的动物必然产生负罪的幻觉，以便组织起一种非享乐的生命。

如果金钱情结是从一种无意识的罪疚感中构建起来的,那么它就是一种神经症。所以,象征和金钱情结是不可分割的。劳姆论证了金钱情结的象征必定产生于象征的发源地,即宗教性领域。不过宗教性象征本身也是一个谜。象征的基础在于无意识。如弗洛伊德所证明的,凝聚(condensation)、移置(displacement)和象征性替代(symbolic substitution)是无意识试图进入意识的必然形式。金钱既然是"凝聚的价值""价值的象征物""普遍的等价代表物",也就经过了这些形式,并从无意识中脱出。而且,金钱情结之所以离不开象征,根本原因在于它产生于对现实的否定(幻想),并如弗洛伊德分析婴儿期性欲的幻想时所言,它没有真实的目的。金钱之所以是象征性的,是因为它产生于无意识的罪疚感,因为现实中没有与之对应的东西。因此,我们可以把弗洛伊德对无意识幻想产生的征候(象征)所做的论述用于论述金钱:[113]

> 不过,绝不能让自己误入歧途,把现实的标准运用于精神的被压抑的创造物。这可能导致我们因幻想并非现实事物而低估了它们在征候构成方面的重要意义,或者因缺乏证据来说明一件罪行的实际责任,便从其他根源中去推导神经症的罪疚感。一个人不得不使用他正在考察的国家通用的货币——在这种情况下,我们就要用"神经症"这种货币。

在这种意义上说,一切货币都是神经症的货币。

不过,并非所有货币都具有一样的神经症,或者说并非所有货币都具有相同意义的神经症。神经症的辩证意义包含着其自身"对解释和治疗的努力"[114]——这是受到被压抑的无意识不断向上运动的压力所激励的,并且这会导致被压抑的无意识向意识的回归。尽管只要基本的压抑(否定)仍在持续,神经症仍在持续,这种回归便会越来越歪曲。现代经济的特征是神经症的恶化,与此同时,它又更充分地描绘出神经症的性质,体现了更充分的被压抑的无意识的回归。

在古代意识中,负债感是和债务可以偿还的幻觉一起存在的。神的存在使债务可以偿还。因此,古代经济镶嵌在宗教里,被宗教框架所限制,也被宗教所慰藉——尤其是负债感和罪疚感的解除。在现代意识中,罪疚感不断增强,尤其是有罪的重负不可清偿的真相冲破无意识的防御浮现出来——这正是我们在前一章里看到的路德所代表的那个历史时刻。在这一时刻,神退回无形之中,人破产了。

这样,负罪意识的增强使经济进程从宗教的神圣控制和神圣目的中解放。经济的世俗化意味着抛弃关于善行完成救赎的惬意幻想——正如路德所说,人并不因善行而获救。与此同时,工作的强制性仍被保持着并被强化了。结果产生了一种被纯粹的负罪意识所驱动的、没有任何救赎意识可以减轻其负罪意识的经济。就像路德所说的,魔鬼(罪疚感)是这个世界的主宰。古典政治经济学也并非没有觉察到这种处境(也是以一种歪曲的形式)。劳动价值理论就对应着一种完全受劳动强制性驱动的、没有任何享乐可以缓解的经济。不过,没有享乐的工作是纯粹的自我惩罚,因此也就是一种纯粹的负罪文化。这时,被抛弃的是基督救赎的幻想,而不是亚当堕落的幻想,因此人必须以工作来惩罚自己。经济无意识地服从于负罪的逻辑。

抛弃工作救赎的幻想意味着婴儿期自恋梦境的幻灭、承受严酷真理能力的增强,以及由于这两点而产生的自我的普遍增强。可是神经症仍在持续,而且严酷的真理只有在否认它(否定)的条件下才会被现实化。路德关于资本主义是魔鬼的作品的观念仍然将负罪问题引入了意识(即使是通过一种歪曲的方式)。世俗"理性主义"和自由主义新教否定了魔鬼(罪疚感)的存在。它们的否定对经济并无影响。经济仍然是受负罪意识驱动的。但它们也造成了一种区别,那就是经济更加无法控制地受到负罪意识的驱动,因为负罪问题被它们的否定压抑到无意识中去了。

五、时间就是金钱

俗语有云:"时间就是金钱。"在劳动价值理论中,价值由劳动时间单位构成。按照马克思的论述,"时间就是一切,人什么也不是,人只不过是时间的残骸"。弗洛姆解释说:"资本这死亡了的过去雇用了劳动这现存的生命力和力量。"[115] 从上述观点来看,利息就是过去的成就向现在的活动征收的贡税。从另一个观点来看,资本主义的动力就在于将人的享乐延迟到永远无法到来的未来。以凯恩斯的话说,是"明天将会有果酱,而今天永远没有果酱";用罗斯金的话说,是"球茎生出球茎,永远长不出郁金香"。[116]利率被称为"具体化为市场价格的急不可耐的情绪"。舒姆皮特则说,在利息现象中,"时间本身在某种意义上变成了成本费用的一个要素"。[117]所以,这一问题在希克斯教授的公式里得到了总结:"利息率就是时间的价格。"[118]

倘若经济学家们仍然在其意识中对时间概念的实际变化情况施行压抑的话,他们就无法追寻到"利率这头古怪野兽"的巢穴。对于具有哲学头脑的物理学家、生物学家和人类学家来说,下述两方面情况正变得越来越明白无误:一方面,康德说时间并不是客观存在的事物,而只是人类思维的一种图式,这是正确的;另一方面,康德假设人的思维永恒不变地具有这种图式,这是错误的。目前,人们对这场讨论的考察得出了正确的结论(就现状而言),即时间图式的选择取决于生物学的和文化的需要。[119]康德对于时间图式的普遍性假设与他对人具有普遍理性的假设相关。我们可以看出,认识论对"理性的人"(Homo rationalis)的普遍性假设实际上就是在心理学对"经济的人"(Homo economicus)的普遍性假设。理性主义的时间观念的崩溃,使得当代时间理论陷入了文化的非理性相对主义;时间上的非理性相对主义又与人类需要问题上的非理性相对主义相联系。因此,要使我们对时间的理解向一种更高的理性迈进,这有赖于对一般的非理性(特别是对人类需要的非理性)进行探讨的心理学,也就是精神分析。

在精神分析和时间之间,正如在精神分析和金钱之间一样,联系二者的中介是宗教。经济学家和科学家都应当勇敢地面对这样一个事实,即研究时间实际上就是研究一种宗教。这一点没有逃过沃夫敏锐的眼光,是他使美国人类学家睁开眼睛看到了时间观念的文化相对性,例如霍比人的时间观念就根植于宗教评价之中。[120]但是根本问题是要看到西方古典的时间观念(即牛顿式的时间)是一种宗教。就像所有的宗教一样,西方古典的时间观念被它的信奉者们(包括物理学家和经济学家)当作绝对的客观真理。我们又一次看到"世俗理性主义"的确是一种宗教,而新的相对主义的时间观念实际上是一种宗教的瓦解。

时间的宗教性质在斯本格勒提出的阿波罗式时间与浮士德式时间的对立中已经逐渐显现出其轮廓。[121]不过对于我们的目的而言,最好的出发点是米尔西亚·伊利亚德对古代和现代时间的对立所做的出色的(不过我们将看到,在心理学角度来说是混乱的)阐述。[122]古代时间是循环的、周期性的、非历史的;现代时间是渐进的(历史的)、连续的、不可逆的。伊利亚德证明了:古代时间的周期性之基础是一种周期性救赎的宗教;现代渐进时间的基础则是一种在时间终点获得最后救赎的宗教,它起源于希伯来并在基督教中获得了经典的系统阐述。这似乎再一次证明了"世俗理性主义"(在目前的情况下,就是古典的理性主义的时间理论)实际上正是基督教基本前提的延伸,只不过它删掉了救赎的观念。[123]

如果时间是一种宗教观念,那么它就是精神分析考察的一个适当的对象。弗洛伊德在1920年写道:"由于某些精神分析的发现,我们今天得以着手来讨论康德的'时间和空间是思维的必然形式'这一原理。"实际上,精神分析关于时间的基本发现产生于对无意识的最初发现之中:在无意识中,是不存在时间的。"无意识的思想进程本身是没有时间限制的。""在本我中,没有任何东西与时间观念相对应。"[124]在前面的一章中,我们已经从这一原理推导出结论:自我和本我达到统一的一个健康的人将不会生存于时间之中。换句话说,无论是古代的时间还是现代的时间,它们都像金钱一样,是患有神经症的,并与本能的压抑有关。[125]

在一般压抑状态下,意识无法抛弃时间的面纱,并且只有神秘的意识才能凭直觉推测时间之外存在着什么。精神分析宣称个体的自我可以使无意识成为意识,但精神分析面临的重重困难可以从弗洛伊德本人处理时间问题的失败中反映出来。他在人生接近尾声时这样写道:"我一直有这样的看法,即我们迄今极少把'压抑不因时间的推移而改变'这一不可辩驳的事实用于我们的理论。这个事实似乎给我们提供了研究某些极其深刻的真理的可能性。然而我本人在这个问题上没有取得任何深入的进展。"[126]1920年,弗洛伊德得出了一个错误的结论,他认为既然时间并不存在于无意识之中,那么它一定是意识系统的衍生物,"我们抽象的时间观念似乎是从知觉—意识系统的工作秩序中衍生出来的"。他还建议人们从知觉系统的运作所固有的某种有节奏的周期性中去推导出时间观念。[127]于是,弗洛伊德走进了一条死胡同。可是,精神分析对人的探测和描绘并不仅限于无意识和意识这两个领域。时间确实是属于自我的,但它只属于自我的无意识部分,也就是说,它属于为支持和承受压抑所必需的歪曲现实的基本结构。被康德视为理性的必然图式,实际上是压抑的必然图式。时间概念上的文化相对性——这是一个有希望的迹象——实际上表明基本压抑的结构并不是不可改变的。伊利亚德真正发现的是古代人和现代人的压抑结构具有意义重大的区别。

如果说时间属于自我的无意识部分，那么它应当被归入精神分析所发现的这一部分的各种组成成分之中——比如超我（良心、罪疚感）、防御机制，以及人格结构。实际上，弗洛伊德已注意到时间与自我的这一无意识部分的关系，他只是没有将其发展为一种理论。早在1914年，弗洛伊德就暗示在良心的监视机制和时间观念之间存在着一种联系。[128]在他充分发展了的理论中，超我乃是已丧失的过去的阴影，（由于自居作用）被结合到了人格中去。它"特别代表着文化的过去"；它"在自身中结合着现在和过去的双重影响"；它是"说明现在被转入过去的方式的一个例证"。[129]用尼采的话来说，那种对祖先的负债感（即负罪心理，它使人滞留于过去并能够做出承诺）是个体在童年时期通过与父母的联结以及成为自己父亲的愿望而形成的。

弗洛伊德也觉察到时间因素——一种"双重历时"结构——存在于他称之为"消除"（undoing）的防御机制中。芬尼切尔对"消除"做了如下定义："完成某种确定的事，它在事实上或通过魔幻的方式与过去某种也是在事实上或想象中做过的事情相对立。"[130]芬尼切尔又补充说："赎罪的观念只不过表现了对一种魔幻式消除行为的可能性的信念。"因此，时间只能是由一种具有负罪心理并探求赎罪的动物构建起来的。

同时，时间也是被称为"孤立"（isolation）的防御机制的一个要素。孤立是用于保护自我免受其自身的本能驱动力淹没的一种技巧。孤立可将经验分裂为互不相连的碎片,时间间隔被插入其中,如此一来,自我就可以安全地沉溺于常规惯例,不受本能需求的骚扰。[131]正像露西尔·杜利所指出的,[132]这种保护自我、抵御本能的方法在现代西方人当中得到了发展。用怀特海的术语来说,时间的具体化和偶像化支撑着现代西方生活的抽象特征,保护它免受本能的具体性的影响。可是,人们通过孤立作用将时间分裂,却又将时间包裹为一个个单位,使之可以"计数",可以"估价",也可以"存储",就像财产和金钱一样。亚当·斯密说过,劳动分工的要害在于节省时间。因此,"孤立"这一防御机制为肛门人格所钟爱的那些本我满足方式准备了实现途径。

实际上,时间和金钱不只是相似而已。露西尔·杜利证明了:物品必须被视为时间的结晶,以便被作为财产来占有;价值的劳动时间理论在这一点上最接近精神分析。斯本格勒则证明了:阿波罗式时间和阿波罗式金钱、浮士德式时间和浮士德式金钱之间存在联系。[133]因此,尽管弗洛伊德没有这样做,但亚伯拉罕和琼斯的确在标准的精神分析教条中引入了如下悖论:不仅金钱是粪便,时间也是粪便,许多病例证实了这一点。[134]

最后,为了完整地评述精神分析对时间的研究,我们还应指出时间和死本能之间存在联系。假如死本能的名称恰如其分,那么它一定和时间有某种关系。弗洛伊德就特别假定死本能和重复性强迫症有特殊的联系。[135]重复性强迫症就像"消除"这种防御机制一样,也像弗洛伊德假设的知觉中的有节奏的周期性一样,乃是一种时间结构。分割——"孤立"这种防御机制中的决定性行动——也是死本能的一种表现。[136]时间和死本能之间的联系一直受到精神分析著作中死本能理论的普遍忽视。[137]在前面的一章里,我们曾试图找到死本能和否定之间以及否定和时间观念之间的联系。

精神分析的时间理论并不连贯、一致。在精神分析理论中、除了那位大师(指弗洛伊德)配置停当的东西以外,其他的都不连贯、一致,而在这个问题上,他又恰好是疏忽大意的。不过,个别的真知灼见仍被发展为可以运用的理论。我们能够利用"时间和消除机制有联系"的原理得出:时间是赎罪所必需的一种图式。西方哲学始于古希腊阿那克西曼德的警句:"由于欠债,他们被毁灭并返回他们的诞生之处,因为他们根据时间的秩序对他们所行的不义之事予以公平的裁判和清偿。"这句话充满经济学的意味,但其根源是负罪的宗教,时间的图式即产生于此。这个问题在伊利亚德的存在主义的阐述中被弄错了。问题并不在于世俗存在的无意义性或荒诞性,或者历史存在的邪恶性和恐惧性。问题实际上在于人类的负罪意识,正是它导致了历史的噩梦和循环再生的补赎仪式以及救世主的赎罪。

不应当赋予古代的人以废除时间和"生活在一种连续的现在"的能力,从而将其理想化。[138]没有任何赎罪的宗教能废除时间,只有罪疚感的消除才能废除时间。古代的人体验到了罪疚感,因而也体验到了时间——这就是古代的人要一年一度煞费苦心地去否定它的原因。"被压抑的意象或思想的题材在其被否定的条件下可以进入意识。"[139]实际上,"消除"这一防御机制就是否定性防御机制的一个特例。但正如弗洛伊德所证明的那样,否定总伴随着对被否定物的肯定，这使得在自我之中会产生一种分裂。[140]就古代人（和古代时间）而言，自我的分裂就像杜克海姆所揭示的那样，在无所不在的神圣性与世俗性的辩证对立中被制度化了。[141]伊利亚德对古代和现代时间的区分仍然是成立的，不过这种区分应被理解为二者代表着罪疚感的不同结构。在现代人身上，罪疚感已增长到无法用一年一度的再生仪式来补赎的程度。因此罪疚感是累进的，时间也是累进的。正如伊利亚德所证明的那样，一年一度的赎罪保证了古代社会没有历史。累进的罪疚感给现代社会强加了一种历史的定命：父辈的罪恶降临在孩子头上，甚至到第三代、第四代人头上。累进的罪疚感和累进的时间会使得复利制（compound interest）经济有了产生的可能性。用斯本格勒的比喻来说，浮士德式时间和浮士德式金钱就是无可赎罪的罪人的时间和金钱。

六、给予和获取

累进的罪疚感瓦解了古代的赠礼经济。相互性原则和累进的时间是分不开的。在累进的时间里，账目总是不平衡。解决罪疚感问题的第一个方法是分担罪疚感（图腾式兄弟关系）。但是累进的时间瓦解了解决罪疚感问题的老方法，又组织起了一种新的解决方法，那就是积累赎罪的象征物——经济剩余。声望和权力过去是从属于赎罪艺术的精湛技巧，现在则是通过占有手段来获取的。分担罪疚感的需要在某种程度上被超越了。在积累占有物的过程中，个人承担着自己的罪疚感负担，因而否定了第一种解决方法。现代的获取心理是通过一个否定过程从其古代的对立物"给予"中构建起来的。这样一来，个人（以及经济剩余）在某种程度上便从古代淹没在社会群体的状态中解放出来了。新的、同样受罪疚感支配的占有图式揭示了维布伦描述的那种掠夺性模式，并使古代的自虐癖转变为现代的施虐癖。

与此同时，新的图式给人类强加了一个非人化的过程。古代人为了平息其罪疚感，运用其自由和剩余物构建了社会，并将自己隐藏在群体之中。具有占有欲的个人则在某种程度上将自己从群体中解放出来，但他仍然在逃避自己。现在，他的本质转入物中，转入他的财产中（试考虑一下"财产"一词的词源）。劳动的强制性仍然存在，生存仍然是克服罪疚感的一种演习。财产的累积成了内在精神美德的外部可见标记，也成了人的生命。物既然是人的生命，那么它们就变得生气勃勃起来，而且做着人想去做的事情。物成了人想成为的那个神（他自己的父亲）——金钱能够生育。利率制的先决条件不仅包括累进的时间，也包括父母情结从图腾式群体向图腾式占有（即金钱）的移置。这样一来，金钱在文明化的经济中逐渐具备了一种它在古代经济中绝不具备的精神价值。

于是，我们在金钱即粪便的等式中获得了更进一层的意义。金钱本是非生物性的死的物质，却因承继了婴儿期自恋癖赋予排泄产物的那种魔幻力量而变得有了生命。弗洛伊德将粪便和阴茎等同是肛门性象征情结的一个不可分割的组成部分。[142]当婴儿想要成为自己父亲的幻想附着于那种既是又不是其自己身体组成部分的物体（即粪便）时，第一个行动就是按巫术方式来使用这种物体以取代其自己的身体。金钱承袭了婴儿期粪便的魔力，于是它能够孕育和生产孩子。利息就是其生殖而来的产物。[143]

这种自然出现的个人主义还具有其他一些复杂隐晦的心理学含义。[144]以精神分析的观点来看，它似乎包含着对负罪情结（俄狄浦斯情结和阉割情结）核心的一种重构。[145]给予心理在其本质上是女性化的；占有和获取心理在其本质上是男性化的。[146]事实上，新的负罪情结在历史上似乎与父权制宗教的兴起有关系（希伯来人对西方社会发展有决定性作用）。[147]以精神分析的观点来看，赠礼情结使人通过与母亲认同来消除罪疚感，占有情结则使人通过与父亲认同来消除罪疚感。同时，与父亲认同似乎包含着罪疚感向攻击性的转化。在赠礼情结中，对母亲的依附是被公认的，后来又被母亲的相异物所克服。与父亲认同实际上是否定对母亲的依附的一种方式（而且，正像一切"持续的否定"一样，它同时又肯定了对母亲的依附；古典的俄狄浦斯情结就是建立在对"前俄狄浦斯"母亲的关系上的一种上层结构）。"获取"是对依附的一种否定，它同时可将罪疚感转化为攻击性。男性情结以及对女性的执迷性否定，这本身就具有攻击性。因此，我们原则上同意贝特尔海姆的观点："以技术发明对自然进行具有攻击性的控制，只有在持男性生殖器崇拜心理的情况下，才可能发生。"[148]换言之，我们可以认为新的个人主义与阿波罗式男性气质和阿波罗式升华作用是一致的。不过，只要精神分析关于前俄狄浦斯母亲的理论还比较落后，只要精神分析听任荣格主义者去利用巴霍芬在母亲崇拜的宗教方面的发现，[149]那么历史上的这一转折点在心理学方面就仍然是模糊不清的。

无论其包含的机制是什么，神经症的历史（或历史的神经症）长期以来对人的自我正视罪疚感的能力产生了明确的强化作用。[150]实行"给予"的人试图以分担罪疚感的办法来摆脱他的罪疚感。实行"获取"的人则坚强得足以承担起他自己的罪疚感。信仰基督教的人坚强得足以认识到自己负罪太深，只有上帝才能够救赎自己。现代世俗的浮士德式的人则坚强得足以带着不可救赎的罪疚感去生存。

七、升华的城市

"父母情结"的戏剧舞台从图腾群体向魔幻性对象的转移开辟了通往升华作用的道路。对于古代人来说，关键性的防御机制是"消除"（赎罪）。对于现代文明人来说，关键性的防御机制则是升华。升华作用最基本的特征是通过将性能量转向新的对象来消除性欲。但正如我们已经知道的，消除性欲就意味着脱离肉体。新的对象必然取代人的身体。没有一种升华作用不是将人体投射到物中去的。人的非人化就是他与自己身体的疏离。他因此获得了一个灵魂（达到升华作用的更高的精神性），但这个灵魂居住在物中。金钱就是"这个世界的灵魂"，黄金就是升华作用恰如其分的象征。金钱既代表了身体的死亡，也代表了对一种并不属于身体的"更高"生存的追求。斯本格勒说过：[151]

> 金色并不是一种色彩。色彩……是自然的。这种在自然条件下实际找不到的金属的光泽并非人间所有……闪光的黄金夺走了生命和身体的元气……因此，西方教堂肖像画的金色背景具有一种显而易见的教理含义。这是对神的精神的存在与活动的一种明确的肯定。

金钱便是这种新的积累情结（accumulation complex）的心脏。金钱产生利息的能力就是它的活力，而它的身体就是文明人建立的那种基本机构——城市。考古学家们注意到，与过去生活方式的彻底断裂是最初的城市创立的标志。海希尔海姆证明了有息资本制度是理解这一突发性的重组织现象的关键，他还在对宗教价值的新估价中找到了这一新的经济制度的起源。[152]正如戈登·恰尔德所说："当我们到达美索不达米亚考古现场的城市发掘层时，我们就不再置身于绿色村落之中，而是站在一个大教堂城的广场上。"[153]

那么城市是什么？法兰克福这样评论最初的城市："史前村落的简朴生活很好地适应了自然环境，但城市是一种不能顺应自然秩序的机构。"[154]加塞特这样评论古代城邦："希腊—罗马人决定要使自己与田野和自然分离，并建起城墙来界定他们的空间。"[155]斯本格勒则指出后期城市"轮廓线与自然相悖，否定了整个自然界"，而"庞大的城市规模使其宛如一个世界……它旁边再没有别的东西可以存在，这个城市会吞没周边的乡村景色"。[156]

新的城市的空间始终是一个宗教性场所，人在这里首次成功地构建起一种纯粹剩余性的也是纯粹宗教性的新生活。城市明确地与基本的食物生产环节相分离，因此也具有明确的剩余性。城市的整个经济都建立在经济剩余的基础之上。"从经济意义的层面来讲，城市是什么？"索姆巴特这样问道。"城市是这样一些人——他们的食物并不依赖于他们自己的劳动——的聚居地。"[157]索姆巴特进而以赞同的态度引证了亚当·斯密的话："乡村的剩余产品……构成了城市的生存物质。因此，城市只能伴随着这种剩余产品的增长而增长。"不过，剩余成分始终是宗教性成分。因此，最初的城市就是"大教堂城"，它的整个经济都奉献给了宗教性目的，是"一种神圣的家务管理系统"。[158]在现代世俗化过程的背后，我们仍能看到滕纳德所揭示的真理："从最早的时候开始，因为城市对人具有如此的诱惑力和魅力，以致人赋予它象征性的意义，把它变成了一个神。"[159]

把经济剩余物奉献给宗教，这并不新鲜。新出现的是宗教性领域中升华作用的突出地位。"来为我们自己建造一个城市、一座高塔，它的顶端可以直达天堂。"[160]因此，城市意识的阿波罗式特征，如斯本格勒所说，"智力、精神、才智就是城市理解力的特定形式"。"城市石头似的外观融入了市民的人性，也因此像他们一样具有发达的观察力和智力。城市所说的语言多么独特啊！它的景象与乡村散漫拖沓的风景多么不同啊！"[161]

升华作用的本质是将剩余的神圣物具体化为纪念碑式的、经久不朽的物质。因此，正是在城市中，金钱最终固定在最为经久耐用的贵重金属上。按照戈登·恰尔德的理论，城市的存在以炼金术为前提，但它的炼金术并不是为"理性"和"控制自然"服务的，也不是为战争服务的，而是为触目惊心的（宗教性的）浪费服务的。正如斯图亚特·皮戈特所指出的那样："在中美和南美，使用石器的村社达到了显著的城市发展水准。村民没有相应的炼金术，但他使用黄金装饰物。"[162]城市是累进的升华作用的贮存库，基于同样的原因，它也是累进的罪疚感的贮存库。高耸于最初的城市上空的寺庙建筑就是累进的负罪与赎罪的纪念碑。赎罪的过程不再是人们思想的、感情的图腾式的交流与共享，而被具体化和转化为大堆的石头、黄金以及许多其他的东西。因此，城市本身也像金钱一样，是结晶化的罪疚感。弗兰克·劳埃德·赖特说："观看一个大城市的平面图就像在看某种类似于纤维肿瘤横截面的东西。"[163]不过罪疚感也表现为时间。"在城市里，时间变得可以被看见了。"芒福德曾这样说。[164]通过像金钱或者城市本身这样的纪念碑的形式，每一代人都继承了前辈禁欲苦行所取得的成就。但正如琼·鲁宾孙讨论黄金贮藏时所指出的，这并不是"历史的自由馈赠"，而是一笔需要人们将来进一步建造纪念碑来偿付的债务。[165]祖先的罪恶通过城市降临到子孙头上。每一座城市都有一部历史，都有一种利率。

八、永生不灭

每一座城市都是永恒的城市：文明化的金钱是持续的、无尽的。伊利亚德在引述古巴比伦一年一度重演创造世界的神话时，似乎表示他相信最初的城市仍然活跃在古代时间里。但是他又承认它们最早建立起"历史"。按照他本人的定义，这与古代时间是不相容的。[166] 不过，在时间进程中持续地经历同样的昨天、今天直至永远，和周期性地废除时间并周期性地返回原始的圆满状态不是一回事。尽管古代近东地区的城市并未像希伯来—基督教城市那样表明其后来比前期更大，但它仍然迈出了决定性的步骤。它持续下来，时间和城市都在累进。持续就是征服死亡。文明就是一种克服死亡的尝试。这样，我们便来到了弗洛伊德所描绘的地狱的最底层，即死本能。

死本能是人类神经症的核心。它始于人在婴儿期没有能力接受与母亲的分离，正是这种分离赋予了所有个体以生命，同时引导着所有生命体走向死亡。黑格尔说过，有限事物的诞生之时即其死亡之时，这根植于它们的本性之中。[167] 因此，人类这种物种没有能力去死，并因而没有能力去生，这是始于人类诞生之时的，是始于精神分析所说的出生创伤的。柏拉图关于永生不灭的论辩实际上是对我们曾经的诞生的一种否定。[168] 人类就是那个不能去死的物种。人类这种具有决定性意义的心态的基础在于人类的生物特性。人类的基础是胚胎化，即生理人类学家所说的"人类身体独具特性"。[169] 它基于生物学上延长了的婴儿期，也基于延长了的婴儿期的社会关联物——人类家庭。

没有能力去死将人类讽刺性地、却又不可逃避地抛出到现实的生存之外（对于所有正常的动物来说，现实的生存同时又是死去），结果便产生了对生命的否定（压抑）。人们不能接受死亡将死本能转变为人类特有的和明显病态的形式。由于同一种不可逃避的反讽性嘲弄,人类生命开始向死亡宣战,但这导致了死亡对生命的统治。反抗死亡的战争具有一种执迷于过去和未来的形式,但是现在时态(即生命的时态)消失了。怀特海认为,正是这个"现在"在其自身内部把握着存在的总和、过去和未来的所有广阔的时间,亦即永恒。[170]生与死的实际状态始终处于现在时态,而人类之所以能从这里转移,是因为人类可以借助过去的幻想,借助退行性地附着于过去的幻想,归根结底,是因为人类可以借助对生命产生之地(子宫)的退行性依恋来转移。这样一来,不能接受死亡便只能导致病态的主动死亡的愿望。因此,从最深的层次上看,人类病态的死本能就存在于人类时间观念的背后。

人类的这种以生存反抗死亡的心态,集中体现在产生于婴儿期却推动着整个人类历史的一种幻想——想要成为自己的父亲——中。[171]正是为了这种野心,生命和生命的享乐才成了献祭品。它就是存在于古代赠礼经济和文明社会的累积经济背后的原动力。无论是古代的经济还是文明社会的经济,它们的最终驱动力都是对死亡的逃避——对死亡的逃避把生命变成了生中之死。事实正如罗斯金所言,要想把劳动和愉快的努力区别开来,除了把劳动定义为反抗死亡的努力之外,别无他法:[172]

> 我已经把劳动定义为人的生命与其对立物的斗争……劳动通常被与"努力"本身或力的运用(opera)混淆,但是,许多种努力的目的只是消遣、娱乐。人类身体最优美的行动和人

类智能最高级的成果乃是非劳苦的——甚至是娱乐性的——努力所达到的状态或成就,劳动却是在努力中受苦。它是一种负量(negative quantity)……简言之,它是"我们死于其中的劳作量"。

古代的人生存于他们已死的祖先的生命中,从而战胜死亡。正如伊利亚德描述的那样[173],世俗的(实际的)生存因为与祖先的原型同化而被淹没,我们现在所做的事只是他们那时所做的事的一种重复。这就是永恒回归的模式。所以古代社会没有真正的历史。在古代社会中,也没有个性。没有历史是因为没有个性,而个性是依靠与祖先原型决裂并构建历史来维持的。不朽——成为自己的父亲的愿望——的实现方式是被吸收进每一代人从中诞生又回归其中的祖先的灵魂储备中去。这又是永恒回归的模式。"默恩京人(Murngins)整个氏族意识最统一的观念就是神圣水源的观念,氏族生活精神上的统一性就蕴藏在其中。它是氏族团结的基本象征。所有永恒的品质都产生于其中。当氏族成员体现和使用过这些品质后,它们又返回其中。"[174]

文明化的人维护着他的个性并构建历史。但他所维护的个性并不是肯定生命或享受生命的个性,而是具有(浮士德式的)不满足感和罪疚感的否定生命的(禁欲主义的)个性。根据尼采的描述,文明化的个性并不需要其自身,而是需要孩子,需要继承人,需要有一份遗产。[175]生命始终是一场反抗死亡的战争(文明人与古代人并无差别,他并未坚强到足以去死),而死亡是通过累积与时间对抗的纪念物去克服的。这些石头和黄金的累积物使我们得以去发现那个不灭的灵魂。凯恩斯对经济行为做了他最为深刻的评价:"那个为把永生的许诺带进我们宗教的精髓而做出了最大贡献的民族,也为复利原则做出过最大贡献。这大概不是一件偶然的事。"[176]

　　文明人的那种野心在建造金字塔(那是最早的现代个人主义者的业绩)中暴露无遗。[177]金字塔蕴含着对永生不灭的希望,也蕴含着复利制的果实。正如海希尔海姆所论述的,我们生活于其末期的这个黑铁时代使青铜时代的成就(城市、金属、金钱、著述)都民主化了,并将帝王们的追求(金钱和永生)向普通公民开放。[178]但是不可逃避的反讽规律将天平调向了死亡的一方。对死亡的征服竟然以把现实的生命转移到不朽的然而没有生命的物体上为条件——金钱就是人本身。一项产业或一个公司的不朽存在于那些没有生命的物体中,只有它们才能持续无尽。根据压抑的缓慢回归的法则,历史的最后阶段正是路德所说的死亡对生命的统治。就像芒福德所说的,城邦的最后阶段就是墓地。斯本格勒则在晚期城市中看到"一种形而上学的向死亡的回归"。芒福德这样论述道:[179]

　　　　大都市里滋长着各种形式的消极活力。自然力和人类天性在这种环境中被破坏、扰乱,便以破坏性形式重返……在这种混乱状态中,生命冲动已脱离了表面似乎健康的人们。死亡冲动取代了它……弗洛伊德在人类活动的中心发现了死亡的愿望，这有什么奇怪的呢？

文明人的经济活动具有这种对抗死亡又导致死亡的结构，因为经济活动是被采取升华形式的心理能量所支撑着的。不仅对金钱的追逐具有这种结构，而且所有文明化的升华都有。因此，贺拉斯在他的第一首颂歌中指出，写诗这种职业和所有职业（经商、当兵，等等）一样，本质上是以自我牺牲和本能放弃为基本特征的。不过只要成功能使他"崇高的头颅跻身于星辰之中"，那这职业也是值得去做的。在《歌集》第三卷的结尾处，他这样庆贺自己的成功："我已经建造了一座比青铜更经久不衰、比帝王的金字塔堆积得更高的纪念碑。无论是雨水的侵蚀还是风暴的肆虐都不能摧毁它，就连无尽的岁月更迭和时光的流逝也无法摧毁它。我根本不会死。"[180] "我根本不会死"——怀着这种希望的人并不曾活过，他的生命已在对死亡的征服中耗尽，他的生命已经转移到那些不朽的书页中去了。

九、人的身体

现在我们可以把注意力集中在精神分析的金钱理论的核心问题上了，也就是金钱情结与人的身体的关系。

费伦奇在一篇著名论文《金钱利息的个体发生问题》中指出：金钱起源于升华了的婴儿期用粪便做游戏的冲动；这种升华作用是直立姿势的发展导致的对粪便的否定损害了这一游戏冲动所引起

的。费伦奇提到,金钱不过是这样一种最终产物——它"经过了上述过程之后便成了没有气味的、脱了水的、被弄得闪闪发光的污秽物"。"金钱是没有气味的。"[181]我们在前面的一章里讨论过是什么导致了这种从人体的转离,这与目前的论题关系不大。我们现在关心的是金钱源于肛门性欲这一命题。支持这一命题的是弗洛伊德论述"人格和肛门性欲"(1908)[182]的权威性意见,而费伦奇实际上只是在补充弗洛伊德论文的基本观点。绝大多数正统精神分析理论也一直停留于对肛门情结所做的这种解释。

然而这种解释既不充分又易引起误解,应该予以摒弃。认为金钱起源于肛门性欲也就是认定它(部分地)起源于游戏本能。也就是说,金钱情结包含游戏因素,它(如费伦奇所说)在服务于现实原则之外也服务于快乐原则。在前面一章论述游戏概念时,我们承认无论在古代还是在文明时代,金钱情结都包含了维布伦称之为"所有权的游戏"的因素,这种因素就是《游戏理论和经济行为》这部近著试图以数学形式加以把握的。[183]但是,我们的整体研究表明金钱情结的内涵大大超过了升华的内涵。

首先,金钱情结所涉及的身体区域并不只是肛门区。既然排泄物转变成了食物,那就涉及口腔区;既然金钱能生育,那就涉及生殖区。换句话说,肛门性欲不能被孤立地看待,金钱情结包含着所有性组织及其相互关系的全部问题。也就是说,包含着人类身体的全部问题。在精神分析文献中,作为适宜的出发点的,不是弗洛伊德在1908年写的那篇论文,而是他于1916年写的论文《与肛门性欲特别有关的本能转变》(*On the Transformation of Instincts with*

Special Reference to Anal Erotism）。[184]弗洛伊德在该文中用图表列出了一系列复杂的象征性等同关系,他指出,维持这些关系的是潜意识中向肛门性欲处置供给能量的种种幻想。弗洛伊德对粪便作为"物体""礼物""孩子""阴茎"进行了区分,也指出了它们之间的联系。我们所做的全部努力就是要证明金钱情结并非起源于粪便,而是起源于与粪便有关的这些幻想。这支持了我们前面关于人类精神中的病原物质是由幻想构成的论点。出于同样的原因,那种从解便训练中推导出肛门人格的庸俗的精神分析观点也受到了批驳。

弗洛伊德所揭示的那些关于粪便的幻想,其本质在于赋予粪便以身体某些其他功能的价值。费伦奇在其后期对精神分析所做的最伟大的贡献,就是证明了人体的性组织是通过一种器官的功能和价值向另一种器官移置来构建的。他把这一过程称为"性欲的两性融合"。[185]"性欲的两性融合"就是人体中对应于弗洛伊德所列举的幻想中的象征性等同关系的东西;"性欲的两性融合"就是性的组织。身体的肛门性欲组织本身涉及身体其他部分,它是身体其他部分的功能与价值移置到肛门区域的结果。我们曾在前面一章中说过,升华就是在外部世界寻找失去了的童年时期的身体。不过这个失去了的身体已经被成为自己父亲的幻想(例如赋予粪便以"阴茎"或"孩子"的价值)弄得混乱不清。因此,如果说金钱情结起源于一种肛门情结,那么用怀特海的术语来说,这种肛门情结就是整个人的身体的错乱在一个特定区域的汇聚,这个汇聚点和其他区域(口腔区、生殖区)存在内在的联系。

其次，对肛门情结的阐述不能像费伦奇论述金钱的文章那样不涉及俄狄浦斯情结和阉割情结——以不那么专门化的语言来说，即不能不涉及整个罪疚感问题。在我们对金钱的论述中，罪疚感这个概念是处于中心位置的。而且在弗洛伊德论"肛门情结"的第二篇论文中，粪便与"孩子"和"阴茎"的等同关系以及他对阉割情结的相关论述，给肛门情结引入了只有以俄狄浦斯来命名的意义空间。肛门情结（以及它的社会衍生物）实际上是一种特殊的肛门兼俄狄浦斯情结。[186]在精神分析文献中，给予俄狄浦斯因素以应有重视的只有罗海姆论"原始货币"的论文和哈尼克论"时间"的论文。[187]罗海姆和哈尼克找到了弗洛伊德的第二篇论文这个恰当的出发点，并取得了进展。不过他们的工作也只能被称为在正确的方向上胡乱摸索。

从精神分析的角度来看，困难在于我们前面已经讨论过的关于"前俄狄浦斯"母亲的理论还处于落后和混乱的状态中。在精神分析中，肛门阶段是一个前俄狄浦斯阶段，但它不应被解释为一种尚未受到阴影侵扰的爱欲阶段。正如经典理论所说，这一阴影是与威胁性的父亲的灵光相联系的。[188]如果把罪疚感解释为对威胁性的父亲的反应，而不是说它源于对母亲的固有的矛盾关系，那么罪疚感问题就被误解了。与此相同，阉割情结以及人类附加于生殖性和男性气质之上的象征意义的重负，也如我们在前面所论证的，是在儿童与"前俄狄浦斯"母亲的关系中发展起来的。

第三（这正是正统精神分析的解释中最重大的谬误），婴儿期肛门情结及其社会衍生物金钱情结主要不是爱欲（肛门爱欲）的表现，而是死本能的一种表现。在人类身体中，爱欲当然总是存在的，而且正如弗洛伊德所言，死本能只有在与爱欲微妙地融合后才能表现出来。在婴儿期肛门性欲和金钱情结中也存在游戏因素，但我们的整个论证是要说明这个情结的主要建筑师是罪疚感，是成为自己父亲的攻击性幻想，是死亡焦虑或分离焦虑。

罪疚感、攻击性和焦虑关系到自我，即人性的精神层面。在人性的身体层面与之对应的东西——婴儿期焦虑在身体方面的遗传物——则是人类身体的性组织，即一切人体的性组织（包括口腔、肛门和生殖组织）。它们也应被看作死本能的创造物。在这一点上，费伦奇在其杰作《塔拉莎》（*Thalassa*）中取得了决定性的理论进展。他在书中指出，性组织不仅是通过他称之为"性欲的两性融合"的功能畸变构建的，还是通过他所说的"海洋性退行倾向"[189]（返回子宫的欲望，无力接受生命的个体独立性，亦即病态的死本能）构建的。

由此产生的结果是，只要人的身体保持着无论是前生殖器的还是生殖器的性欲组织，它就受制于（固着于）扰乱人体的那些婴儿期心理创伤以及病态的死本能。而且，只要人的身体仍然固着于其婴儿期结构，从心理层面来说，人的思想就仍然固着于婴儿期幻想，这种固着以人格结构的形式储藏于自我的无意识区域，并且以升华的形式投射于外部世界。我们坚定不移地信奉费伦奇的论断："人格特征可以说是隐秘的精神病态。"[190]不过我们要再次强调精神与身体的统一性。我们称为"人格"的东西实际上就是身体的紊乱或功能失调。根据费伦奇的论述，人格构成就是性欲的两性融合的"心理上层结构和心理誊抄副本",是建立起性欲组织的器官功能畸变。[191]威廉·赖希曾建议以"人格甲胄"(character-armour)一词来描绘人的强硬态度——人类身体就借此来抵抗自身向往那种爱欲洋溢的充沛生命的自然倾向,而这正是未患神经症的物种所表现出来的。[192](我们不应排斥任何来源的明智之语。)我们来看一下费伦奇的这句话:"从精神分析的观点来看,人格是一种变态,是一种特殊的机械化反应方式。"[193]正如弗洛伊德所暗示的,升华作用被作为人类身体的一种活动来看待,这在结构上是一种歇斯底里症,是费伦奇所假设的因最初的向下移置作用而集中于肛门和生殖区的病原性力比多向上部器官(尤其是手和眼)的移置。[194]。

假如我们能想象有一种不受压抑的人——一种强大得足以去生也强大得足以去死的人,因此也就是人所未曾成为的人,即独立的个体——那么这样的人已经克服了罪疚感和焦虑,绝无金钱情结。与此同时,这样的人将拥有一个摆脱了一切性欲器官的身体——这个身体摆脱了无意识中回归母亲子宫的口腔、肛门和生殖性幻想。这样的人将摆脱弗洛伊德所证明的那种困扰着文明的噩梦。而摆脱这些幻想也就意味着摆脱了弗洛伊德所无情揭示的那种人类身体的紊乱失调。通过这样的人,人类将实现基督教的那个神秘的希望,实现路德所说的摆脱了死亡和污秽的身体的复活。摆脱了污秽就是摆脱了将力比多集中于排泄功能并使人成为耶胡的那种种婴儿期幻想;摆脱了死亡就是摆脱了路德视为撒旦的统治的那种生中之死的统治;摆脱了死亡也就获得了生与死的力量。"完美的东西,成熟的东西，都需要去死。"[195]

人的灵魂和这样一个改变了的身体是能够达到和谐状态的。人的自我也会再度恢复造物最初所设计的模样，成为一个肉体的自我和肉体的外部形态，体验着作为生命的身体与身体之间的交流。不过，通往自我与身体的再度统一的途径并不是人的自我的消亡，而是对人的自我的强化。人的自我应当强大得足以去死，并且强大得足以抛弃罪疚感。古代人的意识强大得足以承认自己负有罪过；基督教徒的意识强大得足以承认自己负罪太深，唯有上帝才能救赎；现代世俗的浮士德式的人强大得足以带着不可救赎的罪疚感而生存；彻底的精神分析学者认识到罪疚感起源于婴儿期的幻想，便强大得足以把这笔孽债一笔勾销。

十、排泄物

人类身体的整个问题，以及生与死的整个问题，都包含在升华作用中。精神分析也始终坚持在升华作用与肛门性之间存在着一种特殊的联系。精神分析学说对于人类的骄傲痛加攻击：我们除了自己的升华性之外还有是什么值得骄傲的呢？但是，如果精神分析不能同时提供一种改善的希望，那么这种不堪忍受就毫无益处了。我们已经论证了更好的出路是存在的。有了这种希望，我们才可能去探究精神分析理论中这个最苦涩的部分。

精神分析的悖论所断言的是，一切被占有被积聚之"物"、财产和财产的普遍凝结物——金钱，从本质上说都是粪便。精神分析不仅应当对金钱情结的起源问题，而且应当对其终极效用问题表明自己的立场。庸俗的精神分析解释只局限于论证财产起源于婴儿期的排泄物，但真正的要害在于：财产始终保持着排泄物的性质，并且在我们内心深处（在无意识中）仍被我们当作排泄物。笑话、民歌和诗等以戏谑的隐喻道出了这个隐秘的真相。这种戏谑的智慧也是童年的智慧。儿童（在意识中）和成人（在无意识中）都明白这个事实：我们只不过是些肉体。无论受到压抑和进行升华的成人怎么在意识中否定这一点——生命仍然属于肉体并且只有生命才创造价值，事实上，一切价值都是肉体的价值。因此，金钱与粪便相同并不使金钱成为毫无价值的东西。恰好相反，人体外部的东西正是通过这一途径获得了对人体的意义，从而获得了价值。如果金钱不是粪便，那么它反倒毫无价值。

不过，为什么要特别强调粪便呢？根据精神分析学说，占有行为满足了人体集中于肛门区的爱欲，但集中于肛门区的力比多反映了婴儿期想要成为自己父亲的那种自恋投射对肛门区的附着。[196] 想成为自己父亲并以此征服死亡的自恋投射，可以借"物"来实现并同时保持着肉体的意义，但这种物必须由身体产生同时又滋养着身体。对物的占有如果不是被它们既是粪便又是食物的这种幻想所激励，那么这种占有对身体来说就毫无价值。弗洛伊德指出，财富之所以极少带来快乐，就是因为金钱并非一种婴儿期的愿望。[197] 支撑着金钱情结的那种婴儿期的愿望，其实是一种获得自恋式的自我包容、自我补充的不朽肉体的渴望。因此，只有在某物既是粪便又是食物的时候，那种支撑着金钱情结的婴儿期愿望才能得到满足。

但是正如我们已经看到的,想成为自己父亲的那种自恋投射,从最深层次上看,是由于不能接受死亡(同时也是不能接受生存)而产生的。一切这样的升华作用都以摒弃(否定)肉体为先决条件。摒弃肉体并没有也不可能改变"肉体的生命是我们所拥有的一切"这一事实,而且无意识仍执着于这一事实,决不会摒弃肉体。弗洛伊德说过,在本我中没有对应于否定行为的东西。[198]因此,自我摒弃肉体生命的最终结果只能是将肉体爱欲由其支撑肉体生命的自然职能转变为肉体构建"生中之死"的非自然职能。

于是,想要脱离肉体的病态企图只能导致对肉体死亡的病态迷恋(爱欲投注)。从无意识的、肉体的角度(简单明了的角度)来看,爱欲只有在转向排泄功能时才可能偏离肉体的生命。在真实的肉体生命(即本我生命)中,要使价值脱离肉体,只有把价值附加到由肉体产生的非肉体性的排泄物上去。这些排泄物就是肉体所产生的无生命物质,它们体现了肉体一天天的死亡。以更专门化的术语来说,升华的肛门性的前提是阉割情结,即弗洛伊德所说的使阴茎丧失性功能并使之麻痹的肉体的决定性死亡。[199]随着阴茎的死亡,爱欲关注的中心就转移到身体典型的死亡部分(即粪便)上去了:[200]

> 当儿童不情愿地认识到有的人并不具有阴茎时,这个器官对于他来说就是某种可以脱离人体的东西。他还准确无误地看出了阴茎与粪便的相似之处,而粪便则成了他必须抛弃的第一

种身体物质。

柯勒律治对肛门情结的真正性质的认识比这位精神分析学家更清楚：[201]

> 请注意婴儿还具有肉体和精神表面上的同一性，而婴儿时期的肉体是可爱的。到童年时期，肉体和精神二者开始分离，到了青年时代，人就竭力想维持二者的平衡了。刚开始，肉体只是漠不关心，但后来它就要求明澈的心智至少要保持不偏不倚了，到最后，所有显示肉体之为肉体的东西都差不多变得像粪便似的肮脏可厌了。

用斯威夫特的话来说，正是人的那种否定肉体并要超越肉体的倾向使人得以成为耶胡，具有一种"对污秽肮脏的奇怪癖好"，"其他动物则显示出对清洁的天然爱好"[202]，这真富于讽刺意味。斯威夫特能够想象到升华的精神在高空翱翔，最后"笔直地落进事物的最底层，犹如一条直线被它自己的长度拉成了一个圆圈"[203]。他对这种反讽式的结局比弗洛伊德理解得更好。弗洛伊德是赞同升华作用的，他将升华的倾向与人体的直立姿势联系起来，并在最后看到了升华倾向与肛门性欲的根本冲突。在他看来，升华作用是更高的生命形式对抗动物性残余的一种防御机制。[204]然而讽刺的是，升华作用反而对病态的动物性（肛门性）产生了激励作用，而且更高的生命形式（即文明）反倒显露出耶胡这种低级的生命形式。要超越肉体,就要把肉体等同于粪便。

归根到底,人类对粪便的独特迷恋就是人类对死亡的独特迷恋。弗洛伊德看到,力比多从生殖层次向施虐性—肛门性层次的退化代表着他所说的"本能融合的解除",即生本能与死本能的关系失去平衡致使死本能居于主宰地位。[205]因为一切人类升华作用都代表着肉体正在死亡,所以无论何种升华作用都一定要经过肛门情结。由于否定的辩证作用和压抑的回归过程,对婴儿期肛门性的否定反而给整个文化形态的生命赋予了肛门性的品质。因此,精神分析毫无节制地要求在所有艺术、科学等背后找出肛门性,这也是有道理的——只不过必须借助死本能来阐述,否则就没有意义。粪便就是死亡了的肉体生命。只要人类宁愿要一个死亡了的生命也不愿要一个活生生的生命,那么人类就必定会不仅将自己的身体视为粪便,也会将周围的对象视为粪便,将一切都降低为无生命的死物。以精神分析的观点来看,我们竭力吹嘘的自己对待自己的身体、对待他人以及对待整个宇宙的那种"客观性",和我们精于算计的"理性",恰如其分地构成了一对对待粪便的暧昧矛盾的态度(既爱又恨),这正是丧失了自己的身体和生命的动物对待粪便的态度。

耶胡式的人将其对自然界的看法败坏到了何种程度,我们可以通过下述事实来加以衡量。以精神分析的观点来看,哲学上和科学上的"物质"概念受到了排泄想象的严重沾染。J.O.威兹德姆把哲学家们掩藏在壁橱里的贝克莱的一篇论文《关于焦油浸剂功效的一系列哲学思考与研究》(*A Chain of Philosophic Refexions and Inquiries Concerning the Virtue of Tar-water*)发掘了出来。在贝克莱看来，焦油浸剂作为药物是"一种很有效力的、很安全的通便剂"，而且在形而上的层次上，它类似于那种代表着神性向低级世界注入的"任何秽物都不能污损的光"。[206]威兹德姆论证了在贝克莱的哲学想象中的"物质"具有排泄物的性质，但不幸的是他低估了自己的成就，给了哲学家们忽视他的论证的借口。因为他否认他有任何怀疑贝克莱哲学正确性的意图，并限制了精神分析在探讨贝克莱思想的起源方面应有的作用。[207]

我们的精神分析阐释不能接受将起源问题与效用性相分离的做法。威兹德姆犯的错误与评论斯威夫特的精神分析家们所犯的错误相同。他所面临的并不是贝克莱个人的肛门人格问题，而是西方哲学传统的肛门人格问题，甚至是人类的肛门人格问题。把人的身体想象为排泄物，要求人进行升华，把整个世界想象为"低级物质"的混合体，把天地当作一个巨大的宇宙升华的蒸馏器——这一切都可以追溯到柏拉图哲学。正如怀特海所说，整个西方哲学不就是一串通向柏拉图哲学的脚印吗？[208]

因此，从精神分析的观点出发，我们就不能按照传统的唯物主义和唯心主义之争的表面价值来理解它。如果说在这场争论中真正存在一个问题，那就是上帝对于升华作用而言是否必要的问题。因为无论是唯物论者还是唯心论者，他们都没有对升华的原则提出质疑。精神分析学家也不能不怀疑：埃米尔·迈耶森深入探讨过的科学的"物质"概念中所包含的矛盾[209]，实际上反映了人的肛门性失调向人所构想的世界图景的无意识投射——这在柏拉图的哲学和贝克莱的焦油浸剂哲学中是显而易见的。

现代科学所固有的将世界数学化的做法就是对升华作用的信仰。数学是与城市生活同时代的产物，因为在城市中，文化是按照升华原则被组织起来的。柏拉图说得对：神按几何原理工作，数学则是将人类的爱转向超感觉生活的关键学科。伯特兰·罗素也说得对：数学具有"一种冷峻之美""绝不诉诸我们天性的软弱面"，并令人产生"比人更强大的感觉"。[210]精神分析关于数学思维中肛门人格的悖论，只不过具体地说明了肉体生命的某一部分受到了断然的否定（正如罗素否定了"我们天性的软弱面"），以便构建起非肉体的生命。

升华作用、死本能和排泄物之间的联系并不是静止的，而会受到人类神经症（即人类历史）的动态变化的影响。文化产生于对生命和肉体的否定，而否定肉体的生命又是不可能的——这就使所有的文化处于不稳定的生本能和死本能分裂的状态。因此，就肉体生命的恢复将会结束这种动态不平衡的意义而言，恢复肉体的生命就是历史发展所隐藏着的目标。历史上的一系列文化模式（人类神经症历史上的各个阶段）展示了表面上似乎矛盾的两种倾向的辩证发展过程：一方面是不断增长的对肉体的否定；另一方面是被压抑的肉体以异化的形式缓慢地复归。

事实上，这两种表面矛盾的倾向是同一枚钱币的两面。不断增长的对肉体的否定正以否定的形式不断肯定着被否定的肉体。升华是对肉体的否定，但它同时又对肉体加以肯定。升华借助将被压抑的肉体投射到物上这个简单而基本的机制完成了这个辩证法杰作。肉体的生命愈是被转移到物中，肉体中的生命便愈少，与此同时，不断积累的物又愈是充分地表达了已丧失的肉体生命。因此，不断强化的升华作用就是历史的一个普遍法则。技术进步使得升华作用可以不断被强化，而且正如我们在前面的一章里所论述的，技术进步中隐藏着的目标就是发现和恢复人类的身体。[211]

由此可知，被我们称为"历史进步"或"较高文明"的东西意味着对生本能的损害和对死本能统治的增强。升华作用是肉体的坏死和肉体生命向无生命之物的隐退。在每一种升华作用中都存在着肉体的死亡。不过，我们应当看清楚被否定的肉体爱欲的具体性质。升华作用所攻击的是附着于婴儿期性组织的那种爱欲，更具体地说，就是肛门性欲。正如我们已经看到的，肛门性欲是以婴儿对某种具有魔力的身体的幻想来维持的。这个身体似乎可以满足婴儿对于自我包容、自我补充的不朽性的自恋愿望。升华作用在否定肉体的时候也就否定了肉体的魔力，抛弃了在现实中绝不可能满足的幻想和肉体的本能目标。正因如此，升华作用代表着现实原则的成果。此外，只要升华作用在无意识中仍继续寻找同一种婴儿期目标的满足，只要像金钱之类的物作为升华的产物是从原来附着于肉体的那些魔力和愿望中获取活力的，那么升华作用就将婴儿自恋癖的非现实目标永恒化了。也就是说，升华中的自我仍然在逃避死亡的自我。与此同时，幸运的是，由于反讽法则，治疗人类神经症的尝试仍旧是人类神经症的组成部分，所以升华中的自我在逃避死亡之时通过对肉体的抑制获得了不断增强的死亡能力。较高文明的成就是将生命转变为生中之死,这就使得人类做好准备去接受死亡。

这些理论上的思考使我们能够去考虑肛门情结的历史演变过程。我们曾在前面说过,升华作用是文明人特有的防御机制,消除(赎罪)作用是古代人特有的防御机制。不可否认的是,古代人也有升华作用,而且他们也会将肛门性予以升华。在古代,货币也是存在的,土著人的民歌也会表现出排泄性的联想。举例来说,贝壳货币就是海洋的排泄物。[212]不过,那种货币的发展程度和升华作用仍处于落后状态,因为人与物的关系不像人与人的关系,还没有附加上渴求克服罪责和死亡的重负。古代人献出经济剩余物来建立和维持社会群体,并以此作为分担罪疚感的手段。

以更专业的话来说,占据古代人头脑的是阉割情结、乱伦禁忌以及阴茎性功能的丧失。也就是说,生殖冲动被转移为抑制目标的力比多,而后者支持着古代生活的亲缘体系。与低技术水准的升华作用相对应的,按照我们在前面提到的定义来看,就是比较弱小的自我——这个自我还没有(通过否定)与自己肉体的前生殖性冲动达成妥协。不过前生殖性冲动仍然存在,其结果就是所有婴儿自恋癖的幻想性愿望都以非升华的形式被表现了出来。因此,古代的人还保持着婴儿期的具有魔力的肉体。

古代人具有独特的排泄物巫术,它标志着古代人的肛门性未被升华的程度,也表明了脱离肉体的升华幻想衍生于肉体的幻想。事实上,古代关于具有魔力的粪便的传统观念并未轻易消亡,在高级文明中依然有它的痕迹。据报道,尼泊尔新登基的国王在加冕典礼上"要涂抹喜马拉雅山的泥土以取得智慧,涂抹马厩的粪土以取得速度,涂抹象圈的粪土以取得膂力"。[213]我猜想,喜马拉雅山是神的居所。

　　这种排泄物巫术的残余也并不限于神秘的东方。18世纪欧洲使用的药物虽然被冠以"千花液"之类的美称,却是动物和人的粪便的蒸馏物。[214]我们要说明,资本主义的被压抑和升华了的幻想,也可以借助于其较早原型炼金术的那些未被压抑和半升华的幻想。炼金术士们所使用的盐就是"自然的粪便"。他们的目标是从这种粪盐中蒸馏出"种盐"或"盐精",而"再蒸馏"的程序则在于"将这些盐精重新变成盐的粪便"。[215]欧洲中世纪的货币制度还保留着关于货币真实价值的古代记忆——在法国蒙特吕松桥上,妓女被要求付出的通行税是"四枚银币",或者"放出一个屁"。[216]想用数学方法去把握精神分析悖论的不可救药的定量论者可以把这个古代遗物作为他们制作等价表的基础。实际上,乔叟在《法庭差役的故事》(*The Summoner's Tale*)中已经预见了这种智力上的绝妙杰作:①

> 在数学里也从来没有谁
>
> 能够解决这样的问题。
>
> 谁能够拿出一个办法

---

①　该诗为英国诗人乔叟(Chaucer)的《坎特伯雷故事集》中的一个故事,讲述了一个病人被游乞僧强求捐助,便放了一个屁献给修道院,这使得僧侣们因分配问题而为难。——中译注

> 让大家平均分享一个屁——
> 包括屁的声音和气味呢?

然而,在真正的原始思维中,文明社会赋予金钱的那种控制他人的力量是通过拥有他人的"垢物"(排泄物、毛发、指甲等)来获取的。[217]"垢物即人"与古希腊的谚语"金钱即人"具有同样的意义。"占有"的范畴和基于占有的权力显然都产生于巫术—垢物情结。即使在经济剩余物主要受相互赠予原则制约的社会里,巫术—垢物情结仍可能被第一个个人主义者(即有势力的巫师)利用,来征收经济上的贡品。而且,我们在巫术—垢物情结中能觉察到对死亡的恐惧和对作为自我补充的不朽肉体的幻想性希望。由此产生了食粪仪式以及与食粪仪式有密切关系的食尸仪式,还产生了污物与葬礼之间的经久不变的联系:普里阿摩斯在赫克托耳战死的时候在粪堆里打滚;①原始部落的人以弄脏身子作为哀悼的表示;我们穿黑色的丧服;汤加岛居民在坟墓上虔诚地垒起一个粪堆;印欧族的祖先则在坟墓上垒一堆石头。[218]我再举一个必要而充分的例子来说明附着于人类肉体上的奇异幻想。被布里福尔特视为人类最不开化的典型的塞里印第安人有一种食粪仪式。研究它的这位人类学家发现,其中"显露出产业经济的萌芽和一种微弱的节俭意识"。他论述道:[219]

---

① 公元前12世纪爆发了希腊联军攻打特洛伊城的特洛伊战争。普里阿摩斯即特洛伊国王,赫克托耳为其子,被希腊的阿喀琉斯所杀。详见荷马史诗《伊利亚特》。——中译注

要正确地描绘塞里人的进食习俗，就不能不涉及一种有系统的食粪仪式。它似乎既具有信仰特征也具有经济特征。从最简单的方面来看，这种习惯是与霸王树果实的收获相联系的。数量巨大的果实被他们吃下去，没有被完全消化，尤其是有坚硬外壳的种子在经过消化系统之后并无改变。含有这些种子的粪便被小心地保存起来。到收获季节过了以后，这些贮藏物（当然在干燥的气候里已脱去水分）便被碾碎……并被簸扬。然后这些产物被吃掉……从表面上看，这种食物包含的要素恰好类似于克拉维吉罗、贝格尔特等人所描述的加利福尼亚印第安人的"第二次收获"。然而，至少在塞里人中，它具有更重要的意义。它是他们贮藏食物的唯一方法，因此也是产业经济的一个萌芽，可以说从中产生了一种微弱的节俭意识。塞里人节俭意识的出现和一般的美学的以及产业的开端一样，都是通过信仰和相伴随的仪式来形成的，因为这种两次消费的食物被视为具有强化了的力量和效力。

在塞里人的巫术里，粪便确实就是食物。但是，在把塞里人从人性的名册上勾掉之前，我们最好回忆一下希腊神话中弥达斯（Midas）的故事。塞里印第安人未经升华的肉体巫术揭示了唯一可以归属于贪婪梦想的肉体意义。而且，既然生命的意义只能是肉体的意义，那么贪婪的梦想与塞里印第安人的肉体巫术相比就更不真实，而不是更真实。

在精神分析及其关于金钱的肛门人格的学说出现以前,人们对金钱情结的本质的最深刻的洞察只能通过神话的媒介来表达——在现代就是通过魔鬼的神话来表达。我们在论述路德的那一章里已经说过,魔鬼是原始神话中"狡诈精灵"的直系后裔。狡诈精灵通过古典神话中赫尔墨斯这类中介形象演变为基督教的魔鬼的过程反映了肛门性的发展历史。原始神话中的狡诈精灵被未经升华和未被伪装的肛门性包裹着。例如保尔·雷丁就这样描绘过威尼巴戈的狡诈精灵:[220]

> 他发现了一个球茎。任何人只要嚼了这东西就要解大便……于是他吃下了这个球茎。但他发现自己没有解大便而只是不停地放屁。他排出的气体变得越来越猛烈。他坐在一段木头上,但他马上就被屁的力量反冲到空中,随即木头压在他的身上。他紧紧抓住树,却把树的根也拔了起来。他无计可施,便叫一个村子的居民把他们所有的东西堆在他身上,包括他们的小屋、他们的狗,后来他们自己也趴在他身上……最后,全世界的人都趴到了他背上。他喷出一股可怕的气体,把人们和他们所有的东西都喷得七零八落……现在他开始解大便了。地上堆满了粪便。他为了躲避粪便爬上了一棵树,但没有用,他跌落到了自己堆积如山的粪便里……

然而,所有研究比较神话学的人都知道,这个搞"污秽"恶作剧的狡诈精灵是人类物质文化的源泉,是一位伟大的文化英雄。

的确，狡诈精灵能够通过污秽的恶作剧，从粪便或稍加伪装的粪便替代物（泥污或土壤）里创造出世界，用亚伯拉罕的话来说，这反映了排泄物万能的观念。[221]在古典时代的习俗中达到了最完全的升华的是赫尔墨斯。这个形象是通过肛门性的升华—否定作用产生的。尽管还保留着未经升华的肛门性的外表，但直接排泄物首先被象征性的石头堆所取代，后来又被象征性的钱袋所取代（试与玛格丽特·米德所描述的阿拉佩西人盛装有魔力的垢物的口袋相比较）。[222]路德的魔鬼是对古典升华作用的否定。他否定升华作用是因为他把肉体看作堕落的和肮脏的。魔鬼通过被压抑肉体的回归而重新获得了排泄性特点。但是魔鬼的肛门性并不像在巫术—垢物情结中那样有力比多或魔幻性生命的投入，而是被当作死亡来看待的。从狡诈精灵到魔鬼，再到资本主义的伪世俗的恶魔性，这个演变过程显示了死本能逐步取得了胜利。

　　文明人的升华作用把魔幻性从人的肉体中除掉，从而代表了现实原则一方的某种胜利。不过，没有了魔幻性的人体也就失去了性的特征。在升华之路上，现实原则一方的胜利也就是死本能一方的胜利。这一进程的终点正如路德所说，必定是死亡对于肉体和整个可见现实领域的统治。在现代，随着宗教改革和资本主义的兴起，金钱情结历史的新阶段开始了。一方面，人们终于压抑了对金钱情结的肛门—爱欲性起源的意识，从而达到了最后的升华。在此之前，人们似乎因为认识到金钱是肮脏的，所以对金钱的追求一直受到抑制。但另一方面，存在一种对抗升华作用的转变——力比多从升华作用中退出，使升华本身失去了性的特征。

前资本主义的积聚（"原始积累"）与资本主义工商业（舒姆皮特称之为"创造性的毁灭"）在心理上的不同，正是在于前者那种对黄金和不动产的积累会使拥有者产生肉体上的满足感。伏尔蓬尼①就对他的黄金这样说过："让我亲吻你，你这最好的东西！你带给我的快乐远远超过一切别的欢乐！你这样美！我们是如此相爱！"[223]真正的资本主义则与此相反。正如马克思所说，如果我们假设它的强制性动机是追求快乐而不是积累财富，那么它就从根本上被毁灭了。[224]

爱欲的退出把文化交给了死本能。由死本能的累进造成的非人性的、抽象的和非个人的世界，消灭了升华的、爱欲的生命存在的可能性。对于古希腊人的这种生命形式，我们只能以怀旧的心情去加以赞赏。这样，升华之路的终点就是它的自我否定，并为它自身的毁灭准备了舞台。与此同时，生命向生中之死的转化也就是现实原则一方的胜利。爱欲退出升华作用，产生了幻想破灭这一意义重大的结果。[225]正如现代文明无情地消除了文化中的爱欲一样，现代科学也无情地消除了我们看待世界和自身的观念的神话性质。现代科学摆脱了我们种种陈旧古老的爱恋，既为现实原则服务，也为死本能服务。这样，科学和文明就结合起来了，它们清楚地表达了人类神经症的核心，即人没有能力去过肉体的生活——人没有能力去死。人类的肉体不得不被交给死亡，直到文化能够产生精神分析为止。精神分析是对人类陈旧古老的爱恋的最后攻击，也是人类第

---

① 伏尔蓬尼（Volpone），英国戏剧家本·琼生同名剧作中的一个贪婪狡诈的人物。——中译注

一次转身面对自己的肉体。

因此，人类的普遍意识需要有这样一门关于神经症的科学——精神分析，从而证实并进而超越约翰·梅纳德·凯恩斯的直觉判断：[226]

> 当财富的积累不再具有重大的社会意义时，道德法规就将发生巨大的变化。我们将有能力使自己摆脱围绕我们两百年之久的许许多多伪道德原则——这些原则使我们一直把某些最令人厌恶的人类品质抬高到最高美德的地位。我们将有胆量按照金钱动机的真实价值来评价它。将金钱作为占有物来爱恋并不等同于将金钱作为获取生命的享乐和生活的真实之手段来爱恋。前者的本质将为人类所认识，它不过是某种令人憎恶的病态，是一种半是犯罪学半是病理学上的怪癖，是令人不寒而栗而只能移交给专家去处理的精神疾病。

第六部分

出路

"文化的时代过去了,新的文明形态或许要几个世纪甚至几千年才能被引进。它不是另一种文明,而是所有过去的文明所指向的一种现实化的开放的拓展与延伸。城邦作为文明的发祥地将不复存在。到那时,当然会有许多核心,但那些核心是自由流动的。不同的民族将不会被分隔、封闭在自己的国家内,人们将在大地上自由地流动和融合。到那时,将不再有固定的聚居地。政府将让位于最广义上的管理。政治家将从这个世界上绝迹。机器绝不会像某些人想象的那样被管制起来。它们将完全被废弃,但是这种废弃只能是在人们懂得了机器把人束缚于人的创造物之上的道理之后。对机器的崇拜、研究和征服将让位于那些真正神秘的诱惑。这一问题又与一个更大的问题——权力和占有的问题——紧密相关。人将被迫懂得,权力必须始终保持开放和自由流动的状态。人的目标将不是攫取权力,而是辐射权力。"①

诸如亨利·密勒这样的乌托邦设想一定会再次流行。

---

① 亨利·密勒(Henry Miller),《战后之星期天》。

第十六章
肉体的复活

　　至少从最初的城邦建立之时起，人类就一直对升华怀有宗教般的追求。但升华之路并不是人类摆脱神经症的出路，相反，它导致了人类神经症的恶化。精神分析理论和现代史上的沉痛事实均表明，人类现在已走向这条路的尽头。精神分析理论宣称，这条路的尽头是死神肆虐之地。历史已把人类引向这样一个高峰，在这个高峰处，人类将有可能被消灭。在历史的这一关头，生本能及其盟友须发出警告：死神是有可能胜利的。恶毒的死本能完全可以释放所有毁灭性的武器，如原子弹、氢弹。只要我们放弃我们所喜爱的幻觉，不再执迷于人类是宇宙生命中最优秀、最得神灵保佑的造物，我们便不难看出，恶毒的死本能从内部保证了，在人类的生存实验不可能尽善尽美的条件下，人类必将毁灭自己，就像恐龙在其生存实验中毁灭自己一样。但悲叹是没有用的，除非我们能找出一条更好的路来。摆在人类面前的问题是必须废除压抑，用传统的基督教的语言来说就是要走向肉体的复活。

我们已尽可能地从精神分析理论中总结出复活了的肉体的模样。生本能或性本能需要这样一种活动,这种活动与现行的活动方式相比,只能被称为游戏。生本能需要人与他人、世界结合,但这种结合不是建立在焦虑和攻击性之上的,而是建立在自恋和爱欲的充盈之上的。

死本能同样需要被满足,正像黑格尔在《精神现象学》中所说的那样:"生命和关于神的知识无疑可以描述'为爱嬉戏'这件事本身,但如果人们否定性的痛苦、性所需的耐心和付出,那么这种思想便会流于琐碎无聊。"[1] 死本能只有在一种未受压抑的生活中才能与生本能达成统一。这种未受压抑的生活使人的肉体中不再有"未曾生活过的地带"。因此,死本能才能在一个自愿赴死的肉体中得到肯定。由于肉体已得到满足,所以死本能不再驱策肉体去改变自己以创造历史。正像基督教神学所预言的那样,肉体的活动将始终处在永恒之中。

基督教神学和精神分析学的又一个一致之处是:复活了的肉体是一个改变了的肉体。压抑的消除将力比多违反自然规律地集中于某些特殊的躯体器官。这种集中是由病态的死本能之否定性发动的。它在人的自我中为神经症人格建立起躯体的基础。用梭罗的话说:"我们无须祈求更高的天堂,我们只需祈求纯粹感官所能提供的纯粹感性的生活。我们目前的感觉仅仅是它们注定成为的那些感觉的初级阶段。"[2] 人的躯体应呈现出多形态的性反常,它应该欢乐地沉浸在它现在感到害怕的那种充分展开的肉体生活中。坚强得足以承受充分肉体生活的意识,将不再是日神式的意识,而是酒神式的意识:一个不循规蹈矩(而是不断涌溢)的意识;一个不再否定并因而变得十分丰富的意识。

如果摆在人类面前的问题是消除压抑作用,那么能够和应该提出这个问题的便不仅是精神分析学家。我们已经指出,这个问题也是基督教神学中所固有的。现在,我们要问基督教神学家(特别是新正统派的基督教神学家)一些问题:你们所说的肉体复活,你们所说的永恒生活,究竟是指什么呢?是对死后不朽的许诺吗?难道基督教的心理学前提就是生与死无论在"这个世界"还是在"下个世界"都不可能达成统一,因此对死亡的逃避以及由此而来的种种病态后果无论在"这个世界"还是在"下个世界"都是我们永恒的宿命吗?而我们看见的是,基督教神学所许诺的那个完美的肉体,那个享受着基督教神学所许诺的幸福的完美肉体,乃是一个与死亡达成统一的肉体。

归根结底,基督教神学要么必须把死作为生的一部分去接受,要么必须放弃肉体。两千年来,基督教一直保持着神秘的希望,希望生能够战胜死。但是这一希望是在生与死誓不两立的历史阶段展开的,是在希望只能是神秘的希望的历史阶段展开的。如果我们正在走向末日,那么基督教神学就应该反躬自问:基督徒是否只是堕落了的人类宗教,是否可以在新郎到来之前沉睡不醒。显而易见,如果基督教真的想要帮助人类彻底消除原罪——波德莱尔曾说这是进步的真正定义,[3]那么在它的传统中就应该有许多珍贵的洞察,而且这些洞察必须能够被转化为一套实用的治疗方案,转化为某种与精神分析类似的东西。这样,它们才是有用的或有意义的。

基督教末世学的特殊之处,恰恰在于它拒斥和抵制了柏拉图对人类肉体和对"质料"(matter)的敌视,恰恰在于它拒绝把柏拉图的升华之路与最后的拯救相等同,恰恰在于它肯定和确信永恒的生命只能是存在于肉体中的生命。基督教禁欲主义可以把对堕落了的肉体的惩罚执行到柏拉图望尘莫及的地步,但基督教的希望却是要使那堕落了的肉体获得救赎。所以,德尔图良[①]断言:"肉体将再次复活。"[4] 中世纪天主教整合了基督教和希腊哲学的观点,并以其灵魂不朽的思想混淆了这一问题。只有新教承担起了这一奇怪的基督教信仰的全部重量。路德对升华学说的突破具有决定性的意义,但坚持肉体复活的神学家却是哥尔利茨的补鞋匠雅各布·波墨。当蒂利希和巴思最终回到末世学观点的时候,他们将不得不认真考虑波墨的看法。现在,当新正统神学家们热衷于谈论罪与死的性质的时候,波墨的神学却被忽视了,只有孤独的神秘主义者和革命者别尔嘉耶夫注意到了这一点。[5]

无论基督教教会怎样对待波墨,波墨在西方对美好事物所抱神秘希望的传统中始终处在重要的位置上。往前看,经由巴拉塞尔斯[②]和炼金术,波墨与基督教诺斯替教派和犹太教神秘主义传统相关联;往后看,经由对浪漫主义者布莱克、诺瓦利斯以及黑格尔产生影响,波墨与弗洛伊德相关联。我们曾认为:精神分析除非

---

① 德尔图良(Tertullian):著名的基督教教父。——中译注
② 巴拉塞尔斯(Philippus Aureolus Paracelsus, 1493—1541):瑞士炼金术士、医生、神秘主义者。——中译注

把自己放进西方思想史（人类这一总体神经症）中去考察，否则就没有对自己进行精神分析；如果精神分析把自己放进这一联系中去看，那么它显然继承了一种它必须予以肯定的神秘主义传统。

在一般公众心目中，神秘主义就是对物质世界和对生活的逃避，就是伊芙琳·安德希尔和奥尔都斯·赫胥黎[6]等通俗作家所宣传的那种神秘主义。以精神分析学的观点来看，我们不妨将这种神秘主义称为日神式的神秘主义或升华的神秘主义。在西方传统中还有另一种神秘主义，它可以被称为酒神式的神秘主义或肉体的神秘主义。这种神秘主义执着于生命，执着于肉体，并致力于肉体的转换和使肉体变得完美。这一传统急迫地需要我们对之加以重新审视。它包括三大支脉：基督教（保罗）的"灵性"肉体的思想；犹太教神秘主义传统中的亚当堕落之前曾拥有完美躯体的思想；炼金术中精致肉体的思想。[7]波墨将这三大支脉结合起来。人们只要对波墨其人略有了解（例如通过恩斯特·本茨的第一流著作，但该书尚无英文译本[8]）便不难发现：波墨和弗洛伊德有太多相同之处，以致他们完全可以相互取代。

像弗洛伊德一样，波墨也不把死理解为纯粹的虚无，而把它理解为一种积极的力量。他认为死要么存在于与生命的辩证冲突之中（存在于堕落了的人身上），要么与生命辩证地统一在一起（统一于上帝的完美之中）。因此本茨说："我们的一生始终是生与死的搏斗。只要这场战争仍在进行，焦虑便始终存在。"[9]在波墨的生命概念中，游戏（或爱之游戏）的概念也如在弗洛伊德的思想中一样重要。他的亚当堕落之前具有灵性的思想，承认了我们无意识中存在着强有力的要求——既要求我们以两性人的方式存在,又要求我们以自恋式的方式自我表现。他的这一思想还认识到了口腔、肛门、生殖器功能在使用上的堕落和败坏。的确,波墨未能接受个体在生理上的死亡。因此他似乎认为亚当的肉体(乐园中的肉体)是非物质的肉体,没有口腔、肛门和生殖器。尽管如此,他仍顽强地执着于肉体,执着于肉体快感,并坚持认为亚当"神奇地"能享受事物之"本质","神奇地"能生殖,并在生殖活动中享受性快感。波墨之所以陷入两难困境,是因为他领悟到人类肉体的堕落和败坏,领悟到所有的生活都是肉体生活,但是他又无力接受肉体死亡这一事实。没有一个新教神学家比波墨走得更远。或者说,后来的新教压抑了这一问题、压抑了波墨其人及其学说。

从李约瑟对道家学说的介绍和伊利亚德对瑜伽的研究来判断,[10]东方神秘主义也触及了同样的问题。李约瑟正确地指出,道家对完美肉体的追求超越了柏拉图的心物二元论。李约瑟热情地称赞道家学说,说它是人对此世生活所做出的响应。但是,他使我们因此看不到道家所说的完美肉体实际上是不朽的。道家同样不能把死亡作为生命的一部分去接受(在前面的章节中,我们曾指出,在李约瑟的其他热烈向往中,即在他对怀特海自然哲学的向往中,也存在同样的缺陷和不足)。

精神分析接受肉体的死亡,但它需要从西方和东方的肉体神秘主义学说中学习某些东西——这些财富中蕴藏着富于精神分析洞察力的真知灼见。这些神秘主义学说都认真地相信(而传统的精神分析并非如此):人完全有可能使自己完美化,完全有希望找到一条摆脱神经症的出路，进入动物所享有而人并不享有的单纯的健康状态之中。

新教在路德和波墨之后便堕落了，它放弃了批判现存秩序和对美好事物充满神秘憧憬的宗教职能。用精神分析的话来说，它丧失了与无意识的接触，失去了与无意识中永恒的受压抑的欲望的联系。火炬传到了浪漫运动时期的诗人和哲学家手中。波墨的继承者是布莱克、诺瓦利斯、黑格尔以及（正像格雷教授后来所指出的那样[11]）歌德。弗洛伊德相信，正是这些诗人发现了真正的无意识。[12]

精神分析必须放弃那种自认为优越的想法。它不仅要在神秘主义者面前放弃这一优越感，而且要在诗人面前放弃这一优越感。精神分析学家不仅不应该去揭示诗人的神经症，还应该向诗人学习，并放弃这一天真的想法：以为唯有自己保持了精神的健康状态和理智的客观性，以为其他人尚未达到这一状态且与之有很大的距离。从世界的角度来看，从常识的角度来看，如果诺瓦利斯是疯子，那么费伦奇也是疯子。世界会发现，与其相信精神分析学家不是疯子，不如相信我们大家都是疯子。此外，事情也并非如此——精神分析学家探索无意识的方式使诗人探索无意识的方式相形见绌或显得过时。任何既熟悉现代文学又熟悉精神分析学的人都知道，现代文学中充满了精神分析式的洞察和直觉，而这些洞察和直觉尚未被"科学的"精神分析学所掌握或至少没有被精神分析学家清楚而明确地意识到。任何热爱艺术的人都知道，精神分析无权垄断治疗。时代的呼唤结束了精神分析与艺术之间的战斗——这场战斗因精神分析对艺术采取了枯燥乏味的"揭短式的"研究而趋于活跃。时代的呼唤使精神分析与艺术在治疗工作上、在使无意识成为意识这一使命上开始合作——多一点爱欲,少一点不和。

现代诗歌也像精神分析和新教神学一样面临着肉体复活这一问题。艺术与诗歌一直在改变着我们的感觉方式——改变着我们的肉体。怀特海正确地发现,"浪漫主义反应"的本质是对抽象(即精神分析学术语中的升华)的厌恶和对具体的感觉的追求,即对肉体的追求。[13]诗人布莱克说:"能量便是唯一的生命。能量来自肉体……能量便是永恒的欢快。"

一位年轻的批评家以他的第一部著作展示了一种新的批评模式。在他看来,诗既是一种神秘体验,又是一种肉体体验,他因此追溯和回顾了现代诗歌对肉体复活与肉体完美的持续不懈的追求。[14]与弥尔顿的崇高(和升华)倾向相比,华兹华斯"认为自己的启示可以在日常生活的形式及象征中得到表达"。他认为,"在尘世的任何甜蜜而贫瘠的角落都可以看到天堂"。霍普金斯则"致力于神正论,①并把顽固不化的感觉和受到忽视的肉体世界圈入他的领地"。"在致力于把基督表现为直接的和无处不在的知觉对象方面,没有人比霍普金斯走得更远。他将基督深深地根植于眼睛中、肉体中和骨髓中(以及拥有眼睛、肉体和骨髓的个人感觉中),以致无法分辨自我的感觉和融化于基督之中的感觉。"里尔克则终其一生都在抱怨:"我们对自己的肉体并不比对自然知道

---

① 神正论:主张神虽容许罪恶存在,却并不因此使自己的神圣性和正义性受到伤害。——中译注

得更多。"里尔克相信:"神性已注定要被人从不再说话的上帝那里夺走。神性将注定回到创造,回到爱与死那里去。"因此,他的诗歌便成了这样一种结果:"对里尔克来说,肉体已变成了一个灵性的事实。"瓦雷里的诗"可以被视为意识寻求其真实肉体的奥德赛①"。"瓦雷里的理智追求是朝向这样一个目标的,即让人们将肉体视为其本质,视为其灵魂的伟大启示和伟大工具。一旦人们能够这样看待肉体,眼睛便不再是象征,而是现实。"[15]

诗人所追求的"神奇"肉体是西方神秘主义中所谓的"精致"肉体、"灵性"肉体或"晶莹"肉体,是东方神秘主义中所谓的"钻石"肉体,是精神分析所谓的童年时代多形态性反常的肉体。正因如此,精神分析才宣布人性中有基本的双性性格;正因如此,波墨才坚持认为人的完美具有阴阳两性的特征;正因如此,道家神秘主义才乞灵于以女性的消极性来反作用于男性的攻击性;也正因如此,里尔克的诗性追求才成为对两性躯体的追求。[16]时代迫切需要尽快阐明使无意识中的种种欲望变得清晰明了的这些不同方式之间的关系。这些关系已被荣格意识到,却未被正统精神分析学家们意识到。但是即使把我们获得的种种资料整合到荣格的体系中去,也无法阐明这些关系。这并非由于该体系在知性认识上的混乱,而是由于荣格本人的基本取向是逃避肉体问题,逃避压抑的概念,以及重新回到升华的老路上去。弗洛伊德主义者必须正视这一问题,因为弗洛伊德本人曾说:"神秘主义者的某些实践成功地推

---

① 奥德赛:指为寻求某一目标而经历的长期漫游、流浪和冒险。源于荷马史诗《奥德赛》。——中译注

翻了心灵不同领域之间的正常关系。这样一来，概念系统就变得能够把握存在于更深的自我层面、存在于本我之中的那些关系，而这些关系在正常情况下是不可能被把握的。"[17]

李约瑟对我们所谓的肉体神秘主义所产生的极大兴趣构成了他那本划时代的著作《中国的科学与文明》的基础。这一兴趣提醒我们，肉体复活的问题已不仅被精神分析、神秘主义、诗歌等提上议事日程，也被哲学对现代科学所做的批判反思提上了议事日程。怀特海对科学抽象所做的批判，在精神分析看来就是对升华所做的批判。怀特海对"误置的具体性之谬误"所做的抗议，是代表整个活生生的躯体所做的抗议："然而经验的器官是整个活生生的躯体。"他以价值的名义提出抗议。他坚持认为人的躯体的结构、人的认识的结构以及被认识到的事件的结构都既是感性的又是爱欲的"自我欣赏"。[18]怀特海本人已认识到他自己与浪漫派诗人之间的血缘关系。李约瑟也认识到了有机哲学与神秘主义之间的血缘关系。实际上，李约瑟很可能夸大了道家思想的独特性。迫切需要被重新审视的西方炼金术传统在精神上无疑是"怀特海式的"。歌德，这位最后的炼金术士，在他那篇《论植物的变异》中也表现出了鲜明的怀特海式的科学倾向。一位现代生物学家曾说，歌德已"发展到调和感觉与理智之间矛盾冲突的地步，而传统科学甚至并不打算去面对这一矛盾"。[19]

李约瑟已经认识到心理学在科学哲学中具有至关重要的作用。他曾说，对笛卡尔的反驳将来自心理学而非生物学。[20]然而他似乎并未意识到他如此推崇的道家思想与精神分析之间的深刻的亲缘关系。他似乎并未意识到,费伦奇的辉煌的论文正试图以精神分析的观点重新构建一整套生物进化理论。[21]然而精神分析与怀特海、李约瑟对科学进行的批评之间的关系及其职能却并不意味着精神分析要以同情的支持来补充他们的思想,而是意味着这些人对科学进行的批评要超出思想的范围就离不开精神分析。因为他们所呼唤的是科学家的主观态度。如果他们的批评要超越纯粹的反感和厌恶,那么这些批评就必须有对主体所做的精神分析。事实上,科学要想保持其"客观性",就有必要首先对主体(观察者本人)进行精神分析。费伦奇已经看到了这一点,他还造了一个新词——"两种都有"(utraquism)——来标明需要把对主体的分析与对客体的分析结合起来。"如果科学家要保持客观,就必须交替地以纯粹心理学家和纯粹自然科学家的身份工作,就必须以从两种观点中获得的种种类比来检验我们的内心体验和我们的外部经验……我把这称为一切真正科学工作的'两种都有'。"[22]

费伦奇的这一表述始于1923年。如今,我们宁愿设想一种"整合"的方式而不是"两种都有"。在费伦奇眼中,精神分析标志着科学在方法论上迈出了非常重要的一步,他把这一步定义为"在一定意义上回到了古代泛灵论科学的方法上",说它"重建了一种不再是神人同形论的泛灵论"。[23]但泛灵论的重建恰恰是怀特海和李约瑟思路的结果。不过费伦奇强调精神分析的必要性在于可以使新的"净化过的"泛灵论从古老而朴素的泛灵论中分化出来:[24]

就弗洛伊德试图借助精神分析经验解决生物学问题和性行为问题而言，他在一定意义上回到了古代泛灵论科学的方法上。然而，这里有一道保护性的屏障，是专门防止精神分析学家陷入这种朴素的泛灵论谬误的。朴素的泛灵论未经分析就把人的心理活动完全转移到自然界的对象中去。精神分析则剖析人的心理活动，一直追溯到心理与生理的相互作用，追踪到种种本能。这使精神分析得以从人类中心主义中解放出来。只有在这时，精神分析才确信可以以生物学的名义去估价这一净化了的泛灵论。在科学史上首次做出这一尝试的是弗洛伊德。

因此，我们最后的结论就是呼吁在精神分析学和科学哲学之间进行这种整合。费伦奇在他那篇《机械论的心理起因》中对恩斯特·马赫做了非常重要的分析，他最后这样说："物理学家在机械论中发现了心灵，心理学家则从心灵中发现了机械论。物理学家和心理学家何时才能携手合作，以一种摆脱了片面性和种种'理想化倾向'的世界观为指导而联合起来呢？"[25]

或许，在精神分析与有机哲学的相遇中，人们所提出的问题还要更加深刻。怀特海和李约瑟是在抗议现代科学的非人态度。用精神分析的话来说，他们是在呼唤一种建立在爱欲现实感基础上的科学，而不是一种攻击性占优势的对待现实的态度。以这种观点来看，我们不妨说炼金术（以及歌德论植物的论文）是西方人为创造一种以爱欲现实感为基础的科学所做的最后努力。相反，现代科学正如怀特海所批判的那样，是整个文化境遇的一个侧面。在这个文化境遇中，生命中的死亡倾向占据上风。这种精神状况正像怀特海形容的那样，是一种走向死亡的精神状况，它可以把自然还原为"沉闷的事件，无声、无臭、无色彩""仅仅是无尽无休、毫无意义的物质上的忙碌"。[26]这是对宇宙生命的一种令人生畏的攻击。用更为技术性的精神分析术语来说，这当中的肛门性施虐意向是显而易见的。当代唯一运用了精神分析学的科学家加斯顿·巴切拉德的结论是：科学精神的本质就是无情地禁欲，就是在人与自然的关系中消除人性的享受，就是消灭人的感觉直到最后消灭人的大脑：[27]

> 的确，自20世纪起，一种与感觉作对的科学思维似乎开始了。我们似乎有必要构建一种与感觉对象作对的客观理论……随之而来的是大脑的使用也成了问题。从今以后，大脑将不再足以作为科学思维的工具。也就是说，大脑已成为科学思维的障碍。之所以说它是障碍，是因为它是人的运动和欲望的协调中心。因此我们有必要站在大脑的对立面去思考。

这样一来，现代科学便证实了费伦奇的警世之语："纯粹的理智乃是濒临死亡的产物，或至少是精神变得无感觉的产物，所以它本质上就是疯狂。"[28]

怀特海和李约瑟所反抗的并不是意识所犯的错误，而是意识的一种疾病。用精神分析的术语来说，问题并不在科学的意识结构之中，而在科学的无意识前提之中。问题出在科学之自我的无意识层面，出在科学性的性格结构中。尽管科学取得了征服世界的巨大成就，但是怀特海却称现代科学观点是"非常不可信的"。[29]精神分析要补充的一个要点是：现代科学观点是疯狂的。因此不可能从"机械的"观点平稳地过渡到"有机的"观点。在机械论体系中发生的问题，也不可能走向"有机的"解决。这两种观点代表着不同的本能取向、不同的生死融合。在目前的条件下，采用有机论的观点是否是一件好事，这一点也颇值得怀疑。它很可能是原始泛灵论的复发，是被李约瑟称为道家智慧的那种思维方式，被巴切拉德攻击为无意识的投射、梦想和天真朴素的神话。巴切拉德认为科学（以及精神分析学）严格地执行着把我们的自然观神话化的任务。因此，按照费伦奇的思路，结论似乎应该是：道家思想若不辅之以精神分析的意识，便只能回到原始朴素的泛灵论。而精神分析的意识同时意味着精神分析的治疗，精神分析的治疗又与压抑问题的解决有关。因此，我们需要的并不是有机论的思想，而是要改变人的躯体以使它第一次成为有机体——成为复活了的肉体。一个自己的性生活也如一般人的性生活一样紊乱失调的有机体，是不可能去建构宇宙中的阴阳、宇宙中的性生活这种客观理论的。

  肉体的复活是摆在人类面前的一项整体社会工程。它何时成为一个实际政治问题，取决于这个世界上的政治家们何时以幸福为目标而不是以权力为目标，取决于政治经济学何时成为一门使用价值的科学而不是交换价值的科学——成为一门享受的科学而不是积累的科学。面对这一巨大的人类问题，现代社会理论——无论是资本主义的社会理论还是社会主义的社会理论——提不出任何改革良方。现代社会理论完全是经由升华之路被非人的抽象引入社会中来的。这些理论与具体的人的存在,与他们具体的实实在在的肉体,与他们具体的受到压抑的欲望,与他们具体的神经症没有任何关系。

要找到对我们时代的现实问题进行过思考的社会理论家,我们就不得不回到马克思的思想上来,甚至回到对马克思发生过影响的哲学家傅立叶和费尔巴哈的思想上来。马克思从傅立叶对工作与娱乐相互冲突所做的心理分析中获得了娱乐(游戏)这一概念,并在他早期某些乌托邦式的沉思中使用过这一概念。通过费尔巴哈,马克思懂得了必须超越黑格尔的抽象理论,走向与具体的感性和具体的人的躯体有关的理论。马克思的《1844年经济学—哲学手稿》包含着精彩的思想,它呼唤人性的复苏,呼唤人体的全面占有,呼唤人的感觉的转化,呼唤一种自我欣赏、自我享受的状态。"人以全面的方式(即作为完整的人)全面地占有他自己的存在。(这种全面的占有存在于)他与世界的每一种人性的关系——视觉、听觉、嗅觉、味觉、触觉、思维、知觉、经验、愿望、活动、爱——之中。总而言之,他的个体的一切器官之中。"[303]人的肉体感觉必须从(对对象的)占有感中解放出来,这样一来,感觉的人性和人对感觉的自我享受才能实现。这正是马克思的思想与弗洛伊德的思想的交汇点。

精神分析、神秘主义、诗、有机哲学、费尔巴哈、马克思等,这是一堆杂乱的集合,但正如赫拉克利特所说,看不见的和谐强于看得见的和谐。这一切的共同点是一种意识方式,这种方式只能被称为辩证的想象——尽管这一称谓又会引出新的麻烦。我所谓"辩证的",指的是一种意识活动,它奋力突破形式逻辑的矛盾律所强加的种种限制。显然,马克思主义并没有垄断"辩证法"。李约瑟已证明了怀特海哲学中的辩证法特点,而且他始终把注意力转向神秘思维中的辩证模式。[31] 按照伊利亚德的说法,印第安人的肉体神秘主义的目标是"对立面的结合"。斯科勒姆在对犹太教神秘主义做考察后说:"神秘主义旨在把握宗教体验中的种种悖论。它使用辩证法这一工具来表达其意旨。犹太教神秘主义者并不是唯一目击了神秘思维和辩证思维之间的这种亲缘关系的人。"[32]

至于诗,难道近年来的批评还没有充分指出那些基本的诗歌手段就是悖谬、含混、反讽和张力吗?诗的想象不正是借助这些手段来打破语言的"合理性",打破语言强加给我们的锁链吗(比较瓦雷里的诗歌理论,参看第六章)?以精神分析的观点来看,如果我们和特里林(参看第五章)一样相信诗的逻辑(及其象征)与梦的逻辑之间有着坚实的同一性,那么我们就可以说诗与辩证法之间的联系有着更为坚实的基础。梦境无疑是心灵奋力突破形式逻辑矛盾律的一种活动。[33]

精神分析思维与辩证想象有着双重关系。一方面,它是一种(现实的或潜在的)辩证的意识;另一方面,它又包含着或者应该包含着一种关于辩证想象之性质的理论。我说"现实的和潜在的"是因为,精神分析无论作为一套学说还是一种经验,都并没有完整地揭示受到压抑的无意识。意识对形式逻辑的限制的奋力突破,对语言的限制、"常识"的限制的奋力突破,始终是在总体的压抑没有结束的条件下进行的（参看弗洛伊德的论文《有期的分析与无期的分析》）。[34]那些继续不断地奋力突破种种限制的精神分析学家是"辩证的"，但是对其余的人来说，精神分析的术语也可以成为拜占庭经院哲学式的囚室。在这一囚室中，"语词意识"正在取代对无意识的意识（参看第十一章）。

即使我们将弗洛伊德作为精神分析意识的楷模，我们也必须看到：在诸如两种本能间的关系、人性与动物性间的关系等关键性问题上，弗洛伊德也因为未能做到充分的"辩证"而落入陷阱。尽管如此，弗洛伊德思想的基本结构仍然是辩证的。因为它热衷于这样一种想象，即心理生活基本上是冲突的战场。而弗洛伊德最精彩的洞察和发现（例如，当病人否认某事时，他就是在肯定某事）[35]，则彻头彻尾是辩证的。因此，试图使精神分析成为一门科学的做法不仅是徒劳无益的，而且是有破坏性的。[36]科学的经验验证和正面考察只适用于那些充分被意识到的东西，而精神分析是在总体压抑始终存在的条件下与无意识发生接触的一种方式。在这种情况下，无意识在某种意义上始终是被压抑的。换言之，与其说弗洛伊德思想中的"诗性"不能被清除掉，毋宁说这种"清洗"恰恰只有在心理学的"科学"教材中才做得到。弗洛伊德的著作则始终是不可"清洗"的。同样的"诗性"想象也使罗海姆和费伦奇的著作显得优异。这也解释了他们何以受到"科学"人类学和"科学"精神分析学的忽视。"辩证"想象或"诗性"想象的整体性质是一个亟待审视的问题。此外，精神分析需要自觉意识到自己血液中辩证的、诗性的、神秘主义的成分，并使这种意识成为对精神分析所做的精神分析的一个组成部分。

辩证思维的性质,其关键在精神分析(特别是弗洛伊德)对否定所做的精神分析之中。首先,存在这样一些定理:"本我中没有任何东西可与否定相比拟";本我并不坚持矛盾律;梦似乎并不知道"不"这个词。[37]我们不仅发现不存在矛盾律,还发现对立面被统一在一起。"梦显示出一种特殊的倾向,它把两种相反的东西还原为一个统一体。""梦中的任何事件都可能含有与之相反的意义。"[38]因此,我们需要考虑并设想,在辩证思维和做梦之间存在着重要的联系,就像在梦与诗、梦与神秘主义之间存在着重要的联系一样。此外,在《原始语词的相反意义》[39]这篇论文中,弗洛伊德还对具有相反意义的词汇彼此之间往往隐含着(词源学上的)同一性这种语言学现象做了比较。他揭示了一个重要事实:是语言学现象为他研究梦现象提供了线索,而不是梦现象为他研究语言学现象提供了线索。显而易见,精神分析和语言研究(无论是哲学上的研究还是语言学上的研究)需要被结合起来,或者至少两类学者需要经常交流。

其次,弗洛伊德的《论否定》[40]这篇论文可以使我从辩证思维对形式逻辑的不满足中获得某些新的启示。否定是主要的压抑行为,但它又使心智获得解放,使心智能在被压抑的东西因遭到否定而本质上处在压抑中这一总体状况下对受压抑的东西进行思考。斯宾诺莎说:"所有的界定都是否定。"弗洛伊德则说:"否定的判断是理智对压抑作用的取代。'不'这个词在句子中是受压抑的东西的标记……凭借这一否定符号的帮助,思维过程使自己从压抑作用的种种界限中解脱出来,并以这一内容来充实和丰富自己。如果没有这一内容,它就不能有效地工作。"然而,"否定仅能帮它解除压抑作用的一个后果——该意象的内容不能进入意识"。"其结果便是对受压抑的东西有一种理智上的接受,而在所有其他基本点上,压抑作用仍然持续着。"[41]

我们因而可以考虑并设想:形式逻辑和矛盾律是一些条例,心智借助这些条例在总体压抑的条件下进行活动。就像时间概念一样,康德的理性范畴将被证明是压抑的范畴。辩证思维则是心灵奋力突破压抑使无意识成为意识的努力,也是心灵奋力克服自己内在分裂和冲突的努力。因此,辩证思维可以等同于弗洛伊德所说的自我中的综合倾向,[42]等同于神经症内在固有的获得痊愈的努力——弗洛伊德最后正是把他的治疗希望寄托在这种努力上。[43]作为试图获得统一、试图获得痊愈的一种努力,"辩证"意识将成为爱欲的显现。而正像意识试图摆脱否定之镣铐那样,"辩证"意识也将成为迈向酒神式自我的一步。这个酒神式自我将不再否定任何东西。[44]

这个世界无疑需要多一点爱欲,少一点不和,理智的世界同样如此。多一点爱欲会使人意识到所有不同种类的"辩证"梦想家——精神分析学家、政治上的理想主义者、神秘主义者、诗人、哲学家——之间的没有被意识到的和谐,这也会减少种种无谓的和无知的论战。由于无知主要是对自己的无知,所以多一点精神分析意识(精神分析学家也不例外)、多一点自知之明、多一点谦让和爱欲,或许是有好处的。我们因此可以用弗洛伊德《文明及其不

足》的结束语来作为我们的结束语：[45]

> 人类制服自然的力量已达到这样的程度——人们凭借这些力量已能够轻而易举地消灭彼此，直到只剩下最后一个人。他们知道这一点，所以他们极为不安，感到十分沮丧和恐惧。现在人们或许可以期望两种"超凡力量"中的另一种力量——不朽的爱欲——出来施展它的本领，以便使它自己能够与它那同样不朽的敌人并肩存在下去。

或许我们的孩子们能够过上一种完满的生活，并因此能够看到弗洛伊德所不能看到的——敌人即朋友。

注释

THE FOLLOWING abbreviations are used for reference to Freud's works most often cited in the text:

BPP   *Beyond the Pleasure Principle*, tr. J. Strachey. (International Psycho-Analytical Library, ed. E. Jones, no. 4.) London: Hogarth Press, 1950.

BW   *The Basic Writings of Sigmund Freud*, tr. & ed. A. A. Brill. New York: The Modern Library, 1938. Contains six major works, herein distinguished as follows:

Life	*The Psychopathology of Everyday Life*
Dreams	*The Interpretation of Dreams*
Sex	*Three Contributions to the Theory of Sex*
Wit	*Wit and Its Relation to the Unconscious*
T & T	*Totem and Taboo*
History	*The History of the Psychoanalytic Movement*

Civ.   *Civilization and Its Discontents*, tr. J. Riviere. (International Psycho-Analytical Library, ed. E. Jones, no. 17.) London: Hogarth, 1930.

CP I–V   *Collected Papers*, ed. J. Riviere & J. Strachey. 5 vols. (International Psycho-Analytical Library, no. 7–10, 37.) New York, London: The International Psycho-Analytical Press, 1924–50.

DD   *Delusion and Dream and Other Essays*, ed. P. Rieff. Boston: Beacon Press, 1956.

EI   *The Ego and the Id*, tr. J. Riviere. (International Psycho-Analytical Library, no. 12.) London: Hogarth Press and The Institute of Psycho-Analysis, 1927.

FI   *The Future of an Illusion*, tr. W. D. Robson-Scott. (International Psycho-Analytical Library, no. 15.) London: Hogarth Press and The Institute of Psycho-Analysis, 1928.

GI *A General Introduction to Psycho-Analysis*, tr. J. Riviere. New York: Perma Giants, 1953. Copyright 1935 by Edward L. Bernays. (Quotations from this source by permission of Liveright Publishers, New York, and G. Allen & Unwin Ltd., London.)

GP *Group Psychology and the Analysis of the Ego*, tr. J. Strachey. (International Psycho-Analytical Library, no. 6.) London, Vienna: The International Psycho-Analytical Press, 1922.

ISA *Inhibitions, Symptoms and Anxiety*, tr. A. Strachey. (International Psycho-Analytical Library, no. 28.) London: Hogarth Press and The Institute of Psycho-Analysis, 1936.

L *Leonardo da Vinci: A Study in Psychosexuality*, tr. A. A. Brill. New York: Random House, 1947.

MM *Moses and Monotheism*, tr. K. Jones. (International Psycho-Analytical Library, no. 33.) London: Hogarth Press and The Institute of Psycho-Analysis, 1939; (New York, Knopf, 1939).

NIL *New Introductory Lectures on Psychoanalysis*, tr. W. J. H. Sprott. (International Psycho-Analytical Library, no. 24.) London: Hogarth Press and The Institute of Psycho-Analysis, 1933.

Out. *An Outline of Psychoanalysis*, tr. J. Strachey. (International Psycho-Analytical Library, no. 35.) London: Hogarth Press, 1949.

Works *The Standard Edition of the Complete Psychological Works of Sigmund Freud*, ed. James Strachey, Anna Freud, Alix Strachey, & Alan Tyson. [24] vols. London: Hogarth Press and The Institute of Psycho-Analysis, 1954– .

第一部分

第一章 人是一种疾病

1. BW (History) 939.
2. BW (Dreams) 527.
3. BW (Dreams) 542.
4. GI 397.

5. NIL 92. Cf. EI 12.
6. CP IV, 86. Cf. GI 304, 358–59; EI 11; NIL 25–26.
7. EI 12.
8. EI 12. Cf. DD 70.
9. BW (Dreams) 473, 510–11, 540–41; GI 146–47. Cf. BW (Dreams) 519; GI 70, 136, 311, 369.
10. GI 87, 236, 307, 368, 464; NIL 15, 26.
11. GI 367–68, 464–65; NIL 80; CP II, 120; CP V, 337; DD 65.
12. BW (Dreams) 539.
13. DD 70.
14. BW (Dreams) 510.
15. GI 365. Cf. CP V, 339.
16. *Civ.* 27.
17. *Civ.* 27, 39.
18. GI 27, 310, 353–54, 363; *Civ.* 33, 51, 68, 74; FI 16–17; MM 182–87.
19. *Civ.* 37; BW (Dreams) 500, 518, 536, 549; EI 30; NIL 98; BPP 56.
20. CP IV, 13–21; EI 19–33; NIL 100–101; GI 359, 365, 436.
21. CP II, 114–15, 277–82; CP IV, 13; ISA 136.
22. GI 308, 375, 453; ISA 20.
23. ISA 20–28, 34; BPP 7.
24. GI 27, 199, 321, 363; FI 16; *Civ.* 74.
25. GI 421; BW (Sex) 622; ISA 134; MM 121.
26. Nietzsche, *The Philosophy of Nietzsche*, p. 702.

第二章　神经症与历史

1. *Civ.* 141.
2. BW (T & T) 831. Cf. BW (T & T) 875; CP III, 454; CP IV, 93; ISA 61, 71; MM 122–29, 201.
3. MM 94.
4. MM 129.
5. These passages, and their importance, were first drawn to my attention by Rieff, "The Meaning of History and Religion in Freud's Thought," p. 115.
6. CP V, 343; MM 159. Cf. MM 204–205.
7. MM 208.
8. Freud, *Questions of Lay Analysis*, p. 167, quoted by Rieff, "The Authority of the Past," p. 430.
9. Marx, *Der historische Materialismus*, p. 264.
10. BW (T & T) 876–77.
11. *Civ.* 142.
12. Cf. Lukács, *Goethe und seine Zeit*, p. 131.

13. Joyce, *Ulysses*, p. 35.
14. Nietzsche, *The Philosophy of Nietzsche*, p. 712.
15. *Civ.* 121–22.
16. CP IV, 350–55.
17. NIL 228.
18. GI 321.
19. Cf. Popitz, *Der entfremdete Mensch*, pp. 151–52.
20. Marx, *Capital*, III, 954.
21. BPP 56.

第二部分

第三章　性欲与童年

1. GI 211–22, 349–73, 416; ISA 125–29.
2. GI 308, 312–47.
3. EI 46; CP IV, 78n.
4. GI 421.
5. CP IV, 14–18; ISA 140.
6. ISA 105–108, 117, 140; NIL 114–16.
7. BW (Sex) 588 and note; CP IV, 41.
8. GI 332.
9. GI 337.
10. CP II, 129.
11. Fenichel, *The Psychoanalytic Theory of Neurosis*, p. 496. Cf. Abraham, *Selected Papers*, pp. 407–15; Reich, *The Function of the Orgasm*.
12. NIL 106.
13. Cf. Huxley, *Tomorrow and Tomorrow*, pp. 289–301; Eliade, *Le Yoga*, pp. 250, 267, 270, 396.
14. Needham, *Science and Civilization in China*, II, 149.
15. BW (Sex) 599–602.
16. Blake, *The Marriage of Heaven and Hell*.
17. CP IV, 51.
18. Cf. BW (Dreams) 294.
19. BW (T & T) 872; CP IV, 17, 174–76.
20. Guardini quoted by Huizinga, *Homo Ludens*, p. 19; cf. Huizinga, *op. cit.*, pp. 1–27.
21. Sartre, *Being and Nothingness*, pp. 580–81; Schiller, *Essays Aesthetical and Philosophical*, p. 71.
22. Brinton, *The Mystic Will*, pp. 217–18.
23. Brinton, *op. cit.*, p. 252.
24. Keynes, *Essays in Persuasion*, pp. 366–67.
25. Veblen, *Theory of the Leisure Class*, p. 28.

26. Von Neumann and Morgenstern, *Theory of Games and Economic Behavior.*
27. Ferenczi, *Sex in Psychoanalysis,* pp. 319–31.

第四章　自我与他人

1. GP 60–62; NIL 86.
2. CP IV, 44–45; BW (Sex) 614 and note; GI 433–34.
3. CP IV, 47; EI 40–44.
4. CP V, 281.
5. GP 60–61; NIL 86.
6. CP IV, 78–81.
7. EI 35.
8. CP IV, 57. Cf. EI 36 and note; GP 73–76.
9. ISA 105–10, 117, 122, 140; NIL 115–16.
10. CP IV, 55; NIL 170.
11. FI 41.
12. CP IV, 152–70; NIL 86.
13. EI 36; ISA 27–28; Ferenczi, *Further Contributions,* pp. 97, 164.
14. CP IV, 57. Cf. BW (T & T) 876.
15. BPP 57, 68; *Out.* 6; CP V, 185, 350; *Civ.* 97.
16. CP IV, 78–79; *Civ.* 12.
17. *Civ.* 13.
18. CP IV, 79.
19. CP IV, 81.
20. CP IV, 57.
21. *Civ.* 21.
22. CP V, 185.
23. Spinoza, *Ethics,* Part III, "Definitions of the Emotions," II and VI. Cf. Hampshire, *Spinoza,* pp. 142–43, 168–71.
24. Hampshire, *op. cit.,* pp. 141–44.
25. Spinoza, *Ethics,* Part III, Prop. LIX, note.
26. Spinoza, *Ethics,* Part III, Prop. XI.
27. Spinoza, *Ethics,* Part IV, Prop. XXXVIII.
28. Spinoza, *Ethics,* Part V, Prop. XXXIX, note.
29. Spinoza, *Ethics,* Part V, Prop. XXXIX, demonstration.
30. GP 38–39.
31. Nygren, *Agape and Eros,* p. 711 and note.
32. D'Arcy, *The Mind and Heart of Love,* p. 87.
33. Nygren, *op. cit.,* pp. 729–30; Plato, *Symposium,* 206E.
34. Blake, *The Marriage of Heaven and Hell.*
35. EI 63; *Out.* 8; CP IV, 350; GI 423.
36. CP IV, 42. Cf. GI 428.

37. CP V, 81.
38. Freud, *Gesammelte Werke*, XIV, 443, note; cf. *Civ.* 41.
39. Cf. Benz, *Der vollkommene Mensch nach Jacob Boehme*, pp. 9–11, 25–26, 31, 35.
40. Kaufmann, *The Portable Nietzsche*, pp. 128, 302.
41. BW (Sex) 614.
42. CP IV, 58.
43. GI 323.
44. Goethe, *Faust*, Part II, vs. 8479.
45. CP IV, 57.
46. CP IV, 44. Cf. BW (Sex) 587; GI 322–23, 434; GP 60–62.
47. BW (T & T) 854; GP 61; EI 61; NIL 159; CP V, 263.
48. NIL 129.
49. NIL 129.
50. Abraham, *Selected Papers*, p. 481.
51. CP II, 253, 395; ISA 33, 36, 61, 71; MM 125; CP V, 326, 337.
52. Abraham, *loc. cit.*; Ferenczi, *Further Contributions*, p. 372.

第五章　艺术与爱欲

1. Trilling, *The Liberal Imagination*, p. 61.
2. Trilling, *op. cit.*, pp. 57, 60.
3. Contrast GI 384–85 with L 120, CP V, 222 and Freud, *Gesammelte Werke*, XIII, 265, note 1
4. CP IV, 14; GI 365.
5. Keats, *Endymion*, Book I, vss. 1–13.
6. Nietzsche, *The Philosophy of Nietzsche*, p. 1088.
7. Rilke, "Ueber Kunst," pp. 41–49.
8. BW (History) 938.
9. Reich, *The Function of the Orgasm*, pp. 63–64.
10. BW (Wit) 692, 782, 791.
11. CP V, 215–21.
12. BW (Wit) 692.
13. BW (Wit) 803.
14. BW (Wit) 721, 794.
15. Poe, "The Poetic Principle," pp. 273–74.
16. Scheler, *The Nature of Sympathy*, pp. 197–99.
17. BW (Wit) 754; cf. BW (Wit) 717, 721, 761.
18. Freud, *Gesammelte Werke*, VI (*Der Witz* . . .), 204. (Author's trans.)
19. Trilling, *op. cit.*, p. 53.
20. BW (Wit) 730–31, 736–37, 740–42.
21. DD 117.
22. Trilling, *op. cit.*, p. 44.
23. BW (Wit) 722; cf. BW (Wit) 702.
24. Trilling, *op. cit.*, p. 61.

25. Freud, *Gesammelte Werke*, VI (*Der Witz* . . .), 196–197. (Author's trans.)
26. BW (Wit) 697, 721.
27. BW (Wit) 712, 719.
28. BW (Wit) 730–31, 736–37, 766.
29. Freud, *Gesammelte Werke*, VI (*Der Witz* . . .), 154. (Author's trans.)
30. BW (Wit) 801–802.
31. BW (Wit) 761.
32. *Civ.* 37.
33. BW (Wit) 761.
34. Rilke, "Ueber Kunst," pp. 41–49.
35. Freud, *The Origins of Psychoanalysis*, p. 244.
36. *Civ.* 122.

第六章　语言与爱欲

1. LaBarre, *The Human Animal*, pp. 163–207.
2. GI 175.
3. CP V, 181–85.
4. Engels, *The Part Played by Labor in the Transition from Ape to Man*, p. 8.
5. CP IV, 111, 126; CP V, 185.
6. Jespersen, *Language*, p. 436.
7. Langer, *Philosophy in a New Key*, p. 96.
8. Cassirer, *An Essay on Man*, p. 109; cf. J. Huizinga, *Homo Ludens*, p. 4.
9. Jespersen, *op. cit.*, p. 433.
10. Cassirer, *op. cit.*, p. 110.
11. Wittgenstein, *Philosophical Investigations*, p. 47.
12. Wittgenstein, *op. cit.*, p. 133; Wittgenstein, *Tractatus Logico-Philosophicus*, p. 189.
13. BW (T & T) 865–83.
14. BW (T & T) 872.
15. Boehme, *Mysterium Magnum*, chap. 35, secs. 59–60.
16. Hytier, *La poétique de Valéry*, p. 29.
17. Hytier, *op. cit.*, p. 74.
18. Hytier, *op. cit.*, pp. 57, 289.
19. Hartman, *The Unmediated Vision*, pp. 73–76.

第三部分

第七章　本能的二元论与本能的辩证法

1. NIL 124.
2. CP IV, 34.

3. CP IV, 60.
4. BPP 72; BW (History) 972–77.
5. CP IV, 64.
6. Cf. *Civ.* 94–98; NIL 124–39; BPP 83–84n.
7. CP V, 345, 347.
8. CP V, 355.
9. *Civ.* 120–21, 136, 144.
10. NIL 140–41; CP V, 345.
11. CP V, 348–50.
12. Nietzsche, *The Philosophy of Nietzsche*, pp. 706, 745.
13. NIL 101; ISA 33, 61, 71; CP II, 253, 395; CP V, 326, 337.
14. NIL 101.
15. Cf. Popitz, *Der entfremdete Mensch*.

第八章　死亡、时间、永恒

1. BPP, *passim;* CP II, 255–68; NIL 134–42.
2. Contrast BPP 76, 85–88 with CP II, 256.
3. BPP 57, 68; *Civ.* 97n.
4. *Civ.* 37.
5. CP II, 257.
6. CP II, 256.
7. CP IV, 136; CP V, 370–71; MM 125.
8. Augustine, *De Civitate Dei*, Book XXII, chap. XXX.
9. Cf. Popitz, *Der entfremdete Mensch*, pp. 151–52.
10. BPP 46–48.
11. BPP 55–56.
12. BPP 45.
13. Cf. above chap. II, note 2.
14. BPP 33; NIL 99.
15. BPP 33.
16. Schopenhauer, *The World as Will and Idea*, III, 283.
17. BPP 33; NIL 99.
18. Bonaparte, *Chronos, Eros, Thanatos*, pp. 11–12.
19. See below, chap. XV, sec. 5.
20. NIL 99.
21. Cf. von Bertalanffy, "An Essay on the Relativity of Categories," 243–63.
22. Schiller, *Humanism*, pp. 204–27; Schiller, *Riddles of the Sphinx*, pp. 255–58, 423–24.
23. Aristotle, *Ethica Nicomachea*, Book X, chap. IV.
24. Aristotle, *Ethica Nicomachea*, Book VII, chap. XIV.
25. Schiller, *Humanism*, pp. 217, 226–27.
26. Augustine, *De Civitate Dei*, Book XIV, chap. XXVIII.

27. BPP 50.
28. BPP 74–75; CP II, 261.
29. CP IV, 304–17; ISA 93.
30. Unamuno, *Tragic Sense of Life*, pp. 20, 41.
31. BPP 73; EI 56–57; CP II, 260.
32. Kojève, *Introduction à la lecture de Hegel*, pp. 11–34, 364–80, 490–513, 527–73; Marcuse, *Reason and Revolution*, pp. 224, 240; Kroner, "Bemerkungen zur Dialektik der Zeit," pp. 153–61.
33. CP V, 185.
34. Hegel, *Science of Logic*, I, 142.
35. Cf. Kojève, *op. cit.*, pp. 517, 549.
36. ISA 91–95.
37. Róheim, *The Origin and Function of Culture*, pp. 77, 79, 98.
38. ISA 93–95, 104–12.
39. Schopenhauer, *The World as Will and Idea*, III, 286, 298, 308.
40. Kaufmann, *The Portable Nietzsche*, p. 434.
41. Keynes, *Essays in Persuasion*, p. 370.
42. Kojève, *op. cit.*, p. 546.
43. Cf. Rehm, *Orpheus: Der Dichter und die Toten*, p. 583.
44. EI 87. Cf. ISA 105–18; NIL 114–16.
45. EI 85.
46. Kierkegaard, *Works of Love*, p. 253.

第九章 死本能与童年时代

1. Cf. Horney, *New Ways in Psychoanalysis*, pp. 47–78.
2. NIL 129, 153–59.
3. ISA 53. Cf. NIL 113.
4. NIL 159. Cf. *Civ.* 120–22.
5. BW (History) 939.
6. NIL 112.
7. ISA 103–16, 131–42, 151–53.
8. EI 87. Cf. ISA 105–18.
9. ISA 109–10.
10. EI 85. Cf. ISA 160; NIL 122.
11. NIL 123; MM 200.
12. CP II, 249. Cf. BW (Sex) 618; CP IV, 45; ISA 110.
13. Ferenczi, *Thalassa*, pp. 18, 26.
14. Ferenczi, *op. cit.*, pp. 20–24.
15. CP IV, 77–79.
16. CP IV, 14, 78, 82; CP V, 183.
17. CP IV, 119; CP V, 182, 185.
18. BW (Sex) 597–98; BPP 15; CP V, 119, 264–66; NIL 165.
19. CP II, 260; CP V, 266; BPP 74.

20. CP II, 248.
21. CP IV, 201. Cf. CP V, 265–66; NIL 154.
22. Contrast BW (Sex) 614–16 with CP V, 259–65, NIL 154–59, and MM 125–29.
23. CP II, 272; CP V, 188, 196, 199, 257.
24. CP IV, 48–49.
25. CP II, 272. Cf. CP II, 53, 190; CP V, 188–90, 267; NIL 154, 165.
26. *Civ.* 121; *Civ.* 117n. Cf. CP V, 262–63; NIL 156–59.
27. *Out.* 54.
28. NIL 159. Cf. *Civ.* 120–21.
29. Abraham, *Selected Papers*, p. 497.
30. CP V, 254.
31. CP V, 264–69; NIL 154.
32. CP V, 186–97, 262; NIL 162–63; CP II, 274.
33. CP V, 263.
34. GI 326; CP II, 246–47, 270–71; CP V, 105, 199, 256, 261; NIL 160; *Out.* 58.
35. CP V, 105–106, 191; NIL 37; CP II, 247, note 2. Cf. Pollack, *Les idées des enfants sur la différence des sexes*, p. 77.
36. EI 40–44.
37. NIL 114.
38. Kojève, *Introduction à la lecture de Hegel*, pp. 14–34, 494; Nietzsche, *The Philosophy of Nietzsche*, pp. 701–705. Cf. CP V, 275.
39. CP II, 273; NIL 166; CP V, 196.
40. *Out.* 59.
41. CP II, 273.
42. EI 19–31; Ferenczi, *op. cit.*, p. 16. Cf. Ferenczi, *Further Contributions*, p. 86.
43. CP II, 272; CP V, 188, 196, 199, 257.
44. EI 36–49; MM 184.
45. Róheim, *War, Crime and the Covenant*, p. 37. Cf. *Civ.* 105, 115, 120.
46. Cf. Brinton, *The Mystic Will*, pp. 214–15.
47. Fromm, "Sex and Character," pp. 21, 25; Horney, *op. cit.*, p. 38.
48. BW (Sex) 558, 612–13; CP II, 56–58, 246; CP V, 230, 251; NIL 146–49, 151.
49. EI 42–43. Cf. CP II, 198–201, 272; CP V, 230–32.
50. CP V, 354.
51. CP V, 356–57. Cf. *Out.* 63.
52. Cf. Lévi-Strauss, *Les structures élémentaires de la parenté*, p. 567.
53. CP V, 231; NIL 148. Cf. CP II, 248–49, 258.

54. CP V, 269. Cf. BW (Sex) 612; NIL 169.
55. BPP 79–80.
56. Baumann, *Das doppelte Geschlecht*, pp. 127–28, 171–72.
57. Cf. Benz, *Der vollkommene Mensch nach Jacob Boehme*, pp. 23, 38–43, 111, 121.
58. Berdyaev, *The Destiny of Man*, p. 64.
59. Needham, *Science and Civilization in China*, II, 58.
60. Rilke, *Letters to a Young Poet*, p. 38; Rilke, *Sämtliche Werke*, I, 349. Cf. Simenauer, "Pregnancy Envy in Rainer Maria Rilke," pp. 240–42.

第四部分

第十章 升华在概念上的含混

1. GI 175, 321; *Civ.* 63; GP 57, 118–20; CP II, 50, 82–83; BW (Sex) 584, 625.
2. Kroeber, "The Superorganic," pp. 163–213. Cf. Valabrega, "L'anthropologie psychanalytique," pp. 221–45.
3. CP II, 48; *Civ.* 33, 63; MM 182–87.
4. CP V, 132–33. Cf. GI 354.
5. GI 27.
6. *Civ.* 76–77.
7. CP IV, 52. Cf. BW (Sex) 625; L 49.
8. *Civ.* 33.
9. FI 12. Cf. FI 16; GI 321.
10. GI 175; *Civ.* 34n.
11. L 49–50.
12. Reich, *The Function of the Orgasm*, pp. 77, 111, 141.
13. *Civ.* 77n.
14. CP V, 171. Cf. GI 441.
15. Marcuse, *Eros and Civilization*, pp. 35, 37.
16. Reich, *op. cit.*, pp. 52–53, 92; Reich, *The Mass Psychology of Fascism*, pp. 183, 244, 337–38.
17. GI 463.
18. GI 355; CP II, 83.
19. *Civ.* 33–34; GI 355.
20. GP 118–19.
21. EI 65, 80. Cf. below, chap. XII.
22. CP V, 126, 128, 329, 331; *Out.* 44; FI 68.
23. *Works* (T & T), XIII, 73. Cf. CP II, 25–35; CP V, 92–97.
24. CP V, 94.
25. BW (T & T) 864.

26. Róheim, *The Origin and Function of Culture*, p. 74.
27. See above, chap. I, note 11.
28. GP 41–51.
29. *Civ.* 141.
30. Róheim, *op. cit.*, p. 24.
31. FI 77. Cf. GP 124–25; *Civ.* 42.

第十一章 治疗与文化

1. GI 442; NIL 106.
2. GI 462. Cf. DD 115.
3. GI 453.
4. Cf. CP V, 334: the new conflicts artificially produced in the transference "lack the character of reality."
5. GI 452.
6. CP II, 319, 402.
7. Glover, "The Klein System of Child Psychology," p. 117, note 21.
8. Cf. CP II, 400.
9. CP V, 334. Cf. CP V, 370; *Out.* 41.
10. CP II, 322.
11. *Out.* 48.
12. EI 19–26.
13. EI 21.
14. FI 95.
15. EI 12.
16. CP IV, 111.
17. NIL 154.
18. CP II, 369.
19. CP IV, 133–34.
20. CP IV, 136.
21. LaBarre, *The Human Animal*, p. 207.
22. Cf. Ferenczi, *Further Contributions*, p. 374.
23. CP V, 300–301 and note.
24. See above, chap. X.
25. CP V, 329. Cf. *Out.* 44; contrast GI 463.
26. CP V, 331; *Civ.* 114–22.
27. CP V, 286.
28. *Civ.* 121–22.
29. *Out.* 36.
30. BW (T & T) 877; EI 30.
31. CP IV, 14, 16; *Out.* 2–3.
32. CP II, 279–80. Cf. CP II, 250–54, 277–82.

33. CP II, 322.
34. *Works* (T & T), XIII, 73; MM 137.

第十二章　日神与酒神

1. *Prose Works of Jonathan Swift* (Oxford, 1939), I, 174.
2. Cf. Ghiselin, *The Creative Process*, p. 114.
3. B. Russell, *Philosophical Essays*, p. 73.
4. Frazer, *The Golden Bough*, pp. 667–701.
5. Cornford, *Principium Sapientiae*, pp. 88–127.
6. Ferenczi, *Final Contributions*, p. 246.
7. Cf. Fenichel, *The Psychoanalytic Theory of Neurosis*, p. 141.
8. EI 30; NIL 102.
9. EI 31 and note.
10. EI 30.
11. Fenichel, *op. cit.*, p. 35.
12. CP V, 182. Cf. CP IV, 119.
13. Cf. Ferenczi, *Further Contributions*, pp. 367–69.
14. CP III, 458.
15. EI 36.
16. EI 37.
17. EI 61–64. Cf. Róheim, *The Origin and Function of Culture*, pp. 73–78.
18. EI 37–38.
19. EI 36.
20. *Out.* 79–80.
21. CP V, 184.
22. CP V, 184.
23. BW (Dreams) 535. Cf. BW (Dreams) 533.
24. BW (Sex) 614.
25. CP IV, 14, 136.
26. BW (Dreams) 533.
27. BW (Dreams) 533.
28. Isaacs, "The Nature and Function of Phantasy," p. 94; Glover, "The Klein System of Child Psychology," pp. 75–118.
29. Isaacs, *op. cit.*, p. 90.
30. Cf. Feldmann, "The Illusions of Work," p. 266.
31. CP III, 584n.
32. CP IV, 20. Cf. BW (T & T) 874.
33. *Civ.* 121; NIL 114.
34. CP V, 259; CP II, 269; BPP 22.
35. Bartlett, "The Concept of Repression," pp. 326–39.
36. NIL 154.
37. CP III, 577.

38. MM 159. Cf. CP V, 343-44.
39. MM 160.
40. Ferenczi, *Further Contributions*, p. 407; CP IV, 136. Cf. Wilbur, "Freud's Life-Death Instinct Theory," pp. 144, 211.
41. *Out.* 59.
42. Cf. above, chap. V, note 19.
43. LaBarre, *The Human Animal*, p. 173.
44. *Out.* 74. Cf. CP V, 198-204, 372-75.
45. *Out.* 73-74; CP V, 372-75.
46. Ferenczi, *Final Contributions*, p. 164.
47. CP IV, 51.
48. Ferenczi, *Final Contributions*, p. 246; Schilder, *The Image and Appearance of the Human Body*, p. 136.
49. Ferenczi, *Sex in Psychoanalysis*, p. 227.
50. BW (Life) 164.
51. Cf. Ghiselin, *The Creative Process*, p. 119.
52. CP V, 374.
53. BW (Dreams) 535.
54. BW (T & T) 856.
55. CP IV, 148; BPP 35. Cf. ISA 86-87.
56. Whitehead, *Adventures of Ideas*, p. 289; Whitehead, *Science and the Modern World*, pp. 64-73.
57. MM 178-79.
58. Ferenczi, *Sex in Psychoanalysis*, p. 275; Ferenczi, *Further Contributions*, pp. 85, 99-102, 171-72.
59. Cf. Wilbur, "Freud's Life-Death Instinct Theory," pp. 246-53.
60. Whitehead, *Adventures of Ideas*, p. 289.
61. EI 65. Cf. Wilbur, "Freud's Life-Death Instinct Theory," pp. 241-44.
62. *Civ.* 74-78; CP V, 286. Cf. Róheim, *The Origin and Function of Culture*, pp. 99-100.
63. Ferenczi, *Final Contributions*, p. 246.
64. EI 80.
65. Nietzsche, *The Philosophy of Nietzsche*, p. 954.
66. Nietzsche, *The Philosophy of Nietzsche*, pp. 955, 960.
67. See above, chap. VI, note 19.
68. Nietzsche, *The Philosophy of Nietzsche*, p. 956.
69. Kaufmann, *Nietzsche*, p. 328.
70. Kaufmann, *Nietzsche*, p. 247.
71. Cf. Otto, *Dionysos, Mythos und Kultus*, pp. 74, 84-85, 95, 124, 159.
72. NIL 98.
73. Nietzsche, *The Philosophy of Nietzsche*, p. 958.
74. Duncan, *My Life*, p. 105.
75. Ferenczi, *Thalassa*, p. 16.

76. Blake, *The Marriage of Heaven and Hell;* Hegel, *The Phenomenology of Mind,* p. 105.

第五部分

1. Jones, *Papers on Psycho-Analysis,* p. 664.

第十三章　排泄幻象

1. Huxley, *Do What You Will,* p. 94.
2. Murry, *Jonathan Swift,* pp. 432–48.
3. Huxley, *op. cit.,* p. 99.
4. Quintana, *The Mind and Art of Jonathan Swift,* pp. 327, 360.
5. CP V, 182.
6. Huxley, *op. cit.,* p. 101.
7. Murry, *op. cit.,* p. 440; Lawrence, *Sex, Literature and Censorship,* p. 60.
8. Huxley, *op. cit.,* pp. 94, 104.
9. Murry, *op. cit.,* pp. 78–82, 86, 346–55, 432–48.
10. Ferenczi, *Final Contributions,* p. 59.
11. Karpman, "Neurotic Traits of Jonathan Swift," p. 132.
12. Greenacre, "The Mutual Adventures of Jonathan Swift and Lemuel Gulliver," p. 60.
13. Murry, *op. cit.,* p. 60.
14. Greenacre, *op. cit.,* pp. 21–22.
15. Greenacre, *op. cit.,* pp. 41, 56.
16. Swift, *Verses on the Death of Dr. Swift,* vss. 479–80.
17. Swift, *A Tale of a Tub,* in *Prose Works of Jonathan Swift* (Oxford, 1939), I, 88.
18. Swift, *A Discourse Concerning the Mechanical Operation of the Spirit, Etc.,* in *Prose Works of Jonathan Swift* (Oxford, 1939), I, 186.
19. CP IV, 351–55.
20. Nietzsche, *The Philosophy of Nietzsche,* p. 752.
21. CP IV, 215.
22. *Civ.* 78n.
23. Swift, *Gulliver's Travels,* in *Prose Works of Jonathan Swift* (Oxford, 1941), XI, 253.
24. *Gulliver's Travels,* pp. 243, 245–47, 250, 272–74.
25. Murry, *op. cit.,* p. 352; Quintana, *op. cit.,* p. 327.

26. Cf. CP II, 45–50, 164–71; Jones, *Papers on Psycho-Analysis*, pp. 664–88; Abraham, *Selected Papers on Psychoanalysis*, pp. 370–92.
27. Empson, *Some Versions of Pastoral*, p. 60.
28. Swift, *Mechanical Operation of the Spirit*, pp. 174–76.
29. Swift, *Mechanical Operation of the Spirit*, p. 175.
30. Ferenczi, *Further Contributions*, p. 90; Ferenczi, *Thalassa*, p. 14.
31. Swift, *A Tale of a Tub*, p. 129.
32. EI 48.
33. Swift, *A Tale of a Tub*, p. 99.
34. Swift, *Mechanical Operation of the Spirit*, pp. 179–80. Cf. Swift, *A Tale of a Tub*, pp. 99–100.
35. *Works* (T & T), XIII, 73.
36. Swift, *A Tale of a Tub*, pp. 102–103, 107–108, 114.
37. Swift, *Mechanical Operation of the Spirit*, pp. 184–85, 188–89.
38. Swift, *A Tale of a Tub*, p. 102.
39. Empson, *op. cit.*, p. 60.
40. GI 166, 174–75; CP IV, 184–91.
41. Swift, *A Tale of a Tub*, pp. 37, 77.
42. Swift, *A Tale of a Tub*, pp. 96, 98.
43. Greenacre, *op. cit.*, p. 56.
44. Cf. Greenacre, *op. cit.*, p. 56.
45. Swift, *A Tale of a Tub*, pp. 5, 63, 116; Swift, *A Meditation upon a Broomstick*, in *Prose Works of Jonathan Swift* (Oxford, 1939), I, 239–40.
46. Swift, *Letter of Advice to a Young Poet*, in *Prose Works of Jonathan Swift* (London, 1907), XI, 108.
47. Pope, *Works*, X, 281.
48. Fenichel, *The Psychoanalytic Theory of Neurosis*, p. 312.
49. Ferenczi, *Further Contributions*, p. 251.
50. See above, note 26.
51. Swift, *A Tale of a Tub*, p. 104.

第十四章 新教时代

1. Cf. Grisar, *Luther*, VI, 506.
2. Grisar, *Luther*, I, 396.
3. Grisar, *Luther*, I, 396–97, VI, 504–10. Cf. the treatment of the text on the J. G. Walch edition of Luther's *Table-Talk*: Luther, *Sämmtliche Schriften*, XXII, 463.
4. Grisar, *Luther*, VI, 504, 510. Cf. F. Funck-Brentano, *Luther*, pp. 84–87; Fife, *The Revolt of Martin Luther*, pp. 198–99, note 91.

5. CP II, 45–50.
6. Fromm, "Die psychoanalytische Charakterologie und ihre Bedeutung für die Sozialpsychologie," pp. 253–77.
7. Fromm, *Escape from Freedom*, pp. 291–94. Cf. Horney, *New Ways in Psychoanalysis*, pp. 168–82.
8. Taylor, *Sex in History*, pp. 166–68.
9. Fenichel, *The Psychoanalytic Theory of Neurosis*, p. 278.
10. Cf. above, chap. IX.
11. Cf. Fromm, *Escape from Freedom*, p. 73.
12. CP IV, 436–72; Jones, *On the Nightmare*, pp. 154–89; Reik, *Der eigene und der fremde Gott*.
13. Cf. Rudwin, *The Devil in Legend and Literature*, pp. 45, 207, 250; Rudwin, *Die Teufelszenen im geistlichen Drama des deutschen Mittelalters*, p. 76; Murray, *Witch Cult in Western Europe*, pp. 126–30; Bourke, *Scatalogic Rites of All Nations*, p. 163; Castelli, *Il Demoniaco nell' arte*, p. 89; Jones, *On the Nightmare*, pp. 122, 203; Ben Jonson, *Ballad of the Devil's Arse: The Gypsies Metamorphosed*, vss. 1061–1137; Luther, *Sämmtliche Schriften*, IX, 845; Dante, *Inferno*, XXXIV, vss. 76–93.
14. Cf. Obendiek, *Der Teufel bei Martin Luther;* Klingner, "Luther und der deutsche Volksaberglaube," pp. 18–91; Grisar, *Luther*, V, 275–305; VI, 122–40; Luther, *Sämmtliche Schriften*, XXIII, Index, s.v. "Teufel."
15. Luther, *Sämmtliche Schriften*, I, 174; VII, 43; IX, 825, 1288; XII, 1338.
16. Rudwin, *The Devil*, pp. 51, 110.
17. Bourke, *Scatalogic Rites*, p. 163.
18. Grisar, *Luther*, V, 315.
19. Grisar, *Luther*, VI, 132–33.
20. Luther, *Sämmtliche Schriften*, XXIII, Index, s.v. "Teufel."
21. Luther, *Sämmtliche Schriften*, XXII, 706.
22. Luther, *Sämmtliche Schriften*, XXII, 731, 1710.
23. Luther, *Sämmtliche Schriften*, XXII, 715, 729, 734, 762, 766, 770, 798; Grisar, *Luther*, V, 238, 355; VI, 364.
24. Grisar, *Luther*, V, 293, 304; Luther, *Sämmtliche Schriften*, XXII, 783.
25. Obendiek, *Der Teufel bei Martin Luther*, p. 51.
26. Luther, *Sämmtliche Schriften*, XXII, 515.
27. Harrington, *The Metamorphosis of Ajax*, p. 35.
28. Luther, *Sämmtliche Schriften*, XXII, 728–29, 767, 777; Grisar, *Luther*, V, 337; VI, 119, 122, 133.
29. Cf. Rudwin, *The Devil*, pp. 105–106.
30. E. Troeltsch, *The Social Teaching of the Christian Churches*, II, 469, 476.

31. Cf. Rudwin, *The Devil*, p. 106.
32. Tillich, *The Protestant Era*, pp. xx–xxi; Tillich, *The Interpretation of History*, pp. 77–122.
33. Obendiek, *Der Teufel bei Martin Luther*, p. 180.
34. Rudwin, *The Devil*, p. 23. Cf. Grisar, *Luther*, V, 277–78, 289.
35. Huizinga, *The Waning of the Middle Ages*, p. 21.
36. Obendiek, *op. cit.*, 53–57; Grisar, *Luther*, V, 5; Luther, *Sämmtliche Schriften*, XIII, 1259; XXII, 1917.
37. Grisar, *Luther*, VI, 153.
38. Rudwin, *The Devil*, p. 24; Grisar, *Luther*, V, 297.
39. Grisar, *Luther*, V, 48; Obendiek, *op. cit.*, p. 187; Luther, *Sämmtliche Schriften*, V, 1118; IX, 103, 839.
40. Grisar, *Luther*, VI, 365; Obendiek, *op. cit.*, p. 174; Rudwin, *The Devil*, p. 246; Luther, *Sämmtliche Schriften*, I, 757; III, 883; VI, 1762; IX, 842; XII, 207, 246; XIX, 1462–63; XXII, 1956.
41. Grisar, *Luther*, V, 330, 355, 356; Luther, *Sämmtliche Schriften*, II, 1514; V, 104.
42. Obendiek, *op. cit.*, pp. 169, 179, 183–84.
43. Obendiek, *op. cit.*, pp. 42–43, 178–80, 204.
44. Rudwin, *The Devil*, p. 136.
45. Butler, *The Fortunes of Faust*, p. 11. Contrast the Catholic Calderón, *El Magico Prodigioso*.
46. Troeltsch, *op. cit.*, II, 840, note 221.
47. Troeltsch, *op. cit.*, II, 498.
48. Obendiek, *op. cit.*, pp. 190–92; Grisar, *Luther*, II, 268–69, 284. Cf. Tillich, *The Protestant Era*, p. xx.
49. Rudwin, *The Devil*, p. 134.
50. Grisar, *Luther*, I, 192, 236–40, 376; VI, 113, 220; Luther, *Sämmtliche Schriften*, VII, 304; XII, 544.
51. Luther, *Sämmtliche Schriften*, III, 256; IV, 990, 1800; IX, 1497; XIV, 956.
52. Grisar, *Luther*, I, 191, 234–36.
53. Cf. Troeltsch, *op. cit.*, II, 475, 825.
54. Grisar, *Luther*, VI, 113.
55. Grisar, *Luther*, V, 230, 247, 298, 305, 352–53; VI, 117; Luther, *Sämmtliche Schriften*, XIII, 2777; XXII, 718–19, 810–11, 813. Cf. Troeltsch, *op. cit.*, II, 479–80, 490, 497, 510–11, 547, 560, 841.
56. Troeltsch, *op. cit.*, II, 570.
57. Cf. Rudwin, *Les écrivains diaboliques de France*, p. 85.
58. Grisar, *Luther*, V, 352.
59. Cf. Weber, *Gesammelte Aufsätze zur Religionssoziologie*, I, 74–75, 77; Tawney, *Religion and the Rise of Capitalism*, pp. 82, 85, 91, 95; Troeltsch, *op. cit.*, II, 554, 557, 560, 873; Grisar, *Luther*, VI, 89, 96.

60. Cf. Troeltsch, *op. cit.*, II, 558; Grisar, *Luther*, VI, 82, 85, 89, 96.
61. Cf. Gener, *La mort et le diable*, pp. 582–90.
62. Barge, *Luther und der Frühkapitalismus*, pp. 37–39; Grisar, *Luther*, V, 227–28; VI, 95–96; Luther, *Sämmtliche Schriften*, X, 860, 874, 875; XX, 2197; XXII, 232.
63. Tawney, *op. cit.*, p. 89. Cf. Troeltsch, *op. cit.*, II, 479, 480, 490, 497, 510–11, 547, 560.
64. Cf. Brown, *Hermes the Thief*.
65. Blake, *The Laocoon Group: The Portable Blake*, pp. 497–98; Rudwin, *The Devil*, p. 246, note.
66. Luther, *Sämmtliche Schriften*, III, 74; IV, 2077; IX, 835–37, 1131, 1497; X, 850–51, 877, 906–907, 910–11, 916, 928, 935; XXII, 851.
67. Barge, *op. cit.*, pp. 33–40; Grisar, *Luther*, V, 228; VI, 93; Luther, *Sämmtliche Schriften*, X, 897, 906; XXII, 776. Cf. Luther, *Sämmtliche Schriften*, XXIII, Index, s.v. "Wucher," "Wucherer."
68. Grisar, *Luther*, V, 284; Luther, *Sämmtliche Schriften*, XXII, 777.
69. Barge, *op. cit.*, p. 37; Obendiek, *op. cit.*, p. 172; Luther, *Sämmtliche Schriften*, I, 183; X, 895–97; XX, 2197.
70. Barge, *op. cit.*, pp. 32, 50.
71. Jonson, *Volpone*, I, 1, 3.
72. Cf. Obendiek, *op. cit.*, p. 209; Rudwin, *The Devil*, pp. 120–29; Luther, *Sämmtliche Schriften*, III, 499.
73. Grisar, *Luther*, V, 244; VI, 88, 94; Luther, *Sämmtliche Schriften*, X, 873.
74. Obendiek, *op. cit.*, pp. 55, 192; Barge, *op. cit.*, p. 32; Troeltsch, *op. cit.*, II, 473–74; Luther, *Sämmtliche Schriften*, XXII, 1917.
75. Weber, *op. cit.*, pp. 69–71.
76. Luther, *Sämmtliche Schriften*, VII, 304; XIII, 1110.
77. Troeltsch, *op. cit.*, II, 509.
78. Troeltsch, *op. cit.*, II, 547, 560.
79. Troeltsch, *op. cit.*, II, 509n., 570.
80. Tillich, *The Protestant Era*, p. 168; *The Interpretation of History*, p. 119.
81. Tillich, *The Protestant Era*, p. 312.
82. Tillich, *The Protestant Era*, p. xx.
83. Luther, *Sämmtliche Schriften*, IX, 825, 1288; XII, 1338.
84. Grisar, *Luther*, IV, 318–22; V, 238, 239, 303, 324.
85. Obendiek, *op. cit.*, p. 49. Cf. Luther, *Sämmtliche Schriften*, XXII, 804.
86. Grisar, *Luther*, V, 226; VI, 215; Luther, *Sämmtliche Schriften*, XXII, 232.

87. Grisar, *Luther*, V, 233, 245, 247, 284.
88. Thiel, *Luther*, p. 336; Obendiek, *op. cit.*, p. 193; Luther, *Sämmtliche Schriften*, IV, 1252.
89. Grisar, *Luther*, V, 229, 249, 315.
90. Grisar, *Luther*, IV, 296; V, 337.
91. See the whole section of the *Table-Talk* on the topic "Von dem Anti-Christ, oder Pabst," *Sämmtliche Schriften*, XXII, 844–935. Cf. *Sämmtliche Schriften*, XXIII, Index, s.v. "Pabstthum," "Papisten." Cf. also Grisar, *Luther*, III, 141–53; IV, 295–301; VI, 154–61.
92. Luther, *Sämmtliche Schriften*, I, 1623; IV, 1303; IX, 857; XVII, 1120; XX, 64; XXII, 806, 845, 870.
93. Luther, *Sämmtliche Schriften*, V, 1144; X, 756.
94. Luther, *Sämmtliche Schriften*, VII, 301; XXII, 845, 875, 896.
95. Luther, *Sämmtliche Schriften*, IV, 1503.
96. Luther, *Sämmtliche Schriften*, II, 107; V, 1017; VII, 1059; XIV, 307.
97. Luther, *Sämmtliche Schriften*, I, 1623; XII, 1284; XVI, 1650–51; XXII, 856, 866, 885, 902, 910, 920, 922, 931.
98. Luther, *Sämmtliche Schriften*, XVII, 1019–1132.
99. Luther, *Sämmtliche Schriften*, XVII, 1019–1132; cf. XIV, 289; XXII, 848, 880–81, 897, 905. See also Grisar, *Luther*, III, 151; IV, 295–305, 319–22; V, 276, 342; VI, 158–59, 195, 201, 364.
100. Grisar, *Luther*, VI, 98.
101. Cf. above, chaps. XI, XII.
102. Cf. above, chap. IX.
103. CP V, 370.
104. CP V, 371.
105. Luther, *Sämmtliche Schriften*, XII, 961, 963, 1238.

第十五章　肮脏的金钱

1. Cf. Cassiodorus, *Institutiones*, Book I, chap. I, section 8.
2. Frazer, *Economic Thought and Language*, pp. 29–30; Simmel, *Philosophie des Geldes*, pp. 480–501. Cf. Spengler, *The Decline of the West*, II, 482, 489–90; Schumpeter, *Capitalism, Socialism and Democracy*, pp. 122–23.
3. BW (T & T) 876–77.
4. CP II, 45–50.
5. CP II, 130–31.
6. Ferenczi, *Final Contributions*, p. 188.
7. BPP 20; NIL 94.
8. Cf. above, chaps. III, IV.
9. Whitehead, *Adventures of Ideas*, pp. 249–50, 281, 289, 332.

10. See above, chap. V, note 34.
11. Marx, Engels, *Kleine ökonomische Schriften*, pp. 42–166.
12. Marx, Engels, *op. cit.*, pp. 97–99, 102, 104, 130–36, 151.
13. Knight, *The Ethics of Competition*, p. 282.
14. Cf. Dobb, *On Economic Theory and Socialism*, pp. 55–92; he quotes von Mises on p. 56.
15. CP II, 265. Cf. CP V, 306.
16. Shakespeare, *Timon of Athens*, IV, iii, 387; cf. above, chap. XIV.
17. Marx, Engels, *op. cit.*, pp. 102, 106–08.
18. Marx, Engels, *op. cit.*, pp. 98, 108, 110–11.
19. Cf. above, chap. IX.
20. Smith, *Wealth of Nations*, Book I, chap. II, p. 22.
21. Polanyi, *The Great Transformation*, p. 47.
22. Herskovits, *Economic Anthropology*.
23. Malinowski, "The Primitive Economics of the Trobriand Islanders," p. 13.
24. Malinowski, *loc. cit.*
25. Herskovits, *Economic Anthropology*, pp. 238–68; Firth, "Currency, Primitive."
26. Parsons, *The Structure of Social Action*, pp. 59–60.
27. Herskovits, *Economic Anthropology*, p. 214.
28. Malinowski, *op. cit.*, p. 9.
29. Herskovits, *Economic Anthropology*, pp. 439–60.
30. Firth, *op. cit.*; Simmel, *op. cit.*, pp. 116, 162.
31. Laum, *Heiliges Geld*, p. 128.
32. Herskovits, *Economic Anthropology*, pp. 11, 155–79.
33. Firth, *op. cit.*
34. Laum, *Heiliges Geld*, pp. 8–80. Cf. Einzig, *Primitive Money*, pp. 379–86; Van der Leeuw, *Religion in Essence and Manifestation*, p. 353.
35. Herskovits, *Economic Anthropology*, p. 389.
36. Locke, *Some Considerations of the Consequences of the Lowering of Interest and Raising the Value of Money*, in *Works*, V, 22.
37. Herskovits, *Economic Anthropology*, p. 264.
38. Keynes, *Treatise on Money*, II, 289–92.
39. Heichelheim, *Wirtschaftsgeschichte des Altertums*, I, 114–15.
40. Laum, *Heiliges Geld*, pp. 128–29.
41. Simmel, *Philosophie des Geldes*, p. 176.
42. Keynes, *General Theory*, p. 202; Robertson, *Utility and All That*, p. 96.
43. Knight, *Ethics of Competition*, p. 264.
44. Keynes, *General Theory*, p. 356.
45. Malinowski, "Primitive Economics," p. 14.

46. Heichelheim, *Wirtschaftsgeschichte*, I, 114–15.
47. Mumford, *The Culture of Cities*, p. 542.
48. Ruskin, *Unto This Last*, in *Works*, XVII, 44–45, 46.
49. Marx, *Capital*, I, 146–49.
50. Marx, *Capital*, I, 149.
51. Marx, *Capital*, III, 419, 445.
52. Marx, *Capital*, III, 415–16, 439–40, 443, 716.
53. Marx, *Capital*, III, 672–73.
54. Herskovits, *Economic Anthropology*, pp. 481–82.
55. Herskovits, *Economic Anthropology*, pp. 439–60.
56. Frazer, *The Golden Bough*, pp. 83–106.
57. Sorel, *Réflexions sur la violence*, pp. 32, 132.
58. Ruskin, *Works*, XVII, 176n; Schumpeter, *Theory of Economic Development;* Schumpeter, *Capitalism, Socialism and Democracy*. Cf. Spengler, *Decline of the West*, II, 492–93.
59. Aristotle, *Politics*, I, viii–x.
60. Ruskin, *Unto This Last*, in *Works*, XVII, 85.
61. Freud, *The Origins of Psychoanalysis*, p. 244.
62. Gambs, *Beyond Supply and Demand*, pp. 33, 47, 78, 90.
63. Dobb, *On Economic Theory and Socialism*, pp. 71–72, 84.
64. Locke, *Of Civil Government*, Book II, secs. 36–37; Thoreau, *Walden*, chap. I; Plato, *Republic*, II, 369–73.
65. Veblen, *Theory of the Leisure Class*, p. 177.
66. Plato, *Laws*, V, 736E.
67. Veblen, *Theory of the Leisure Class*, p. 76.
68. Engels, *Origin of the Family, Private Property and the State*, p. 23. Cf. above, chap. II, note 18.
69. CP II, 48n.
70. Ruskin, *Unto This Last*, in *Works*, XVII, 101–102; *Munera Pulveris*, in *Works*, XVII, 282–83.
71. Herskovits, *Economic Anthropology*, p. 481.
72. Isaiah 55:2; Hesiod, *Works and Days*, vss. 40–41.
73. Malinowski, "Primitive Economics," pp. 8–9; Herskovits, *Economic Anthropology*, pp. 461–83.
74. See above, chap. XII, note 34.
75. Ruskin, *Unto This Last*, p. 92.
76. Marx, *Capital*, III, 673, 715; I, 81–87, 127, 148.
77. Freud, *The Origins of Psychoanalysis*, p. 240 and note.
78. Cf. above, chap. II, note 18.
79. Marx, *Capital*, III, 954.
80. Marx, *Capital*, II, 136.
81. Marx, *Capital*, I, 389, 396–99.
82. Durkheim, *The Division of Labor in Society*, pp. 233–55.
83. Marx, *Capital*, I, 393, 394, 399; Durkheim, *Division of Labor*, pp. 364–73.

84. Marx, *Capital*, I, 392.
85. Herskovits, *Economic Anthropology*, pp. 142, 398, 461–83.
86. Heichelheim, *Wirtschaftsgeschichte*, I, 106–98.
87. Schumpeter, *Capitalism, Socialism and Democracy*, p. 144.
88. Polanyi, *The Great Transformation*, p. 46.
89. Malinowski, "Primitive Economics," pp. 1–16.
90. Mauss, *Sociologie et anthropologie*, pp. 145–279 ("Essai sur le don").
91. Lévi-Strauss, *Les structures élémentaires de la parenté*, pp. 71–72.
92. Cf. Herskovits, *Economic Anthropology*, pp. 496–501.
93. Malinowski, *op. cit.*; Mauss, *op. cit.*; Herskovits, *Economic Anthropology*, pp. 155–79, 439–83.
94. Durkheim, *Division of Labor*, p. 251.
95. Mauss, *op. cit.*, p. 148.
96. Mauss, *op. cit.*, pp. 277–79.
97. Cf. Van der Leeuw, *Religion in Essence and Manifestation*, pp. 350–60.
98. BPP 39.
99. Durkheim, *Division of Labor*, p. 242.
100. Abraham, *Selected Papers on Psychoanalysis*, p. 444.
101. CP V, 238.
102. Róheim, "Heiliges Geld in Melanesien," pp. 384–401.
103. Nietzsche, *The Philosophy of Nietzsche*, pp. 668–712.
104. Ruskin, *Unto This Last*, pp. 50n, 95n.
105. EI 21. Cf. above, chaps. XI, XII.
106. BW (T & T) 915–19.
107. BW (T & T) 919. Cf. G. Róheim, *The Origin and Function of Culture*, p. 79.
108. Mauss, *op. cit.*, p. 159.
109. Lévi-Strauss, *op. cit.*, pp. 9–53.
110. MM 159. Cf. above, chap. XII.
111. Cf. above, chap. IX.
112. Nietzsche, *The Philosophy of Nietzsche*, p. 709.
113. CP IV, 20. Cf. BW (T & T) 874.
114. CP V, 371.
115. Marx, *The Poverty of Philosophy*, p. 57; Fromm, *The Sane Society*, pp. 94–95, 149.
116. Keynes, *Essays in Persuasion*, p. 370; Ruskin, *Unto This Last*, p. 98.
117. Schumpeter, *Theory of Economic Development*, p. 202.
118. Robertson, *Utility and All That*, p. 90.
119. Von Bertalanffy, "An Essay on the Relativity of Categories," pp. 243–63.
120. Whorf, *Collected Papers on Metalinguistics*, p. 68.

121. Spengler, *Decline of the West*, I, 117–60.
122. Eliade, *The Myth of the Eternal Return*.
123. BPP 33.
124. BPP 33; NIL 99.
125. Contrast Eliade, *op. cit.*, pp. 141–62.
126. NIL 99.
127. BPP 34; CP V, 175–80.
128. CP IV, 54n. Cf. CP IV, 152–70.
129. *Out.* 79–80. Cf. EI 46; CP V, 308–12.
130. ISA 74–75; Fenichel, *The Psychoanalytic Theory of Neurosis*, p. 153.
131. ISA 76–77; Fenichel, *op. cit.*, pp. 155–56, 284.
132. Dooley, "The Concept of Time in Defence of Ego Integrity," pp. 13–23.
133. Spengler, *Decline of the West*, II, 486–93.
134. Abraham, *Selected Papers*, pp. 384–85; Jones, *Papers on Psychoanalysis*, pp. 671–72. Cf. Fenichel, *op. cit.*, p. 282.
135. BPP 45–52.
136. See above, chap. IX.
137. Some good intuitions, and much confusion, in the baroque poetry of Harnik, "Die triebhaft-affektiven Momente im Zeitgefühl," pp. 32–57.
138. Eliade, *Myth of the Eternal Return*, pp. 53–54, 79, 86, 157.
139. CP V, 182.
140. CP V, 200, 372–75; *Out.* 73–76.
141. Durkheim, *The Elementary Forms of the Religious Life*, pp. 38–42.
142. CP II, 164–71. Cf. Abraham, *Selected Papers*, pp. 379–81.
143. Cf. Heichelheim, *Wirtschaftsgeschichte*, I, 114.
144. Cf. Durkheim, *Division of Labor*, pp. 147–99.
145. Cf. Freud's tentative formulations on the hero, GP 112–15.
146. Cf. Veblen, *Theory of the Leisure Class*, pp. 3–8; *Instinct of Workmanship*, pp. 38–102.
147. Cf. Eliade, *op. cit.*, pp. 102–12.
148. Bettelheim, *Symbolic Wounds*, pp. 108, 136.
149. Cf. above, chap. IX.
150. Cf. Róheim, "The Evolution of Culture," pp. 387–418.
151. Spengler, *Decline of the West*, I, 248. Cf. Eliade, *Le Yoga*, pp. 281, 286.
152. Cf. above, note 46.
153. Childe, *What Happened in History*, p. 84.
154. Frankfort, *The Birth of Civilization in the Near East*, p. 51.
155. Ortega y Gasset, *The Revolt of the Masses*, p. 111.
156. Spengler, *Decline of the West*, II, 94.
157. Sombart, *Der moderne Kapitalismus*, II, 191–93. Cf. Nuss-

baum, *A History of the Economic Institutions of Modern Europe*, p. 36; Turner, *The Ancient Cities*, pp. 270-305.
158. Childe, *What Happened in History*, pp. 84, 88.
159. Tunnard, *The City of Man*, pp. 28-29.
160. Genesis 11:4.
161. Spengler, *Decline of the West*, II, 92-93. Cf. Simmel in Wolff, *The Sociology of Georg Simmel*, pp. 410-14.
162. Piggott, "The Role of the City in Ancient Civilizations," in Fisher (ed.), *The Metropolis in Modern Life*, p. 7.
163. Cf. Tunnard, *City of Man*, p. 43.
164. Mumford, *Culture of Cities*, p. 4.
165. Robinson, *The Rate of Interest*, p. 146.
166. Eliade, *Myth of the Eternal Return*, pp. 55-58, 74.
167. See above, chap. VIII, note 34.
168. Plato, *Phaedrus*, 245 C-E.
169. LaBarre, *The Human Animal*, pp. 149-58.
170. Whitehead, *The Aims of Education*, p. 26.
171. Cf. above, chap. IX. Cf. Róheim, *Origin and Function of Culture*, p. 97.
172. Ruskin, *Munera Pulveris*, pp. 182-83.
173. Eliade, *Myth of the Eternal Return*, pp. 6-48.
174. Róheim, *The Eternal Ones of the Dream*, p. 247; cf. pp. 149-50, 249-50.
175. Kaufmann (ed.), *The Portable Nietzsche*, p. 434.
176. Keynes, *Essays in Persuasion*, p. 371.
177. Cf. Durkheim, *Division of Labor*, pp. 174-99.
178. Heichelheim, *Wirtschaftsgeschichte*, I, 199-225. Cf. Childe, *What Happened in History*, pp. 177-223.
179. Spengler, *Decline of the West*, II, 103; Mumford, *Culture of Cities*, pp. 271, 291-92.
180. Horace, *Odes*, I, i; III, xxx. Classical scholars have disputed whether the word *situs*, here translated "accumulation," means "structure" or "dirt"; they can learn from psychoanalysis the unity of these opposites.
181. Ferenczi, *Sex in Psychoanalysis*, p. 327.
182. CP II, 45-50.
183. See above, chap. III, notes 19-20.
184. CP II, 164-71.
185. Ferenczi, *Thalassa*, pp. 5-14, 97.
186. Cf. the case of the boy who worked out his Oedipus complex with coins: Abraham, *Selected Papers*, pp. 387-88.
187. Róheim, "Heiliges Geld in Melanesien"; Harnik, "Die triebhaftaffektiven Momente im Zeitgefühl."
188. See above, chap. IX.
189. Ferenczi, *Thalassa*, pp. 5-36, 52.

190. Ferenczi, *Further Contributions*, p. 291.
191. Ferenczi, *Thalassa*, p. 12.
192. Reich, *The Function of the Orgasm*, pp. 99–112.
193. Ferenczi, *Final Contributions*, p. 66.
194. BW 863; Ferenczi, *Thalassa*, pp. 12, 16; Ferenczi, *Further Contributions*, pp. 78–89, 95–104, 170–74, 191–93.
195. Kaufmann, *The Portable Nietzsche*, p. 434.
196. CP II, 45, 170, 260; CP III, 559. Compare Hegel's derivation of the *Kunsttrieb* and *Bildungstrieb* from the anal function: *Naturphilosophie*, in *Werke*, XVII, Part I, pp. 635–36; cf. Bachelard, *La terre et les rêveries de la volonté*, pp. 106–107.
197. See above, note 61.
198. NIL 99.
199. CP II, 273.
200. NIL 131.
201. Coleridge, *On Poesy or Art*, in Shawcross, *Coleridge's Biographia Literaria*, II, 263.
202. See above, chap. XIII, note 24.
203. See above, chap XIII, note 33.
204. *Civ.* 66n, 76–78n.
205. EI 57, 80.
206. Wisdom, *The Unconscious Origin of Berkeley's Philosophy*, pp. 64, 73–74.
207. Wisdom, *op. cit.*, pp. 137, 230.
208. Further palpable evidence of the anal problem in Platonism can be found in the case of Henry More: see Powicke, *The Cambridge Platonists*, pp. 152–53. Cf. Bachelard, *La terre et les rêveries de la volonté*, p. 107n.
209. Meyerson, *Identity and Reality; De l'explication dans les sciences*.
210. See above, chap. XII, note 3.
211. See above, chap. XII.
212. Cf. Róheim, "Heiliges Geld in Melanesien," p. 399; Róheim, "The Evolution of Culture," pp. 401–402; Bourke, *Scatalogic Rites of All Nations*, pp. 266–67; Posinsky, "Yurok Shell Money and Pains," pp. 598–632.
213. *Life*, June 4, 1956.
214. Bachelard, *La formation de l'esprit scientifique*, pp. 134–37, 179–80.
215. Bachelard, *La formation de l'esprit scientifique*, pp. 120–22, 125. Cf. Eliade, *Le Yoga*, p. 280.
216. Bourke, *Scatalogic Rites*, p. 168; cf. pp. 166–67.
217. Frazer, *Taboo and the Perils of the Soul*, pp. 283–90; Mead, *Sex and Temperament*, pp. 20–21, 48–50; Bourke, *Scatalogic Rites*.

218. Róheim, "Heiliges Geld in Melanesien," pp. 389–91; Bourke, *Scatalogic Rites*, pp. 264–65. Cf. Abraham, *Selected Papers*, p. 444.
219. McGee, "The Seri Indians," pp. 209–12.
220. Radin, *The Trickster*, p. 140.
221. Bourke, *Scatalogic Rites*, pp. 266–67; Abraham, *Selected Papers*, pp. 320–21.
222. This paragraph is a psychoanalytical addendum to the author's *Hermes the Thief*. For vestiges of unsublimated anality, see *Homeric Hymn to Hermes*, vss. 295–96; Babrius, *Fabulae*, LXVIII. For the anal character of the stone heap, cf. Babrius, *loc. cit.*, and Frazer, *The Scapegoat*, pp. 3–30. On the Arapesh, see Mead, *Sex and Temperament*, pp. 21, 49.
223. Jonson, *Volpone*, I, i, 11–21.
224. Marx, *Capital*, II, 136.
225. Cf. R. F. Allendy, *Capitalisme et sexualité*, p. 14.
226. Keynes, *Essays in Persuasion*, p. 369.

第六部分

第十六章　肉体的复活

1. Hegel, *Phenomenology of Mind*, p. 81.
2. Thoreau, *A Week on the Concord and Merrimack Rivers;* cf. Read, *Icon and Idea*, p. 139.
3. Baudelaire, *Mon coeur mis à nu.* Cf. Marcuse, *Eros and Civilization*, p. 153.
4. Tertullian, *De Carnis Resurrectione*, p. 63. Cf. Mead, *The Doctrine of the Subtle Body in Western Tradition*, p. 111.
5. See above, chap. IX, note 58.
6. Underhill, *Mysticism;* Huxley, *The Perennial Philosophy.*
7. Mead, *The Doctrine of the Subtle Body in Western Tradition;* Scholem, *Major Trends in Jewish Mysticism;* Gray, *Goethe the Alchemist.* Cf. Savage, "Jung, Alchemy and Self," pp. 14–37.
8. Benz, *Der vollkommene Mensch nach Jacob Boehme.*
9. Benz, *op. cit.*, p. 138.
10. Needham, *Science and Civilization in China*, II, 139–54. Needham seems to underestimate Occidental body mysticism; cf. *op. cit.*, p. 464, the only reference to Boehme. See also Watts, "Asian Psychology and Modern Psychiatry," pp. 25–30.
11. Gray, *Goethe the Alchemist.*
12. See above, chap. V, note 22.

13. Whitehead, *Science and the Modern World*, pp. 93–118.
14. Hartman, *The Unmediated Vision*.
15. Hartman, *op. cit.*, pp. 27–28, 57, 64, 94, 96, 107, 109.
16. See above, chap. IX, notes 56–60.
17. NIL 106.
18. See above, chap. XV, note 9.
19. Cf. Gray, *Goethe the Alchemist*, pp. 98–99.
20. Needham, "Mechanistic Biology," in *Science, Religion and Reality*, p. 257.
21. Ferenczi, *Thalassa*.
22. Ferenczi, *Further Contributions*, p. 373.
23. Ferenczi, *Further Contributions*, p. 256; *Thalassa*, p. 2.
24. Ferenczi, *Further Contributions*, p. 256.
25. Ferenczi, *Further Contributions*, p. 393.
26. Whitehead, *Science and the Modern World*, p. 69.
27. Bachelard, *La formation de l'esprit scientifique*, pp. 250–51.
28. Ferenczi, *Final Contributions*, p. 246.
29. Whitehead, *Science and the Modern World*, p. 69.
30. Marx, Engels, *Kleine ökonomische Schriften*, p. 131; cf. pp. 127–37.
31. Needham, "A Biologist's View of Whitehead's Philosophy," in Schilpp (ed.), *The Philosophy of Alfred North Whitehead*, pp. 241–72; Needham, *Science and Civilization in China*, II, 75–77, 291, 454, 467.
32. Eliade, *Le Yoga*, pp. 110, 258, 269; Scholem, *Major Trends in Jewish Mysticism*, p. 218.
33. Cf. the role of paradox in philosophy: Wisdom, *Philosophy and Psycho-Analysis*, pp. 169–81, 248–82.
34. CP V, 316–57.
35. CP V, 181–82.
36. For the positivist approach to psychoanalysis, see Kris, "The Nature of Psychoanalytical Propositions and Their Validation," pp. 239–59; Frenkel-Brunswik, "Psychoanalysis and the Unity of Science," pp. 273–347; Pumpian-Mindlin (ed.), *Psychoanalysis and Science*.
37. BW (Dreams) 345–46; NIL 99; CP III, 559n; CP IV, 119, 184; CP V, 185.
38. CP IV, 184; BW (Dreams) 346.
39. CP IV, 184–91. Cf. BW (Dreams) 346n.
40. CP V, 181–85.
41. CP V, 182. Cf. CP III, 559n; CP IV, 119.
42. See above, chap. VII, note 13.
43. CP V, 369–71.
44. See above, chap. XII, note 70.
45. *Civ.* 144.